Preußen um 1700
KGR. DÄNEMARK
KGR. SCHWEDE
Nordsee
Vorpommern (schwed.)
Holstein
Lübeck
Ostfriesische Inseln
Jade-Busen
Hamburg
Preuß. Vorpomm
1720
Mecklenburg
Bremen
Weser
Elbe
VEREINIGTE
NIEDERLANDE
Hannover
Prignitz
Templi
Ukerma
Rheinsbg.
Ems
Bs. Havelbg.
Ruppin
Barnim
Altmark (Nordmark)
Fehrbellin
Bernau
Grf. Lingen
Aller
Stendal
Kur-
Spandau
Berlin
Potsdam
Grf. Ravensberg
Hannover
Tangermünde
Bs. Brandenburg
Tecklenburg
Fm. Minden
Lehnin
Wusterhausen
Rhein
Braunschweig
Kr. Jerichow
Zauche
Münster
Bielefeld
Magdeburg
Luckenwalde
Bs. Halberstadt
Hzt. Kleve
Wesel
Lippe
Weringerode
Saalkreis
Ob. Geldern
Moers
Bochum
Grf. Mark
Gft. Hohnstein
Halle
Krefeld
Ruhr
Leipzig
Maas
Köln
Fulda
Elbe
Dresden
Saale
Sachsen
Eger
Frankfurt
Main
Mainz
Bayreuth
Mosel
Würzburg
Böhmen
Regensburg
Donau
Rhein

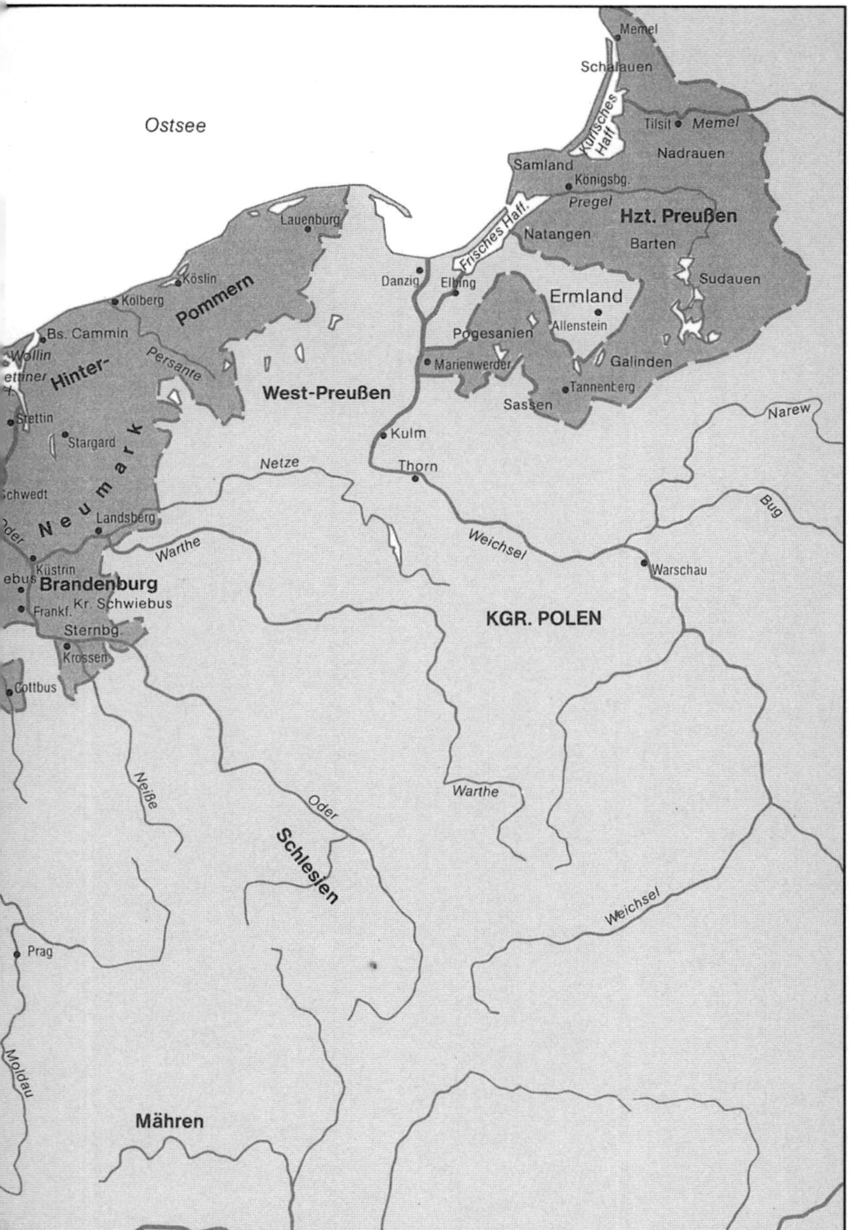

Ostsee
Memel
Schalauen
Kurisches Haff
Tilsit
Memel
Nadrauen
Samland
Königsbg.
Pregel
Hzt. Preußen
Lauenburg
Frisches Haff
Natangen
Barten
Köslin
Danzig
Elbing
Sudauen
Kolberg
Pommern
Ermland
Bs. Cammin
Pogesanien
Allenstein
Hinter-
Persante
Marienwerder
Galinden
West-Preußen
Tannenberg
Sassen
Stettin
Narew
Stargard
Kulm
Neumark
Netze
Thorn
Bug
Landsberg
Oder
Warthe
Weichsel
Küstrin
Warschau
Brandenburg
Kr. Schwiebus
Frankf.
KGR. POLEN
Sternbg.
Krossen
Cottbus
Neiße
Oder
Warthe
Schlesien
Weichsel
Prag
Moldau
Mähren
Donau
Wien

Uwe A. Oster

Preußen

PIPER

Zu diesem Buch

Sie alle waren Preußen: die Baumeister Schlüter und Schinkel, die Reformer Gneisenau, Hardenberg und Stein ebenso wie der große Schriftsteller Fontane. Uwe A. Oster schreibt keine reine Herrschergeschichte, sondern erzählt auch von den Menschen, die dem Staat erst sein Gesicht verliehen. Dazu zählen der »Soldatenkönig« und sein berühmter Sohn, Friedrich II. – aber auch die Hugenotten, die im aufgeklärten Preußen Zuflucht fanden. Oster würdigt das Wirken des Staatsmanns Bismarck, zeigt aber auch die dunklen Seiten des Soldatenstaats, so etwa die Unterdrückung der demokratischen Revolution 1848/49. Das Königreich, von der Gründung bis zur Kaiserproklamation Wilhelms I. im Jahre 1871, wird in diesem Band noch einmal lebendig.

Uwe A. Oster, geboren 1964, ist seit 1996 stellvertretender Chefredakteur des Geschichtsmagazins »Damals«, wo er gelernt hat, über historische Themen fesselnd und populär zu schreiben. Er veröffentlichte zahlreiche Bücher, darunter »Wilhelmine von Bayreuth. Das Leben der Schwester Friedrich des Großen« und »Der preußische Apoll. Prinz Louis Ferdinand von Preußen 1772–1806«. Uwe A. Oster lebt in Hechingen.

Uwe A. Oster

Preussen

Geschichte eines Königreichs

Mit 28 farbigen Abbildungen auf Tafeln

Piper München Zürich

Mehr über unsere Autoren und Bücher:
www.piper.de

Von Uwe A. Oster liegen bei Piper vor:
Die Frauen Kaiser Friedrichs II.
Wilhelmine von Bayreuth
Preußen
Sein Leben war das traurigste der Welt

Ungekürzte Taschenbuchausgabe
1. Auflage Mai 2011
2. Auflage September 2011

Umschlagkonzeption: semper smile, München
Umschlaggestaltung: semper smile, München,
nach einem Entwurf von Büro Jorge Schmidt, München
Umschlagabbildungen: akg-images (Schloss Sanssouci); bpk/
Stiftung Preußische Schlösser und Gärten Berlin-Brandenburg/Jörg P. Anders
Satz: textum GmbH, München
Papier: Munken Print von Arctic Paper Munkedals AB, Schweden
Druck und Bindung: CPI – Clausen & Bosse, Leck
Printed in Germany ISBN 978-3-492-26491-4

Inhalt

Einleitung

Travailler pour le roi de Prusse«, arbeiten für den König von Preußen – das war im 18. Jahrhundert ein geflügeltes Wort. Es bedeutete: viel und hart zu arbeiten, einfach nur seine verdammte Pflicht und Schuldigkeit zu tun, ohne dafür eine Gegenleistung zu erwarten. Und doch hat dieser preußische Staat, der nicht einmal ein Staatsvolk im engeren Sinn des Wortes hatte, die Menschen angezogen. Nicht immer freiwillig: Französische Hugenotten, Salzburger »Exulanten« oder Wiener Juden wanderten nicht nach Brandenburg aus, weil es dort so schön war oder Reichtümer auf sie gewartet hätten, sondern um ihres – protestantischen oder jüdischen – Glaubens willen. Die Kurfürsten und Könige aus dem Haus Hohenzollern nahmen sie bereitwillig auf. Nach dem Dreißigjährigen Krieg, verheerenden Pestepidemien und Missernten waren weite Landstriche verwüstet und menschenleer. Auch zahlreiche Städte wie Königsberg, Frankfurt an der Oder, Neuruppin oder Prenzlau hatten über die Hälfte ihrer Einwohner verloren. Menschen, so formulierte es König Friedrich Wilhelm I., seien der größte Reichtum seines Landes. Das damals weit verbreitete Bonmot – »Preuße wird man nur aus Not, ist man's geworden, dankt man Gott« – traf auf Salzburger und Hugenotten in besonderem Maße zu. Was sie und andere Migranten an Preußen bald zu schätzen lernten, war, dass dieser Staat wie ein Uhrwerk funktionierte und ihnen eine Rechtssicherheit verschaffte wie kaum ein anderes Land. Noch 1870 hat der konservative Politiker und Jurist Hermann Wagener im Norddeutschen Reichstag darauf Bezug genommen: »Ich mag gewesen sein, wo ich wollte, stets habe ich schon von Weitem den schwarz-weißen Schlagbaum in meinem Herzen mit Freuden begrüßt und habe stets das Gefühl der vollkommenen Rechtssicherheit gehabt, sowie ich meinen ersten Schritt durch diesen Schlagbaum hindurch gemacht habe.«[1]

Die Nachfahren der Flüchtlinge von einst haben mit dazu beigetragen, dass Brandenburg-Preußen von einem armen Agrarstaat, im Rest des Reichs wegen seiner sandigen Böden als »Streusandbüchse« verspottet, auch wirtschaftlich zu einem Machtfaktor wurde. Und sie haben das bunte Völkergemisch, das den Kunststaat Preußen ausgezeichnet hat, um weitere Farbtupfer bereichert: Brandenburger und Westfalen, Friesen und Pommern, Franzosen und Salzburger, Litauer, Polen und Niederländer, Schlesier und Schweizer, Kolonisten aus Bayern und der Pfalz, aus Sachsen und Böhmen. Sie alle hätten, stellte der Historiker Barthold Georg Niebuhr schon 1814 fest, »ihren Charakter nicht aufzuopfern brauchen, um Preußen zu sein. Sie gehören einer Nation an, deren Namen sie mit Stolz aussprechen.«[2] Auch kulturell haben die Migranten das Land bereichert: Berühmtestes Beispiel ist Theodor Fontane. Der Schriftsteller der Mark war ein Nachkomme französischer Hugenotten – und stolz darauf.

Doch nicht nur Glaubensflüchtlinge wurden vom spröden Charme dieses Staates angezogen: Der geniale Baumeister Andreas Schlüter kam aus Danzig nach Berlin, um aus dem Stadtschloss ein Gesamtkunstwerk des Barocks zu formen, der französische Philosoph Voltaire und der italienische Denker Algarotti wurden von der »Tafelrunde« Friedrichs des Großen in Sanssouci angezogen, der große Reformer Heinrich Friedrich Karl vom und zum Stein, der in Nassau an der Lahn zur Welt gekommen ist, wollte in Preußen seine Vorstellungen von einem modernen Staat verwirklichen. Geradezu ein Musterbeispiel für die Integrationsfähigkeit des alten Preußen ist der Kupferstecher Daniel Chodowiecki, der väterlicherseits von einer polnischen Adelsfamilie, mütterlicherseits von Schweizer Hugenotten abstammte. Besonders in der Hauptstadt des Landes war dieses Völkergemisch nicht zu übersehen – oder besser: nicht zu überhören. Immerhin stellten allein die französischen Réfugiés 20 Prozent der Gesamtbevölkerung.[3] Ein solcher Staat konnte gar nicht anders, so der Berliner Jurist Eduard Gans zu Beginn des 19. Jahrhunderts, »als intelligent sein. Auf keine angeborene physische oder nationale Grundlage sich stützend, muss er stets eins sein mit seiner Zeit.«[4]

Zu dem, was man das Menschenbild Friedrichs des Großen nennen könnte, äußerte er einmal: »Sich einbilden, dass die Menschen sämtlich Teufel sind, und sie mit Grausamkeit verfolgen, das wäre das Wahngericht eines scheuen Menschenhassers. Voraussetzen, dass die Menschen sämtlich Engel sind …, das wäre der Traum eines törichten Kapuzinermönchs.«[5] Positive und negative Züge finden sich in der Realität also gemischt, und ähnlich könnte man auch über Preußen insgesamt urteilen: Den positiven Zügen wie Rechtssicherheit, Integrationskraft und Glaubensfreiheit stehen die Militarisierung von Staat und Gesellschaft gegenüber, die Unterdrückung der demokratischen Revolution von 1848, die ungezügelte Junkerherrschaft östlich der Elbe, das Beharren auf dem Dreiklassenwahlrecht für den preußischen Landtag bis zum Untergang im Ersten Weltkrieg, eine Außenpolitik, die wenig bis gar keine Rücksicht auf Tradition und Herkommen nahm und sich bisweilen aggressiv gebärdete – auch das gehört zur preußischen Geschichte.

Preußen nicht allein als Staat, sondern als Idee ist das Werk des »Soldatenkönigs« und Friedrichs des Großen. Wann ist dieses Preußen untergegangen? 1918 mit dem Ende der Monarchie? 1947, als der Alliierte Kontrollrat den Staat Preußen als vermeintlichen Träger des deutschen Militarismus aufgelöst hat? Oder nicht doch schon 1871 mit der Reichsgründung von Versailles? Am Tag vor seiner Proklamation zum Deutschen Kaiser meinte Wilhelm I., dass dies der traurigste Tag seines Lebens werde, denn »morgen tragen wir das preußische Königtum zu Grabe«.[6] Preußen wurde zu einem Opfer seines eigenen Erfolgs: Im scheinbar größten Triumph lag bereits der Keim zu seinem Untergang. Zwar war auch Wilhelm II. noch preußischer König, doch zuerst war er Herrscher eines national begründeten Kaiserreichs, das vor Selbstbewusstsein strotzte und nicht wusste, wohin es mit seiner unbändigen Kraft sollte. Meilenweit entfernt vom einstigen »travailler pour le roi de Prusse«, dem Arbeiten, ohne Aufhebens davon zu machen, für das Preußen einst gestanden hatte.

Eine Krone für die Streusandbüchse

Friedrich III./I. (1688/1701–1712)

Der Kaiser sollte die Minister hängen lassen, die ihm einen solchen Rat gegeben haben.«[1] Das soll die spontane Reaktion des Prinzen Eugen von Savoyen gewesen sein, nachdem er von der Zustimmung Kaiser Leopolds I. zu einer möglichen preußischen Königswürde gehört hatte. Der erfahrene Feldherr und Politiker sah voraus, welche Folgen diese Rangerhebung eines protestantischen Fürsten für das katholische Kaiserhaus haben konnte.

Die Königswürde für sein Haus war der große Traum Kurfürst Friedrichs III. von Brandenburg. Sein Enkel Friedrich der Große gab sich in seinen »Denkwürdigkeiten zur Geschichte des Hauses Brandenburg« keine Mühe, die schlechte Meinung, die er von seinem Großvater hatte, höflich zu verschleiern. Nur das Äußere an der Königswürde habe ihm geschmeichelt, »der Prunk der Repräsentation und eine gewisse verkehrte Eigenliebe«. Die Königskrone sei für ihn nur »ein Werk der Eitelkeit« gewesen.[2] Das Urteil ist ungerecht: Ja – Friedrich III. war eitel, und der königliche Glanz, den ihm die Krone bescherte, schmeichelte dieser Eitelkeit. Dass er prächtige Hoffeste liebte, auf denen er diesen neuen Rang inszenieren konnte, war aber nicht nur der persönlichen Eitelkeit geschuldet. Friedrich der Große hatte kein Verständnis mehr für ein Zeitalter, das auf solche Inszenierungen der Macht – sei es durch eine Krone, prunkvolle Feste oder monumentale Schlösser – nicht verzichten konnte und im Falle Friedrichs III. auch nicht verzichten wollte. Wer im Barock Macht hatte, musste diese zeigen – wer keine Macht zur Schau stellen konnte, der hatte ganz offensichtlich auch keine.

Es waren darüber hinaus aber ganz realpolitische Gründe, die Friedrich III. so unbeirrt an seinem Traum von der Königskrone festhalten ließen. Heute erscheint es uns selbstverständlich, dass mit »Preußen« das gesamte Gebiet des späteren Königreichs gemeint ist. Doch davon konnte 1688, als Friedrich III. die Regierung antrat, noch lange keine Rede sein. Das Namen gebende Herzogtum Preußen mit der Hauptstadt Königsberg erstreckte sich ursprünglich nur von der Memel im Norden bis Tannenberg im Süden und entsprach in seiner Ausdehnung in etwa dem später so bezeichneten Ostpreußen. Bis 1525 hatte in diesem Gebiet der Deutsche Orden geherrscht: Den Kreuzrittern war 1226 von dem Stauferkaiser Friedrich II. der Kampf gegen die damals noch heidnischen Pruzzen, von denen sich der Name Preußen ableitet, übertragen worden; deren Land ging nach der Eroberung als souveränes Eigentum an den Orden. Es war der eigene Hochmeister, der Hohenzoller Albrecht von Brandenburg, der in dem Ordensland die Reformation eingeführt und es in ein weltliches Herzogtum verwandelt hatte. Mit Albrecht Friedrich starb diese preußische Nebenlinie der Hohenzollern 1618 aus, und die Berliner Hohenzollern übernahmen die Regierung. Allerdings: Schon der geschwächte deutsche Ritterorden hatte die polnische Lehnshoheit über Preußen hinnehmen müssen. Es war daher die entscheidende Weichenstellung auf dem Weg zur Königskrone, als es den Hohenzollern 1657 gelang, diese polnische Lehnshoheit abzustreifen. Seither war das Herzogtum Preußen eine souveräne Herrschaft. Und was für den Verlauf der Geschichte ebenso wichtig war: Diese Herrschaft lag außerhalb des Heiligen Römischen Reichs Deutscher Nation.

Ein herrschaftlicher Flickenteppich

Das Herzogtum Preußen war der östlichste Vorposten der hohenzollerischen Herrschaft. Eine Verbindung zu den übrigen Herrschaftsgebieten der Familie gab es nicht. Umso wichtiger schien dem »Großen Kurfürsten« Friedrich Wilhelm von Brandenburg der Erwerb Pommerns. 1637 starb mit Bogislaw XIV. der letzte Herzog von Pommern, doch das vertraglich zugesicherte Erbe konnte der Große Kurfürst nicht antreten – auch das mächtige Schweden hatte ein Auge auf das Land an der Ostsee geworfen. Im Westfälischen Frieden von 1648 musste sich Brandenburg mit Hinterpommern begnügen, Vorpommern und Stettin mit der wirtschaftlich so wichtigen Odermündung gingen an Schweden. Erst in zwei viel späteren Etappen, 1720 und 1815, fiel auch dieser Teil Pommerns an Preußen. Dabei war Pommern nicht nur als Landbrücke nach Preußen für die Hohenzollern wichtig. Der Große Kurfürst hatte davon geträumt, Stettin als Basis für das maritime und wirtschaftliche Ausgreifen Brandenburgs nutzen zu können. Doch Kaiser und Reich wollten Frieden mit Schweden – und sich nicht für brandenburgische Interessen opfern. Allein aber war das Kurfürstentum zu schwach, sein Recht durchzusetzen.

Im Zentrum der hohenzollerischen Hausmacht lag das Kurfürstentum Brandenburg, das sehr viel größer war als das heutige Bundesland und Berlin. Dazu gehörten auch die östlich der Oder gelegene, heute polnische Neumark sowie die heute zu Sachsen-Anhalt gehörende Altmark um Stendal und Tangermünde. Südlich der Altmark schlossen sich das Bistum Halberstadt und das Erzstift Magdeburg an, die 1648 bzw. 1680 an Preußen fielen.

Dazu kamen einige bunte Flecken ganz im Westen des Reichs: Ebenfalls 1648 kam das säkularisierte Hochstift Minden an Brandenburg – wie Magdeburg und Halberstadt als Kompensation für das nur teilweise erfüllte pommersche Erbe. Ganz ähnlich verhielt es sich mit den noch weiter westlich gelegenen Kleve, Mark und Ravensberg – auch diese Herrschaften waren 1614 ein kleines Trostpflaster für größere Hoffnungen gewesen. Nach dem Tod des letzten Herzogs von Jülich-Kleve-Berg hatten die Hohenzollern darauf gehofft, dessen gesamtes Erbe antreten zu können. Doch sie wurden darüber in einen Erbfolgestreit mit dem Haus Pfalz-Neuburg verwickelt, das seinerseits Ansprüche erhoben hatte. Der Streit drohte europäische Dimensionen anzunehmen, und schließlich mussten sich die Hohenzollern wider Willen damit begnügen, den Kuchen zu teilen. Beim Regierungsantritt Friedrichs III. im Jahr 1688 umfasste das brandenburgisch-preußische Staatsgebiet rund 110 000 Quadratkilometer, auf denen etwa 1,5 Millionen Menschen lebten.[3]

Dieses – hier nicht in allen Details dargelegte – Konglomerat von Herrschaften und Herrschaftsrechten bildete keinen einheitlichen Staat, sondern war eine Einheit durch die Person des Herrschers. Die Versuche des Großen Kurfürsten, daran etwas zu ändern, stießen auf heftigen Widerstand. Die Vorstellung, brandenburgische Steuergelder für Pommern zu verwenden, wiesen die Stände der Mark im Dezember 1650 kühl zurück: »Wie nun Pommern und die klevischen Lande, wenn wegen der Kur Brandenburg ein Grenzstreit vorfiele, schwerlich uns zu Hilfe kommen oder unserthalben etwas auf sich nehmen würden, also wird man auch die märkischen Lande mit der ausländischen Provinzen Streitigkeiten nicht wohl vermengen oder ihrethalben härter als sonst belegen können.«[4] Für die Stände der Mark waren die Pommern »Ausländer«!

Dazu kamen religiöse Unterschiede: Seit der 1558 eingeführten Reformation war das Kurfürstentum Brandenburg protestantisch – oder genauer gesagt: lutherisch. Der Landesherr bestimmte nach dem Grundsatz »cuius regio, eius religio« die Konfession seiner Untertanen. 1613 jedoch trat Kurfürst Johann Sigismund zum Calvinismus über, sprich zu der nach dem Genfer Theologen Johannes Calvin benannten reformierten Variante des Protestantismus. Seine Untertanen zwang Johann Sigismund allerdings nicht, diesem Schritt zu folgen, obwohl er dies im Einklang mit dem Reichsrecht durchaus hätte tun können. Das Herrscherhaus hatte seither eine andere Konfession als das Gros seiner Bevölkerung. Gerade dieser Umstand ließ es ratsam erscheinen, innerhalb des protestantischen Spektrums Toleranz walten zu lassen – was damals keineswegs üblich war. Gleichwohl schien es den Kurfürsten geboten, den Anteil der reformierten Untertanen zu steigern. Auch vor diesem Hintergrund ist das »Edikt von Potsdam« zu verstehen, mit dem der Große Kurfürst 1685 die Hugenotten in sein Land rief.[5] König Ludwig XIV. hatte den französischen Reformierten die Ausübung ihres Glaubens untersagt und sie so entweder zur Konversion oder ins Exil gezwungen. Insgesamt 16 000 kamen auf diesem Weg nach Brandenburg.

Zwar wischte auch die Königskrone nicht alle Unterschiede und Sonderrechte beiseite, doch bot sie die Grundlage, auf der Preußen als einheitlicher Staat gezimmert werden konnte. Wenn Friedrich der Große seinen Großvater nur als eitlen Gecken sah, so wusste er doch, dass ohne diese Basis auch seine eigene ausgreifende Politik niemals möglich gewesen wäre: »Es war eine Lockspeise, die Friedrich III. seinen sämtlichen Nachkommen hinwarf«, als wolle er sagen: »Ich habe euch einen Titel erworben, macht euch seiner würdig; ich habe die Fundamente eurer Größe geschaffen, ihr müsst nun das Werk vollenden.« Und es schwingt doch ein wenig Anerkennung für den Vorfahren mit, wenn Friedrich der Große weiter schreibt: »Er wendete alle Mittel der Intrige an und ließ alle Hebel der Politik in Bewegung setzen, um seinen Plan zur Reife zu bringen.«[6]

Der »schiefe Fritz«

Der spätere Kurfürst Friedrich III. wurde 1657 als zweiter Sohn des Großen Kurfürsten Friedrich Wilhelm von Brandenburg und seiner ersten Gemahlin Luise Henriette von Oranien geboren. Er war daher nicht zur Thronfolge bestimmt. Doch als Kurprinz Karl Emil 1674 überraschend im Alter von erst 19 Jahren starb, rückte der zweite Sohn an dessen Stelle. Der Große Kurfürst war verbittert über den Tod seines ältesten Sohnes, dem er in inniger Zuneigung verbunden gewesen war. Davon konnte im Falle seines zweiten Sohnes nicht die Rede sein. Infolge einer Krümmung der Wirbelsäule hatte Friedrich einen leichten Buckel und machte so schon äußerlich keine beeindruckende Figur. Von seiner späteren Frau wurde er deshalb gar nach dem als Inbegriff der Hässlichkeit geltenden antiken griechischen Fabeldichter »Äsop« genannt. Im Volksmund hieß er weniger intellektuell, aber dafür umso bündiger, »der schiefe Fritz«.[7] Vater und Sohn standen sich fern. Der Große Kurfürst war seit 1668 in zweiter Ehe mit Dorothea von Holstein-Sonderburg-Glücksburg verheiratet. Dieser Ehe entstammten vier weitere Söhne, zudem gab es noch einen weiteren männlichen Nachkommen aus erster Ehe – um die Thronfolge brauchte sich der Kurfürst keine Sorgen zu machen. Worüber er sich in zwei Testamentsfassungen allerdings Sorgen machte, war die Ausstattung seiner jüngeren Söhne.[8] Im Geraischen Hausvertrag von 1599 war die Unteilbarkeit der kurfürstlichen Lande festgeschrieben worden. Zu oft waren mächtige Familien durch Erbteilungen geschwächt worden – das sollte den Hohenzollern nicht mehr passieren. Grundsätzlich stand auch der Große Kurfürst hinter dem Gedanken der Primogenitur, der Erbfolge des Erstgeborenen, doch suchte er fast händeringend nach Auswegen, um alle Söhne zufriedenzustellen. Schließlich rettete er sich in die recht fadenscheinige Erklärung, dass diese Erbfolge nicht für jene Territorien gelte, die erst in seiner Regierungszeit an das Haus Hohenzollern gefallen waren. So wollte er seinem jüngsten Sohn aus erster Ehe das ehemalige Hochstift Minden als Fürstentum vermachen und seinem ältesten Sohn aus zweiter Ehe das Bistum Halberstadt. Selbst die jüngeren Söhne aus dieser Ehe sollten noch eigene, kleinere Herrschaften und Ämter bekommen. Zwar wurden die nachgeborenen Söhne darauf verpflichtet, den Vorrang des künftigen Kurfürsten anzuerkennen, doch sollte dieser im Gegenzug die Herrschaften seiner Brüder »schützen und verteidigen«, als ob es seine eigenen wären.

In diesem Testament des Großen Kurfürsten steckte Zündstoff, der durch den Tod des Prinzen Ludwig, der mit dem Fürstentum Minden hätte abgefunden werden sollen, nur unwesentlich entschärft wurde. Nicht nur bestand die Gefahr, dass dies eben doch der Beginn einer Zerstückelung des Landes werden könnte. Die Erfüllung dieses Letzten Willens hätte den neuen Kurfürsten, den schiefen Fritz, auch um erhebliche Einnahmen gebracht – denn die Steuern aus ihren Fürstentümern hätten die Brüder natürlich behalten dürfen.

Danckelman – der unbestechliche Ratgeber

Nach dem Tod des Großen Kurfürsten am 9. Mai 1688 stand sein ältester Sohn – nun Kurfürst Friedrich III. und 30 Jahre alt – damit gleich vor einer großen Herausforderung. Wäre er nur der auf Äußerlichkeiten bedachte Pfau gewesen, als den ihn Friedrich der Große dargestellt hat, dann hätte er wohl kaum die Kraft und noch weniger die Lust gehabt, sich dem Letzten Willen seines Vaters zu widersetzen. Doch genau das tat Friedrich III. mit aller Entschiedenheit. Nach langen Verhandlungen erhielt einzig der älteste Sohn aus zweiter Ehe eine eigene Grundherrschaft, aber kein eigenes Fürstentum, und den Titel eines Markgrafen von Brandenburg-Schwedt. Diese Nebenlinie bestand bis 1788. Alle anderen Brüder erhielten lediglich feste Einkünfte, die aber nicht allzu üppig ausfielen.

Der Mann, auf den sich der neue Kurfürst in seinen Verhandlungen mit den jüngeren Brüdern in erster Linie hatte stützen können, war sein früherer Lehrer Eberhard Danckelman, ein hoch gebildeter Jurist und dazu ein bienenfleißiger Arbeiter, der sich allein mit seinen profunden Kenntnissen unentbehrlich gemacht hatte. Danckelman stammte aus einer reformierten bürgerlichen Familie und gehörte damit dem gleichen Bekenntnis an wie das Herrscherhaus. Er war kein geborener Brandenburger, sondern stammte ursprünglich aus dem Münsterland. Wegen ihres reformierten Glaubens hatte die Familie das Fürstbistum Münster verlassen müssen und eine neue Heimat in der benachbarten Grafschaft Lingen gefunden. Der Große Kurfürst hatte Danckelman als Lehrer für seinen Sohn engagiert, doch mischte dieser bald auch in der brandenburgischen Politik mit. Von Friedrich III. wurde er sofort nach seinem Regierungsantritt in den Geheimen Rat berufen und 1695 zum Premierminister ernannt. Der Geheime Rat – nicht so genannt, weil er etwa im Verborgenen getagt hätte, sondern »geheim« im Sinne von vertraut – war seit der Mitte des 16. Jahrhunderts das höchste Leitungsgremium der brandenburgischen Politik. Hier liefen die Fäden der Verwaltung zusammen. Danckelman wiederum war als Oberpräsident aller

Regierungskollegien die bestimmende Kraft des Rats und zugleich der erste Ratgeber des Kurfürsten.

Dass er seine Brüder in guten Positionen unterbrachte, war im Barockzeitalter nicht ungewöhnlich. Denn natürlich erwartete man von einem erfolgreichen Verwandten, dass er sich um den Rest der Familie kümmerte. Einzig, dass es gleich sechs Brüder waren, die er protegierte, war etwas ungewöhnlich. Spötter sprachen damals vom »Danckelmanschen Siebengestirn« am brandenburgischen Hof.[9] Aber solange Eberhard Danckelman sich der Gunst seines Herrn erfreute, war dies kein Problem. Dass er sich seiner Position niemals wirklich sicher sein konnte, ahnte er. Als der Kurfürst ihm gegenüber beteuerte, dass er sich wünsche, »noch recht lange zu all Ihren Arbeiten Ja und Amen sagen zu können«, entgegnete der Premierminister: »In Gottes Hand liegt mein Werk. Aber die Zeit ist wandelbar, ebenso die Gunst der Fürsten … In Kurzem werde ich Euer Durchlaucht Gnade verlieren. So wahr Sie heute hier stehen und Ihr Auge mit Wohlgefallen auf mir ruht, so kommt sicher die Zeit, dass ich in Ungnade fallen und meines Amtes entsetzt werde. Man wird meine Unschuld erkennen, aber der Strahl fürstlicher Gnade wird nur noch auf mein Grab fallen« – ein prophetisches Wort.[10]

Danckelman war lange Zeit sehr vorsichtig gewesen, um keinen Neid zu erwecken. Deshalb sträubte er sich gegen die Erhebung in den Adelsstand – erst 1695 gab er seinen Widerstand dagegen auf, doch eine durchaus mögliche Erhebung in den Reichsgrafenstand lehnte er weiterhin ab. Er war ein ernster, strebsamer Mann, der im persönlichen Umgang schroff wirkte. Niemals habe man ihn lachen sehen. Vor allem der einheimische Adel fühlte sich durch den bürgerlichen Einwanderer vor den Kopf gestoßen und zurückgesetzt, »voll Eifersucht auf den Bevorzugten, in dessen Hand jede Beförderung, jede sachliche Entscheidung zu liegen schien, der die Augen überall hatte und jeden Missbrauch des Amtes wehrte, der – selbst völlig unbestechlich – die kleinen Ergötzlichkeiten, die sonst wohl die höheren Stellen eingebracht hatten, versiegen machte«, urteilte der Historiker Johann Gustav Droysen im 19. Jahrhundert.[11]

Diese mangelnde Rücksicht auf höfische Gepflogenheiten war einer der Gründe für das Intrigennetz, das um den »großen Danckelman« und seine Brüder gesponnen wurde. Als Jurist hatte sich der Minister zunächst geweigert, auch die Verantwortung für die Finanzen zu übernehmen; dies stehe außerhalb »seines Talents und Tuns«. Doch ließ er sich auch hier in die Pflicht nehmen – und musste sich am Ende Vorhaltungen wegen der leeren Kassen des Kurfürstentums machen lassen. Nun rächte es sich, dass er niemals irgendwelche Anstrengungen unternommen hatte, um sich beliebt zu machen.

Kein Herz für die Krone

Einer Krönung seines Herrn zum König konnte Danckelman nichts abgewinnen. 1693 war er selbst beim Kaiser mit einer ersten Fühlungnahme abgeblitzt. Durch seinen Bruder Nicolaus Bartholomäus, der brandenburgischer Gesandter in Wien war, erfuhr er später aus erster Hand, wie zurückhaltend man am Kaiserhof einer Königswürde für die Hohenzollern gegenüberstand. Danckelman war klar, wie schwierig die Verhandlungen darüber werden würden, und er ahnte, dass Friedrich die Ressourcen seines Landes mit diesem – wie er es sah – Abenteuer überspannen könnte, eine kostspielige Würde, die nichts als leere Insignien einbrachte, jedenfalls keine reale Macht. Weder sah er, anders als Friedrich III., irgendeine Notwendigkeit für die Königswürde, noch erkannte er die damit verbundenen Chancen für die Zukunft. Dass der Premierminister so wenig Begeisterung für seinen Traum an den Tag legte, nahm ihm Friedrich III. persönlich übel.

Doch dies allein hätte wohl nicht zu seinem Sturz geführt. Mit entscheidend war, dass Kurfürstin Sophie Charlotte, eine gebürtige Welfin, zur entschiedensten Gegnerin Danckelmans wurde. Einmal weil der Minister mit Blick auf die leeren Kassen des Kurfürstentums selbst Sophie Charlotte zur Sparsamkeit ermahnte – was für eine Impertinenz! –, zum anderen, weil die

Kurfürstin dem Premierminister nicht ganz zu Unrecht eine gegen Hannover und damit gegen ihre Heimat gerichtete Politik vorwarf. Ein weiterer Streitpunkt war die Erziehung des Kurprinzen, die der mächtige Minister ebenfalls in seinem Sinne lenken wollte – und sich damit Sophie Charlotte noch mehr zur Feindin machte. Für die Kurfürstin war dieser unnahbare Minister nichts anderes als ein Tyrann, der sich selbst für allmächtig hielt.

Das Fass zum Überlaufen brachten schließlich die Friedensverhandlungen von Rijswijk, durch die im September bzw. Oktober 1697 der Pfälzische Erbfolgekrieg beendet wurde. Durch Einzelverträge legten England, Spanien, die Generalstaaten (Niederlande) und das Heilige Römische Reich jenen Konflikt bei, der zu einem fast zehnjährigen Krieg mit Frankreich um das Erbe des kinderlosen Kurfürsten Karl II. von der Pfalz geführt hatte. Auch brandenburgische Truppen hatten auf den verschiedenen Kriegsschauplätzen mitgekämpft und einen hohen Blutzoll bezahlt. Doch in Rijswijk saßen die Vertreter des Kurfürsten nur am Katzentisch. Für die Krieg führenden Parteien waren die brandenburgischen Soldaten nur eine Miettruppe gewesen. Das war insofern nicht falsch, als tatsächlich Subsidienverträge mit England, den Generalstaaten und Spanien die Grundlage für deren Einsatz gewesen waren – Soldaten gegen Geld. Aus der Sicht der Auftraggeber war Brandenburg damit keine handelnde Partei des Krieges gewesen und brauchte deshalb auch nicht mit am Verhandlungstisch der Großen zu sitzen. Dass sein Land wie eine zweit- oder gar drittrangige Macht behandelt wurde, empfand Friedrich III. allerdings als Demütigung. Dass obendrein die Mächte zwar gern seine Soldaten genommen hatten, ihre Zahlungsmoral aber erheblich zu wünschen übrig ließ, ärgerte ihn noch mehr. Die Einschätzung, dass der Kurfürst aufgrund der Souveränität seiner Herrschaft in Preußen »so viel Macht und Ansehen habe, dass er den Königen gleich sei« und daher Anspruch auf die gleiche Behandlung etwa durch den Kaiser habe, war Wunschdenken.[12] Auch für diese Herabsetzung wurde Danckelman verantwortlich gemacht. »Der Kurfürst selbst fing nach und nach an, seiner überdrüssig zu werden«, erinnerte sich Karl Ludwig Baron von Pöllnitz. »Der Minister war geizig, und der Fürst fand sein Vergnügen nur an Pracht und Aufwand.«[13] Doch es ging nicht nur um Äußerlichkeiten; so soll Friedrich sogar geäußert haben: »Danckelman will den Kurfürsten spielen, ich will ihm aber zeigen, dass ich Herr bin.«[14]

Der tiefe Fall des allmächtigen Ministers

Endlich spürte der Premierminister selbst, dass ihm ein rauer Wind ins Gesicht wehte, und so versuchte er – zu spät –, den geordneten Rückzug anzutreten: Am 22. November 1697 bat er um seine Entlassung, die denn auch sofort gewährt wurde. In einem Brief an seine Schwiegermutter Sophie von Hannover mokierte sich Friedrich darüber, dass er in seinem eigenen Kurfürstentum nicht mehr »Herr, sondern Diener« gewesen sei, und gab seiner Hoffnung Ausdruck, dass Danckelmans Sturz »zu vielem nützlich sein werde«.[15] Und Kurfürstin Sophie Charlotte jubelte: »Ich fürchte nicht mehr, dass jetzt ein anderer mir solche Streiche spielen wird, denn es wird sich niemand von so viel Dreistigkeit und so viel Schlechtigkeit finden.«[16]

Die Feinde des Premierministers wollten sich damit aber nicht zufriedengeben – sie wollten nicht nur seinen Sturz, sie wollten seine Vernichtung. Tatsächlich wurde der Premierminister wenige Wochen nach seinem Rücktritt verhaftet und in die Festung Spandau gebracht. Obwohl sich die in einem Prozess gegen ihn erhobenen Vorwürfe – die Anklageschrift umfasste insgesamt 290 Anklagepunkte – alsbald als völlig haltlos erwiesen, blieb Danckelman auf Anweisung des Kurfürsten in Haft, sein gesamter Besitz wurde konfisziert. Erst 1707 wurde er aus der Haft entlassen, ohne jedoch rehabilitiert zu werden. Diesen Schritt vollzog erst König Friedrich Wilhelm I. 1713. Doch auch der sparsame »Soldatenkönig« dachte nicht daran, dem einst allmächtigen Minister seinen Besitz zurückzuerstatten.

Fürstliche Kronenjagd

Es ist nicht sicher, wann in Friedrich III. der Wunsch entstanden ist, König zu werden. 1693 hat er den Plan erstmals im Geheimen Rat vorgetragen, ohne dabei auf große Gegenliebe zu stoßen. Erst die ernüchternden Friedensverhandlungen in Rijswijk 1697 führten dazu, dass das Vorhaben wieder aufgegriffen wurde – ohne den lästigen Bremser Danckelman.

Friedrich III. wollte auf Augenhöhe mit den europäischen Mächten verhandeln. Zwar durften die Reichsfürsten seit dem Westfälischen Frieden 1648 Bündnisse mit ausländischen Mächten schließen, sofern sich diese nicht gegen Kaiser und Reich richteten. Doch blieben sie letztlich Glieder des Reichs, und die durch die Erfolge in den Türkenkriegen gestärkten Habsburgerkaiser waren bestrebt, die Fürsten wieder stärker in ihre Politik einzubinden. »Dass ich anders als durch Anerkennung der königlichen Würde die honores regios [königliche Ehren] für mich und meine Minister erhalten könnte, dazu sehe ich schlechte Apparenz; denn solange ich nichts als Kurfürst bin, opponiert man mir allemal.«[17] Das hatte er 1696 bei einem Treffen mit König Karl XI. von Schweden bitter erfahren müssen, als Karl zwar für sich einen Stuhl mit Armlehnen hatte bereitstellen lassen – für den brandenburgischen Kurfürsten aber einen ohne! Das klingt nur aus heutiger Sicht lächerlich: Karl brachte in der Wahl der Stühle die Rangordnung deutlich öffentlich zum Ausdruck, eine Rangordnung, wie sie Friedrich nicht länger hinnehmen wollte.

Friedrich III. war bei Weitem nicht der einzige Reichsfürst, der an der Wende zum 18. Jahrhundert um eine Rangerhöhung bemüht war. Seit der Goldenen Bulle von 1356 war die Wahl des deutschen Königs durch die sieben Kurfürsten – die Erzbischöfe von Trier, Mainz und Köln sowie die weltlichen Herrscher von Böhmen, Brandenburg, Sachsen und der Pfalz – staatsrechtlich geregelt. 1623 kam mit den bayerischen Wittelsbachern eine weitere Kur hinzu. Damit gehörte Friedrich III. zum exklusiven Kreis der Königswähler und damit zu den höchsten Fürsten des Reichs. Unter dem Druck des Kriegs gegen Frankreich hatte

Kaiser Leopold sich im März 1692 dazu verpflichtet, die Erhebung der Welfen zu Kurfürsten durchzusetzen. Anderenfalls wollte Herzog Ernst August von Hannover den Kaiser nicht unterstützen. In Brandenburg sah man diese Ausweitung des exklusiven Kreises der Königswähler zwar grundsätzlich nicht gern, war aber bereit, sie im Fall der protestantischen Welfen auch aus konfessionellen Gründen hinzunehmen. Doch für den Aufstieg der Welfen war die Kurwürde nur eine Zwischenstation: Die Ehe des englischen Königs Wilhelm III. und seiner Frau Maria war kinderlos geblieben. Daher folgte ihm 1702 seine Schwägerin Anna Stuart auf dem Thron. Zwar hatte sie zahlreiche Kinder – doch fast alle waren Totgeburten oder lebten nur wenige Tage. Freilich gab es aus der Familie der Stuart eine Reihe von Thronanwärtern, doch waren diese katholisch, und das englische Parlament hatte Katholiken 1689 von der Thronfolge ausgeschlossen. Damit zeichnete sich ab, dass die mit dem Kurfürsten Ernst August von Hannover verheiratete Sophie von der Pfalz als nächste protestantische Verwandte einmal englische Königin werden könnte. 1701 legte sich das Parlament auf diese Thronfolge fest.

Auch der bayerische Kurfürst Maximilian II. Emanuel strebte in dieser Zeit nach einer Königskrone. Dabei war es dem ehrgeizigen Wittelsbacher, der sich durch seine Unterstützung Frankreichs während des Spanischen Erbfolgekriegs im Reich unmöglich gemacht hatte, fast egal, wo dieses Königreich denn sein sollte. Am realistischsten waren noch die spanischen Niederlande (in etwa das heutige Belgien und Luxemburg), deren Generalstatthalter er von 1692 bis 1706 war. Sein heimisches Bayern hätte er, ohne zu zögern, gegen eine Krone in Brüssel eingetauscht. Doch am Ende stand Max Emanuel mit leeren Händen da.

Erfolgreicher waren die Bemühungen Augusts des Starken von Sachsen: Am 17. Juni 1696 war der polnische König Johann Sobieski gestorben. Zwar hatte er männliche Nachkommen, doch Polen war ein Wahlkönigtum, und die polnischen Königswähler – wahlberechtigt waren alle Adligen – hatten kein Interesse an einer starken Dynastie, die womöglich ihre Rechte beschneiden würde. So begann 1696 ein regelrechter Wahlkampf, bei dem die

Thronkandidaten reichlich Bestechungsgelder fließen ließen. August der Starke verfügte über genügend Geld und auch über Truppen, um durch Drohgebärden Eindruck zu schinden. Er hatte aber ein Problem: Er war Protestant – und kein Geld der Welt hätte ausgereicht, um diesen Makel im erzkatholischen Polen wettzumachen. Doch: Der Reiz der Königskrone war so groß, dass August zum Katholizismus konvertierte, mochten seine sächsischen Untertanen darüber noch so erschauern. Zwar kam es im Juni 1697 zuerst zu einer leicht chaotischen Doppelwahl, doch August ließ seine Armee an der Grenze zu Polen aufmarschieren, und am 15. September erntete er den Lohn für alle seine Mühen: In Krakau wurde er zum polnischen König gekrönt.

Ein Königreich außerhalb der eigenen Grenzen strebte ebenso Kurfürst Johann Wilhelm von der Pfalz an. Sein Traum von einem Königreich im westlichen Mittelmeerraum oder gar in Armenien ließ sich aber nicht verwirklichen. Um eine Rangerhöhung bemüht war ebenso der von Frankreich bedrängte Herzog Leopold von Lothringen. Er nahm den Titel »Königliche Hoheit« an wie schon zuvor Großherzog Cosimo III. von Toskana. Damit waren sie zwar nicht zu Königen geworden, aber immerhin deuteten sie an, königsgleiche Herrscher zu sein.[18]

Dass Kurfürst Friedrich III. nach der Königskrönung strebte, war also weder besonders originell, noch entsprang dieser Wunsch einer persönlichen Marotte, erst recht stand dahinter kein Denken in den Kategorien von Volk oder Nation. Er reihte sich damit vielmehr ein in eine ganze Schar von Fürsten, die nach Rangerhöhung strebte, um größere Souveränität und Eigenständigkeit zu erreichen. So wollte Friedrich den Spielraum, den der Westfälische Frieden den Fürsten beispielsweise in der Frage der Bündnisfreiheit gegeben hatte, weiter ausdehnen, um im Konzert der Großen mitspielen zu können. Dabei war er davon überzeugt, dass die Königswürde nur den Rang bestätigen würde, der ihm ohnehin zukam: »Wenn ich alles habe, was zu der königlichen Würde gehört, auch noch mehr als andere Könige, warum soll ich dann auch nicht trachten, den Namen eines Königs zu erlangen.«[19] Ganz ähnlich sah es der große Gelehrte Gottfried Wilhelm

Leibniz: Zwar verfüge Friedrich schon jetzt über königliche Macht, doch könne er den anderen Königen erst dann wirklich gleichrangig sein, wenn er auch über den Titel verfüge.[20]

Der preußische Vorteil

In diesem Bestreben hatte Friedrich den unschätzbaren Vorteil, mit dem Herzogtum Preußen über ein souveränes Fürstentum außerhalb der Grenzen des Heiligen Römischen Reichs zu verfügen. Er war daher weder auf die Königswähler eines anderen Reichs angewiesen wie August der Starke in Polen noch von der politischen Großwetterlage abhängig wie Max Emanuel von Bayern oder Johann Wilhelm von der Pfalz. Und er war auch nicht abhängig von den Glücksfällen dynastischer Erbfolge wie die Welfen in England. Diese Chance zielstrebig genutzt zu haben ist das bleibende Verdienst Friedrichs III. Die Königswürde auf Brandenburg zu stützen lehnte er ab – wäre dies doch kein souveränes Königreich gewesen, sondern ein Reich von Kaisers Gnaden: »Wenn ich die königliche Dignität auf meine brandenburgischen Lande nehmen will, so bin ich kein souveräner König, sondern ein Lehnkönig und werde deshalb mit dem ganzen Reich zu tun haben…, wenn ich aber wegen Preußen die königliche Dignität annehme, so bin ich ein independenter [unabhängiger] König.«[21]

Doch erhebt sich vor diesem Hintergrund die Frage: Weshalb bedurfte es zur Verwirklichung dieses Ziels überhaupt langwieriger Verhandlungen? Wer oder was hätte Friedrich daran hindern sollen, sich in Königsberg – der Hauptstadt des Herzogtums Preußen – eine Krone aufs Haupt zu setzen und aller Welt zu verkünden, dass er nunmehr König sei? Die einfache Antwort auf diese Frage lautet: Niemand. Doch so einfach war es nicht. Denn: Ein König war nur dann ein wirklicher König, wenn sein Rang auch außerhalb der eigenen Landesgrenzen anerkannt war.

Zudem: Selbst als König blieb Friedrich weiter Kurfürst und damit Reichsfürst. Zu allererst musste der Hohenzoller daher erreichen, dass der Kaiser sein Königtum anerkannte – nicht nachträglich, sondern vorab. Zwar waren die Habsburgerkaiser weit von der Macht ihrer mittelalterlichen Vorgänger entfernt, doch nach den großen Erfolgen in den Türkenkriegen und der wenigstens halbwegs erfolgreichen Abwehr der Angriffe Ludwigs XIV. von Frankreich war Leopold I. ein Machtfaktor, der nicht außer Acht gelassen werden durfte. Ebenso bedurfte es der Anerkennung der Königswürde durch die übrigen Reichsfürsten und vor allem durch die gekrönten Häupter Europas. Was brachte es, König zu sein, wenn dieser Rang niemanden interessierte? Es war doch gerade die Zurücksetzung von Rijswijk gewesen, die Friedrich so maßlos geärgert hatte.

Wartenberg – der neue Stern

Nach dem Sturz Danckelmans nahm der aus der Pfalz stammende Johann Kasimir Graf Kolbe von Wartenberg dessen Position als erster Ratgeber des Kurfürsten ein, auch wenn er erst 1702 zum Premierminister ernannt wurde, fünf Jahre nachdem sein Vorgänger um seinen Abschied gebeten hatte. Wartenberg war das Kontrastprogramm zu dem bärbeißigen Danckelman. Er verstand es, seinen Herrn um den Finger zu wickeln, ihm seine echten und vermuteten Wünsche zu erfüllen, bevor sie überhaupt ausgesprochen waren. Schon 1682 hatte er durch seine »höchst gefälligen, einschmeichelnden Manieren« das Interesse des brandenburgischen Hofes auf sich gezogen.[22] Es folgte die Ernennung zum Kämmerer, durch die er in engen Kontakt mit dem Kurfürsten kam. Widerspruch gegen die Königspläne war von diesem geschmeidigen Höfling nicht zu erwarten, im Gegenteil: Dass Wartenberg den Kurfürsten darin unterstützte, machte ihn erst recht zu seinem Favoriten.

Menschen wie Wartenberg waren an den Höfen des 17. und 18. Jahrhunderts häufiger anzutreffen als Widerspruchsgeister wie Danckelman, der nicht mehr in die Zeit zu passen schien. Zum Typus des geschmeidigen Höflings passte es auch, dass Wartenberg kein Mann war, der gerne Akten wälzte. Diese Rolle übernahm der aus Minden stammende Heinrich Rüdiger von Ilgen, der 1699 Mitglied des Geheimen Rats wurde, ein Mann, der im Hintergrund wirkte und kaum auffiel, aber ungeheuer effizient arbeitete.

Wie an seinem Großvater, so hat Friedrich der Große auch an Wartenberg kein gutes Haar gelassen: »Ohne glänzende Eigenschaften zu besitzen, die allgemeinen Beifall erringen, beherrschte er die Kunst des Hofes, zarte Aufmerksamkeit, Schmeichelei, mit einem Wort: Kriecherei. Er übernahm die Ansichten seines Herrn, überzeugt, er brauche nur Diener der fürstlichen Leidenschaften zu sein, um sein Glück zu machen.«[23] Das Beispiel Danckelmans vor Augen, wusste Wartenberg, dass diese fürstlichen Leidenschaften sich auch einmal gegen ihn wenden könnten. So ließ er sich von Friedrich vorab einen Freibrief ausstellen, der ihn von jedweder Verantwortung entband, egal was geschah und welche Folgen sein politisches Handeln haben würde. Wörtlich wurde Wartenberg darin vom König versichert, »dass, wenn bei der Verwaltung der Domänen und Schatullengüter etwas zu unserem Nachteil vorgegangen sein sollte, nicht er dafür verantwortlich sein soll, auch wenn er die betreffenden Verfügungen revidiert und kontrasigniert hat, sondern die Vortragenden Räte, deren Namen deshalb auch immer auf die Konzepte gesetzt werden sollen«.[24] Wartenberg schob damit jede Verantwortung auf seine Untergebenen ab.

Einen noch schlechteren Ruf als Wartenberg hatte dessen Frau Katharina, was nicht zuletzt an ihrer wenig standesgemäßen Herkunft lag: Ihr Vater war Schiffer in Emmerich am Rhein und betrieb dort ein Gasthaus. Daher war Kurfürstin Sophie Charlotte höchst indigniert, als sie einmal mehr oder weniger dazu gezwungen wurde, die Frau des Premierministers zu empfangen – die stolze Welfin rächte sich auf ihre Weise, indem sie mit ihren Hofdamen ausschließlich Französisch parlierte, wohl wissend, dass die »Kolbin« die Sprache des Hofes nicht verstand. Zwar mangelte es Katharina an höfischen Umgangsformen, allerdings muss sie ausnehmend attraktiv gewesen sein, denn die Männer verfielen ihr reihenweise. Auch der König? Der Hofklatsch erzählte, dass Friedrich die Frau des Premierministers zu seiner Mätresse gemacht habe, doch wies er selbst dieses Gerücht vehement zurück: »Ich weiß wohl, was man sich für eine Einbildung von mir macht, allein es ist nichts daran, und man tut mir mehr unrecht als ihr.«[25] Zwar wurde Friedrich nachgesagt, dem französischen König Ludwig XIV. in vielem nachzueifern, eine Mätresse hätte sich aber mit den religiösen Überzeugungen des Hohenzollern kaum in Einklang bringen lassen. Man macht sich ohnehin eine falsche Vorstellung, wenn man Friedrich als Lebemann darstellt, dem es nur um prächtige Feste gegangen wäre. Tatsächlich hat der Kurfürst-König unvorstellbare Summen für den Hof ausgegeben, doch betrafen diese Ausgaben keine zweckfreien »Lustbarkeiten«, sondern dienten dazu, sich seinem Rang entsprechend zu inszenieren. Galante Bälle, glanzvolle Opern und Maskeraden waren dagegen die Welt seiner Frau Sophie Charlotte, die ihrerseits von den steifen Zeremonien, die ihr Mann so sehr liebte, nicht viel hielt. Mit Diamanten und kostbaren Gewändern kleideten sich beide gern. Als Sophie Charlottes Mutter ihre Tochter einmal in einem Kleid mit lauter diamantenen Knöpfen sah, sei ihr klar geworden, weshalb das Geld am Berliner Hof niemals ausreichte.[26]

Verhandlungsmarathon zwischen Wien und Berlin

Auf der politischen Agenda stand in den Jahren nach Rijswijk die angestrebte Königskrone ganz oben. Auf zwei Schienen liefen die Verhandlungen neuerlich an: Im April 1698 wurde der Kammergerichtsrat Christian Friedrich Freiherr von Bartholdi, ein tüchtiger und gewandter Beamter, als neuer brandenburgischer Gesandter nach Wien geschickt. Bartholdi wurde angewiesen, die »Sache der Königskrone zu encaminiren«, sprich auf den Weg zu bringen.[27] Zeitgleich waren gleich zwei Jesuitenpatres in die Verhandlungen involviert: Pater Karl Moritz Vota war Beichtvater des polnischen Königs gewesen und nun Dauergast bei den gelehrten Konversationen am Hof von Kurfürstin Sophie Charlotte. Der Jesuit war ein gebildeter Mann, der sich nicht nur in theologischen Fragen auskannte, sondern ebenso gewandt über geschichtliche und mathematische Fragen zu parlieren verstand.

Ganz im Sinne der Aufklärung diskutierten die Mitglieder der Tafelrunde im Schloss Charlottenburg (das damals noch Lietzenburg hieß) über die Möglichkeit, auf der Basis der konfessionellen Gemeinsamkeiten und der frühchristlichen Konzilien zu einer »Union der Bekenntnisse« zu kommen. Natürlich waren diese Diskussionen bloße Theorie, aber der Kurfürstin war es damit durchaus ernst: »Ich hoffe, alle Christen werden bald eins sein ... In jener Welt wird man uns nicht fragen, von welcher Religion wir gewesen sind, sondern was wir Gutes und Böses getan haben ... Alles andere ist Pfaffengezänk.«[28]

Vor diesem Hintergrund hoffte Vota, den Kurfürsten irgendwie in das katholische Boot holen oder zumindest weitere Erleichterungen für die Ausübung des katholischen Glaubens in Brandenburg herausschlagen zu können. Fast verwegen wirkt Votas Idee, der Kurfürst solle sich vom Papst zum König ernennen lassen. Doch Friedrich III. war nicht August der Starke, und ein Konfessionswechsel als Preis für die Zustimmung des Kaisers stand für ihn niemals zur Debatte: Um alle Kronen der Welt werde er niemals seine Religion wechseln, ließ er in dieser Frage gar nicht erst irgendwelche Zweifel aufkommen.

In Wien spann derweil ein weiterer Jesuit seine Fäden: Pater Friedrich Wolff war verschiedentlich für den Wiener Kaiserhof in diplomatischer Mission unterwegs gewesen und kam nur durch puren Zufall in das Spiel um die Königskrone. Ein Schreiben, das eigentlich für den brandenburgischen Gesandten in Wien gedacht war, landete irrtümlich auf dem Schreibtisch des Paters, der die Gelegenheit beim Schopf packte, in der großen Politik mitzumischen. Tatsächlich erwarb er sich auch das Vertrauen Berlins. Mit aller Macht versuchte er, einen sichtbaren Gewinn für die katholische Sache herauszuschlagen. Doch mit seinem Vorschlag, den brandenburgischen Kurprinzen mit einer Tochter des Kaisers zu verheiraten, stieß er auf wenig Gegenliebe – vor allem wegen des damit verbundenen Pferdefußes: Zwar sollten die Söhne reformiert, die Töchter aus dieser Verbindung aber katholisch getauft werden. Friedrich III. sperrte sich gegen solche Gedankenspiele, war er doch nicht einmal in der Frage der Zulassung katholischer Gottesdienste zu Zugeständnissen bereit. Als überzeugter Protestant wollte er schon aus Glaubensgründen nicht, dass Mitglieder seines Hauses katholisch würden. Hinzu kam: Zwar waren Töchter im römisch-deutschen Reich nicht selbst erbfolgeberechtigt, doch im Fall des Aussterbens einer Familie im Mannesstamm gewann die weibliche Linie Bedeutung. Im Extremfall hätte Brandenburg dann einen katholischen Herrscher bekommen können.

Bewegung in die Verhandlungen um die Königskrone brachten erst politische Entwicklungen, die es dem Kaiser ratsam erscheinen ließen, den Brandenburger nicht in das gegnerische Lager abwandern zu lassen. Dabei waren es gleich zwei Konflikte, die Wien Kopfzerbrechen bereiteten. Da war zunächst die spanische Thronfolge. König Karl II. von Spanien war ein Musterbeispiel für den Abstieg einer großen Familie zum bloßen Spielball der Mächte inner- und außerhalb des Landes. Von Kindheit an kränkelnd und depressiv, spielte er lieber Mikado oder zählte die Beeren an seinen Sträuchern, als sich um Politik zu kümmern. Da seine beiden Ehen kinderlos blieben, stand das Aussterben der spanischen Habsburger und damit verbunden die Thronfolge auf der Iberischen Halbinsel seit der Mitte der 1690er-Jahre auf der politischen Agenda der europäischen Großmächte. Am Ende meldeten zwei Thronprätendenten ihre Ansprüche an: Philipp von Anjou und der österreichische Erzherzog Karl. Philipp war ein Enkel Ludwigs XIV. von Frankreich – und wie sein habsburgischer Kontrahent ein Großneffe Karls II. Auf dem Sterbebett hatte der Spanier noch Philipp von Anjou zu seinem Nachfolger ernannt, doch es war klar, dass die österreichischen Habsburger diese Entscheidung niemals anerkennen würden. Nachdem alle Pläne zur friedlichen Teilung des spanischen Erbes gescheitert waren, standen die Zeichen auf Krieg.

Zur Durchsetzung ihrer Ansprüche waren die Habsburger auf Verbündete angewiesen. Dies war der Hintergrund, vor dem sich die Verhandlungen um die Anerkennung einer preußischen Königswürde zwischen Berlin und Wien abspielten. Dazu kam ein zweiter Konflikt, der drohend seine Schatten warf und Kaiser Leopold I. ein Arrangement mit Kurfürst Friedrich III. ratsam erscheinen ließ: Im sogenannten Nordischen Krieg verbündeten sich Dänemark, Sachsen-Polen und Russland gegen Schweden, das durch die Thronbesteigung des erst 15-jährigen Königs Karl XII. geschwächt schien. Dem Kaiserhof in Wien konnte nicht daran gelegen sein, dass Brandenburg seine Machtposition im Ostseeraum durch ein Eingreifen in den Nordischen Krieg noch weiter ausdehnte. Es lag also im ureigensten Interesse Leopolds, Friedrich III. bei Laune zu halten.

Friedrich selbst hat die Bedrängnis, in der Kaiser Leopold war, bewusst genutzt, um seinen Traum unter Dach und Fach bringen zu können: Wenn nicht jetzt, wann dann – diese rhetorische Frage stellte Friedrich 1699 in einem Memorandum. Sollte es zu einer habsburgischen Erbfolge in Spanien kommen, bedeutete dies einen erheblichen Zuwachs für die kaiserliche Macht. Würde Leopold dann noch bereit sein, der hohenzollerischen Rangerhöhung zuzustimmen? Kaum – und deshalb musste nach Friedrichs Überzeugung jetzt gehandelt werden. So kam es am 16. November 1700 zum Abschluss eines Bündnisvertrags zwischen dem Kurfürsten und dem Kaiser, der als Krontraktat in die Geschichte eingegangen ist.[29]

Für Friedrich III. brachte Artikel 7 dieses Vertrags die Erfüllung seines Traums. Darin heißt es: »Erklären sich hiermit aus kaiserlicher Macht und Vollkommenheit, dass, wenn Seine Kurfürstliche Durchlaucht sich hiernächst zufolge dieser von Ihrer Kaiserlichen Majestät und dero Herrn Sohns … erlangter gnädigster Approbation [Anerkennung] für sich und ihre Nachkommen für einen König proklamieren und krönen lassen, Ihre Kaiserliche Majestät … für sich und ihre Nachkommen … sofort, ohne eine weitere Verzögerung und Aufschub, ihn [Friedrich III.] als König in Preußen ehren, würdigen und erkennen.« Am Ende hat Leopold nicht einmal mehr darauf beharrt, dass er Friedrich die Krone förmlich verlieh – was er eigentlich als sein kaiserliches

Vorrecht betrachtete –, sondern sich mit der bloßen Anerkennung zufriedengegeben. Und noch mehr: Leopold versprach, Friedrich all jene Ehren und Titel zukommen zu lassen wie den anderen europäischen Königen. Mit einer Einschränkung: Im Reich und für seine zum Reich gehörenden Gebiete blieb Friedrich Kurfürst und sollten seine Bevollmächtigten »keinen anderen Vorzug fordern, als den sie bisher gehabt haben«.

Eine verpasste Chance?

Umsonst war die zugesagte Anerkennung als König allerdings nicht – es war ein Geschäft auf Gegenseitigkeit. Der Kurfürst musste sich unter anderem dazu verpflichten, bei künftigen Kaiserwahlen den habsburgischen Kandidaten zu wählen und dem Kaiser im Falle eines Krieges um die spanische Erbfolge 8000 Soldaten zur Verfügung zu stellen, »um sich derenselben zu solchem Zweck nach Kriegsraison zu gebrauchen«. Brandenburg sollte dafür Subsidiengelder von jährlich 150 000 Talern erhalten. Dieses Geld wäre in Berlin höchst willkommen gewesen, verschlang die Unterhaltung eines im Verhältnis zur Einwohnerzahl überdimensionierten Heeres doch große Summen. Aber Friedrich III. konnte sich an drei Fingern abzählen, dass die versprochenen Subsidien zumindest nicht schnell und wahrscheinlich sogar niemals in der vereinbarten Höhe fließen würden, denn in der Wiener Hofburg waren die Kassen leer.

Der große preußische Historiker Johann Gustav Droysen hat dieses Zugeständnis Friedrichs III. heftig kritisiert: Er habe seine Soldaten in einem Krieg verheizt, der Brandenburg nichts angegangen sei, statt im Nordischen Krieg mitzumischen, der vor der eigenen Haustür stattfand und bei dem es womöglich etwas zu gewinnen gegeben hätte – vielleicht den von Schweden als Lockvogel ins Spiel gebrachten westlichen Teil Preußens, der damals noch zum Königreich Polen gehörte, um endlich eine direkte Verbindung in das Herzogtum Preußen zu schaffen; damit wäre dem hohenzollerischen Herrschaftskonglomerat wenigstens etwas von seinem Flickenteppich-Charakter genommen gewesen. Oder man hätte – falls man sich mit Dänen, Russen und Polen verbündete – das bis dahin schwedische Vorpommern gewonnen. Er habe im Westen Krieg ohne Politik geführt und im Osten Politik ohne Armee, sprich ohne Druckmittel, urteilte Droysen daher und bedauerte: »Wie tapfer die preußischen Truppen in Brabant, an der Donau, in Italien kämpfen mochten, den Gewinn ihrer Leistungen hatten andere Mächte; und zwischen Schweden, Polen, dem Zaren ohne Nachdruck der Waffen, den Waffenerfolgen anderer diplomatisch nachhinkend, sank die preußische Politik zur Intrige hinab.«[30] Das mag vordergründig richtig sein, doch langfristig hat die Erwerbung der Königskrone einen sehr viel handfesteren Vorteil eingebracht.

Der Traum wird wahr: König in Preußen

Für Friedrich III. bestand ohnehin kein Zweifel daran, dass der Abschluss des Krontraktats ein großer Erfolg war – schließlich konnte er es kaum mehr erwarten, endlich König zu werden. Krönen konnte er sich aber natürlich nicht in Berlin, sondern nur in seinem künftigen Königreich, dem Herzogtum Preußen. Dass es tiefster Winter war und die Reise in das 600 Kilometer entfernte Königsberg beschwerlich werden würde, focht den Kurfürsten nicht an. Und er hatte keineswegs vor, ohne großes Gefolge dorthin aufzubrechen – schließlich wurde man nicht alle Tage König. Am 17. Dezember 1700 machte sich der Tross auf den Weg: »Der König, die Königin, die jungen Markgrafen und ein Teil ihres Gefolges mit fast 200 Karossen und Wagen fuhren sehr schnell. Der Kronprinz ... reiste am Tage darauf. Die Beamten und Dienerschaft des Hofes und, was man in Deutschland den Hofstaat nennt, bildeten die dritte Gruppe. Die Gardes du Corps mit den 100 Schweizern [nicht nur der Papst, auch der König von Frankreich und der Kurfürst von Brandenburg hatten eine Schweizergarde] beschlossen den Marsch«, erinnerte sich Christoph zu Dohna-Schlobitten, ein Mitglied des Geheimen Rats, an die Reise nach Königsberg.[31] Allein 30 000 Vorspannpferde wurden für die zwölf Tage lange Reise benötigt, natürlich nicht auf einmal, aber allein die gewaltige Gesamtzahl zeugt von den Dimensionen des Aufwands.

In Königsberg begannen sofort die Vorbereitungen zur Krönung.[32] Die Bewohner wurden von Herolden auf das Ereignis eingestimmt. Der »Fürsehung Gottes« sei es zu verdanken, dass das Herzogtum Preußen nun ein Königreich werde. Am Tag vor der Krönung stiftete Friedrich den Schwarzen Adlerorden, mit dem er ein Zeichen seiner Souveränität setzen und mit den anderen Königreichen gleichziehen wollte: Die Habsburger hatten ihr Goldenes Vlies, in England gab es den legendären Hosenbandorden, in Dänemark den ebenfalls schon 1460 gegründeten Elefantenorden. Der Schwarze Adlerorden sollte auf einen exklusiven Kreis von 30 Mitgliedern beschränkt bleiben; erster Ordenskanzler wurde natürlich Kolbe von Wartenberg. Um die Exklusivität zu wahren, sollte es den Mitgliedern untersagt werden, andere Ehrenzeichen gleichzeitig zu tragen. Auch waren sie gehalten, zukünftig keine anderen Orden mehr anzunehmen. Doch dieser Schuss ging mitunter nach hinten los: So sah sich Prinz Eugen von Savoyen, der legendäre kaiserliche Feldherr in den Türkenkriegen, gezwungen, die Aufnahme in den Orden abzulehnen, hätte er dann doch sogar das Goldene Vlies ablegen müssen – und mit dessen Glanz konnte der Schwarze Adlerorden längst nicht konkurrieren.

Ordenszeichen war ein blaues Kreuz mit vier schwarzen Adlern, die ein Rückgriff auf den Deutschordensstaat Preußen waren. In den Statuten heißt es dazu aber auch ganz allgemein: »Als ein König des Geflügels schicket er sich wohl zu unserer königlichen Würde.« Getragen wurde der Orden an einem orangefarbenen Band. Dessen Hintergrund ist hoch politisch: Friedrich war ein Sohn Luise Henriettes von Oranien und damit ein Cousin Wilhelms von Oranien, der seit 1672 Statthalter der Vereinigten Niederlande und seit 1689 als Wilhelm III. König von England war. Mit der Wahl des orangefarbenen Ordensbandes setzte Friedrich ein deutlich sichtbares Zeichen, um seine Ansprüche auf das Erbe

Wilhelms zu dokumentieren. Doch als dieser 1702 starb, musste sich der preußische König mit den Grafschaften Lingen und Moers sowie dem Fürstentum Neuchâtel in der Westschweiz begnügen, das als staatsrechtliches Kuriosum bis 1848 bzw. 1857 der südlichste Vorposten Preußens war.

Programmatisch war der Wahlspruch, den Friedrich seinem Orden gab: »Suum cuique« – Jedem das Seine. Das bezog sich zunächst auf jedermanns Recht – sprich das Recht, das in Preußen jedem unabhängig von seinem Stand oder Glauben zukommen sollte, »Recht und Gerechtigkeit zu üben und jedermann das Seine zukommen zu lassen«, wie es in den Statuten in Anlehnung an einen Vers aus dem Römerbrief des Apostels Paulus heißt. Der König war der Garant für diese jedermann zustehende Gerechtigkeit. Preußen als Rechtsstaat war in dem Wahlspruch des Ordens angelegt. Dass die Nationalsozialisten ausgerechnet diesen Spruch über ihren Konzentrationslagern anbringen ließen, war nicht nur zynisch, sondern zeugte auch davon, dass ihnen Preußen stets fremd geblieben ist, egal wie oft sie sich darauf berufen haben mögen.

Die Krönung selbst fand am 18. Januar 1701 im Königsberger Schloss im kleinen Kreis statt. Friedrich krönte zunächst sich selbst, dann seine Frau Sophie Charlotte. Mit der Selbstkrönung machte er noch einmal deutlich, dass er diese Krone keinem Kaiser und schon gar keinem Papst verdankte, sondern nur seiner eigenen Macht und seinem eigenen Rang. Da sich Friedrich natürlich gleichwohl als christlicher König verstand, folgte als zweiter Akt – vor größerem Publikum – die Salbung in der Schlosskirche. Der Tradition nach hätte die Salbung der Krönung vorausgehen müssen, doch hätte diese Reihenfolge den Vorrang des kirchlichen Akts der Salbung vor dem weltlichen der Selbstkrönung und damit eine Abhängigkeit impliziert, die unbedingt vermieden werden sollte. Die Salbung war eine Bestätigung des zuvor selbst vollzogenen Krönungsakts und nicht dessen Voraussetzung. Nichtsdestoweniger verlieh sie dem durch die Krone symbolisierten politischen Königsamt eine zusätzliche sakrale Würde, war sie doch biblischen Ursprungs. Schon Saul, der erste König Israels, war von dem Propheten Samuel mit heiligem Öl gesalbt worden.

Pragmatisch löste Friedrich das Problem, dass es seit dem Ende des 16. Jahrhunderts in Brandenburg keinen Bischof mehr gab, der eine solche Salbung hätte vornehmen können. Dazu kam noch das Problem, dass Friedrich selbst ja reformiert, die Mehrheit der Bevölkerung aber lutherisch war. Aus diesem Grund waren der reformierte Oberhofprediger Benjamin Ursinus und sein lutherischer Kollege Bernhard von Sanden kurz zuvor von Friedrich zu Bischöfen ernannt worden, wobei die Hauptrolle bei der Salbung dem reformierten Bischof Ursinus zukam. Vergeblich hatte der katholische Fürstbischof des vom Herzogtum Preußen umschlossenen Ermlands, Andreas Chrysostomus Zaluski, darauf gedrängt, ebenfalls in die Krönungszeremonie miteinbezogen zu werden.

Nach der Salbung zog das Königspaar über ein ausgelegtes rotes Tuch zurück zum Schloss, wo das feierliche Krönungsmahl stattfand. Währenddessen wurden Krönungsmünzen unter das Volk geworfen, aus den Brunnen floss der Wein – insgesamt 4000 Liter –, ein mit Schafen, Rehen, Ferkeln, Hühnern, Gänsen und kleinen Vögeln gefüllter Ochse wurde am Spieß gebraten. Mit einer Illumination der ganzen Stadt wurde das Fest beschlossen. Auch die einfachen Menschen sollten an diesem Tag fröhlich sein. Selbst der rote Stoff, über den Friedrich und Sophie Charlotte geschritten waren, wurde auseinandergeschnitten und verteilt. Allerdings mögen manche bei aller Festlaune daran gedacht haben, dass sie die Krönungsfeierlichkeiten durch Sondersteuern selbst finanziert hatten. Und es war ein teures Fest: Allein die Diamanten für die Krone kosteten 180 000 Taler. Auch sonst wurde nicht gespart: »Das Kleid des Königs war roter Scharlach mit einer reichen goldenen Broderie und mit großen diamantenen Knöpfen, das Stück zu 3000 Dukaten, und der Königsmantel aus Purpursamt, voller gestickter goldener Kronen und Adler, mit Hermelin gefüttert und vorn mit einer Agraffe [Spange] zwar nur von drei Diamanten zusammengehalten, aber des Wertes von einer Tonne Goldes.« Aus der Sicht Friedrichs war das kein Luxus, sondern Ausdruck seiner Majestät und notwendig, um seinen neuen Rang zu unterstreichen. Wochenlang wurde in Königsberg noch gefeiert, bei einer Hofjagd wurden sogar Bären und Wölfe erlegt.

Auch in den Orten, die der König und sein Gefolge auf der Heimreise im März 1701 durchfuhren, gab es Freudenfeste und Vergnügungen. Aufgrund der besseren Witterung kam der Tross dieses Mal etwas schneller voran; nach neun Tagen war Berlin erreicht – mit 63 sechsspännigen Kutschen zog Friedrich am 6. Mai in der Stadt ein, die den König prächtig geschmückt empfing, wie Johann von Besser in seiner »Preußischen Krönungs-Geschichte« schreibt: »In der Residentz Berlin ... ward an sieben und zwar sehr prächtigen Ehrenpforten gearbeitet: an welchen alle die in Berlin befindlichen Akademien von Malern, Bildhauern, Baumeistern und anderen Künstlern die Hand mit anlegten, und um so viel emsiger ihre ganze Wissenschaft daran auszuschütten suchten: als eben durch den bevorstehenden Einzug diese Hauptstadt des Kurhauses nunmehr zur Residenz eines Königs werden sollte.«

Der Wert einer Krone

Ein kleiner Wermutstropfen haftete der neuen Königswürde gleichwohl an: Das Herzogtum Preußen, auf das Friedrich seine Krone stützte, war – wie erwähnt – in etwa identisch mit dem später so bezeichneten Ostpreußen. Der westliche Teil Preußens stand nach wie vor unter polnischer Hoheit. König *von* Preußen konnte sich Friedrich daher nicht nennen, ohne den polnischen König gegen sich aufzubringen. Also entschied man sich salomonisch für König *in* Preußen, und bei dieser Bezeichnung blieb es bis zu der Erwerbung Westpreußens durch Friedrich den Großen im Rahmen der Ersten Polnischen Teilung 1772. Die europäischen Mächte erkannten das neue Königtum relativ schnell an, lediglich Frankreich zierte sich bis 1713, der nachbarliche Rivale Polen zog gar erst 1764 nach. Einzig die katholische Kirche und mit ihr der Deutsche Orden als einstiger Herrscher über Preußen weigerten sich standhaft, Friedrich als König anzuerkennen. Im Kirchenstaat wurden die Hohenzollern nicht einmal als Kurfürsten, sondern lediglich als »Markgrafen von Brandenburg« geführt. Erst 1787/88 kam es zur Anerkennung der königlichen Würde durch den Papst.

Mit der Krönung und der Erhebung des Herzogtums Preußen zum Königreich war aus dem hohenzollerischen Herrschaftskonglomerat noch kein einheitlicher Staat geworden. Daran änderte auch nichts, dass die Armee jetzt eine königliche preußische war und alle Behörden nun »preußisch« waren. Aber mit der Krone war der Grundstein gelegt, auf dem ein einheitliches preußisches Königreich gebaut werden konnte, und auch hier profitierten Friedrichs Nachfolger, der »Soldatenkönig« Friedrich Wilhelm I. und Friedrich der Große, von der Beharrlichkeit ihres Vorgängers. Es mag etwas übertrieben sein, wenn Gottfried Wilhelm Leibniz meinte, dass »die Aufrichtung des neuen preußischen Königreichs eine der größten Begebenheiten dieser Zeit« gewesen sei, doch ohne Zweifel war es ein Ereignis mit Folgen für die gesamte europäische Geschichte.[33]

Architektur als Zeichen der Macht

So wie die Königskrone in den Augen Friedrichs ein Ausdruck für den ihm zustehenden Rang war, so stellte repräsentative Architektur für ihn ebenfalls keine Äußerlichkeit dar, sondern ein weiteres Mittel, ebendiesen Rang zu unterstreichen. Die Zeitgenossen hatten dafür durchaus Verständnis. So meinte der vielgereiste Baron Karl Ludwig von Pöllnitz, »dass unter dem Aufwand, den hohe Häupter zu machen pflegen, keiner der Tadelsucht weniger unterworfen ist, als den sie auf das Bauen verwenden. In der Tat kann man sich auch in dieser Kunst am herrlichsten sehen lassen, und die Verschwendung selber scheint in diesem Stück erlaubt zu sein, weil die vornehmste Zierde eines Staates dadurch befördert wird.«[34]

Das bedeutendste Bauprojekt unter Friedrich I. war der groß angelegte Um- und Ausbau des Berliner Stadtschlosses. Der verwinkelte Renaissancebau entsprach schon beim Regierungsantritt

Friedrichs als Kurfürst 1688 nicht mehr den Vorstellungen des auf seinen Rang bedachten Herrschers. So wie er die Königskrone als Ausdruck seines Rangs sah, so sollte das Stadtschloss ein steinernes Symbol seiner Geltung in Deutschland und in Europa sein. Er baue nicht aus Lust, ließ er die brandenburgischen Stände wissen, sondern aus »Necessität«, aus der Notwendigkeit heraus, seinem Rang entsprechend zu residieren, dass »ein solcher [Bau] zur Ehre und Zierde unserer sämtlichen Lande gereiche«.[35] Dabei sollte das Stadtschloss zum Zentrum eines ganzen Rings an Residenzen in und um Berlin werden. Schon als Kurprinz hatte er das Schloss Köpenick zwischen 1677 und 1690 im barocken Stil erneuern lassen. Von 1689 an ließ er das von seiner Mutter ererbte Schloss Oranienburg durch Johann Arnold Nering und Johann Friedrich Eosander erweitern. 1704 wandte sich der König dem Schloss Schönhausen zu, das er ebenfalls durch Eosander umbauen ließ. Auftakt zur Umgestaltung des Potsdamer Stadtschlosses war das 1701 von Jean de Bodt errichtete Fortunaportal – das heute kurioserweise wieder zum Auftakt des »Schlossbaus« werden soll. Denn das Potsdamer Stadtschloss wurde zwar 1959/60 wie zuvor schon sein Berliner Pendant auf Geheiß der DDR-Oberen gesprengt, doch soll – wiederum wie in Berlin – zumindest die äußere Hülle wiederhergestellt werden und der Bau später den brandenburgischen Landtag aufnehmen. Auftakt zur Rekonstruktion des Potsdamer Stadtschlosses war der durch private Spendengelder finanzierte Wiederaufbau des Fortunaportals. Und nicht zuletzt war da natürlich Schloss Charlottenburg, die Sommerresidenz von Friedrichs Gemahlin Sophie Charlotte, die Nering zwischen 1696 und 1699 erbaute. »Dieses Schloss ist eins der schönsten Gebäude in Deutschland, die Zimmer sind groß und prächtig und der Hausrat über die Maßen kostbar.«[36]

Aber all dies sollte überstrahlt werden durch das Stadtschloss. Zum »Schlossbau-Direktor in unserer hiesigen Residenz« ernannte Friedrich am 2. November 1699 Andreas Schlüter. Der gebürtige Danziger war bereits 1694 nach Berlin gekommen und hatte den Kurfürsten seither durch »sonderbaren Fleiß und Sorgfalt« von seinen Qualitäten überzeugt.[37] Erste Pläne für den Umbau des Schlosses gehen bis in das Jahr 1696 zurück, 1698 legte Schlüter dem Kurfürsten sein Modell für die Neugestaltung vor. Welche Intention Friedrich mit dem Bau verfolgte, zeigt sich darin, dass er die Entwürfe für die Neugestaltung als Kupferstiche in ganz Europa verbreiten ließ. Die anderen Fürsten sollten ruhig sehen, welches Monument seiner Macht er sich in der lange spöttisch belächelten Brandenburger Streusandbüchse errichten ließ.

Mit der schieren Monumentalität ließ es Friedrich aber nicht bewenden. Das ganze Raum- und Bildprogramm des Schlosses wurde zu einer Verherrlichung des Hauses Hohenzollern und seines ersten Königs. Im Innenhof ließ Friedrich Porträts der römischen Könige anbringen – darunter auch des mythischen ersten Königs Romulus, in dessen Fußstapfen sich der Hohenzoller auf diese Weise stellte. In der Bildergalerie erscheint Friedrich dann sogar in antikem Gewand auf dem Thron, zu dessen Füßen ein Löwe als Zeichen der Stärke ruht. In der Hand hält Friedrich ein Ruder als Symbol seiner Herrschaft. Auf anderen Bildern ist der König als Richter und als Gesetzgeber dargestellt oder lässt die Fürsten und Städte Europas aufmarschieren, um ihm zu huldigen. In den Paradekammern präsentiert der preußische König seine Krone den olympischen Göttern. Das vielleicht symbolträchtigste Bild zeigt die Erhöhung des preußischen Adlers durch die Kroninsignien – es ist die von Friedrich gewonnene Krone, die den Adler hoch in die Lüfte trägt.

Die Ausmaße des Stadtschlosses waren enorm, aber sie stellten nur einen Teil dessen dar, was Friedrich und sein Baumeister Schlüter eigentlich hatten verwirklichen wollen. Zum Wahrzeichen des Schlosses sollte der über hundert Meter hohe Münzturm werden. Doch aufgrund der nur unzureichenden Fundamentierung in dem sandigen Untergrund bekam der noch nicht fertiggestellte Bau immer mehr Risse. Nachdem alle Rettungsversuche gescheitert waren, musste er 1706 wieder abgetragen werden – neben der Blamage auch ein ungeheurer Prestigeverlust für den König, der damit doch dem Stadtschloss die Krone hatte aufsetzen wollen. Das Missgeschick kostete Schlüter zwar nicht den Kopf, aber immerhin seinen Job als Schlossbaumeister. Ersetzt wurde er durch den bewährten, aber nicht vergleichbar genialen Eosander.

Die Malereien, mit denen sich Friedrich einst als König feiern ließ, sind unwiederbringlich verloren. 1950 wurde das im Krieg schwer beschädigte Stadtschloss gesprengt – der Bau passte SED-Generalsekretär Walter Ulbricht nicht in das Bild seiner »Hauptstadt der DDR«. Doch auch der 1976 anstelle des Schlosses eingeweihte »Palast der Republik« ist mittlerweile verschwunden. Im Jahr 2002 beschloss der Bundestag die Rekonstruktion von zumindest drei Barockfassaden des alten Stadtschlosses. Dieser Bau soll als Humboldt-Forum zahlreiche kulturelle Nutzungen aufnehmen, darunter die bedeutenden Sammlungen außereuropäischer Kunst der Staatlichen Museen zu Berlin, die derzeit noch in Dahlem zu sehen sind. Berlin wird dadurch einen weiteren Touristenmagneten bekommen und die Stadt ein Stück weit ihr historisches Zentrum zurückerhalten. Das Gesamtkunstwerk, das das Stadtschloss einst war, wird das Humboldt-Forum jedoch nicht wiederbringen können. Wer sich über das Schloss der Gedankenwelt Friedrichs I. nähern möchte, wird auch zukünftig auf alte Fotografien angewiesen sein.

Sterbende Krieger am Zeughaus

Während das Stadtschloss 1950 zerstört worden ist, hat ein anderer hochbarocker Bau alle Zeitläufte überstanden, dem in der symbolträchtigen Architekturpolitik Friedrichs I. ein gleichfalls hoher Stellenwert zukam: das Zeughaus. Zeughäuser dienten der Aufbewahrung von Waffen und sonstigem militärischem Gerät. Das ließ sich in der Sicht Friedrichs I. auf die einfache Formel bringen: Je größer das Zeughaus, umso größer die militärische Macht; immerhin hatte Preußen mittlerweile rund 38 000 Mann ständig unter Waffen. Die ersten Planungen für das Berliner Zeughaus gehen bereits auf den Großen Kurfürsten zurück. Und dies nicht von ungefähr, schließlich war er es, der in Brandenburg ein stehendes Heer eingeführt hat, ein Heer, das nicht nach der

Beendigung militärischer Konflikte oder Notlagen wieder aufgelöst wurde, sondern dauerhafter Bestandteil des herrscherlichen Machtapparats blieb. Der Grundstein zum Bau des neuen Zeughauses wurde 1691 gelegt. Die Bauleitung hatte zunächst Johann Arnold Nering inne, nach dessen frühem Tod 1695 folgten Martin Grünberg, Jean de Bodt – und Andreas Schlüter. Anders als beim Stadtschloss konnte Schlüter beim Zeughaus allerdings kaum mehr Einfluss auf die fast fertiggestellte Grundstruktur des Baus nehmen. Doch ist der viel bewunderte plastische Schmuck des Zeughauses sein Werk. Dazu gehören in erster Linie die Köpfe von 22 sterbenden Kriegern im Innenhof – nicht heroisch hat Schlüter sie geformt, sondern leidend, gequält, mit dem Grauen des Krieges in ihren geschundenen Gesichtern. Das mag auf den ersten Blick erstaunen: Hätte nicht ein heroischer Krieger, der keine Gefahren scheut, besser zum Programm des ersten preußischen Königs gepasst? Hätten Herkules und Hektor die Macht des Hohenzollern nicht besser zum Ausdruck gebracht als ausgerechnet sterbende Krieger? Nein, denn Friedrich war kein Militarist und schon gar kein Bellizist, kein Kriegstreiber, der sich nach militärischem Ruhm sehnte. Wenn er seine Soldaten »verlieh«, dann war es ein Geschäft um der finanziellen und politischen Notwendigkeit willen.

Immerhin hat Friedrich sein eigenes Land aus den großen Konflikten der Zeit herausgehalten. Fast ganz Europa und sämtliche Nachbarn waren »in schwere landverderbliche Kriege verwickelt gewesen und deren Länder und Untertanen [mussten] dabei unsäglichen Schaden, Unglück und Elend ausstehen«, während »wir die Gnade von Gott gehabt, dass solche Kriegswirren unser Königreich, Kurfürstentum und andere Provinzen nicht ergriffen, sondern dessen Einwohner in stolzer Ruhe und vollem Frieden« leben konnten«.[38] Die Bevölkerung hat dies sehr wohl registriert: »Seit unser König uns regiert, sieht man die Kriegesschwerter glänzen, doch haben sie uns nie berührt, wie nah sie öfters unsern Grenzen.«[39] Friedrich selbst hat seinen Nachfolger beschworen, »keinen unbesonnenen Krieg anzufangen, und solange man es immer verhindern kann, den Frieden beizubehalten, ... damit der allgemeine Mann dadurch nicht ruiniert, sondern vielmehr konserviert werde, denn das gemeine Sprichwort heißt, was der Friede ernährt, der Krieg wieder verzehrt«. Keinesfalls dürfe er die Waffen ergreifen »aus bloßer Regiersucht…, um mehr Land und Leute zu erwerben«, oder gar nur, um einen »großen Namen in der Welt zu erlangen«.[40]

Spreeinsel und Stadt wurden durch eine zwischen 1692 und 1694 erbaute repräsentative fünfbogige Brücke über die Spree miteinander verbunden, die ebenfalls Teil des Ausbaus von Berlin als kurfürstlich-königlicher Residenzstadt war. Der Entwurf für die Lange Brücke stammt von Johann Arnold Nering – dass der Kurfürst einen seiner ersten Architekten damit betraute, zeigt, welche Bedeutung er dem Bauwerk beigemessen hat. Die siebeneinhalb Meter breite Fahrbahn war gepflastert, die seitlichen Gehwege waren mit Granitplatten belegt. All diese Bauten sollten die Großzügigkeit einer königlichen Residenz vermitteln, zu der Friedrich Berlin ausbauen wollte. Prunkstück der Langen Brücke war jedoch das von Andreas Schlüter geschaffene Reiterdenkmal des Großen Kurfürsten, das seit 1952 im Ehrenhof des Schlosses Charlottenburg aufgestellt ist und zu den bedeutendsten Werken der Barockplastik nördlich der Alpen gehört.

Die großen Prachtbauten sind Teil eines Gesamtprogramms, das aus Berlin eine Hauptstadt machen sollte, die im europäischen Vergleich vorzeigbar war. Allerdings gab es »Berlin« im heutigen Sinn beim Regierungsantritt Friedrichs 1688 noch gar nicht. Kern der künftigen Hauptstadt waren die beiden im 13. Jahrhundert gegründeten und durch die Spree getrennten Städte Berlin und Cölln. Dazu kamen im 17. Jahrhundert planmäßig angelegte Stadterweiterungen, die aber eigene Magistrate erhielten und verwaltungsmäßig nicht zu Berlin oder Cölln gehörten: Zwei dieser Vorstädte, Friedrichswerder und Dorotheenstadt, waren bereits unter dem Großen Kurfürsten angelegt worden, 1688 kam die Friedrichstadt dazu. Erst 1709 wurden diese selbstständigen Städte mit insgesamt knapp 60 000 Einwohnern zusammengelegt. Diese Zusammenlegung war mehr als ein Verwaltungsakt – es war die Geburtsstunde des modernen Berlin. Vor allem das Zentrum mit den unter Friedrich I. errichteten Prachtbauten und die planmäßig angelegten Vorstädte machten auf Reisende großen Eindruck: »Berlin ist eine der schönsten, wohlgebautesten … Städte in Deutschland.« Die Straßen seien »breit, gerade, sauber und wohlgepflastert«.[41]

Staatsziel Kunst und Wissenschaft

Wenn selbst Kritiker an der Herrschaft Friedrichs I. einen Bereich als vorbildlich hervorheben, dann den der Förderung von Kunst und Wissenschaft in seiner Regierungszeit. Eine Gründung Friedrichs III./I. ist die 1696 nach dem Vorbild entsprechender Einrichtungen in Paris und Rom ins Leben gerufene »Academie der Mahler-, Bildhauer- und Architectur-Kunst«, die in der Akademie der Künste bis heute fortbesteht. Gelehrter Anspruch und praktischer Nutzen sollten dabei eine fruchtbare Verbindung eingehen – eine gerade für Preußen typische Verbindung. Wissenschaft und Kunst waren kein Selbstzweck, sondern der konkreten Anwendung verpflichtet. Bei der Akademie der Künste lag dieser Nutzen auf der Hand: Für seine groß angelegten Bauprojekte brauchte Friedrich viele und vor allem gut ausgebildete Baumeister, Bildhauer und Maler. Und billiger, als diese im Ausland ausbilden zu lassen, war es, in Brandenburg selbst eine entsprechende Schule zu gründen.

Kurfürstin Sophie Charlotte hatte maßgeblichen Anteil an der Förderung der Wissenschaft in Brandenburg-Preußen. So war es ihr zu verdanken, dass der große Universalgelehrte Gottfried Wilhelm Leibniz seine Wirkungsstätte von Hannover nach Berlin verlegte. Leibniz träumte von einer deutschen Akademie der Wissenschaften, die nach dem Vorbild der Royal Society in London und der Académie de sciences in Paris die besten Wissenschaftler anziehen und Berlin zur »Denkfabrik« des ganzen deutschen Sprachraums machen sollte. Von Anfang an strebte Leibniz danach, die Förderung der deutschen Sprache zu einem zentralen Anliegen der Akademie zu machen, die sich in ihrer Arbeit nicht auf die alte Gelehrtensprache Latein oder das an den europäischen Höfen moderne Französisch beschränken sollte. Den Sommer des Jahres 1700 verbrachte Leibniz am Hof Sophie Charlottes in Lietzenburg. In dieser Zeit versuchte die Kurfürstin, ihren Mann von der Idee einer solchen Akademie zu überzeugen.

In zwei Petitionen wandten sich der hoch gebildete Hofprediger Daniel Ernst Jablonski und Leibniz an den Kurfürsten: »Es seyn einige getreue kurfürstliche Bediente, welche sich vor seiner kurfürstlichen Durchlaucht hohe Glorie nicht weniger als das Aufnehmen nützlicher Wissenschaften interessieren, nachdem sie den glücklichen Fortgang der hier etablierten Kunst-Academie gesehen, auf die Gedanken kommen, ob nicht allhier in Seiner Kurfürstlichen Durchlaucht Residenz, gleichwie in Frankreich, England und China zu großem Ruhm dortiger Regenten schon seit vielen Jahren befindlich, ein Observatorium ... eingerichtet und endlich ein vollständig Collegium oder Academias Scienciarium in Physicis, Chimicis, Astronomicis, Geographicis, Mechanicis, Opticis, Algebraicis, Geometricis und dergleichen nützlichen Wissenchaften nach und nach etabliert werden könnte ...«

Eine solche »kurfürstliche Societät müsste nicht auf bloße Kuriosität oder Wissbegierde und unfruchtbare Experimente gerichtet sein oder bei der bloßen Erfindung nützlicher Dinge ohne Application [Anwendung] und Anbringung beruhen ..., sondern man müsste gleich anfangs das Werk samt der Wissenschaft auf den Nutzen richten und auf solche Specimina denken, davon der hohe Urheber Ehre und das gemeine Wesen ein mehreres zu erwarten Ursache haben«. Ausdrücklich betonte Leibniz, dass »nicht allein die Künste und die Wissenschaften, sondern auch Land und Leute, Feldbau, Manufakturen und Commercien und, mit einem Wort, die Nahrungsmittel« durch die Arbeit der Akademie verbessert werden sollten.[42]

Und Friedrich folgte dem Vorschlag der Gelehrten: Am 11. Juli 1700 unterzeichnete er den Stiftungsbrief für die »Societät der Wissenschaften«, in dem der praktische Nutzen der Forschung festgeschrieben wurde: zu »dem gemeinen Wesen nützliche Übungen« sollten die Wissenschaftler betreiben.[43] Erster Präsident wurde – natürlich – Leibniz. Wie der Gelehrte es sich gewünscht hatte, wurden die »Erhaltung der deutschen Sprache in ihrer anständigen Reinigkeit« und die Pflege der »weltlichen und Kirchen-Historie« im Stiftungsbrief als Ziel der Akademie festgeschrieben. Doch darauf sollte sich deren Arbeit, ebenfalls ganz wie von Leibniz vorgeschlagen, nicht beschränken. In vier Klassen sollte geforscht werden: In der ersten Klasse waren Physik, Medizin und Chemie vereint, in der zweiten Mathematik, Astronomie und Mechanik, die dritte war dann schließlich der deutschen Sprache und Geschichte gewidmet und die vierte der Literatur.

Auch wenn die »Societät der Wissenschaften« unter Friedrich I. dem universellen Ansatz Leibniz' de facto nur ansatzweise gerecht werden konnte, bleibt doch, dass mit ihr die erste vergleichbare Einrichtung in Deutschland ins Leben gerufen worden ist. Und während das Königreich Preußen längst untergegangen ist, lebt die Gründung Friedrichs I. in der Berlin-Brandenburgischen Akademie der Wissenschaften bis heute fort, ebenso wie die »Academie der Mahler-, Bildhauer- und Architectur-Kunst« in der Berliner Akademie der Künste, einer von der Bundesrepublik Deutschland getragenen Körperschaft des öffentlichen Rechts.

Die Verbindung von Lehre, Forschung und praktischem Nutzen hatte auch schon hinter der Förderung der Universitäten durch Friedrich I. gestanden. Die älteste brandenburgische Universität war die 1506 gegründete Viadrina in Frankfurt an der Oder. 1544 folgte die Albertina im (ost)preußischen Königsberg, 1655 wurde die Duisburger Universität gegründet, die – nach dem Übergang an die Hohenzollern 1666 – als zentrale Ausbildungsstätte für deren westliche Landesteile fungierte. Geografisch betrachtet, war damit eine flächendeckende Versorgung gewährleistet, doch reihte sich auch Friedrich III. noch in die Reihe der universitären Gründerväter ein: 1694 gründete er eine Hochschule in Halle an der Saale.

Der entscheidende Impuls für den raschen Erfolg der jungen Universität ging von dem Juristen Christian Thomasius aus, dessen Vater einer der Lehrer von Leibniz gewesen war. Thomasius war in seiner Heimatstadt Leipzig höchst umstritten, doch die

Studenten strömten zu seinen Privatvorlesungen. Das orthodoxe lutherische Establishment war davon wenig begeistert, denn Thomasius eckte mit seiner Betonung des Naturrechts als Grundlage des menschlichen Zusammenlebens überall an: »Was du willst, dass andere sich tun sollen, das tue dir selbst ... Was du willst, dass andere dir tun sollen, das tue du ihnen ... Was du dir nicht willst getan wissen, das tue du andern auch nicht.«[44]

Die Folter als Mittel der Beweisfindung, wie sie 1536 durch die Halsgerichtsordnung Kaiser Karls V. Eingang in das Prozessrecht gefunden hatte, lehnte Thomasius ab und sprach sich für ein Ende der Hexenprozesse aus. Für die Geistlichkeit war es schon eine Herausforderung, dass ein Staat nach Thomasius nicht mehr auf der Basis der Religion gegründet werden sollte, sondern auf natürlichem Recht und eigener Einsicht. Als wollte Thomasius dem Ganzen die Krone aufsetzen, schrieb er seine Doktorarbeit über das Thema Bigamie – und kam zu dem Schluss, dass es keine naturrechtliche Begründung für deren Verbot gebe. Mit den Professoren der Leipziger Universität verdarb er es sich, als er 1687 eine Vorlesung in deutscher Sprache hielt und nicht in der Gelehrtensprache Latein. Das Maß war voll: Thomasius wurde untersagt, weiter Vorlesungen zu halten, ein Veröffentlichungsverbot sollte ihn vollends mundtot machen. So nahm der Jurist 1690 ein Angebot Kurfürst Friedrichs III. dankbar an, nach Halle zu kommen, um einen juristischen Lehrstuhl aufzubauen, der zur wichtigsten Keimzelle der Universität werden sollte.

In Halle ging Thomasius – zumindest vorübergehend – ein Bündnis mit dem durch August Hermann Francke geprägten Pietismus ein, dem er sich in seiner Hinwendung zum praktischen Nutzen in allen Dingen verbunden fühlte. Fern aller theologischen Streitigkeiten machte sich Francke für ein tätiges Christentum stark und traf sich darin mit den Bestrebungen des Kurfürsten, dem die haarspalterischen Streitereien zwischen Lutheranern und Reformierten schon lange ein Dorn im Auge waren. Sein 1698 gegründetes Waisenhaus in Halle wurde zu einer Stadt in der Stadt mit eigenen Werkstätten, in denen Waisen und Kinder aus armen Familien eine gründliche Ausbildung und christliche

Erziehung genießen sollten. Doch auch für die Sprösslinge aus bürgerlichen und adligen Familien wurden in den Franckeschen Anstalten bald eigene Schulen eingerichtet. Derweil blühte die neu gegründete Universität in Halle nicht zuletzt dank der Zugkraft des umstrittenen Thomasius, der 1710 sogar zum Universitätsdirektor auf Lebenszeit ernannt wurde. So war Halle von Anfang an eine Universität neuen Typs, fernab der Einschränkungen der wissenschaftlichen Freiheiten andernorts. Und vor allem sollte ein Satz mit der neuen Universität verbunden sein: »Es ist die ungebundene Freiheit, die allem Geist das rechte Leben gibt.«[45]

Eine durchwachsene Bilanz

In der Bilanz der Herrschaft Friedrichs I. ist oft von Verschwendung die Rede; davon, dass der Hof viel zu große Summen verschlungen habe, die Einnahmen nicht die Ausgaben gedeckt hätten und dass man im Berliner Schloss gefeiert habe, während die Menschen in Ostpreußen gehungert hätten. Das trifft sehr wohl zu, aber die Gesamtschau ergibt gleichwohl ein differenzierteres Bild. Die Residenzstadt Berlin profitierte zunächst von den Aufträgen des Hofs – bei den zahlreichen herrschaftlichen Bauten fanden Maurer und Schreiner ihr Auskommen, der Bedarf des Hofs an Luxuswaren brachte Handwerkern und Händlern volle Auftragsbücher. Und nicht nur das: Was auf der üppig gedeckten königlichen Tafel übrig blieb, wurde am nächsten Tag in der Stadt zu erschwinglichen Preisen verkauft. Auch andere Städte, die der König repräsentativ ausbaute oder die aus einem anderen Grund für seine Herrschaft wichtig waren, profitierten letztlich vom Hof.

Ganz anders sah es auf dem platten Land aus. Dort brachte der Hof kein Geld, sondern nahm es in Form von immer neuen und höheren Steuern. Die Grundsteuer für die Landbevölkerung war die sogenannte Kontribution, eine Mischung aus Grund- und Vermögenssteuer, von der allein der Adel, der doch über den größten Besitz verfügte, weitgehend befreit war. Adelige galten im

Standesdenken der Zeit nicht als Untertanen, und nur die waren steuerpflichtig. Die Steuerbefreiung wurde auch als Äquivalent für den Dienst des Adels als Funktionsträger des Staates betrachtet. Dazu kamen von Zeit zu Zeit erhobene außerordentliche Steuern – wie etwa im Vorfeld der Königskrönung. Voll Bitterkeit riefen die armen Menschen den Steuereintreibern zu: »Wartet ein wenig, wir werden doch sterben, dann könnt ihr alles nehmen.«[46] Die Schärfe des Problems wurde auch von den örtlichen Behörden erkannt; so schrieb der ostpreußische Kammerpräsident Graf von Schlieben: »Die Bauern sind ganz desparat [verzweifelt], wünschen den Tod mehr als das Leben.«[47] Doch in Berlin fand man keine Antwort auf die katastrophale Lage, sodass viele Bauern sich im wahrsten Sinne des Wortes vom Acker machten und im benachbarten Polen ihr Glück versuchten.

In den Städten war die Akzise die wichtigste Steuer. Diese war einerseits eine Mischung aus Grund- und Vermögenssteuer, vor allem aber eine auf nahezu alle Lebensmittel, Alltags- und Luxuswaren erhobene Verbrauchssteuer. Der Steuersatz auf Importe war in der Regel sehr viel höher als auf einheimische Waren. Wer etwa glaubte, eine französische Perücke zu brauchen, musste darauf 25 Prozent Steuern bezahlen, während einheimische Perücken nur mit sechs Prozent besteuert wurden. Zum Nachweis erhielten alle Perücken einen Stempel. Eigens eingesetzte Perückenjäger kontrollierten die Passanten; wer ohne Stempel erwischt wurde, musste mit einer hohen Strafe rechnen. Schokolade schlug mit 33 bis 66 Prozent zu Buche. Jüdische Kaufleute mussten eine doppelt so hohe Akzise entrichten wie christliche.

Doch auch auf zum Leben notwendige Waren wie Mehl oder Getreide wurden Steuern erhoben. 1708 wurde eine Steuer auf Salz eingeführt, die in der Bevölkerung auf starken Widerstand stieß, da natürlich Preissteigerungen die Folge waren.[48] Bereits einige Jahre zuvor war auf der Suche nach neuen Einnahmequellen eine Feuerversicherung eingeführt worden. Was zunächst vernünftig klingt, diente allerdings nur dazu, die Löcher in der königlichen Kasse zu stopfen. Als es 1708 in Crossen brannte und die Gemeinde die Schäden aus der Feuerversicherung beglichen haben wollte, flog der Skandal auf, denn das Geld war längst für andere Zwecke ausgegeben worden. In unregelmäßigen Abständen (unter Friedrich III./I. 1690, 1691, 1693, 1697, 1701, 1704, 1707, 1710) wurde zudem eine Kopfsteuer erhoben, von der auch König und Adel nicht ausgenommen waren.

Fast schon modern mutet das Problem des illegalen Geldtransfers ins Ausland an: »Wer in meinem Land Geld erworben oder geerbt hat und mit diesem außer Landes geht, muss an der Grenze für jedes Hundert zwei Prozent an die Staatskasse zahlen. Ich will nicht, dass die reichen Leute fortziehen und die Armen zurückbleiben. Kann ich das Abziehen auch nicht verbieten, so will ich es durch das Besteuern des mitgenommenen Geldes wenigstens erschweren.«[49] Auch wer im Land blieb und nur sein Geld außer Landes schaffen wollte, musste darauf Steuern entrichten: »Wenn meine Armee und meine Gesetze dich in dem behaglichen Besitz deines Geldes schützen, so kann dies Kapital auch der Industrie und der Landwirtschaft in meinem Land zugute kommen. Es ist nicht gut, wenn das Kapital außer Landes gebracht wird.«[50]

Besonders dramatisch war die wirtschaftliche Lage in Ostpreußen. Das Land wurde zu Beginn des 18. Jahrhunderts durch mehrere Missernten hintereinander schwer in Mitleidenschaft gezogen. Und als ob dies nicht schon ausgereicht hätte, kam 1709 noch eine Pestepidemie hinzu. Dass der Berliner Hof diese existenziellen Probleme lange Zeit völlig ignoriert und keine oder nur völlig unzureichende Gegenmaßnahmen getroffen habe, diente späteren Generationen als Beleg dafür, dass der erste preußische König und seine Kamarilla sich nur für ihr Wohlleben interessiert hätten und das Schicksal der einfachen Menschen ihnen gleichgültig gewesen sei. Doch auch dieser Vorwurf bedarf einer differenzierteren Betrachtung. Medizinisch war gegen die Pest kein Kraut gewachsen, sodass das Augenmerk auf der Prävention liegen musste. Und hier wurden durchaus Maßnahmen eingeleitet, womöglich aber zu spät. Denn als die Grenzen zu Polen, wo die Pest ihren Anfang genommen hatte, geschlossen wurden, war die Krankheit schon längst im ganzen Land verbreitet. Immerhin wurde 1709 sogar ein Pestreglement erlassen, das die Pflege der

Kranken außerhalb der Städte regelte. Und in Berlin wurde vorsorglich die – erst später so genannte – Charité gegründet, um potenziell Pestkranke dort aufnehmen zu können. Zwar kam die Pest nicht bis in die Hauptstadt, aber das vor diesem Hintergrund gegründete Krankenhaus blieb bestehen.

Schwerer wiegt der Vorwurf, dass die Behörden nach harten Wintern und Missernten zu wenig getan hätten, um der grassierenden Hungersnot in Ostpreußen zu begegnen. Zwar wurde ein Getreideexportverbot erlassen, doch erwies sich diese Maßnahme als wenig effektiv. Zudem habe man das gelagerte Getreide viel zu lange in den Speichern von Königsberg zurückgehalten. Bauern aus Ostpreußen, die ihre Heimat vor lauter Verzweiflung verlassen hatten, wollten sich in ihrer Not beim König selbst beklagen. Die Königin war entsetzt über die Berichte, die ihr zu Ohren kamen: »Man spricht nur von dem Elend des Landes … Die Leute sind so arm, dass es zum Erbarmen ist. Sie sagen, sie wollten vor den Augen des Königs sterben, denn sie stürben vor Hunger.«[51]

Neben den Steuern bildeten die Erträge der herrschaftlichen Domänen die wichtigste Einnahmequelle für den Hof. Doch genügten die aus der Verpachtung der Domänen fließenden Gelder bald nicht mehr, die Löcher im Etat zu stopfen. Um möglichst rasch an große Geldsummen zu kommen, schlug der Amtskammerrat Christian Friedrich Luben von Wulffen daher im Jahr 1700 vor, die staatlichen Domänen in kleinere Parzellen aufzuteilen und die bis dahin übliche zeitliche Pacht in ein Erbpachtsystem umzuwandeln. Aus großen Höfen wären so bäuerliche Kleinbetriebe mit freien Bauern geworden – ein Ansatz, der seiner Zeit weit vorausgreift. Doch die aufwendige Umsetzung dieses Vorhabens gelang nur in Ansätzen, da das Gros der Landbevölkerung überhaupt nicht über das nötige Geld für die Einmalzahlungen verfügte, die Voraussetzung für die Umwandlung in einen Erbpachthof gewesen wären. So blieb der erhoffte Geldregen aus. Erst spät kam den Verantwortlichen die Einsicht, dass diese Konzeption verkehrt gewesen war: Selbst wenn die einmaligen Einnahmen aus der Erbpacht in der erwarteten Höhe geflossen wären, hätte man auf eine solide Basis in der Zukunft verzichtet, indem man die königlichen Domänen aus der Hand gab. 1710 wurde daher die Notbremse gezogen, und die bereits erfolgten Umwandlungen wurden rückgängig gemacht. Unter dem Strich war der Plan ein Minusgeschäft – und das gescheiterte Experiment einer frühen Bauernbefreiung.

Einer der Hauptausgabeposten im Staatsetat war das stehende Heer. Dass Friedrich seine Soldaten gegen Subsidien »vermietete« – etwa an den Kaiser im Spanischen Erbfolgekrieg –, war nicht nur ein Mittel der Politik, in diesem Fall, um dessen Zustimmung zur Königskrönung zu erlangen, sondern auch eine finanzielle Notwendigkeit. Umso härter kam es den König daher an, wenn die Habsburger und andere entweder gar nicht, in kleinen Raten oder verspätet bezahlten. Die ausstehenden Subsidien konnten so nur bedingt auf der Habenseite verbucht werden. Moralische Bedenken gegenüber dieser Praxis kamen Friedrich nicht in den Sinn. Ihn deshalb zu verurteilen entspricht allein heutiger Sicht. Damals war der Krieg das Handwerk der Soldaten, und sie wurden dafür bezahlt, dieses Handwerk auszuüben.

Um die Wirtschaft anzukurbeln und um die durch Krieg und Epidemien verursachten Bevölkerungsverluste wieder auszugleichen, waren bereits unter dem Großen Kurfürsten gezielt Versuche unternommen worden, Einwanderer anzusiedeln. Die größte Zahl stellten die Hugenotten – insgesamt 20 000, von denen sich allein 6000 in Berlin niederließen. Nach Brandenburg waren sie gelockt worden nicht allein durch die Aussicht, ihren Glauben frei leben zu können, sondern durch eine ganze Reihe von Privilegien wie Steuerbefreiungen und Subventionen zum Aufbau ihrer Betriebe. Neuankömmlinge durften vier Jahre lang mietfrei in Wohnungen leben, die von den jeweiligen Städten zur Verfügung gestellt werden mussten. Auch eigene Verwaltungsstrukturen und französische Kirchengemeinden wurden den Flüchtlingen zugestanden. In der einheimischen Bevölkerung stießen die Hugenotten und vor allem deren Privilegien zunächst auf Ablehnung, hielt man sie doch für Konkurrenten, die zu allem Überfluss auch noch vom Herrscher geschützt und gefördert wurden.

Zwar ist die wirtschaftliche Bedeutung der Hugenotten wohl nicht so groß gewesen, wie dies die nachfolgenden Generationen der französischen Einwanderer selbst immer wieder verkündet haben.[52] Doch brachten sie neue Produktionsmethoden ins Land, und gerade für die Herstellung der am Hof benötigten Luxusgüter waren sie unverzichtbar. Die Hugenotten siedelten zwar vor allem in den großen Städten, aber auf sie gehen auch Neuerungen in der Landwirtschaft zurück: So machten sie sowohl den Spargel- als auch den Tabakanbau in Brandenburg heimisch. Und die Hugenotten wurden bald »preußischer« als die einheimische Bevölkerung, oder besser gesagt: Kaum ein anderer Bevölkerungsteil fühlte sich dem Herrscherhaus vergleichbar eng verbunden – weder die Flüchtlinge selbst noch ihre Nachkommen vergaßen jemals, dass sie ihre Glaubensfreiheit allein den Hohenzollern zu verdanken hatten.

Eine zahlenmäßig sehr kleine, aber aus politischen und kulturellen Gründen sehr interessante Gruppe waren die Wiener Juden – insgesamt nur 50 Familien. Der Große Kurfürst machte sich bei ihnen nicht einmal die Mühe, seine wirtschaftlichen Beweggründe mit toleranten Deklarationen zu verbrämen. Man wolle durch ihre Ansiedlung Handel und Wandel befördern. Gezielt waren daher auch wohlhabende Familien ausgesucht worden, »welche ihre Mittel ins Land bringen und hier anlegen wollen«.[53]

Der Sturz des »dreifachen W(eh)«

Das Missmanagement in der Domänenfrage und die wenig zielgerichtete Politik angesichts der Notlage in Ostpreußen führten zu anhaltender Kritik an Premierminister Wartenberg und seinen Konsorten. Dazu gehörten vor allem Alexander Hermann Graf von Wartensleben und August David Graf zu Wittgenstein, die als das »dreifache W(eh)« in den Volksmund eingegangen sind. Wartensleben hatte 1702 den alten Generalfeldmarschall Hans Albrecht von Barfus an der Spitze der preußischen Armee abgelöst, und Wittgenstein war als Oberhofmarschall für die Finanzen zuständig – besser gesagt für die Beschaffung der Gelder, die der Hof benötigte. Beide waren Kreaturen Wartenbergs, wobei vor allem der als Blutsauger verschriene Wittgenstein im Volk verhasst war. Auch der König musste schließlich feststellen, dass sein Regierungstrio nicht zu halten war. Es war nicht zuletzt Kronprinz Friedrich Wilhelm, der nun hinter den Kulissen die Fäden in die Hand nahm und seinen Vater zum Handeln drängte. Die Trennung von Wartenberg fiel dem König unglaublich schwer. Und so wurde es für den Premierminister im Januar 1711 eine Verabschiedung de luxe: Der König habe »diesen Herrn über die Maßen geliebt« und ihn »wider Willen, gleichsam gezwungen, von sich entfernt«.[54] Sogar Tränen sollen beim Abschied geflossen sein. Wartenberg musste außer Landes gehen, doch sollten seine Gemahlin und er weiterhin ein jährliches Gehalt von 24000 Talern beziehen. Immerhin bekam auch Friedrich etwas von den Wartenbergs: Die lebenslustige Gräfin schenkte dem König ihr erst wenige Jahre zuvor erbautes Lustschloss Monbijou, das sie schlecht mit ins Exil nehmen konnte. Der im Zweiten Weltkrieg zerstörte Prachtbau lag gegenüber der Museumsinsel am Ufer der Spree, und natürlich nahm Friedrich I. dieses Geschenk nur zu gerne an. Der geschasste Premierminister konnte seinen Ruhestand nicht lange genießen; er starb nur ein Jahr nach seiner Entlassung in Frankfurt am Main. Katharina von Wartenberg überlebte ihren Mann um mehr als zwanzig Jahre – sie starb 1734 in Den Haag, der letzten Station ihres unsteten Lebens.

Graf Wittgenstein konnte nicht mit der Milde rechnen, die der König seinem alten Favoriten Wartenberg entgegengebracht hatte: Er wurde in der Festung Spandau inhaftiert; auf dem Weg dorthin forderte die wütende Menge: »An den Galgen mit ihm!«[55] So weit kam es aber doch nicht. Nach der Rückzahlung veruntreuter Gelder wurde er aus der Haft entlassen und kehrte in seine heimatliche Grafschaft zurück, wo er 1735 verstorben ist. Nicht allzu tief war der Sturz des Generalfeldmarschalls von Wartensleben. Er verlor seinen Chefposten an der Spitze der Armee, doch blieb er weiterhin in preußischen Diensten. Mit dem Sturz der Favoriten deutete sich bereits der radikale Wandel an, der nach der Thronbesteigung Friedrich Wilhelms I. wie ein Wirbelwind durch Preußen fegen sollte. Um Friedrich I., der aus Preußen erst ein Königreich gemacht hatte, wurde es in seinen letzten Lebensjahren zunehmend einsam. Daran änderte auch seine 1708 geschlossene Ehe mit Sophie Luise von Mecklenburg-Schwerin nichts, im Gegenteil: Die 23-Jährige fand sich am Berliner Hof niemals zurecht, flüchtete sich in die Religion und geisterte am Ende, halb wahnsinnig, durch das Berliner Schloss. Am 25. Februar 1713 starb Preußens erster König im Alter von 55 Jahren. Mit seinem Tod war das Zeitalter des Barocks in Preußen zu Ende.

Parol auf dieser Welt ist nichts als Müh und Arbeit

Friedrich Wilhelm I. (1712–1740)

Der Regierungswechsel nach dem Tod Friedrichs I. trug radikale Züge: Nachdem er seinen Vater noch mit dem von ihm so geliebten Pomp hatte bestatten lassen, zog sich König Friedrich Wilhelm I. in die Einsamkeit seines Jagdschlosses Wusterhausen zurück. Das Gut hatte er 1698 von seinem Vater geschenkt bekommen und daraus in wenigen Jahren ein profitables Unternehmen gemacht. Seine oberste Maxime war die eines patriarchalischen Unternehmers: Gib niemals mehr Geld aus, als du einnimmst. Jeden Pfennig drehte er zweimal um – bevor er ihn dann doch nicht ausgab. Dieser Geiz, den seine Mutter Sophie Charlotte für krankhaft hielt, war keine bloße Marotte: Geordnete Finanzen waren für Friedrich Wilhelm die Grundlage staatlicher Unabhängigkeit. Und unabhängig wollte er sein – von ausländischen Subsidien ebenso wie im Inneren. Als sein Freund Leopold von Anhalt-Dessau, der »alte Dessauer«, nach der Thronbesteigung die Hoffnung auf Ämter und Würden zum Ausdruck brachte, ließ der König ihm kühl mitteilen: »Saget dem Fürsten von Anhalt, dass ich der Finanzminister und der Feldmarschall des Königs von Preußen bin; das wird den König von Preußen aufrecht erhalten.«[1] Gekrönt werden wollte Friedrich Wilhelm nicht – weder hatte er für solche Zeremonien etwa übrig, noch hielt er es für notwendig, um als König anerkannt zu werden, von den horrenden Kosten eines solchen Staatsakts ganz zu schweigen.

Als Friedrich Wilhelm aus Wusterhausen zurückkehrte, hatte er eine Streichliste im Gepäck, die es in sich hatte: 276 000 Taler hatte der Hof zu Lebzeiten seines Vaters jährlich verschlungen, nun reduzierte der neue König diesen Etat mit einem radikalen Schnitt auf 56 000 Taler. Das Amt des Zeremonienmeisters hatte Friedrich Wilhelm komplett wegrationalisiert. Der bisherige Amtsinhaber Johann von Besser wandte sich daraufhin mit einer Eingabe an den neuen König, doch Friedrich Wilhelm warf den Brief ungelesen ins Feuer. Und während sein Vater gerne mit großem Tross im Land umherreiste, ließ sein Nachfolger die Spitzen der Gesellschaft wissen: »Mein Vater gab so viel [Pferde], damit alle Welt ihm aufs Land folgen konnte. Ich streiche es, damit jedermann zu Hause bleibe.«[2] Mancher Höfling dürfte zumindest über diese Zurückweisung nicht einmal unfroh gewesen sein. Der König lebte in fast bürgerlicher Bescheidenheit. Im Berliner Schloss beschränkte er sich auf einige wenige Zimmer, noch lieber verbrachte er seine Zeit in Potsdam oder in Wusterhausen, das den Vorstellungen von einem Königsschloss allerdings kaum entsprach.

Anders als die Höflinge seines Vaters, die nun zu Hause bleiben sollten, hatte der König seine Familie gern um sich. Doch das beruhte nicht auf Gegenseitigkeit. In ihren Memoiren hat Wilhelmine von Bayreuth, die älteste Tochter des Königs, kein gutes Haar am »Märchenschloss« ihres Vaters gelassen, es sei einfach nur ein schrecklicher Ort gewesen. Und selbst Theodor Fontane musste einräumen, dass Wusterhausen zwar ein »prächtiger Platz für einen Waidmann und eine starke Natur, aber freilich ein schlimmer Platz für ästhetischen Sinn« sei.[3]

Vollends einem bürgerlichen Wohnhaus glich das Jagdschloss Stern, das Friedrich Wilhelm zwischen 1730 und 1732 in der Parforceheide errichten ließ: In seiner Architektur hätte es ebenso gut nach Amsterdam oder Den Haag gepasst, was kein Zufall war: Seit er die Niederlande in seinen Jugendjahren kennengelernt hatte, war Friedrich Wilhelm fasziniert von diesem sauberen Land und seinen fleißigen Bewohnern. Und so ließ er auch in seinen Schlössern die Möbel schrubben und wusch sich selbst »wohl zwanzigmal des Tages« mit frischem Brunnenwasser.[4] In einer eingebauten schlichten Bettnische schlief der König in seinem Jagdschloss – an anderen Höfen sahen so die Betten der Dienstboten aus. Dieser König hatte sich vorgenommen, Preußen nach seinem Vorbild umzukrempeln. All die viel diskutierten preußischen Tugenden – Fleiß, Ordnungsliebe, (Selbst-)Disziplin, Pünktlichkeit, Aufrichtigkeit, Gottesfurcht –, sie wurzeln in der Zeit König Friedrich Wilhelms I.

Erstaunt über diesen seltsamen König, schrieb der österreichische Gesandte Friedrich Heinrich von Seckendorff an den Prinzen Eugen von Savoyen nach Wien, »dass … kein Taler ausgegeben wird, so von ihm nicht unterzeichnet. Wer es nicht sieht, kann es nicht glauben, dass ein Mensch in der Welt, von welchem Verstand er auch ist, so viele differente [verschiedene] Sachen an einem Tag … tun könnte, wie dieser König täglich tut«.[5] Genau diese Einstellung erwartete der König auch von seinen Ministern und Beamten. Und es sollte keiner wagen, ihm mit dem Hinweis zu kommen, dass etwas unmöglich sei: »Die Herren sollen arbeiten, wofür wir sie bezahlen. Sie werden immer sagen, es ist nicht möglich, aber sie sollen die Köpfe daran stecken, und wir befehlen ihnen hiermit ernstlich, es sonder Raisonieren [Klagen] möglich zu machen.«[6] Seinem Sohn und Nachfolger impfte der König ein: »Gott hat Euch auf den Thron gesetzt nicht zu faulenzen, sondern zu arbeiten und seine Länder wohl zu regieren.«[7] Für die Untertanen, vor allem im überschaubaren Potsdam, war Friedrich Wilhelm kein ferner Herrscher, den sie nie zu Gesicht zu bekamen. Oft spazierte er durch die Stadt und wurde fuchsteufelswild, wenn er irgendwo Müßiggang witterte. Wer konnte, ging ihm aus dem Weg. Einen Potsdamer, der vergeblich zu fliehen versucht hatte, fragte der König, weshalb er vor ihm davonlaufe. Antwort: »Weil ich mich fürchte«, worauf der König mit seinem Stock auf ihn eindrosch und immer wieder schrie: »Lieben sollt ihr mich, nicht fürchten.«[8] Einem Postmeister, der verschlafen hatte und seine Kunden warten ließ, warf der König selbst die Fensterscheiben ein und verprügelte ihn, als er endlich auftauchte, mit seinem gefürchteten Stock. Widerspruch hatte Friedrich Wilhelm schon als Kind nicht ertragen, noch viel weniger war er nun bereit, als König irgendwelche Widerworte zu dulden: »Ordre parieren, nicht raisonieren.«[9]

Preußens erster Militarist?

Als der Staat Preußen 1947 aufgelöst wurde, begründete der Alliierte Kontrollrat diesen Schritt damit, dass »der Staat Preußen ... seit jeher Träger des Militarismus und der Reaktion in Deutschland gewesen ist«.[10] Der Vorwurf des Militarismus traf insbesondere auch diesen zweiten preußischen König, der als »Soldatenkönig« in die Geschichte eingegangen ist. Als »Vater des deutschen Militarismus« wird er in einer französischen Biografie von 1958 programmatisch gleich im Untertitel bezeichnet.[11] Tatsächlich bekannte auch der König selbst ganz offen: »Mein Vater fand Freude an prächtigen Gebäuden, großen Mengen Juwelen, Silber, Gold und Möbeln und außergewöhnlicher Magnificenz [Pracht] – erlauben Sie, dass ich auch mein Vergnügen habe, das hauptsächlich in einer Menge guter Truppen besteht.«[12] Friedrich Wilhelm selbst trug seit 1725 nur noch Uniform, und »wer des Königs Gunst erlangen [wollte], musste Sturmhaube und Kürass anlegen, alles war Offizier und Soldat«.[13]

Diese Leidenschaft für das Militär zeigte sich schon in der Kindheit Friedrich Wilhelms. In Wusterhausen befehligte der Kronprinz ein »Regiment« von Gleichaltrigen, die er tagelang exerzieren ließ. Besonders gefielen ihm groß gewachsene Soldaten. Als König wurden die »langen Kerls« zur einzigen Leidenschaft, für die er fast hemmungslos bereit war Geld auszugeben. So bezahlte Friedrich Wilhelm für die Anwerbung des Iren James Kirkland, mit 2,17 Meter der Größte unter den »langen Kerls«, über 7000 Taler – das sind fast 15 Prozent des Etats, den er für seinen gesamten Hofstaat jährlich angesetzt hatte. In ganz Europa ließ er seine Werber ausschwärmen, um an Nachwuchs für seine »langen Kerls« zu kommen. Und wenn ihm jemand »Riesen« zum Geschenk machte wie Zar Peter der Große, dann konnte er der Dankbarkeit des Königs sicher sein. Über den militärischen Nutzen der »Riesengarde« ist viel diskutiert worden. Den vermeintlichen Vorteilen einer größeren Reichweite beim Nahkampf mit dem Bajonett und der Möglichkeit, längere Gewehrläufe mit entsprechend größerer Reichweite zu bedienen, stand die geringere

Beweglichkeit dieser Soldaten gegenüber, deren Riesenwuchs vielfach ohnehin krankhaft war.

Zu dieser bereits in Friedrich Wilhelms Kindheit und Jugend offensichtlichen Vorliebe für alles Militärische kam ein Erlebnis hinzu, dessen Bedeutung kaum überschätzt werden kann: seine Teilnahme an der Schlacht von Malplaquet, in der am 11. September 1709 der Herzog von Malborough und Prinz Eugen von Savoyen während des Spanischen Erbfolgekriegs eine französische Armee unter dem Befehl des Marschalls de Villars besiegten. Schon 1706 war Friedrich Wilhelm als »Volontär« im Lager des Herzogs gewesen, nun erlebte er eine richtige Schlacht – und um Friedrich Wilhelm war es damit vollends geschehen. Bis an sein Lebensende war ihm der Jahrestag der Schlacht von Malplaquet der höchste Feiertag, den er mit Veteranen und Freunden zu feiern pflegte, so, wie es ihm besonders gefiel: mit deftigem Essen, groben Sprüchen und ordentlich Bier. Er hatte bei Malplaquet gezeigt, dass er ein ganzer Mann war, und er war stolz darauf, diese Bewährungsprobe überstanden zu haben.

Diese zentrale Stellung der Armee im Preußen des »Soldatenkönigs« entsprach also einerseits einer ganz persönlichen Neigung. Ihre Bedeutung darauf zu reduzieren wäre aber grundverkehrt. Friedrich Wilhelm sah in der Armee die Basis für die Unabhängigkeit seines Landes. Auch diese Einstellung ist von zwei einschneidenden Erlebnissen befördert worden: Im Oktober 1709 marschierte der schwedische General von Krassau mit 15 000 Mann durch Hinterpommern; im August 1711 zogen 24 000 Russen, Sachsen und Polen sogar durch die Mark – ohne sich um die preußische Neutralität im Nordischen Krieg zu scheren. Friedrich Wilhelm, damals noch Kronprinz, kritisierte die »selbst verschuldete Ohnmacht«; er war überzeugt, dass man sich kaum »mit der Feder«, wohl aber »mit dem Degen« Respekt verschaffen könne.[14]

Nach seiner Thronbesteigung 1713 ging Friedrich Wilhelm daran, diesen Worten Taten folgen zu lassen. Ganz oben auf seiner Agenda stand daher die Vergrößerung der Armee. Schon im ersten Jahr seiner Regierung vergrößerte er die Armee von 38 000 Mann auf fast 45 000, 1719 hatte Preußen 54 000 Soldaten unter Waffen,

1729 rund 70 000, und beim Tod Friedrich Wilhelms 1740 waren es über 82 000. Damit stand Preußen, was die Größe seiner Armee anbetraf, in Europa nach Russland, Frankreich und Österreich an vierter Stelle, während es – gemessen an den Bevölkerungszahlen – erst die zwölfte Stelle einnahm. Seinem Sohn schärfte der »Soldatenkönig« ein: »Fritz, denke an das, was ich Dir sage. Halte immer eine gute und große Armee. Du kannst keinen besseren Freund haben und Dich ohne sie nicht halten. Unsere Nachbarn wünschen nichts mehr, als uns über den Haufen zu werfen, ich kenne ihre Absichten, und Du wirst sie noch kennen lernen, glaube mir, denke nicht an die Eitelkeit, sondern halte Dich an das Reelle, halte immer auf eine gute Armee und das Geld, darin besteht der Ruhm und die Sicherheit eines Fürsten.«[15]

Der Lustgarten wird zum Exerzierplatz

Wie sehr Soldaten das Bild der preußischen Städte prägten, beschrieb der sächsische Feldmarschall Jakob Heinrich Graf von Flemming bei einem Besuch in Berlin: »Berlin gleicht nicht eher einer Residenz, sondern einem Heerlager an der Grenze, wo die Stärke der Bewohner in der Garnison besteht und wo der Rest der Ansiedler, Männer wie Weiber, nur dazu da ist, die Soldaten zu bedienen.«[16] Und der Frankfurter Schriftsteller Johann Michael von Loen bemerkte 1718: »Wenn man von dem Berliner Hof redet, so verstehet man darunter schier nur die Kriegsleute; diese allein machen eigentlich den königlichen Hof aus. Die Räte, Kammerherren, Hofjunker und dergleichen, wann sie nicht zugleich Kriegsämter haben, werden nicht viel geachtet ... Was ... die Lustbarkeiten bei Hof betrifft, so kommen dieselben mit denjenigen des wienerischen und dresdnerischen Hofs in keinen Vergleich. Ja, ich muss schier sagen, ... Schauspiele findet man in Berlin gar nicht, es sei dann, man verstehe darunter die schöne Mannschaft, die täglich auf die Parade ziehet und welche für einen Liebhaber der Soldaten alles übertrifft, was man Schönes in der Welt sehen kann.«[17] Wer dennoch glaubte, nach französischer Mode gekleidet am Hof erscheinen zu müssen, konnte sicher sein, zur Zielscheibe des allgemeinen Spotts zu werden. Selbst die Geistlichen beschied Friedrich Wilhelm 1736 barsch, dass sie keine teuren Chorröcke und Messgewänder tragen sollten. Den Lustgarten beim Berliner Stadtschloss verwandelte der König in einen Exerzierplatz.

Diese gewaltige Vergrößerung der Armee war zum Nulltarif nicht zu haben. Im Gegenteil: Sie verschlang den größten Teil des Haushalts. Von den jährlichen Einnahmen in Höhe von durchschnittlich sechs Millionen Talern flossen wiederum durchschnittlich 4,2 Millionen in die Armee – immerhin fast 70 Prozent der gesamten Einnahmen des Staates. Wohlgemerkt: der Einnahmen. Das heißt: Friedrich Wilhelms Armee war – anders als die seines Vaters – unabhängig von ausländischen Subsidien. Dank seiner rigorosen Sparpolitik gelang es dem »Soldatenkönig« sogar, neben den Ausgaben für den zivilen Bereich noch Geld für den Staatsschatz beiseite zu legen. 1740 war der Tresor prall gefüllt mit acht Millionen Talern, ohne die Friedrich der Große seine ausgreifende Politik niemals hätte umsetzen können, eine Politik, wie sie für seinen Vater nie in Frage gekommen wäre.

Denn Friedrich Wilhelm I. war in Soldaten vernarrt – nicht ins Kriegführen. Es waren vor allem religiöse Überzeugungen, die seine Skrupel vor dem Gebrauch der Waffen nährten. So beschwor er seinen Nachfolger in einer 1722 verfassten Instruktion gleich mehrfach, dass er keinen »ungerechten Krieg« beginnen solle, denn Gott habe die »ungerechten Kriege verboten … Ihr müsst Rechenschaft geben für jeden Menschen, der in einem ungerechten Krieg geblieben ist. Bedenkt, wie scharf Gottes Gericht ist.«[18] Aber nicht allein diese religiösen Gewissensbisse verhinderten, dass der »Soldatenkönig« zum Kriegstreiber wurde. Dazu kamen – wie sollte es bei ihm anders sein – wirtschaftliche Überlegungen. Es ging ihm gar nicht einmal so sehr darum, dass er seine teuren »langen Kerls« nicht in einem Krieg verheizen wollte. Der Grund war viel profaner: »Wenn die Armee marschiert, verliert die Akzise ein Drittel.«[19] Vor allem in Berlin und Potsdam waren die Soldaten ein bedeutender Wirtschaftsfaktor. Waren sie im Feld, fielen sie als Verbraucher schlicht aus – und die Akzise, die ja vor allem eine Verbrauchssteuer war, ging entsprechend zurück. Und das wiederum hätte langfristig den Haushalt in Schieflage bringen können.

Dennoch: Auch diese Rücksichtnahmen machten aus dem »Soldatenkönig« keinen verkappten Pazifisten. Das macht seine Instruktion für seinen Nachfolger klar. Zwar warnt er ihn vor ungerechten Kriegen, doch fügte er hinzu: »Wozu Ihr Recht habt, da lasset nicht ab.« Er schloss also eine Fortsetzung der Politik mit militärischen – sprich kriegerischen – Mitteln nicht per se aus. Tatsächlich aber hat er in seiner gesamten 27-jährigen Regierungszeit nur einen einzigen Krieg geführt, und auch da musste er erst zum Jagen getragen werden.

Im Nordischen Krieg

Nachdem der Frieden von Utrecht im April 1713 das Ende des Spanischen Erbfolgekriegs eingeläutet hatte, stand auch im Nordischen Krieg die Entscheidung an: Schweden war immer mehr in die Defensive gedrängt worden, und Russland drängte Preußen, endlich militärisch in den Konflikt einzugreifen. Das war eigentlich ein verlockendes Angebot, denn es bot sich die Chance, endlich das bislang schwedische Vorpommern mit Stettin in die Hand zu bekommen. Doch der »Soldatenkönig« zögerte, denn er wollte sich alle Optionen offen halten. Als Zar Peter der Große im März 1713 Berlin besuchte, hielt ihn Friedrich Wilhelm hin: »Ich bin ein junger Anfänger und noch nicht imstande, die geringste Sache mit Macht durchzusetzen.«[20] Das war natürlich ein vorgeschobenes Argument, denn der König war zwar neu im Amt, doch war er alles andere denn ein politischer Anfänger. Erst als Preußen alle Felle davonzuschwimmen drohten, schwenkte der »Soldatenkönig« auf den russischen Kurs ein und schloss sich der antischwedischen Koalition an. Russland sicherte ihm dafür tatsächlich Vorpommern mit Stettin als Kriegsbeute zu, während Preußen seinerseits die russische Vorherrschaft im Baltikum akzeptierte. In der Folge haben die preußischen Truppen an den Kampfhandlungen teilgenommen und sich dabei wacker geschlagen, etwa bei der mühsamen Belagerung von Stralsund im Winter 1715.

Der Feldzug gegen Karl XII. von Schweden war der erste und letzte Krieg Friedrich Wilhelms I. Es sei nicht »seine Absicht, jemanden anzugreifen oder zu bekriegen, allein wenn dies ihm geschehen sollte, würde er auch alsdann sich nach bestem Vermögen zu wehren suchen«.[21] Wenn ein militaristischer Staat dadurch gekennzeichnet ist, dass dieser Staat nicht nur vom Militär geprägt wird, sondern die Armee aktiv einsetzt, um expansiv außenpolitische Ziele mit kriegerischen Mitteln zu erreichen, dann greift der Vorwurf des Militarismus nicht. Die Armee des »Soldatenkönigs« blieb vor allem eine Drohgebärde, die niemand besonders ernst nahm, wie Friedrich Wilhelm insgesamt außenpolitisch selbst begrenzte Ziele nicht durchzusetzen verstand.

Außenpolitik ohne Fortune

An oberster Stelle der außenpolitischen Agenda des »Soldatenkönigs« stand die Erbfolge in den Herzogtümern Jülich und Berg nach dem zu erwartenden Aussterben des dort regierenden Hauses Pfalz-Neuburg. Die beiden Herzogtümer wären eine gute Arrondierung des preußischen Besitzes im Westen Deutschlands gewesen. Friedrich Wilhelm war zwar nicht der Einzige, der darauf Anspruch erhob, doch konnte er seinen mit nachvollziehbaren erbrechtlichen Argumenten untermauern. Jülich und Berg waren daher der Preis, den potenzielle Bündnispartner dem preußischen König als Mitgift bringen sollten. Dabei suchte er zunächst Anschluss an das englische Lager, in dessen Bett er auch von seiner Frau Sophie Dorothea gedrängt wurde. Sie war eine gebürtige Welfin, ihr Bruder Georg war seit 1714 nicht mehr nur Kurfürst von Hannover, sondern auch König von England. Der Traum Sophie Dorotheas war ein enges Bündnis Preußens mit England, das am besten durch eine Doppelhochzeit ihrer ältesten Kinder Wilhelmine und Friedrich besiegelt werden könnte. 1725 gab der

»Soldatenkönig« diesem Druck nach und schloss in Herrenhausen einen Bündnisvertrag mit England.

Wohl fühlte er sich dabei nicht. Auch wenn ihm England als protestantische Macht konfessionell näher stand, hatte sich der Preußenkönig eine emotionale Anhänglichkeit an das Kaiserhaus bewahrt. Das hielt ihn nicht davon ab, gelegentlich auch auf den Kaiser sauer zu sein und diesem Ärger mit markigen Sprüchen Luft zu machen. Generell aber – und das wusste man in Wien nur zu gut – fühlte er sich dem Kaiser als Haupt des Reichs nach wie vor verpflichtet, wenn dieser ihm nur die nötige Anerkennung zukommen ließ. Der Mann, der den »Soldatenkönig« umdrehen sollte, war schnell gefunden: Friedrich Heinrich Graf von Seckendorff. Der kaiserliche Unterhändler hatte – damals noch in sächsischen Diensten – zusammen mit dem preußischen König 1709 an der Schlacht von Malplaquet und 1715 an der Belagerung von Stralsund teilgenommen. Allein diese Verbindung genügte, damit ihm in Potsdam und Wusterhausen ein warmer Empfang bereitet wurde. Und Seckendorff gab sich alle Mühe, dem König als echter Freund entgegenzutreten – lange Nächte bei Bier und Rauchschwaden im Tabakskollegium ebenso inbegriffen wie Einladungen des Königs zum Abendessen, wusste er doch nur zu gut, wie gern Friedrich Wilhelm reichlich aß und trank, wenn er es nicht selbst bezahlen musste. Leidgeprüft schrieb der Graf einmal an seine Auftraggeber in Wien: »Seine Majestät war gestern mein Gast. Er dinierte, soupierte und kotzte wie ein Wolf.«[22]

So gelang es Seckendorff, den König schrittweise in das habsburgische Lager zu ziehen: Im Oktober 1726 anerkannte Preußen die Pragmatische Sanktion, sprich die Erbfolge der Kaisertochter Maria Theresia in den habsburgischen Erblanden, im Dezember 1728 vollzog Friedrich Wilhelm mit dem Abschluss des Berliner Vertrags, der über die Anerkennung der Pragmatischen Sanktion hinaus ein förmliches Bündnis mit dem Kaiser begründete, die komplette Kehrtwende. Es waren nicht nur emotionale Gründe, die den König zu diesem Bündniswechsel verleitet haben. Dahinter steckte auch der nicht unbegründete Verdacht, dass England und das mit ihm verbündete Frankreich ihn nur als Prellbock gegen Habsburg verwenden würden, ohne ihm ein wirkliches Mitspracherecht im Bündnis zu gewähren. Und in der jülich-bergschen Angelegenheit war er ebenfalls keinen Schritt weiter gekommen. Umso mehr baute er in dieser Sache jetzt auf den Kaiser, dem er Treueschwur um Treueschwur zukommen ließ: »Meine Feinde mögen tun, was sie wollen, so gehe ich nicht ab vom Kaiser, oder der Kaiser muss mich mit Füßen wegstoßen, sonsten ich mit Treu und Blut sein bin und bis in mein Grab verbleibe.«[23] Als Kaiser Karl VI. ihn im Sommer 1732 nicht nur besuchte, sondern sich ihm gegenüber auch noch gewogen zeigte, freute sich der »Soldatenkönig« darüber in fast kindlicher Naivität – dass die Freundlichkeit gespielt sein könnte, kam ihm überhaupt nicht in den Sinn: »Der Kaiser und die Kaiserin sind liebenswerte Leute«, und auch die anderen Großen am Kaiserhof, allen voran Prinz Eugen, hätten ihm »viel Höflichkeit getan«, schreibt er an seinen Freund Leopold von Anhalt-Dessau, den »alten Dessauer«.[24]

Besonders wenn Friedrich Wilhelm emotional in Schwung war, verband er dies gern mit deutschtümelnden Aussprüchen: »Meinen Kindern will ich Pistolen und Degen in die Wiege geben, dass sie die fremden Nationen aus Deutschland helfen abhalten.«[25] Doch sollte man solche Sprüche nicht überbewerten: An erster Stelle stand für Friedrich Wilhelm I. sein eigenes Königreich, in dessen Grenzen Menschen aus aller Herren Länder meist friedlich nebeneinander lebten. Dann kam Deutschland, aber nicht im Sinne eines einheitlichen Staatswesens, sondern eher als gefühlte Einheit vor allem gegenüber Frankreich, wobei auch diese Abneigung nicht politisch bedingt war. »Französisch« war für den »Soldatenkönig« gleichbedeutend mit »verweichlicht«, für ebenjenen lockeren und dem Müßiggang zugeneigten Lebenswandel nach dem Vorbild von Versailles, den er seinen Preußen und zuallererst seiner eigenen Familie austreiben wollte.

Ausgezahlt hat sich die nach 1728 unverbrüchliche Treue zum Kaiserhaus nicht. In der jülich-bergschen Frage wurde Friedrich Wilhelm jahrelang mit wachsweichen Ausflüchten hingehalten. Wien und Paris waren sich in seltener Eintracht darin einig, dass sie eine Vergrößerung der preußischen Macht am Rhein nicht dulden würden. Eine solche Verschiebung der Mächteverhältnisse schien ihnen geeignet, das Gleichgewicht der Mächte in Europa empfindlich durcheinanderbringen zu können. Am 10. Februar 1738 platzte die Bombe: Österreich, Frankreich, die Generalstaaten (Niederlande) und England verlangten in identischen Noten – was bedeutete: sie hatten sich abgesprochen –, dass Preußen keine Schritte unternehme, um sich in den Besitz von Jülich und Berg zu bringen. Stattdessen unterstützten sie die vorläufige Inbesitznahme von Jülich und Berg durch das ebenfalls Ansprüche erhebende Haus Pfalz-Sulzbach.

Friedrich Wilhelm war außer sich über diese »Gemeinheit« und wollte seine Armee marschieren lassen – und sollte ganz Europa gegen ihn stehen. Er sei zu alt, um sich zum »Hundsfott« machen zu lassen: »Lieber mit Honneur [Ehre] nichts haben als mit Deshonneur [Unehre] in gutem Stande zu sein.«[26] Auf die Franzosen gebe er nichts, und sollten Russland und Schweden stillhalten, werde er es mit den anderen Mächten schon aufnehmen. Schließlich habe auch David gegen Goliath mit seiner Schleuder gesiegt. Doch es blieb bei markigen Worten. Dabei fehlte es nicht an Stimmen, die zum Krieg drängten. Dazu gehörte auch der »alte Dessauer«, der in seinen Grüßen zu Neujahr 1739 seiner Hoffnung Ausdruck gab, dass der König »durch seine schöne, weltberühmte Armee dasjenige bekomme, was Eurer Majestät von Gottes- und Rechtswegen gehört, auf dass ganz Europa sehe, dass Eure Majestät diese formidable Armee so lange gehalten, bis die Gelegenheit gekommen, diese zu gebrauchen, auf dass Eurer Königlichen Majestät mächtige Feinde daraus sehen und wahrnehmen, was Dieselben mit solcher Armee auszurichten imstande sind«.[27] Aber der »Soldatenkönig« schreckte ein weiteres Mal vor einem Krieg zurück. Auch in Wien wusste man, wie ungern Friedrich Wilhelm seine Soldaten einsetzte; schon unmittelbar nach seiner Thronbesteigung 1713 hatte der damalige österreichische Gesandte Graf Schönborn-Buchheim beruhigend gemeldet, dass der preußische König zwar »eine große Armee auf die Beine stellen« wolle, »alsdann seine Truhen wohl füllen und in seinem

Land in Ruhe leben, mit keinem nichts anfangen, sondern bloß auf seiner Hut stehen bleiben«[28] wollte. Die Redewendung: »So schnell schießen die Preußen nicht«, geht auf diese Zeit zurück.

Allerdings: Seine Treue zum Kaiser hatte empfindlich gelitten; zu tief saß der Stachel der Enttäuschung: »Es scheint beinahe, als habe man in Wien Treu und Glauben wenigstens in Bezug auf uns gänzlich auf die Seite gesetzt; man will nach der Lehre Machiavellis nicht halbwegs böse sein, sondern ganz und gar, aber vielleicht kommt einmal eine Zeit, wo der Kaiser bereuen wird, dass er seinen besten Freund so empfindlich beleidigt und anderen aufopfert.«[29] Mit Blick auf seinen Sohn äußerte er damals die – prophetischen – Worte: »Da steht einer, der mich rächen wird.«[30] Vielleicht ahnte Friedrich Wilhelm, dass sein Nachfolger einmal von keinen religiösen und ökonomischen Skrupeln geplagt sein würde, wenn es galt, die preußische Macht zu vergrößern.

Werbung mit List und Gewalt

Wenn das Preußen Friedrich Wilhelms I. in düsteren Farben gemalt wird, dann nicht, weil dieser König ein Kriegstreiber gewesen wäre, sondern wegen der Härte und auch Brutalität, mit der er seinen Staat im Inneren geformt hat. Dies zeigt sich zuerst in jener Institution, die ihm am meisten am Herzen lag: der Armee. Um deren Truppenstärke zu erhöhen, setzte er zunächst auf das übliche Mittel der Werbung. In ganz Europa waren bis zu tausend preußische Werber unterwegs, um Nachschub für den »Soldatenhunger« des Königs zu liefern. Geworben wurde im Inland wie im Ausland – wozu natürlich auch die anderen deutschen Staaten zählten. Dies geschah zum Teil im Einvernehmen mit den örtlichen Machthabern oder wurde stillschweigend geduldet, häufig kam es aber auch zu Konflikten, am heftigsten mit den größeren benachbarten Reichsständen Hannover und Mecklenburg.

Die Werbung lief zum Teil tatsächlich so ab, wie man es aus Filmen kennt: Junge Männer wurden betrunken gemacht, es wurde ihnen das Blaue vom Himmel versprochen, und es wurde natürlich mit Münzen geklimpert. Manchem nachgeborenen Bauernsohn ohne jede Perspektive schien das Angebot verlockend: eine ordentliche Menge Geld bar auf die Hand, im Soldatendienst ein sicherer Sold und ordentliche Verpflegung. Wurden Werber im Ausland illegal bei ihrer Arbeit erwischt, mussten sie mit Gefängnis rechnen. In den Generalstaaten wurden zwei preußische Offiziere sogar zum Tode verurteilt und erschossen. Doch besonders wenn es um Nachwuchs für seine »langen Kerls« ging, war Friedrich Wilhelm nahezu jedes Mittel recht, auch Gewalt. Dabei schreckte er nicht davor zurück, Kunstschätze gegen Soldaten einzutauschen. Und der Zarin Anna von Russland überließ er gegen einige hochgewachsene Rekruten vier Klingenschmiede, die sich vergeblich dagegen wehrten, für sechs Jahre nach Russland zu gehen.

Im Inland wussten die Werber, dass selbst bei Anwendung roher Gewalt der König seine Hand über sie hielt. Nach der Auffassung Friedrich Wilhelms war prinzipiell jeder Untertan zum Dienst verpflichtet – er holte sich seiner Meinung nach also nur, was ihm zustand. Zwar musste bereits seit 1693 jeder Landrat, der in seinem Amtsbereich die erste staatliche Instanz war, eine bestimmte Anzahl an Rekruten jährlich stellen, doch funktionierte dieses System mehr schlecht als recht; mancher Landrat stellte am liebsten jene zweifelhaften Gestalten, die er nur zu gerne loswurde. Und so fielen die Werber der Regimenter wie Heuschrecken über das Land: Während eines Gottesdienstes drangen Werber in eine Kirche ein und zogen jene jungen Männer heraus, die ihnen für den Soldatendienst geeignet erschienen. Nicht anders erging es Studenten in Halle – obwohl diese eigentlich von der Wehrpflicht ausgenommen waren; ganze Bauernfamilien wurden gewaltsam auseinandergerissen, ausländische Postkutschen bei ihrer Fahrt durch Preußen angehalten und Passagiere, die das Pech hatten, die richtige Größe zu haben, in die Armee gezwungen.

Diese Praxis führte zu größter Unruhe im Land. Viele junge Männer suchten ihr Heil lieber gleich im Ausland, vor allem in den westlichen Landesteilen: Die Werbekampagnen hätten, berichtete der Gouverneur von Geldern 1718, »im ganzen Land eine solche Furcht und Schrecken verursacht, dass fast alle jungen und mittelmäßigen Leute sich über die Grenze in andere Provinzen gemacht... Das Land bleibt unbebaut liegen, während in Venloo und Roermond ganze Häuser voller Flüchtlinge sind.« Viele wollten lieber »Hungers sterben als sich engagieren lassen«.[31] Im Falle eines nach Hamburg geflohenen jungen Handwerkers wurde dessen Vater unter Druck gesetzt – er solle dafür sorgen, dass sein Sohn zurückkehre. Doch der junge Mann ließ sich nicht beeindrucken: »Selbst wenn sie euch das Leben nehmen, ja gar in vier Stücken zerteilen, so komme ich nicht.«[32]

In Halle probten die Studenten zivilen Ungehorsam. Als sich die Universitätsleitung über die gewaltsame Werbung eines Jurastudenten beklagte, gab sich Friedrich Wilhelm zunächst noch unbeeindruckt: »Sollen nicht räsonieren, ist mein Untertan.«[33] Im Joachimsthaler Gymnasium in Berlin hätten sich die Schüler, berichtet der braunschweigische Gesandte, »mit Spieß und Stangen versehen gehabt, um sich auf allen Fall zu verteidigen«. Schon einmal hätten sie »sechs bis acht Mann weggejagt, indem sie oben an der Treppe eine Barriere von Stühlen, Betten und Tischen gemacht und beim Anlauf der Soldaten selbigen solche Hausmöbel die hohen Treppen herab entgegen geworfen, auch mit Stangen zurückgestoßen«.[34]

Tausende suchten mitsamt ihren Familien das Heil in der Flucht. Das Land drohte allmählich auszubluten, auch wenn der »Soldatenkönig« Menschen für den größten Schatz hielt und in manchen Gegenden die Verluste durch Krieg und Pest noch immer nicht ausgeglichen waren. Selbst die Zahl der Studenten in Halle ging drastisch zurück – wer wollte schon riskieren, aus dem Hörsaal heraus in die Armee gepresst zu werden? Sogar Friedrich Wilhelm in seiner Gier nach Rekruten wurde vor diesem Hintergrund zunehmend klar, dass es so nicht weitergehen konnte. Zwar war die Zwangswerbung offiziell schon seit 1714 verboten, doch stand diese Reglementierung hauptsächlich auf dem Papier. Schließlich wurde 1721 die Werbung im Inland gänzlich verboten. Nun sollten die fehlenden einheimischen Rekruten durch ausländische ersetzt werden. Das aber bedeutete mehr Aufwand und kostete vor allem mehr Geld. Zwölf Millionen Taler gab der »Soldatenkönig« zwischen 1713 und 1735 allein für die Werbung von Rekruten aus!

Auf dem Weg zur allgemeinen Wehrpflicht?

Friedrich Wilhelm fand einen nachhaltig funktionierenden Weg aus diesem Teufelskreis und bewies letztlich auch in dieser Frage sein Organisationsgeschick. Dabei griff er auf bereits vorhandene Praktiken der adligen Regimentskommandeure zurück, doch er systematisierte diese Vorgehensweise. Dazu wurde das Land 1733 in Kantone mit jeweils rund 5000 Haushalten aufgeteilt. Jeder Kanton hatte den inländischen Nachwuchs für ein bestimmtes Regiment zu liefern. Dabei gab es zahlreiche Ausnahmen: Wohlhabende Stadtbürger mussten ebenso wenig mit ihrer Einberufung rechnen wie Handwerksmeister oder die Arbeiter in den Manufakturen, deren Wirtschaftskraft bzw. wirtschaftliche Produktivität wichtiger erschien, als sie in eine Uniform zu stecken. So ruhte die Dienstpflicht weitgehend auf den bäuerlichen Untertanen. Schon als Kinder wurde ein Teil von ihnen »enrolliert« – das heißt in die Stammrolle eines Regiments aufgenommen. Als äußeres Zeichen dieser Bestimmung trugen die »Enrollierten« ein rotes Halstuch und einen roten Federbüschel am Hut. Sobald sie das wehrdienstfähige Alter erreicht hatten, wurden sie eingezogen.

Grundsätzlich ging man bei den Landeskindern – anders als bei den Ausländern, die sich zunächst zeitlich befristet in der preußischen Armee verpflichteten und später selbst entscheiden konnten, ob sie verlängerten bzw. Berufssoldaten wurden – von einer lebenslangen Dienstpflicht aus. Allerdings wurden längst nicht alle »Enrollierten« eingezogen, und wer eingezogen wurde, blieb nicht zwangsläufig sein Leben lang Soldat. Im Allgemeinen verbrachten die Soldaten in Friedenszeiten nach der ein Jahr dauernden Grundausbildung drei, später zwei Monate im Jahr bei ihrem Regiment; die restlichen neun bzw. zehn Monate waren sie freigestellt, um zu Hause auf dem Feld zu arbeiten.

Den Militärdienst empfanden die Bauernsöhne zunächst so wenig attraktiv – bzw. als so schrecklich – wie ehedem. Doch langsam begann sich Selbstbewusstsein zu regen: Die jungen Männer hatten anderes kennen gelernt als ihr Dorf – sie waren in der Stadt gewesen; in der Regel untergebracht noch nicht in

Kasernen, sondern einquartiert in den Häusern der Bürger. Auch in ihrer dienstfreien Zeit auf dem Land sollten sie den »blauen Rock« des Königs tragen. Der Gutsherr hatte nicht mehr die alleinige Gewalt über sie – als Soldaten hatten sie dem König nicht nur zu dienen, sondern standen unter seinem Schutz und seiner Gerichtsbarkeit.

Wie die einheimischen Soldaten, so leisteten auch die geworbenen Ausländer nicht unbedingt das ganze Jahr über Dienst. Als »Freiwächter« konnten sie in ihrer Garnisonstadt ein Gewerbe ausüben. Vor allem wenn es sich um verdiente Mitglieder seiner verhätschelten »langen Kerls« handelte, kam es sogar vor, dass der König ihnen ein Haus schenkte oder Geld für den Aufbau eines Geschäfts gab. Auch erteilte der König den Soldaten die Erlaubnis zu heiraten, denn wenn sie erst einmal eine Familie gegründet hatten, dann – so hoffte der König – dachten sie weniger ans Desertieren. Bei den »langen Kerls« sah es Friedrich am liebsten, wenn sie möglichst große Frauen heirateten und aus diesen Ehen dann wieder Nachwuchs für seine »Riesengarde« heranwuchs.

Einer, der auf diese Weise sein Glück gemacht hat, war der erwähnte »größte Riese«, der Ire James Kirkland. Er war mit Gewalt in die preußische Armee gepresst worden, doch kehrte er nach Ablauf seiner ersten Dienstverpflichtung nicht nach Irland zurück, sondern blieb in Preußen, »wo er 1779 als wohlhabender Kaufmann verstarb«.[35] Auch nach Einführung des Kantonssystems blieb die Armee jedoch auf Zuwachs aus dem Ausland angewiesen, nicht zuletzt vor dem Hintergrund der zahlreichen Freistellungen.

Soldatenalltag in Preußen

Wie verträgt sich das Bild vom zunehmend selbstbewussten Bauern in Uniform und Ausländern, die als uniformierte Weinhändler Karriere machten, mit dem verbreiteten Klischee einer Armee, in der Prügel an der Tagesordnung waren und jeder desertierte, der nur konnte, weil die unmenschlichen Bedingungen nicht zu ertragen waren? Die Antwort ist: Beide Bilder sind richtig – und

Teil der historischen Wahrheit. Viele Soldaten waren mit Gewalt aus ihrer häuslichen Umgebung oder sogar aus ihrer Heimat gerissen worden, der tägliche Dienst mit stundenlangem stumpfsinnigem Exerzieren, die geforderte vollständige Unterordnung unter die Vorgesetzten – all das führte bei einem Teil der Soldaten zu existenzieller Verzweiflung. Dazu kam, dass der König davon ausging, dass die Soldaten nur mit harter Hand zu führen waren. Auf kleinste Vergehen standen drakonische Strafen. Schon auf »Diebereien und gewaltsame Einbrüche« stand die Todesstrafe.[36] Berühmt-berüchtigt war das »Spießruten-« oder »Gassenlaufen«. Dabei musste der Delinquent durch eine etwa zwei Meter breite Gasse gehen, die von anderen Soldaten gebildet wurde. Mit Ruten schlugen diese oft mehreren Hundert Mann auf das Opfer ein – peinlich genau achteten die Vorgesetzten darauf, dass richtig zugeschlagen wurde; wer sich zurückhielt, musste selbst mit Bestrafung rechnen. Ein schnelles Laufen durch die Gasse war seit 1737 nicht mehr möglich. Per Kabinettsordre bestimmte der König, dass vor dem Delinquenten ein Unteroffizier langsam vorausgehen sollte.[37] Oft mussten die Verurteilten mehrmals durch die Gasse laufen, auf Gehorsamsverweigerung etwa, sei es »auch [nur] mit Worten«,[38] stand dreißigmaliges Gassenlaufen. Nicht selten endete diese Bestrafung mit dem Tod des Soldaten.

Die schärfsten Strafen drohten Deserteuren – und trotzdem nahmen zahlreiche Soldaten, im Schnitt ein bis zwei Prozent jährlich, dieses Risiko auf sich. Wurde eine Flucht bemerkt, wurde durch einen Kanonenschuss Alarm gegeben. Die Bürger der Städte und die Bauern waren verpflichtet, bei der Suche zu helfen. Taten sie es nicht oder halfen sie gar einem Deserteur, wartete der Galgen auf sie. Selbst von den Kanzeln herab sollten die Pfarrer ihren Schäflein verkünden, dass sie geflohene Soldaten nicht aufnehmen durften. Wurden Deserteure gefasst, drohte ihnen der Tod. Bisweilen beließ es der König beim Gassenlaufen – so hatten sie zumindest eine Chance, mit dem Leben davonzukommen. Letztlich konnte die massenweise Hinrichtung seiner teuer bezahlten Soldaten auch nicht im Interesse des Königs liegen. So wurden nach einer Massendesertion von 38 Soldaten aus Potsdam, die alsbald wieder eingefangen waren, folgende Strafen verhängt: »Einer wurde, nachdem ihm beide Schwurfinger abgehackt worden waren, gehängt, einem wurden Nase und Ohren abgeschnitten und er nach Spandau gebracht; einer wurde vom Henker nach empfangenen Maulschellen ausgepeitscht. Die Übrigen mussten Spießrutenlaufen und wurden dann für kürzer oder länger nach Spandau gebracht.«[39] Unter den unzufriedenen Soldaten wurden sogar Mordanschläge auf den König geplant, und bei Manövern soll manche Kugel bewusst in seine Richtung geschossen worden sein.

Die Adligen waren von der Dienstpflicht als einfache Rekruten ausgenommen – sie sollten dem König die Offiziere seiner Armee stellen. Und ganz ähnlich wie bei den Bauernsöhnen, wurden sie auf diese Aufgabe schon früh festgelegt – durch ihre Erziehung in den von Friedrich Wilhelm gegründeten Kadettenanstalten. Kein Adliger durfte mehr Dienst im Ausland leisten, was bis dahin gang und gäbe gewesen war. Und Offiziere sollten sie nicht nur dem Namen nach und im gesellschaftlichen Umgang sein: Friedrich Wilhelm erwartete, dass sie – so wie er selbst – die Soldaten anleiteten und sich um ihr Regiment kümmerten. Begeistert war der Adel über diese Rolle, die ihm der König zugedacht hatte, zunächst keineswegs, sah er sie doch als Einschränkung seiner persönlichen Freiheit. Zwar gab es unter Friedrich Wilhelm I. noch mehr bürgerliche Offiziere als unter seinem Nachfolger, doch deutete sich hier bereits die adlige Exklusivität des Offizierskorps an, wie sie unter Friedrich dem Großen weitgehend Wirklichkeit geworden ist. Diese Exklusivität war es auch, die es dem Adel bald leichter machte, sich an die neue Aufgabe zu gewöhnen. In einem Leitbild beschrieb Friedrich Wilhelm, um welche Eigenschaften sich seine Offiziere bemühen sollten: »Gottesfurcht, Klugheit, Herzhaftigkeit, Verachtung des Todes, Nüchternheit, Wachsamkeit, Geduld, innerliches Vergnügen und Zufriedenheit mit sich selber, unveränderliche Treue gegen seinen Herrn, Gehorsam und Respekt gegen die Vorgesetzten, Aufmerksamkeit. Er soll danach trachten, sich Falkenaugen und leise Ohren zuzulegen, auch nichts zu vergessen, was man einmal gesehen und gehört. Er braucht Feindschaft und Hass gegen die Weichheit …, aber Begierde, Ruhm und Ehre zu erlangen. Er darf kein Räsoneur sein, muss seinen Dienst und seine Schuldigkeit ohne Fehler verrichten … Fähnrich und Feldmarschall stehen als des Königs Offiziere in der Ehre völlig gleich.«[40]

So gelang es Friedrich Wilhelm I., mit brachialen Mitteln eine schlagkräftige Truppe aufzustellen, die funktionierte wie ein Uhrwerk – eine Gewehrsalve klang, bemerkten Beobachter erstaunt, wie *ein* Schuss, alle Griffe und Schritte wurden im Gleichklang ausgeführt. »Gewiss ist, dass man von Truppen an Schönheit, Propretät [Sauberkeit] und Ordnung in der Welt dergleichen nicht sehen kann«,[41] meldete der österreichische Gesandte Seckendorff nach Wien. Und der Baron Pöllnitz stellte fest: »Ein Soldat ist zwar gezwungen, seine Dienste auf das Sorgfältigste zu versehen; tut er dies aber, so genießt er mehr Freiheit als in anderen Diensten, und mich dünkt, dass, wenn ich nötig hätte, einen Soldaten abzugeben, ich solchen am liebsten in preußischen Diensten tun würde.«[42]

Toleranz – auch für Katholiken, Juden und Muslime

Auch wenn die Soldaten seit der Einführung des Kantonssystems wieder verstärkt aus der eigenen Bevölkerung gezogen wurden, blieb die preußische Armee ein national und vor allem konfessionell bunt gemischter Haufen; die Zahl der einheimischen Soldaten schwankte zwischen 30 und 50 Prozent. Nicht zuletzt vor diesem Hintergrund wurde die sprichwörtliche preußische Toleranz unter dem »Soldatenkönig« immer mehr über das eigene protestantische Lager hinaus ausgedehnt. Bei den – besonders international aufgestellten – »langen Kerls« waren rund 58 Prozent Protestanten (davon 50 Prozent Lutheraner und 8 Prozent Reformierte), 34 Prozent Katholiken und 8 Prozent Orthodoxe. Dazu kamen einzelne Muslime.[43] Katholiken und Orthodoxe bekamen eigene Priester; mit dem Dominikanerpater Raymundus Bruns verband den »Soldatenkönig« eine fast freundschaftliche

Beziehung. In einem Gespräch mit Bruns meinte Friedrich Wilhelm: »Ich glaube, dass alle Christen, welcher Konfession sie auch sein mögen, selig werden können, weil sie trotz Abweichung in einigen weniger wesentlichen Punkten doch nach meiner Meinung in der Hauptsache übereinstimmen … Ich glaube nicht alles, was die Reformierten glauben …, sondern ich glaube auch vieles wie die Lutheraner, mehreres aber von dem, was die Katholiken glauben. Was ich durch Schrift und Vernunft erfasse, das glaube ich.«[44] Seine Knie solle man nicht »im Namen des Papstes, Luthers oder Calvins« beugen, sondern einzig »in dem Namen Jesu«.[45]

Da die katholischen Soldaten oft auch nach dem Ende ihrer Dienstzeit im Land blieben, stieg der Anteil der Katholiken an der Gesamtbevölkerung stetig. 1714 fand der erste katholische Gottesdienst in Potsdam statt, 1738 finanzierte der König den Bau einer größeren Kirche und beauftragte seinen Hofmaler Antoine Pesne damit, drei Gemälde für die Kirche zu fertigen. Eines davon zeigt den heiligen Dominikus – Pesne gab ihm die Gesichtszüge des dem König so eng verbundenen Paters Bruns. Es ist bis heute im Besitz der katholischen Pfarrgemeinde St. Peter und Paul in Potsdam und in der im 19. Jahrhundert erbauten Kirche »Am Bassin« zu sehen, ebenso ein von Friedrich Wilhelm 1723 gestiftetes Ewiges Licht. 1734 schenkte er seinen katholischen Soldaten Rosenkränze, die er auf einer Reise in dem niederrheinischen Wallfahrtsort Kevelaer gekauft hatte. Selbst die wenigen muslimischen Soldaten erhielten in Potsdam einen eigenen Gebetsraum.

Keinesfalls sollte die Geistlichen aber Einfluss auf die Politik gewinnen. Nur das »reine Wort Gottes« sollten sie predigen und »sich nicht in weltliche Angelegenheiten einmischen, was sie gerne tun. Die Herren Geistlichen müssen kurz gehalten werden, denn sie wollen gerne als Päpste in unserem Glauben regieren … Ganz besonders muss mein Nachfolger darauf achten, dass die Militärgeistlichen von den Kanzeln keine Predigt gegen die landesherrliche Autorität halten oder weltliche Interessen verkünden; solche Prediger sollen abgesetzt werden. Dieser Punkt ist einer von den wichtigsten.«[46]

Reserviert bis deutlich ablehnend stand Friedrich Wilhelm I. den Juden gegenüber: Diese seien, warnt er seinen Nachfolger, »Heuschrecken eines Landes und ruinieren die Christen. Ich bitte euch, gebt keine neuen Schutzbriefe aus, wenn sie euch auch wollten viel Geld geben, denn es euer größer Schaden ist und eurer Untertanen Ruin… Ihr müsst sie drücken, denn sie Jesu Christi Verräter sind, und ihnen nicht trauen, denn der redlichste Jude ein Erzbetrüger und Schelm ist.«[47] Trotz dieser harschen Äußerungen dachte der König nie daran, die Juden zu vertreiben. Dazu waren sie ihm als Geldbringer und Wirtschaftsfaktor viel zu wertvoll. Allerdings war er bestrebt, ihre Zahl in Grenzen zu halten. Das 1730 erlassene Generalprivileg für die Juden in Preußen kam vor allem den wohlhabenden Familien zugute: Sie genossen fortan Freizügigkeit und Niederlassungssicherheit auch für ihre Nachkommen. Im Prinzip galt: Je weniger Besitz ein Jude hatte, umso gefährdeter war sein Status, umso weniger Rechte hatte er, und umso weniger konnte er sich darauf verlassen, dass auch seine Nachkommen in Preußen bleiben durften. Schutzgeld mussten die Juden weiterhin bezahlen – allerdings nicht mehr an den Herrscher, auf dessen persönliche Gnade sie bis dahin angewiesen gewesen waren, sondern in die Staatskasse. Insofern war das Generalprivileg einerseits ein erster kleiner Schritt auf dem Weg der Juden zu Staatsbürgern, andererseits zementierte es den Ausschluss der Juden aus allen handwerklichen Berufen und damit deren Rolle als gesellschaftliche Außenseiter. Immerhin wurde 1714, also in der Herrschaftszeit des »Soldatenkönigs«, auch die erste Synagoge in Preußen eingeweiht. Friedrich Wilhelm I. war bei dieser Einweihung – zur allgemeinen Überraschung – höchstpersönlich anwesend. Auch studieren konnten die preußischen Juden; 1721 promovierte der erste in Frankfurt an der Oder.

Uniformen statt Luxuswaren

Mit dem Regierungsantritt Friedrich Wilhelms I. war ein radikaler Wechsel in der Wirtschaftspolitik verbunden: Der weitgehende Verzicht auf die Produktion von Luxusgütern für den Hof, der Verzicht auf monumentale Bauten, die das Ansehen der Dynastie steigern sollten, sowie insgesamt die Einschränkung des Hoflebens führten zunächst zu einer rasanten Talfahrt der Wirtschaft. Nicht nur große Baumeister wie Johann Friedrich Eosander mussten feststellen, dass sie in Preußen nicht mehr gebraucht wurden. Auch einfache Handwerker, die bislang für den Bedarf des Hofs gearbeitet hatten, standen plötzlich ohne Aufträge da. Doch während andere schon den wirtschaftlichen Zusammenbruch des Staates erwarteten, blieb der König gelassen. Was bisher der Hof war, das würden bald die Soldaten sein: Da jeder Soldat jährlich eine neue Uniform erhielt, war allein der Bedarf an Tuchen ungeheuer. Deshalb kam der Textilproduktion bald höchste Bedeutung zu. Bereits 1718 wurde die Ausfuhr von Rohwolle untersagt – die Produzenten sollten gar nicht erst in Versuchung kommen, irgendwo anders bessere Preise für ihr Produkt zu erzielen. Im Zentrum der Tuchproduktion stand das Lagerhaus in Berlin, »die größte Textilmanufaktur Deutschlands«.[48] Sie konnte bald nicht nur den eigenen Bedarf decken, sondern auch die russische Armee mit Uniformen versorgen.

De jure war das Lagerhaus ursprünglich keine staatliche Manufaktur, sondern ein privates Unternehmen, gegründet im Jahr 1713 von Johann Andreas Krautt. Doch Krautt war nicht nur steinreicher Kaufmann, sondern als Geheimer Kriegsrat zugleich einer der höchsten Beamten des Königs. De facto war Krautt durch Friedrich Wilhelm zu dem wirtschaftlichen Engagement für das Lagerhaus gedrängt worden, weil er die nötigen Mittel für die Investition hatte und der König nicht einsah, dass Krautt sein Geld nutzlos hortete; lieber sollte er es zum Wohl des Staates einsetzen. Auch in der Folge konnte sich Krautt den königlichen Einmischungsversuchen kaum entziehen. Nach seinem frühen Tod 1723 wurde das Lagerhaus verstaatlicht – die Kinder Krautts mussten froh sein, das übrige Vermögen des Vaters sichern zu können.

Während in Berlin die Tuchproduktion im Mittelpunkt stand, gründete der König in Potsdam eine Gewehrfabrik, die vor dem Hintergrund der stetigen Vergrößerung der Armee über Auftragsmangel ebenfalls nicht zu klagen brauchte und zum Wirtschaftsmotor der Stadt wurde. Da es in Brandenburg nicht genügend Fachleute auf diesem Gebiet gab, warb er Handwerker und Arbeiter aus Lüttich an, die das nötige Know-how mitbrachten.

Mit den Ergebnissen seiner Wirtschaftspolitik, die in merkantilistischer Manier darauf abzielte, möglichst viele Waren im eigenen Land herzustellen und nur das absolut Notwendige zu importieren, war Friedrich Wilhelm I. durchaus zufrieden, wie er 1738 rückblickend festgestellt hat: Es sei »bekannt, dass die Stadt Berlin zu einer Hofhaltung angelegt ist, die aber anno 1713 abgeschafft worden; also Seine Königliche Majestät auf andere Mittel gedacht, diese Stadt zu souteniren [unterstützen] und in specie der Armut Unterhalt zu schaffen, da dann kein ander Mittel dazu gewesen, als die Soutenirung der Manufakturen und die Errichtung des Lagerhauses, daraus sehr viele Leute ihren Verdienst bekommen. Denn weil alle Mundirungstücher [Uniformen] der Armee hier gemacht werden müssen, so hat die Armut durch Wollkämmen und Spinnen und dergleichen ihren Unterhalt dabei gefunden.«[49] Gut bezahlt war die Tätigkeit freilich nicht, und wie er von Soldaten und Beamten erwartete, dass sie dort Dienst taten, wo er es befahl, so durften auch die Arbeiter(innen) des Lagerhauses sich nicht einfach woanders Arbeit suchen.

Salzburger Bauern für Preußen

Was die Manufakturen für die Städte, waren die königlichen Domänen für den ländlichen Raum. Nach dem Scheitern des Erbpacht-Experiments unter seinem Vater kehrte der »Soldatenkönig« endgültig wieder zur Verpachtung auf Zeit zurück. In der Regel erfolgte diese auf sechs Jahre. Sosehr der König im Offizierskorps auf den Adel setzte, in den Domänen hielt er ihn bewusst außen vor. Die königlichen Domänen wurden ausschließlich an Bürgerliche verpachtet, um die Gefahr einer Vermischung mit den adligen Gutshöfen auszuschließen, wie auch unter den höheren Zivilbeamten zahlreiche Bürgerliche waren, während die höchsten Ämter dem Adel vorbehalten blieben. Indem er 1713 sogleich die Unveräußerlichkeit nicht nur der Domänen, sondern des gesamten Staatsbesitzes »auf ewige Zeiten« in einem auch seine Nachfolger bindenden Hausgesetz festschrieb, sicherte er diesen dauerhaft.[50] Doch er sicherte nicht nur, sondern baute aus, indem er bankrotte Rittergüter aufkaufte und Land gänzlich neu erschloss wie etwa das Havelländische Luch westlich von Berlin: Ursprünglich eine landwirtschaftlich überhaupt nicht nutzbare Moorlandschaft, ließ Friedrich Wilhelm dieses Gebiet trockenlegen – aus Sümpfen wurden Äcker. So wie er sich bei seiner Armee um jede Kleinigkeit kümmerte, reiste der König unermüdlich durch das Land, um bei seinen Bauern nach dem Rechten zu sehen. Und wie stets wurde er wütend, wenn er dabei auf Schlendrian oder – noch schlimmer – Dummheit traf, wie bei einer Inspektionsreise durch das Havelland 1737, als Butter und Käse auf einer Domäne nicht seinen Qualitätsansprüchen genügten. Auch seine Beamten sollten gefälligst reisen und sich nicht mit »theoretischen Spekulationen begnügen und glauben, was ihnen vorgesagt wird oder was sie in Akten lesen, ohne examiniert zu haben, ob alles richtig ist, sondern auf die Praxis gehen und selbst sehen, wie alles geht«[51]. Anders als für seinen Vater stand für den »Soldatenkönig« außer Frage, dass die staatlichen Getreidespeicher im Notfall geöffnet würden. Sollte es zu einer »General-Calamität« kommen, werde er seinen Bauern wie ein »treuer Vater unter die Arme greifen«.[52]

Besonders am Herzen lag Friedrich Wilhelm das Schicksal (Ost-)Preußens. Diesen von Krieg, Missernten und Epidemien besonders gebeutelten Landstrich wieder nach oben zu bringen gehörte zu den vordringlichsten Aufgaben der königlichen Agenda. Fast verzweifelt schien es ihm 1723 nach wochenlangen Regenfällen, »als ob Gott nicht haben wollte, dass das arme Land in Flor [Blüte] kommen sollte«.[53] Jahre später konnte er endlich die Früchte seiner Anstrengungen sehen: Die Leute sähen, freute er sich bei seiner letzten Inspektionsreise durch Ostpreußen, »dick und fett« aus – der Hunger hatte doch nicht gesiegt.[54]

Großen Anteil an diesem Aufstieg des ausgemergelten Landes hatten – typisch für Preußen – wieder einmal Einwanderer. Schon der Große Kurfürst hatte mit der Ansiedlung der Hugenotten aktive Einwanderungspolitik betrieben. Friedrich Wilhelm I. stand dem in nichts nach, doch während die Hugenotten sich in den Städten konzentrierten, benötigte der »Soldatenkönig« in Ostpreußen und den neu kolonisierten Binnengebieten in erster Linie Bauern. Und wieder war es die Intoleranz anderer Herrscher, die die so dringend benötigten Menschen nach Preußen brachte. Der Salzburger Fürsterzbischof Leopold Anton Freiherr von Firmian vertrieb 1731/32 alle Protestanten des Landes, nachdem sie sich zuvor allen Rekatholisierungsversuchen widersetzt hatten. Über 20 000 Menschen machten sich daraufhin in Gruppen von bis zu 800 Personen, begleitet von preußischen Beamten, die sie in Salzburg abholten, auf den Weg in ihre neue Heimat – und Preußen nahm sie mit offenen Armen auf. Der König machte die Einwanderung der Salzburger zur Chefsache und hieß die erste Gruppe am 30. April 1732 persönlich in Berlin willkommen. Nachdem man ihm versichert hatte, dass keine »liederlichen Leute« darunter seien und die Salzburger ihre Bibelfestigkeit vor seinen Augen unter Beweis gestellt hatten, war er endgültig davon überzeugt, einen großen Coup gelandet zu haben, und versprach den Einwanderern: »Ihr sollt es gut bei mir haben, Kinder, gut sollt ihr es haben.«[55] Das Gros der Salzburger wurde in Ostpreußen angesiedelt, wo der König ihnen nicht nur Land übereignete, sondern auch Häuser, Kirchen und Schulen bauen ließ. Von der Militärpflicht blieben die Einwanderer befreit. Den Salzburgern folgten böhmische und schlesische Protestanten – ging es nach dem König, konnten gar nicht genug Einwanderer kommen.

Friedrich der Große hat die Einwanderungspolitik seines Vaters in einem Brief an Voltaire als eine seiner größten Leistungen überschwänglich gewürdigt: »Der König hat keine Kosten gespart, um seine heilsamen Absichten auszuführen. Er baute auf, traf treffliche Einrichtungen, ließ einige Tausend Familien von allen Teilen Europas kommen. Die Äcker wurden urbar gemacht, das Land bevölkert, der Handel blühend, und jetzt herrscht mehr als je Überfluss in dieser Provinz ... Und alles, was ich Ihnen sage, ist allein das Werk des Königs, der es nicht bloß anordnete, sondern selbst die Hauptperson bei der Ausführung war ... Ich finde in dieser großmütigen Arbeit, wodurch der König eine Wüste bewohnt, fruchtbar und glücklich gemacht hat ..., etwas Heroisches.«[56]

Das Generaldirektorium – die »Superbehörde«

Wenn Friedrich Wilhelm I. als größter »innerer König« Preußens gewürdigt wird, dann vor allem, weil er die Verwaltung des Landes auf eine völlig neue Grundlage gestellt und den Typus des unbestechlichen und verlässlichen preußischen Beamten gewissermaßen selbst geschaffen hat. Um den Plan einer umfassenden Verwaltungsreform ausarbeiten zu können, zog sich Friedrich Wilhelm zu Beginn des Jahres 1723 wie so oft nach Wusterhausen zurück; danach präsentierte er einem staunenden Publikum die Ergebnisse seiner Arbeit.

Im Zentrum stand eine neue Zentralbehörde, die offiziell »General-Oberfinanz-, Kriegs- und Domänen-Direktorium« hieß, in der Regel kurz als »Generaldirektorium« bezeichnet. Zu oft hatte der König erleben müssen, dass Behörden gegeneinander arbeiteten bzw. sich über ihre jeweiligen Kompetenzen stritten; nun sollten alle Fäden im Generaldirektorium zusammenlaufen. Die fünf Abteilungen der neuen »Superbehörde« waren einerseits bestimmten Landesteilen zugeordnet; andererseits hatten sie – wie heutige Ministerien – fest umrissene fachliche Zuständigkeiten. An der Spitze jeder Abteilung stand ein Minister. Präsident des Generaldirektoriums war der König, doch nahm er an dessen Sitzungen niemals teil – ein leerer Stuhl symbolisierte seine Anwesenheit. Stattdessen ließ er sich die Unterlagen bringen und versah sie nach eingehendem Studium mit Randbemerkungen. Friedrich Wilhelm regierte aus seinen Privatgemächern heraus oder, wie es damals hieß, aus dem Kabinett. Nur einmal im Jahr traf sich der König mit den Abteilungsleitern des Generaldirektoriums zur Aufstellung des Haushaltsplans. Dessen Eckdaten waren unumstößlich – Nachtragshaushalte hat es im Preußen des »Soldatenkönigs« niemals gegeben. Überprüft wurden sämtliche Einnahmen und Ausgaben von der bereits 1714 gegründeten Generalrechenkammer, ein Vorläufer unseres heutigen Bundesrechnungshofs. Jährlich sollte »genau untersucht werden, ob die Rechnungen unseren Etats in Einnahme und Ausgabe konform und ob die Ausgaben auf unsere Ordres geschehen«. Alle Unregelmäßigkeiten sollten die Prüfer »sonder Zurückhaltung des Geringsten anzeigen«.[57]

Wenn das Generaldirektorium viermal wöchentlich in Berlin tagte, waren dessen Mitglieder zu kollegialen Entscheidungen angehalten – und dabei sollten sie »nicht eher auseinandergehen, bis alle und jede Sache … abgetan worden, damit nicht ein Zettel übrig bleibe«. Wenigstens Hunger und Durst mussten sie beim Aktenstudium nicht leiden: Wenn die Sitzung, die im Sommer um sieben Uhr und im Winter um acht Uhr morgens begann, nachmittags um zwei Uhr noch immer nicht zu Ende war, erhielten die Beamten »vier gute Gerichte nebst nötigem Wein und Bier«.[58]

In den neun Provinzen des Königreichs wurden Kriegs- und Domänenkammern gebildet, die ihrerseits dem Generaldirektorium unterstellt waren. Um Vetternwirtschaft zu vermeiden, sollten die Beamten nie in ihrer Heimat eingesetzt werden. Als einige Beamte sich der Versetzung nach Tilsit widersetzen wollten, bekam Friedrich Wilhelm einen seiner berüchtigten Wutausbrüche: Die Beamten sollten »nach meiner Pfeife tanzen, oder der Teufel hole sie. Ich lasse hängen und braten wie der Zar und traktiere sie wie Rebellen.« Die »genannten Kanaillen, die nicht wollen nach Tilsit gehen«, sollten »mit ihren gepuderten Perücken« in der Königsberger Zitadelle eingesperrt werden. »Wenn ich einem Offizier etwas befehle, wird gehorcht, aber die verfluchten Blackscheißer [Tintenkleckser] wollen was voraus haben und mir nicht gehorchen.« Und damit ein für allemal klar war, was er von seinen Beamten erwartete, hielt er in einer Randbemerkung fest: »Man muss dem Herrn [= dem König] mit Leib und Leben, mit Ehr und Gewissen dienen und alles daransetzen bis auf die Seligkeit. Die ist für Gott, aber alles andere muss mein sein.«[59]

Auch der Adel soll zahlen

Wirtschafts- und machtpolitische Gründe kamen in dem Bestreben Friedrich Wilhelms zusammen, auch den Adel zu besteuern. Seine Güter besaß der Adel rein rechtlich als Lehen des Königs und nicht als Eigentum. Daraus resultierte beispielsweise die Verpflichtung, im Kriegsfall Pferde zu stellen. Doch war dies mehr Theorie denn Praxis. Insofern war es nicht etwa eine Preisgabe herrschaftlicher Rechte, als Friedrich Wilhelm dieses Lehnsband 1717 löste und den Adligen die Güter als freies Privateigentum überließ. Im Gegenzug nämlich sollten sie nun Steuern bezahlen – berechnet nach der Anzahl der bis dahin zu stellenden Lehnspferde –, und zwar für jedes Pferd 40 Taler. Das war unter dem Strich nicht viel, insgesamt gerade einmal 60 000 Taler im Jahr, aber mehr schien Friedrich Wilhelm nicht durchsetzbar. Dass die Magdeburger Ritterschaft dagegen 1718 einen Prozess beim Reichshofrat in Wien – dem höchsten Gericht im Heiligen Römischen Reich – anstrengte, brachte den König fast zur Raserei. Auch das Verhältnis zum Kaiser wurde dadurch beschädigt. Den klagenden Adligen half am Ende jedoch wenig, dass das Gericht die Umwandlung der Lehen für widerrechtlich erklärte – der König scherte sich einfach nicht um das Urteil.

Eine besondere Situation gab es in Ostpreußen – dort war zwar der Adel in das System der Kontribution miteinbezogen, doch war das System der Steuererhebung kompliziert und berücksichtigte beispielsweise nicht die auf den adligen Gütern in der Regel sehr viel bessere Bodenqualität. Und de facto zahlten viele Adlige auch in Ostpreußen kaum oder gar keine Steuern, zumindest nicht auf ihren Grundbesitz, der ohnehin meist nur unvollständig erfasst war. Ausgerechnet ein ostpreußischer Junker war es, der diese Ungerechtigkeiten 1714 in einer Denkschrift an den König als Grund für die wirtschaftliche Misere des Landes anprangerte. Karl Heinrich Graf Truchseß von Waldburg forderte daher eine eingehende Untersuchung und Bewertung aller landwirtschaftlich genutzten Flächen. Dazu wurde das gesamte Land in Hufen eingeteilt; erst 1720 wurde diese systematische Erfassung abgeschlossen. Der »Generalhufenschoß« bildete fortan die Grundlage für die Besteuerung von Adligen *und* einfachen Untertanen. Unter den ostpreußischen Adligen erhob sich dagegen ein Sturm der Entrüstung, der sich zuerst gegen den »Verräter« Waldburg richtete, letztlich aber auch gegen den König. Als der Feldmarschall Alexander Burggraf zu Dohna-Schlobitten in einer Eingabe klagte, dass der Generalhufenschoß das Land ruinieren werde, schrieb Friedrich Wilhelm darauf eine seiner bekanntesten Randbemerkungen: »Tout le pays será ruiné? [Das ganze Land wird ruiniert?] Nihil credo [Das glaube ich nicht], aber das credo [glaube ich], dass die Junkers ihre Autorität ... wird ruiniert werden. Ich stabilisiere die Souverainité [der Krone] wie einen rocher von bronce [wie einen ehernen Fels].«[60]

Schlechte Zeiten für Kunst und Wissenschaft

Während sein Vater Berlin zum »Spree-Athen« gemacht, Kunst und Architektur gefördert hatte, glich Preußen unter der Herrschaft seines Sohnes eher dem nüchternen Sparta. Allein auf den praktischen Nutzen kam es Friedrich Wilhelm I. an, und zwar in einem sehr viel engeren Sinn, als ihn sein Vater angestrebt hatte. Ein praktischer Nutzen erschloss sich dem »Soldatenkönig« jedenfalls weder in grandioser Architektur noch in wissenschaftlicher Forschung, ganz zu schweigen von Oper oder Theater, die er für »Satanas Tempel« und »skandalöse Plaisirs« hielt. Baumeister von Rang gab es im Preußen Friedrich Wilhelms nicht. Kaum besser sah es in der Malerei aus. Der Franzose Antoine Pesne konnte – bei reduzierten Bezügen – als Hofmaler weiter arbeiten. Von ihm stammen zahlreiche Porträts des Königspaars und seiner Kinder. Dismar Degen, den Friedrich Wilhelm 1730 zum Hofmaler ernannte, hielt Städte und Landschaften im Bild fest. Zwar malte auch der König selbst – naive Bilder von Bauern und Soldaten, die er stets mit »In tormentis pinxit« unterschrieb, »Unter Qualen gemalt«, ein Satz, der sich auf die Gicht bezog, die Friedrich Wilhelm zunehmend zu schaffen und am Ende fast bewegungsunfähig machte. Gerne bestellte der König Bilder von seinen »langen Kerls«, die er in Wusterhausen aufhängen ließ. Auch die königliche Bibliothek führte unter Friedrich Wilhelm I. ein wahres Schattendasein: Ganze fünf Taler bewilligte er 1735 für die Anschaffung neuer Bücher!

Von akademischer Auseinandersetzung hielt Friedrich Wilhelm nichts. Gelehrte waren für ihn »Blackscheißer«. An die Universitäten sollte nur gehen, wer zum Soldaten nicht taugte. Die Akademie der Wissenschaften löste er nicht auf, doch machte er sie vor aller Welt lächerlich: Die viel gepriesene Einrichtung, an deren Spitze einst Leibniz gestanden hatte, war unter Friedrich Wilhelm für die Bezahlung der Hofnarren zuständig. Zum ihrem Leiter bestellte er 1718 Jacob Paul von Gundling, eine tragische Gestalt, die unter den derben Späßen am Hof des Königs zerbrach und auch im Tod noch Spott und Hohn ausgesetzt war.

Gundling war 1705 von Friedrich I. zum Professor für öffentliches Recht und Geschichte an der Berliner Ritterakademie ernannt worden, einer erst kurz zuvor gegründeten Ausbildungsstätte für den Nachwuchs des brandenburgischen Adels. Mit dem Tod des ersten preußischen Königs 1713 wurde er, wie so viele Gelehrte und Höflinge, arbeitslos. Durch eine wirtschaftspolitische Denkschrift zog Gundling jedoch die Aufmerksamkeit des »Soldatenkönigs« auf sich, der ihn mit einer Inspektionsreise durch die Mark Brandenburg beauftragte, »um den Handel und Wandel in den kleinen Landstädten in besseren Fortgang zu bringen«.[61] Nichts deutete in diesem Moment auf eine spätere Rolle als Hofnarr des Königs hin. Doch als Gundling im Februar 1714 nach

Potsdam zurückkehrte, »war von der Anerkennung, mit der er und seine Überlegungen bei Hofe früher aufgenommen worden waren, nichts mehr geblieben. Die adligen Offiziere standen dem Mann, der ihre althergebrachten Privilegien antasten wollte, ohnehin feindlich gegenüber, und die zahllosen Anlaufschwierigkeiten der kameralistischen [staatswirtschaftlichen] Wirtschaftspolitik hatten mittlerweile auch den König misstrauisch gemacht.«[62]

In dieser Situation kam es zu der ersten Bloßstellung des Gelehrten, in dessen Zimmer sich ein Soldat als Gespenst verkleidete. Mag dieses Possenspiel noch harmlos gewesen sein, so wurden die Späße in der Folge immer derber. Einmal brachten die königlichen Spaßvögel einen Bären in die Kammer des bereits schlafenden Gelehrten – und schlossen beide die Nacht über ein. Mehrfach floh Gundling aus Berlin – immer wieder befahl ihm der König zurückzukommen. Der Gelehrte wurde zu einem bemitleidenswerten Alkoholiker, der sich in sein Schicksal ergab, das allenfalls materielle Wohltaten etwas linderten. Schließlich wurde ihm sogar eine eigene »Gelehrtentracht« verliehen, ein Plüschmantel mit seidenen Verzierungen. Dazu musste er gleichfalls seidene Pantoffeln und einen Hut mit weißer Feder tragen. Doch während alle anderen Gundling nur noch als Narren betrachteten, ließ der König den Gelehrten bisweilen allein zu sich kommen, um mit ihm durchaus ernsthaft über wirtschaftliche und juristische Fragen zu diskutieren. Und doch machte er ihn am gleichen Abend im Tabakskollegium wieder als Salbader, als gelehrten Schwätzer lächerlich oder ließ ihn lächerlich machen. Am 11. April 1731 starb der bedauernswerte Mann. Seine Beerdigung wurde zur letzten Demütigung. Schon zu Lebzeiten war für Gundling ein Weinfass als Sarg gefertigt worden, an dessen Seite zu lesen war:

»Hier liegt in seiner Haut,
Halb Schwein, halb Mensch, ein Wunder-Ding,
In seiner Jugend klug, in seinem Alter toll,
Des Morgens voller Witz, Des Abends toll und voll,
Bereits ruft Bacchus laut:
Dies teure Kind, ist Gundeling …«[63]

In diesem Fass scheint Gundling – gegen den Protest der Potsdamer Geistlichkeit – tatsächlich beigesetzt worden zu sein.

Kein Zeugnis solcher Menschenverachtung, wohl aber ein weiteres Beispiel der Wissenschaftsfeindlichkeit des »Soldatenkönigs« ist der Fall des Philosophen und Mathematikers Christian Wolff. Er lehrte seit 1707 an der Universität Halle. Seine rationale Sichtweise der Welt und der menschlichen Verhaltensweise, die er in zahlreichen Schriften untermauerte, führte zum Konflikt mit den hallischen Pietisten, die ihm Gottlosigkeit vorwarfen. Und eine Welt ohne Gott, das war auch für den »Soldatenkönig« die schlimmste aller Vorstellungen. Als Wolff in seiner »Rede über die praktische Philosophie der Chinesen« 1723 feststellte, dass die Einsicht in das Gute nur eine Folge vernünftigen Denkens und nicht der Gnade Gottes sein könne, war für die konservativen Theologen das Maß voll. 24 Stunden gab man Wolff unter Todesdrohungen, um das Land zu verlassen.

Wenn Friedrich Wilhelm I. vorgeworfen wird, Wissenschaft und Wissenschaftler verachtet zu haben, dann betrifft dies jedoch nur den aus der Sicht des Königs brotlosen Teil der akademischen Welt, die Geisteswissenschaften. Ganz anders sah es mit den »praktischen Wissenschaften« aus, deren Lehre und Anwendung einen Nutzen für den Staat zu versprechen schienen. Hier wurde der »Soldatenkönig« gar zum Neuerer. So gründete er an den Universitäten von Halle und Frankfurt an der Oder 1727 die ersten Lehrstühle für Staatswirtschaft in Deutschland und schuf damit die Grundlage für eine sorgfältige Ausbildung der höheren Beamten. Post-, Zoll- und Münzwesen standen dabei ebenso auf dem Studienplan wie Jagd- und Fischereirechte, die Bewertung von Gebäuden und Grundstücken oder steuerliche und betriebswirtschaftliche Fragen. Auch Chemie und Medizin gehörten zu den von Friedrich Wilhelm weiter geförderten Wissenschaften.

Preußens erster Schulmeister

Einen ebensolchen praktischen Nutzen versprach sich Friedrich Wilhelm von der allgemeinen Schulpflicht, doch zeigten sich hier die beschränkten Möglichkeiten auch eines absolutistischen Herrschers. Dass viele Eltern »absonderlich auf dem Lande in Schickung ihrer Kinder zur Schule sich sehr säumig erzeigen und dadurch die arme Jugend in großer Unwissenheit« aufwachsen müsse, erregte bereits 1717 das Missfallen des Königs.[64] Zumindest Lesen, Schreiben und Rechnen sollten die Landeskinder lernen. Friedrich Wilhelm erließ daher ein Generaledikt, »dass hinkünftig an denen Orten, wo Schulen sind, die Eltern bei nachdrücklicher Strafe gehalten sein sollen, ihre Kinder gegen zwei Dreier wöchentliches Schulgeld von einem jedem Kind im Winter täglich und im Sommern, wenn die Eltern der Kinder bei ihrer Wirtschaft benötigt sind, zum wenigsten ein- oder zweimal die Woche ... in die Schule zu schicken«.[65] Bei Kindern, deren Eltern das Schulgeld nicht selbst bezahlen konnten, sollte die örtliche Almosenkasse einspringen. Doch umgesetzt werden konnte diese Schulpflicht nur sehr schleppend und mit unterschiedlichem Erfolg in den einzelnen Provinzen. Es fehlte an ausgebildeten Lehrern, sodass Pastoren, Küster und Handwerker einspringen mussten. Schwerpunkt der Schulpolitik des »Soldatenkönigs« war Ostpreußen. Verantwortlich für den Schulbau waren die Gemeinden, das Bauholz wurde gestellt. Klagen über mangelnden Schulbesuch und die schlechte Ausstattung blieben jedoch an der Tagesordnung, sodass von diesem großen Reformwerk einiges Stückwerk blieb.

Die Schulen sollten aus den Kindern aber nicht nur fleißige Arbeiter und gehorsame Untertanen machen. Dies allein genügte Friedrich Wilhelm nicht. Was half es, wenn sie lesen und schreiben konnten, er ihre materielle Situation verbesserte, ihnen Häuser und Höfe baute: »Wenn ich baue und bessere und mache keine Christen, so hilft es mir nicht.«[66]

In dieser Einstellung trafen sich die Bemühungen des Königs mit den weit ausgreifenden Aktivitäten der Pietisten in Halle und deren Eintreten für ein »tätiges Christentum«. Nur Theologen, die sich dafür einsetzten, wollte er in seinem Land haben. Die Predigten sollten einfach und verständlich sein. Prediger, die stattdessen meinten, in gedrechselten Worten, »künstliche, allegorische und verblümte Worte ... ohne Kraft« von sich geben zu müssen,[67] lehnte er aus tiefster Überzeugung ab. Die einzige Sorge, die Friedrich Wilhelm I. im Zusammenhang mit den Pietisten hatte, war deren Haltung zum Soldatentum. Bei einem Besuch des Königs in Halle im April 1713 zog sich August Hermann Francke, der Gründer des großen Waisenhauses und einflussreiche pietistische Theologe, geschickt aus der Affäre. Auf die Frage Friedrich Wilhelms, was er denn vom Kriege halte, antwortete er zunächst ausweichend: »Euer Majestät muss das Land schützen, ich aber bin berufen zu predigen: Selig sind die Friedfertigen.« Damit wollte sich der Monarch nicht zufriedengeben: »Das ist gut. Aber seine Leute, hält er die nicht vom Kriege ab?« Darauf Francke: »Mit theologischen Studenten werden, wie Euer Majestät selbst wohl wissen, Kirchen und Schulämter besetzt.« Doch der König ließ nicht locker: »Aber die Jungens, macht er denen nicht weis, dass sie der Teufel holen werden, wenn sie Soldaten werden?« Wiederum wich Francke aus: »Ich kenne manchen christlichen Soldaten. Ich habe mehr Freunde und Gönner unter den Soldaten als unter den Geistlichen.«[68] Der König ließ es damit bewenden, und Francke präzisierte in einem Brief seine Haltung dahin gehend, dass sich Christen- und Soldatentum durchaus vereinen ließen.

Friedrich Wilhelm war von dem, was er in Halle sah, nachdrücklich beeindruckt. Wie die Kinder dort zu Strebsamkeit, Ordnungsliebe und einem tätigen Christentum erzogen wurden, imponierte ihm. Das Waisenhaus Franckes in Halle diente ihm denn auch als direktes Vorbild für das 1724 gegründete Militärwaisenhaus in Potsdam. 1740 waren dort bereits rund 1400 Kinder untergebracht. Und wie in Halle sollten sie dort nicht nur ohne materielle Not aufwachsen, sondern zugleich eine gute schulische Ausbildung erhalten.

»Preußen frisst mir auf«

Im Alter von erst 51 Jahren ist Friedrich Wilhelm I. am 31. Mai 1740 gestorben. Der ungesunde Lebensstil mit reichlich Alkohol und fettem Essen war wohl maßgeblich verantwortlich für die gesundheitlichen Probleme des Königs gewesen. Dazu kam eine fast übermenschliche Arbeitsleistung. Bereits um vier Uhr morgens stand der König auf und machte sich an das Aktenstudium, egal wie lang in der Nacht zuvor im Tabakskollegium gezecht worden war. Alles wollte er selbst erledigen, alles mit eigenen Augen sehen und überprüfen. Keinesfalls wollte er sich am Jüngsten Tag von Gott vorwerfen lassen müssen, er hätte nicht immer seine Pflicht getan. Und dass er sich einst vor Gott würde verantworten müssen, davon war Friedrich Wilhelm I. zutiefst überzeugt. In seiner Kindheit hatten ihm die calvinistischen Prediger die Prädestinationslehre nahezubringen versucht, nach der schon bei der Geburt feststand, ob man zu den Erwählten Gottes zählte oder nicht. Schlaflose Nächte hatte ihm die Frage bereitet, ob er selbst dazugehörte – oder doch ein Verdammter war. Als König verbot er den Predigern, über die Prädestinationslehre zu sprechen. Gott sollte am Jüngsten Tag über seine und der Menschen Taten urteilen.

»Preußen frisst mir auf«, klagte Friedrich Wilhelm, als ihn einmal mehrere schlechte Nachrichten aus Ostpreußen erreicht hatten. Doch passt dieser Satz genauso gut als Schlussakkord unter sein ganzes Leben. Preußen fraß ihn auf, weil er alles selbst machen, alles selbst kontrollieren wollte und damit an die Grenzen dessen stieß, was auch vor dem Hintergrund der Infrastruktur und der Kommunikationsmöglichkeiten des 18. Jahrhunderts möglich war. Dennoch blieb er unumstößlich bei seiner Überzeugung: »Parol auf dieser Welt ist nichts als Müh und Arbeit, und wo man nicht … die Nase in allen Dreck selber steckt, so gehen die Sachen nicht, wie sie gehen sollen, denn auf die meisten Bediensteten kann man sich nicht verlassen, wenn man nicht selbst danach sieht.«[69] Das hatte nichts mit Überheblichkeit zu tun; Friedrich Wilhelm wusste, dass er Fehler hatte, und dennoch musste er »entscheiden, ordnen und richten an Gottes Statt und in Gottes Sinn und ist dabei doch ein sündhafter irrender Mensch«.[70] Johann Anastasius Freylinghausen, der Nachfolger Franckes in Halle, berichtete über ein Gespräch mit Friedrich Wilhelm: »Rex [König] sagte auch etliche Male davon, wie er sich noch einmal besinnen wollte, die Regierung abzudanken, denn er wollte gern selig werden und sehe doch keine Möglichkeit für sich.«[71] Dieser Zwiespalt machte Friedrich Wilhelm im Erwachsenenalter mindestens ebenso zu schaffen, wie er als Kind Angst davor gehabt hatte, zu den – nach der Prädestinationslehre – Verdammten zu zählen. Doch so wenig er seinen Untertanen erlaubte, ihrer Pflicht den Rücken zu kehren, so wenig konnte er es sich selbst gestatten: Ob er wollte oder nicht, er musste König bleiben.

Seinem Nachfolger hinterließ er ein wohl bestelltes Erbe: eine schlagkräftige Armee von 82 000 Mann, geordnete Finanzen mit einem Staatsschatz von über acht Millionen Talern, eine von 1,6 Millionen auf rund 2,25 Millionen Menschen angewachsene Bevölkerung. Der neue König wusste diese Leistung zu würdigen: »Seinem arbeitsreichen Leben und seiner weisen Regierung verdankt das Haus Preußen seine Größe.«[72] Das war nicht nur eine Floskel; ohne die Vorarbeit seines Vaters hätte sich Friedrich II. niemals die expansive Politik leisten können, mit der er seine Herrschaft, einem Paukenschlag gleich, begann.

König der Vernunft

Friedrich der Große (1740–1786)

Als »Tag der Betrogenen« ist der Regierungsantritt Friedrichs II., der 31. Mai 1740, in die Geschichte eingegangen, weil der neue König all jene Wegbegleiter aus seiner Jugend enttäuschte, die glaubten, dass nach den mageren Jahren des »Soldatenkönigs« nun eine neue, goldene Zeit anbräche. Um diese Einschätzung zu verstehen, bedarf es eines Blicks zurück: Der »Soldatenkönig« hatte versucht, seinen Sohn mit brachialen Mitteln nach seinem Vorbild zu erziehen. Doch je mehr er dies tat, desto mehr wandte sich Friedrich von ihm ab. Dass er bei alledem auch noch Anzeichen von Gleichgültigkeit gegenüber der Religion erkennen ließ, schmerzte den frommen König am meisten. Friedrich Wilhelm I. schlug und demütigte seinen ältesten Sohn in der Öffentlichkeit. Damit nicht genug: Wenn er selbst von seinem Vater auf diese Weise behandelt worden wäre, beschied der »Soldatenkönig« seinen Sohn barsch, hätte er sich umgebracht.

Friedrich beging nicht Selbstmord, doch die Demütigung durch den Vater erreichte einen Punkt, von dem an er nur noch eine Hoffnung sah: weg aus Preußen. Die Flucht schien ihm der einzige Ausweg zu sein. Bei einer Reise nach Süddeutschland im Sommer 1730 sollte es so weit sein. Doch der Plan wurde verraten; der Kronprinz kam nicht einmal aus dem königlichen Lager in Steinsfurt im Kraichgau hinaus. Friedrich wurde daraufhin eiligst nach Preußen geschafft und inhaftiert. In Wesel warf ihm sein Vater vor, er sei »nichts anderes als ein feiger Deserteur ohne Ehre«. Deshalb sollte ihm wie jedem anderen Fahnenflüchtigen der Prozess gemacht werden. Zwar wäre Friedrich Wilhelm I.

kaum so weit gegangen, seinen eigenen Sohn hinrichten zu lassen, hätte er sich damit doch in ganz Europa unmöglich gemacht. Aber er ließ ihn wie einen Verbrecher verhören und einsperren. Der ganze Bannstrahl des königlichen Zorns traf einen der Helfer des Kronprinzen, den jungen Offizier Hans Hermann von Katte. Als das Kriegsgericht kein Todesurteil fällen wollte, revidierte der König die Entscheidung und legte fest, dass sein Sohn von seinem Gefängnisfenster in Küstrin aus der Hinrichtung zusehen sollte (wozu es am Ende aber nicht kommen sollte).

Dieses Vorgehen Friedrich Wilhelms I. war grausam, unbarmherzig – und konsequent. Friedrich hatte seine Fahnenflucht konspirativ geplant, und der ewig misstrauische König witterte dahinter eine Verschwörung, in die auch ausländische Mächte verwickelt waren. Und wie konnte der König anders als mit der Höchststrafe ahnden, dass einer seiner Offiziere auf diese Weise mit der »künftigen Sonne« anbandelte?

Der Urteilsspruch täte ihm leid, ließ Friedrich Wilhelm I. Katte wissen, doch es sei besser, wenn er stürbe, als dass »die Justiz aus der Welt käme«. Und dem alten Katte teilte er mit: »Sein Sohn ist ein Schelm, meiner auch, also was können die Väter dafür.«[1] Der Tod Kattes machte Friedrich Wilhelm I. zu schaffen, aber schuldig fühlte er sich nicht daran.

Die Verwandlung eines Prinzen

Der Preis, den der Kronprinz zu zahlen hatte, war die – zumindest nach außen hin – völlige Unterwerfung unter den Willen des Vaters. Von der Pike auf ließ ihn der König in den folgenden Jahren das Verwaltungsgeschäft lernen. Er sollte Akten studieren wie ein einfacher Beamter, um zu lernen, wie der preußische Staat funktionierte. Eine Uniform sollte er lange nicht tragen dürfen – seines »blauen Rocks« hielt ihn der König nicht mehr für würdig. Um endgültig wieder in Gnaden aufgenommen zu werden und seine Freiheit wieder zu erlangen, musste Friedrich noch einen weiteren Preis bezahlen: Er sollte heiraten, und zwar die

Frau, die sein Vater für ihn ausgesucht hatte. Elisabeth Christine von Braunschweig-Bevern war protestantisch und gleichzeitig eng mit dem habsburgischen Kaiserhaus verwandt – eine Mischung, wie sie dem in dieser Zeit Österreich zuneigenden »Soldatenkönig« behagte.

In Rheinsberg durfte der Kronprinz nach der Hochzeit seinen eigenen Hof einrichten. Er sollte zum Gegenbild des väterlichen Wusterhausen werden: ein Ort der geistreichen Gespräche, der Musik und des Theaters. Ein guter Fürst müsse danach trachten, sein Volk glücklich zu machen.

In seiner Schrift »Antimachiavell« zerlegte Friedrich die Philosophie des florentinischen Renaissance-Politikers. Niccolò Machiavelli hatte in seiner Schrift »Il Principe« das Loblied einer Machtpolitik unabhängig von moralischen Grundsätzen gesungen. Für Friedrich dagegen sollte jemand, der – Machiavelli folgend – »Treubruch, Bedrückung und Ungerechtigkeit« zu den Instrumenten seiner Herrschaft machte, niemals die Stelle des Fürsten einnehmen dürfen. Und so stimmte der junge König nicht nur seine engere Umgebung auf ein Preußen der Kultur und des aufgeklärten Denkens ein, in dem aber gleichwohl jeder zur peinlichen Erfüllung seiner gesellschaftlichen Aufgaben verpflichtet war. Nur einer spürte, dass der Kronprinz es ernst meinte und sein Wandel nicht oberflächlich und gespielt war: sein Vater. Als er 1738 einsehen musste, dass ihn der Kaiser in der Frage der jülich-bergschen Erbfolge an der Nase herumgeführt hatte, deutete er auf seinen Sohn und sagte: »Da steht einer, der mich rächen wird.«[2]

Kaum ein halbes Jahr nach seiner Flucht umriss Friedrich in einer Denkschrift die Richtlinien, die er seiner künftigen Außenpolitik zugrunde legen wollte. Zwar plädiert er darin zunächst für ein »gutes Einvernehmen mit allen Königen, dem Kaiser und den wichtigsten Kurfürsten« und spricht von den Gefahren kriegerischer Verwicklungen, doch sein Plan, die weit verstreuten Besitzungen seines Hauses »einander anzunähern«, kann nur auf Kosten der Nachbarn gelingen: Auf seiner Wunschliste stehen das polnische Westpreußen, das schwedische Vorpommern, Jülich und Berg: »Ich schreite immer von Land zu Land, von Eroberung zu Eroberung, indem ich mir wie Alexander [der Große] immer neue Welten zur Eroberung vornehme.«[3]

Friedrich interessierte sich auch später nicht für Bier und grobe Männerwitze, und der Jagd sollte er sein Lebtag nichts abgewinnen können. Er war nach wie vor ein kulturell interessierter, geistreicher junger Mann von 28 Jahren. Doch er war jetzt König – und als solcher stand er nicht mehr im Schatten seines allmächtigen Übervaters, war aber auch kein Teil der Rheinsberger »Spaßgesellschaft« mehr. In Friedrichs eigenen Worten: »Die Possen haben nun ein Ende.«[4]

Schlesien: die Fakten

Der Angriff Friedrichs II. auf Schlesien gehörte für den britischen Historiker George Peabody Gooch zu den »sensationellen Verbrechen der Geschichte der Neuzeit«.[5] Der junge König hat selbst zu dieser Einschätzung beigetragen, indem er etwa in einem Brief an seinen Freund Charles Étienne Jordan eine reichlich undiplomatische Begründung dafür gegeben hat: »Meine Jugend, das Feuer der Leidenschaften, Begierde nach Ruhm, selbst, um Dir nichts zu verschweigen, die Neugierde und ein geheimer Naturtrieb haben mich der sanften Ruhe, die ich genoss, entrissen, und das Vergnügen, meinen Namen in den Zeitungen und künftig auch in der Geschichte zu sehen, haben mich verführt.«[6]

So weit Friedrichs scharfes Urteil über sich selbst. Wie steht es um die Fakten? Dazu bedarf es eines kurzen Blicks in die schlesische Geschichte. Seit 1348 waren die schlesischen Fürstentümer Teil der böhmischen Krone, die wiederum seit 1526 von den Habsburgern getragen wurde. Der König von Böhmen war damit der Lehnsherr der schlesischen Fürsten, doch hatten sich die Herzöge von Liegnitz, Teschen, Oppeln und Ratibor noch vor dem Übergang an Habsburg das Recht zusichern lassen, Erbverträge für den Fall des Aussterbens ihrer Familien abschließen zu dürfen. Einen solchen Vertrag schloss Herzog Friedrich II. von Liegnitz,

Wohlau und Brieg im Jahr 1537 mit Kurfürst Joachim II. von Brandenburg ab. Tatsächlich trat der darin vorgesehene Erbfall 1675 ein, doch erkannten die Habsburger den 140 Jahre alten Vertrag nicht an, sondern beanspruchten ihrerseits das Recht, das durch das Aussterben des Fürstenhauses erledigte Lehen neu zu vergeben – ganz sicher nicht an die Hohenzollern.

Dies war nicht der einzige Teil Schlesiens, auf den die Hohenzollern Anspruch erhoben. 1524 hatte Markgraf Georg der Fromme von Brandenburg-Ansbach das Herzogtum Jägerndorf käuflich erworben. Dass er dort die Reformation einführte, passte den katholischen Habsburgern überhaupt nicht, doch konnten sie vorerst nichts dagegen unternehmen. 1603 fiel Jägerndorf an Kurfürst Joachim Friedrich von Brandenburg. Wenig später sah Wien seine Chance gekommen: Weil dessen Sohn Johann Georg den protestantischen »Winterkönig« Friedrich I. von Böhmen unterstützt hatte, entzog ihm Kaiser Ferdinand II. das Herzogtum Jägerndorf und belehnte Fürst Karl I. von Liechtenstein damit.

Auf die beiden schlesischen Herzogtümer Liegnitz und Jägerndorf konnten die Hohenzollern daher durchaus mit gewissem Recht Ansprüche erheben. Doch wurde die unübersichtliche Rechtslage bald noch verworrener: 1685 schlug Kaiser Leopold I. dem Großen Kurfürsten vor, die hohenzollerischen Ansprüche auf Schlesien mit dem Kreis Schwiebus ein für allemal abzugelten. Das Gebiet grenzte direkt an brandenburgisches Territorium, und nicht zuletzt deshalb dürfte der Kurfürst im April 1686 auf diesen Handel eingegangen sein, allerdings ohne zu wissen, dass sein Sohn – der spätere Kurfürst Friedrich III. bzw. König Friedrich I. – dem Kaiser schon zwei Monate zuvor zugesichert hatte, Schwiebus sofort nach seinem Regierungsantritt wieder an die Habsburger zurückzugeben. Das war die Bedingung Wiens gewesen, dem stets klammen Thronfolger finanziell unter die Arme zu greifen.

Argumentiert man von der österreichischen Warte aus, war der Fall damit klar: Die Hohenzollern hatten keinerlei Anspruch mehr auf irgendeinen Teil Schlesiens. Blickt man durch die preußische Brille, sieht der Sachverhalt etwas anders aus: Da könnte man argumentieren, dass der Vertrag mit dem Großen Kurfürsten bereits eine arglistige Täuschung gewesen sei, oder man könnte – wie Friedrich III. selbst – darauf hinweisen, dass er als Kurprinz keinerlei Befugnis dazu besessen habe, auf irgendwelche Territorien zu verzichten, die Verpflichtung zur Rückgabe daher null und nichtig sei. Tatsächlich hat Friedrich III. den Kreis Schwiebus den Habsburgern zurückgegeben, aber nicht ohne seinen Nachfolgern eine Hintertür zu öffnen: »Ich muss, will und werde mein Wort halten; das Recht aber an Schlesien auszuführen will ich meinen Nachkommen überlassen ... Gibt es Gott und die Zeit nicht anders als jetzt, so müssen wir zufrieden sein. Schickt es Gott aber anders, so werden meine Nachkommen schon wissen und erfahren, was sie dann zu tun und zu lassen haben mögen.«[7]

»Wenn man im Vorteil ist, soll man ihn nutzen«

Als unstrittig können die Ansprüche der Hohenzollern auf Teile Schlesiens daher kaum bezeichnet werden. Mit dem Tod Kaiser Karls VI. am 14. Dezember 1740 sah der junge Preußenkönig eine gute Gelegenheit, die politische Bühne neu zu ordnen. Zwar warfen auch Bayern und Sachsen begehrliche Blicke auf die habsburgische Erbmasse, doch keiner handelte so schnell und so bedenkenlos wie der Preußenkönig – derselbe Friedrich, der wenige Jahre zuvor noch die Uniform einen »Sterbekittel« genannt hatte.

Doch Friedrich war nie ein Pazifist gewesen. Selbst in seinem »Antimachiavell« räumte er ein, dass es Konstellationen gebe, in denen man »die Freiheit der Völker, denen durch Unterdrückung Unrecht droht, mit der Waffe in der Hand verteidigen« müsse. »Da muss man mit Gewalt erringen, was der Friedfertigkeit das Unrecht verweigert, da müssen die Herrschenden die Sache ihrer Nation dem Schicksal von Schlachten anvertrauen. In einem solchen Fall wird das Paradox wahr, dass ein guter Krieg einen guten Frieden stiftet und sichert.« Dazu zählten für Friedrich nicht allein die Verteidigungskriege. Diese seien zwar »unbestreitbar die gerechtesten«, aber es gebe auch Kriege, die Könige »aus einer bestimmten Interessenlage« führen müssten. Und noch mehr: »Es gibt auch Kriege als Vorsichtsmaßnahme, und die Fürsten handeln klug, wenn sie sie führen. Es sind in Wahrheit Angriffskriege, aber sie sind deshalb nicht weniger gerecht.« Sogar ein Beispiel nennt er für den Fall eines solchen gerechten Angriffskriegs: »Wenn eine Macht sich so maßlos vergrößert, dass sie im Begriff ist auszuufern und das Universum zu verschlingen droht, so ist es klug, ihr Deiche entgegenzusetzen und den reißenden Strom aufzuhalten, solange man seiner noch Herr wird.«[8] War Österreich für Friedrich ein solcher Fall?

Dass es der junge Preußenkönig nicht bei der Theorie beließ und seine Armee – anders als der »Soldatenkönig« – schnell in Marsch setzte, zeigte er bereits im Herbst 1740. Seit 1732 beanspruchte Preußen die Herrschaft Herstal im heutigen Belgien und geriet darüber in Streit mit dem Bischof von Lüttich. Friedrich redete nicht lange, sondern stellte den Kirchenfürsten vor vollendete Tatsachen: Er setzte seine Armee in Marsch und zwang den Bischof zur Anerkennung der preußischen Oberherrschaft.

So dachte Friedrich II. denn auch nie daran, die von seinem Vater aufgebaute Armee zu verkleinern. Im Gegenteil: Er erhöhte den Mannschaftsbestand in kürzester Zeit von 80 000 auf 100 000 Mann. Auch der Anteil an den Staatsausgaben stieg: von 70 Prozent unter dem »Soldatenkönig« auf 75 bis 84 Prozent unter Friedrich dem Großen. Doch dieser Vergleich taugt nicht unbedingt als Beleg für preußischen Militarismus: So gab beispielsweise England im 18. Jahrhundert bis zu 85 Prozent seines Budgets für das Militär aus.[9]

Kaiser Karl VI., ohne männliche Nachkommen, hatte seine ganze Kraft daran gesetzt, die Nachfolge seiner Tochter Maria Theresia in den habsburgischen Erblanden international abzusichern. Der »Soldatenkönig« hatte diese sogenannte »Pragmatische Sanktion« 1726 anerkannt, wie auch zahlreiche andere Mächte. Dabei hätte Preußen zumindest noch damit argumentieren können, dass die Anerkennung der weiblichen Erbfolge an die – nicht eingelöste – habsburgische Unterstützung bei der Erbfolge in Berg geknüpft und damit hinfällig sei.

Auch im Falle Schlesiens setzte Friedrich auf vollendete Tatsachen. Keinesfalls wollte er mit Maria Theresia zuerst verhandeln, wie sein Kriegs- und Kabinettsminister Heinrich Graf von Podewils riet. Am 6. Dezember 1740 teilte er dem völlig verdutzten österreichischen Gesandten in Berlin mit, dass er die Abtretung jener Teile Schlesiens fordere, auf die die Hohenzollern Anspruch erhoben: Liegnitz, Brieg, Wohlau und Jägerndorf. Als Gegenleistung bot er an, die Pragmatische Sanktion auch für seine Person förmlich anzuerkennen und sich bei der anstehenden Kaiserwahl für Maria Theresias Ehemann Franz Stephan von Lothringen einzusetzen. Am 17. Dezember ließ die erst 23-jährige Habsburgererbin ihrerseits dem preußischen Gesandten in Wien mitteilen, dass sie keinesfalls beabsichtige, auf das »Angebot« einzugehen. Zu diesem Zeitpunkt waren preußische Truppen bereits in Schlesien einmarschiert. Friedrich hatte nie vorgehabt, auf die Antwort Maria Theresias zu warten.

Zwar ließ der König den rührigen Podewils zur Untermauerung der preußischen Ansprüche ein Rechtsgutachten erarbeiten. Doch das wurde erst am 6. Januar 1741 fertig, und letztlich interessierten den König die juristischen Spitzfindigkeiten darin nicht: »Bravo, das ist die Arbeit eines trefflichen Scharlatans«, lobte er den Minister für sein akribisches Aktenstudium. Der Gedanke an die Eroberung Schlesiens sei ihm nicht erst durch den Tod des Kaisers gekommen: »Es handelt sich um die Ausführung von Entwürfen, die ich seit Langem in meinem Kopf bewegt habe.«[10]

Nachweislich kannte der junge König den Entwurf des Großen Kurfürsten zur Eroberung Schlesiens, der sich mitunter liest, als habe ihn Friedrich gar zum direkten Vorbild erkoren.[11] Der Kurfürst spricht darin von der Gelegenheit, die es nicht zu versäumen gelte, ehe andere Mächte auf die gleiche Idee kämen. Und die Gelegenheit zum Erwerb Schlesiens bot nach Meinung von Friedrichs Urgroßvater das Aussterben des Hauses Habsburg im Mannesstamm. Der Kurfürst begründete seinen Anspruch auf

Schlesien damit, dass das Fürstentum Jägerndorf »gegen alle Recht und Billigkeit« konfisziert worden sei und wie »viele [andere] ansehnliche Stücke« des Landes eigentlich seinem Haus zustünde. Doch auch eine moralische Begründung lieferte er, gelte es doch, die schlesischen Protestanten aus der »Drangsal des Papsttums« zu erretten. Dass er sich selbst zwei Jahre vor seinem Tod mit dem kleinen Kreis Schwiebus abspeisen ließ, passt nicht so recht zu dieser Anspruchshaltung, doch mögen neben der geografischen Lage von Schwiebus auch Alter und Krankheit Auslöser dieses kurfürstlichen Rückziehers gewesen sein.

Zu Friedrichs Politik der vollendeten Tatsachen trugen nicht zuletzt die schlechten Erfahrungen bei, die sein Vater mit der Durchsetzung vergleichsweise gemäßigter hohenzollerischer Erbansprüche gemacht hatte. Keineswegs hatte er vor, jahrelang zu verhandeln, um am Ende mit leeren Händen dazustehen, wie es Friedrich Wilhelm I. mit Jülich-Berg gegangen war. Österreich schien schwach – und diese Gelegenheit wollte der preußische König nicht ungenutzt verstreichen lassen: »Wenn man im Vorteil ist, soll man ihn nutzen, oder nicht?«[12] Bedenken gegenüber einer kriegerischen Lösung hatte er nicht, und die seiner Berater nahm er nicht ernst: »Wenn die Minister von Politik reden, so sind sie gescheite Leute, aber wenn sie vom Kriege sprechen, so ist es, als spräche ein Irokese von der Astronomie.«[13]

Schlesien bot die Möglichkeit der Arrondierung Preußens, ganz im Sinne von Friedrichs außenpolitischen Zielsetzungen. Zudem war Schlesien eine wirtschaftlich attraktive Beute: Die Leinenweberei florierte, Eisen- und Glashütten waren Vorboten der Industrialisierung, und das Land war vergleichsweise dicht besiedelt. All das kam dem trotz aller Bemühungen des »Soldatenkönigs« noch immer landwirtschaftlich geprägten Preußen zupass. Dass es Friedrich weniger um Recht als um Macht ging, hatte er ebenfalls schon 1731 deutlich gemacht: Seine Überlegungen seien »rein politisch, ohne mich auf Rechtsgründe zu berufen, um nicht zu viele Ausschweifungen zu machen bei jeder Sache, bei der jeweils Gründe und Rechte aufgeführt werden müssten, die das Haus Brandenburg dabei haben kann«.[14]

Dass er sich durch seine mangelnde und verspätete Rechtfertigung vor der europäischen Öffentlichkeit ins Unrecht setzte, dass er die diplomatischen Spielregeln völlig außer Acht ließ, erschien Friedrich zweitrangig. Im Besitz Schlesiens würde das junge Königreich die Mittelmächte Bayern und Sachsen-Polen endgültig hinter sich lassen und mit Österreich wenigstens auf Augenhöhe sein. Es ging um Machtpolitik, um die Frage, ob Preußen in die erste Liga der Mächte aufsteigen oder ein angreifbarer Flickenteppich bleiben würde. Und es ging um die Ruhmsucht eines jungen Monarchen, der aus dem Schatten seines übermächtigen Vaters treten wollte.

Auf zum Rendezvous des Ruhms

Berlin, 12. Dezember 1740. Im Stadtschloss wird ein Maskenball gefeiert. Auch der junge König amüsiert sich scheinbar unbeschwert. Doch das Ganze ist eine Maskerade im wahrsten Sinne des Wortes. Noch ehe es Tag wird, bricht Friedrich II. auf nach Frankfurt an der Oder, wo sich seine Truppen versammeln. In einer bewegenden Ansprache stimmt er seine Offiziere auf den Feldzug ein: »Meine Herren, ich unternehme einen Krieg, für den ich keine anderen Bundesgenossen habe als Ihre Tapferkeit und keine andere Hilfsquelle als mein Glück. Erinnern Sie sich stets des unsterblichen Ruhms, den Ihre Vorfahren auf den Schlachtfeldern von Warschau und Fehrbellin erworben haben, und verleugnen Sie nie den Ruf der brandenburgischen Truppen. Wir werden Truppen angreifen, die unter dem Prinzen Eugen den größten Ruhm hatten. Leben Sie wohl, brechen Sie auf zum Rendezvous des Ruhms, wohin ich Ihnen ungesäumt folgen werde.«[15] Selbst als im nahen Crossen in Anwesenheit des Königs der Kirchturm einstürzte, gelang es Friedrich, dieses böse Vorzeichen in seinem Sinn umzudeuten: »Das Hohe wird erniedrigt werden«, rief er aus – und deutete nach Südosten, nach Wien.[16]

Am Morgen des 16. Dezember 1740 überschritten die preußischen Truppen – insgesamt rund 30 000 Mann – die schlesische

Grenze. Auf Widerstand stießen sie bei ihrem Vormarsch kaum; der Angriff war so überraschend gekommen, dass für Gegenmaßnahmen keine Zeit geblieben war. Die Reaktionen der schlesischen Bevölkerung auf den Vormarsch waren geteilt: Von den Protestanten wurde Friedrich freudig empfangen. Von einer kuriosen Begegnung berichtet der österreichische Feldgeistliche Franz Xaver Roedel. Als er einen – protestantischen – schlesischen Bauern im Frühjahr 1741 mit den Worten »Gelobt sei Jesus Christus« begrüßte, schleuderte ihm dieser entgegen: »Gelobt sei der König in Preußen!«[17] Die Katholiken reagierten gedämpfter, aber auf offene Ablehnung stießen die Preußen auch bei diesem Bevölkerungsteil nur vereinzelt. Friedrich hatte sich beeilt, ihnen jegliche Freiheit des Glaubens zuzusichern. Dass er als eine seiner ersten Maßnahmen nach der Besetzung Schlesiens an die Bauern Saatgetreide verteilen ließ, trug zudem zur raschen Anerkennung der preußischen Herrschaft bei.

Wenn Friedrich aber geglaubt hatte, Maria Theresia würde nach diesem Fait accompli klein beigeben, hatte er sich getäuscht – wie er überhaupt Maria Theresia unterschätzte. Für die junge Habsburgerin war der Preußenkönig ein Rechtsbrecher, der »böse Mann aus Berlin«, wie sie ihn fortan zu nennen pflegte – während sie selbst Recht und Moral auf ihrer Seite glaubte.

Mollwitz – ein Sieg mit fadem Beigeschmack

Bereits Ende Januar 1741 war Schlesien weitgehend von preußischen Truppen besetzt; nur in einigen wenigen Festungen hielten sich noch eingeschlossene österreichische Besatzungen. Doch Maria Theresia hatte eine Armee unter dem Befehl des Grafen Wilhelm Reinhard von Neipperg auf den Weg geschickt.

Nachdem Friedrich Ende Februar fast von österreichischen Husaren gefangen genommen worden wäre, weil er sich zu weit von seinen Truppen entfernt hatte, gab er Podewils wenig später Anweisungen für den Fall seiner tatsächlichen Gefangennahme: »Wenn mir das Unglück zustieße, lebendig gefangen genommen zu werden, so befehle ich Ihnen unbedingt, und Sie stehen mir mit Ihrem Kopf dafür, dass Sie meinem Bruder mit Rat zur Seite stehen und dass der Staat zu meiner Befreiung keine unwürdige Handlung begeht. Im Gegenteil, in diesem Fall wünsche und befehle ich, dass man nachdrücklicher handelt als je. Ich bin nur König, solange ich frei bin.«[18]

Am 10. April 1741 kam es bei dem Dorf Mollwitz südöstlich von Breslau zur ersten großen Schlacht des Krieges. 17 000 Österreichern standen rund 22 000 Preußen gegenüber, doch konnten die Österreicher deutlich mehr Kavalleristen aufbieten. Die preußische Kavallerie war nicht nur zahlenmäßig unterlegen, sie entpuppte sich insgesamt als Schwachstelle. Von den Österreichern angegriffen, brach unter den – damals noch gänzlich kampfungewohnten – preußischen Reitern Panik aus. Vergeblich versuchte Friedrich, ihre Flucht zu stoppen. Kurt Christoph Graf von Schwerin, der Oberkommandierende der preußischen Truppen in Schlesien, sah das Leben des Königs in Gefahr und beschwor ihn, sich in Sicherheit zu bringen. Friedrich befolgte den Rat des erfahrenen Truppenführers – und bekam so gar nicht mit, dass die preußische Infanterie auch im Kampf wie ein Uhrwerk funktionierte und am Ende die Österreicher das Schlachtfeld geschlagen verließen.

Es war ein hart erkämpfter Sieg mit etwa 5000 Toten auf beiden Seiten. Über dieses massenhafte Sterben schrieb Friedrich an seinen Bruder August Wilhelm am 13. April 1741: »Wir haben freilich eine Schlacht gewonnen, aber auch eine Unmenge braver Offiziere verloren. Jeder trauert um einen Bruder, einen Verwandten oder Freund – Gott bewahre uns vor so mörderischen Siegen wie diesem.«[19] Was Friedrich wurmte, wenngleich er es niemals zugab: Er war vor seinem ersten eigenen Sieg auf dem Schlachtfeld davongelaufen. Zeitlebens nahm er es Schwerin übel, dass er ihm zur Flucht geraten hatte.

Doch so wenig ruhmreich der Sieg von Mollwitz für Friedrich persönlich gewesen sein mag, so sehr verbesserte er die Position des Königs auf dem Schachbrett der europäischen Politik. Hatte Kardinal André Hercule de Fleury, der leitende Minister Ludwigs XV. von Frankreich, ihn nach seinem Einmarsch in Schlesien wegen seines eigenmächtigen Vorgehens noch als »Narren« bezeichnet, so war er jetzt ein begehrter Bündnispartner.

Friedrich hatte nach Mollwitz zunächst darauf gehofft, dass Maria Theresia eine weitere Schlacht scheuen würde, und ihr für diesen Fall sogar angeboten, einen kleinen Zipfel Schlesiens zurückzugeben. Doch während Minister und Ehemann in dieser für Österreich bedrohlichen Lage zu Verhandlungen mit Preußen rieten, blieb Maria Theresia hart: Niemals werde sie den Raub Schlesiens hinnehmen.

Friedrich und das Wechselfieber

Am 4. Juni 1741 kam es daher zum Abschluss eines Bündnisvertrags mit Frankreich, und in den folgenden Monaten schlossen sich auch Bayern, Spanien und Sachsen der antihabsburgischen Koalition an. Doch die Bündnispartner verfolgten keineswegs identische Ziele: Frankreich war daran gelegen, in Deutschland ein Gleichgewicht der Mittelmächte zu schaffen. Der preußische Militärbevollmächtigte in München, Samuel Graf von Schmettau, umschrieb diese Politik treffend: »Es dient für Frankreichs Zwecke, drei oder vier mittlere Mächte in Deutschland zu haben und keine von ihnen so weit emporkommen zu lassen, dass sie Frankreich die Stirn bieten könnte.«[20] In Bayern wiederum strebte Kurfürst Karl Albrecht vor allem nach der Kaiserkrone, Sachsen erhoffte sich eine territoriale Vergrößerung, um den Anschluss an Preußen nicht zu verlieren, und Spanien hatte die norditalienischen Besitzungen der Habsburger im Auge. Preußen schließlich wollte den Besitz Schlesiens auf Dauer sichern, doch war dies nur möglich bei einer nachhaltigen Schwächung der Position Österreichs, dessen völlige Vernichtung gleichwohl nicht im Interesse Preußens liegen konnte, zumindest dann nicht, wenn dadurch Sachsen oder Bayern zu groß und zu mächtig würden.

Franzosen und Bayern setzten zunächst ganz auf die Offensive, eroberten Linz und rückten in Richtung Wien vor. Doch anstatt die habsburgische Residenzstadt zu erobern, schwenkten die verbündeten Armeen Mitte Oktober 1741 nach Böhmen ab. Frankreich war an einer Eroberung Wiens nicht interessiert, und Sachsen wollte seinen territorialen Hunger ohnedies in Böhmen stillen. Friedrich war dieser sächsische Landhunger ein Dorn im Auge, und genauso wenig behagte ihm die Rolle als einer von vier Juniorpartnern Ludwigs XV. Welcher Fürst, schrieb er rückblickend, würde sich freiwillig seine eigenen Fesseln schmieden: Er habe nicht das Joch Österreichs abgeschüttelt, »um das der Bourbonen auf sich zu nehmen«.[21]

Dazu kamen militärische Schwierigkeiten: Es gelang den preußischen Truppen nicht, die noch von österreichischen Soldaten gehaltene Festung Neiße zu erobern. Vor diesem Hintergrund handelte der König unter Vermittlung Englands in Klein-Schnellendorf am 9. Oktober 1741 einen Waffenstillstand mit Österreich aus, der Preußen den Besitz Niederschlesiens garantierte – vorbehaltlich eines späteren Friedensabkommens. Im Gegenzug scherte Friedrich aus der antihabsburgischen Koalition aus; Österreich bekam dadurch Kräfte zum Schutz seines Kernlands frei. Vor allem Frankreich galt Preußen fortan als ein Partner, auf den man sich nicht verlassen konnte. Aus Friedrichs eigener Sicht war der Schritt nur folgerichtig: Sein Augenmerk galt einzig und allein Preußen, und wenn es dessen Interesse erforderte, den Bündnispartner auszutauschen, dann plagten ihn ob dieses Wechselfiebers keine Gewissensbisse.

Diese Flexibilität bewies er kaum einen Monat später neuerlich. Am 25. November eroberten Bayern und Franzosen die böhmische Hauptstadt Prag. Der endgültige Triumph der antihabsburgischen Koalition schien kurz bevor zu stehen, und Sachsen wäre nach dem Ausscheren Preußens zum größten Gewinner geworden. Das aber wollte Friedrich nicht zulassen, schloss sich der Koalition neuerlich an – und tat so, als ob nichts gewesen wäre.

Wie nahe Triumph und Tragik in diesem Ringen lagen, zeigte sich bald am Beispiel des bayerischen Kurfürsten Karl Albrecht. Zwar wurde er am 24. Januar 1742 tatsächlich zum Kaiser des Heiligen Römischen Reichs gewählt. Doch geschah dies vor dem

Hintergrund einer österreichischen Offensive gegen Bayern; am 14. Februar eroberte der habsburgische Feldmarschall Ludwig Andreas Graf von Khevenhüller München – gerade einmal zwei Tage zuvor war in Frankfurt am Main der bayerische Kurfürst zum Kaiser gekrönt worden. Von Anfang an war Karl VII. ein Kaiser ohne Land.

Umso mehr Österreich wieder zu Kräften kam, musste Friedrich an einer Entscheidung gelegen sein: am Verhandlungstisch oder auf dem Schlachtfeld. Schließlich kam es am 17. März 1742 bei dem böhmischen Dorf Chotusitz zum Aufeinandertreffen einer rund 24000 Mann starken preußischen Armee unter dem Befehl Friedrichs und 28000 Österreichern, die Karl Alexander von Lothringen anführte, der Schwager Maria Theresias. Dabei stellte Friedrich unter Beweis, wie rasch er imstande war, Fehler zu korrigieren: Im Gegensatz zu Mollwitz präsentierte sich die preußische Kavallerie geordnet und wurde dieses Mal im positiven Sinn zum entscheidenden Faktor. Am Ende flohen die Österreicher – und Friedrich triumphierte. An den Freund Jordan schrieb er nach Berlin, mit seiner Rolle als »Roi-Philosophe« kokettierend: »So ist nun Dein Freund zum zweiten Mal Sieger innerhalb eines Zeitraums von 13 Monaten. Wer hätte vor einigen Jahren gedacht, dass Dein Schüler in der Philosophie, der Ciceros in der Theorie und Bayles in der Praxis eine militärische Rolle in der Welt spielen würde! Wer hätte gedacht, dass die Vorsehung einen Dichter auserwählte, um das System Europas umzustoßen und alle Berechnungen seiner Könige vollständig zunichte zu machen? Es geschehen so viele Ereignisse, die man nicht erklären kann, dass dieses kühnlich unter die Zahl derselben gerechnet werden kann. Es ist ein Komet, der diesen Erdkreis durchzieht und der auf seinem Lauf einer ganz anderen Bahn folgt als alle anderen Planeten.«[22]

Auf dem diplomatischen Feld zeigte der König nach Chotusitz wieder, wie sehr er alles der preußischen Staatsräson unterordnete. Mitnichten dachte er daran, den bedrängten bayerischen und französischen Verbündeten in Süddeutschland zu Hilfe zu kommen. Stattdessen schloss er am 11. Juni 1742 mit Österreich den Vorfrieden von Breslau, dem am 28. Juli der Frieden von Berlin als endgültiger Schlussstrich unter den Ersten Schlesischen Krieg folgte. Vor die Wahl gestellt, »seine Völker zu opfern oder sein Wort zu brechen«, hatte sich der junge König für den neuerlichen Bruch des Bündnisses mit Frankreich, Bayern und Sachsen entschieden, deren militärische Anstrengungen ihm zu unentschlossen schienen.[23]

Vordergründig war der Frieden von Berlin ein triumphaler Erfolg für Friedrich: Während ihm durch sein Bündnis mit Frankreich lediglich Niederschlesien als Beute zugesichert worden war, erhielt er nun Nieder- und Oberschlesien sowie die böhmische Grafschaft Glatz. Einzig die Fürstentümer Troppau und Jägerndorf – auf das sich doch eigentlich die preußischen Ansprüche unter anderem gegründet hatten! – blieben bei Österreich. Nachdem er sein Ziel erreicht hatte, wollte Friedrich in seiner Außenpolitik auf Mäßigung setzen: »Es handelt sich gegenwärtig nur darum, die politischen Kabinette Europas daran zu gewöhnen, uns in der Stellung zu sehen, in die uns dieser Krieg gebracht hat, und ich glaube, dass große Mäßigung und Milde gegen alle unsere Nachbarn uns dazu verhelfen kann.«[24] Doch war Friedrich selbst klar, dass es ein trügerischer Friede war. Würde Maria Theresia sich in ihren Erblanden und in Süddeutschland gegen die bayerisch-französische Koalition durchsetzen können, war der Vertrag nicht mehr das Papier wert, auf dem er geschrieben war. Doch daran mochte er im Moment des Sieges – noch – nicht denken. Dem Freund Jordan schrieb er enthusiastisch: »Endlich bringe ich Ihnen die so sehnlichst erwartete Botschaft von dem Ende des Krieges, diese bedeutsame Botschaft von einem guten und vorteilhaften Frieden … Ich habe getan, was ich dem Ruhm meines Volkes schuldig zu sein glaubte; jetzt tue ich, was ich seinem Wohlergehen schuldig bin. Das Blut meiner Truppen ist mir kostbar; ich schließe die Schleusen weiteren Blutvergießens, das ein barbarischer Krieg unweigerlich nach sich gezogen hätte, und widme mich von Neuem den Freuden der Sinne und der Weisheit des Geistes.«[25]

Das zweite Ringen um Schlesien

Den Friedensschluss mit Preußen nutzte Österreich wie erwartet, um sich mit ganzer Kraft den anderen Schauplätzen des Krieges um das Erbe Karls VI. zuzuwenden. Und hier galt es vor allem, die nach über 300 Jahren an die Wittelsbacher verloren gegangene Kaiserkrone des Heiligen Römischen Reichs wiederzugewinnen. Als Frau konnte Maria Theresia zwar nicht selbst gewählt werden, wohl aber ihr Mann Franz Stephan von Lothringen. Kaiser Karl VII. wurde immer mehr in die Enge getrieben: Sein Stammland war von österreichischen Truppen besetzt, auch Böhmen hatten die Habsburger zurückerobert. Gleichzeitig schlossen Österreich, England und Sardinien-Piemont im September 1743 ein Bündnis, dem sich später auch Sachsen anschloss. Darin garantierten sich die Mitglieder gegenseitig ihren Besitzstand von 1739. Aber damals, 1739, war Schlesien Teil der habsburgischen Ländermasse gewesen! Auch wenn Schlesien nicht akut bedroht schien, wollte sich Friedrich nicht in die Defensive drängen lassen: »Soll man abwarten, bis die Königin von Ungarn [Maria Theresia] in der Lage ist, über alle ihre Kräfte, über die Sachsens und das englische Geld zu verfügen und uns mit all diesen Vorteilen in der Hand in einem Augenblick anzugreifen, wo wir ohne Verbündete dastehen und auf nichts rechnen können als unsere eigene Kraft?«[26]

Friedrichs Antwort darauf war natürlich ein Nein, zumal sich die günstige Gelegenheit eines neuerlichen Bündnisses mit Frankreich bot. Dort hatte man den »Verrat« des Hohenzollern zwar nicht vergessen, war aber im Ringen um die österreichische Erbfolge in die Defensive geraten. Vor diesem Hintergrund kam selbst der treulose Preußenkönig recht. Am 5. Juni 1744 wurde der Bündnisvertrag zwischen Preußen und Frankreich unterzeichnet. Der König ging davon aus, dass Franzosen und Bayern in Süddeutschland große Teile der österreichischen Armee banden und er es daher wagen konnte, das erst kurz zuvor von den Österreichern zurückeroberte Böhmen anzugreifen. 80 000 Mann bot Preußen für diesen ehrgeizigen Plan auf.

Dabei ging es sicher nicht um die »Freiheit des Reichs«, die Würde des Wittelsbacher-Kaisers oder gar den Frieden in Europa«, wie er in einem Manifest am 10. August 1744 pathetisch verkündete. Es ging darum, Österreich so zu schwächen, dass es den Gedanken an eine Wiedereroberung Schlesiens endgültig aufgab und Preußens neuen Rang anerkannte. Doch in der Wiener Hofburg war man davon weit entfernt. So träumte etwa Maria Theresias Gemahl Franz Stephan von Lothringen davon, »diesen Teufel mit einem Schlag zu zermalmen«, sodass man »ihn nie mehr zu fürchten bräuchte«.[27]

Stattdessen sah sich Österreich durch »diesen Teufel« einer neuerlichen existenziellen Bedrohung ausgesetzt. Mitte August 1744 begann Friedrich seinen Feldzug gegen Böhmen, der sich wie ein Spaziergang anließ. Schon am 16. September 1744 ergab sich Prag. Maria Theresia entschloss sich daraufhin, alle Kräfte auf den Kampf gegen Preußen zu konzentrieren. Da man sich in Frankreich vor allem auf die österreichischen Niederlande konzentrierte, konnte Maria Theresia ihre Truppen ohne größeres Risiko aus Süddeutschland abziehen – sehr zum Ärger Friedrichs, der meinte, dass ihn die Eroberung des wallonischen Tournai durch die Franzosen so wenig interessierte wie die Belagerung Babylons durch die Tataren.

Immerhin gelang es dem glücklosen Wittelsbacher-Kaiser Karl VII. durch den österreichischen Abzug, nach München zurückzukehren. Doch das war nicht der einzige Anlass zur Sorge: Die Österreicher verzichteten darauf, die Preußen zur Schlacht zu stellen. Im Gegenteil: Sie gingen ihnen aus dem Weg. Stattdessen überfielen sie mit kleinen, wendigen Trupps die über das Land verteilten und nur wenig bewachten Lebensmittellager und Feldbäckereien der preußischen Armee. Auch die böhmische Bevölkerung zeigte sich gegenüber den preußischen Soldaten äußerst feindselig. Die Folgen waren verheerend – unter den Soldaten Friedrichs machte sich der Hunger breit. 17 000 Mann desertierten, das waren fast 20 Prozent von Friedrichs gesamter Truppenstärke. Dazu kamen Tausende von Toten infolge einer im preußischen Heer ausgebrochenen Typhus- und Ruhrepidemie. Der

Hohenzoller entschloss sich daraufhin, Böhmen wieder aufzugeben und sich mit dem Rest seiner gebeutelten Soldateska im Dezember 1744 nach Schlesien zurückzuziehen.

Die nächste Hiobsbotschaft ließ nicht lange auf sich warten: Am 20. Januar 1745 starb Kaiser Karl VII. in München. Sein Nachfolger als Kurfürst, Maximilian III. Joseph, hatte keinerlei Bedarf, das Abenteuer seines Vaters zu wiederholen. Alles, was er wollte, war, friedlich in seinem Kurfürstentum zu leben. Und dazu brauchte er Frieden mit Österreich. Im April 1745 einigten sich Maria Theresia und Max III. Joseph auf die Wiederherstellung des Vorkriegszustands. Auch sagte der junge Kurfürst seine Unterstützung für die Wahl von Maria Theresias Ehemann Franz Stephan zum Kaiser zu. Friedrich II. wusste, was das bedeutete: Nun war Schlesien wirklich in Gefahr!

Die Schlacht von Hohenfriedberg

Nachdem der Versuch, durch eine Vermittlung Englands aus der prekären Lage herauszukommen, gescheitert war, setzte Friedrich – wie es später noch so oft der Fall sein sollte – alles auf eine Karte: Siegen oder Untergehen. Seinen Minister Podewils schalt er ein »Angsthuhn«. Sollten die »Feinde von den verschiedenen Seiten auf mich eindringen …, so werde ich entweder keinen einzigen Mann nach Berlin zurückführen, oder wir werden Sieger sein.«[28]

Ohne auf Widerstand zu stoßen, überquerte Maria Theresias Befehlshaber Karl Alexander von Lothringen die Gebirgszüge, die Böhmen von Schlesien trennen. Er wähnte das preußische Heer unvorbereitet und in heilloser Auflösung. Sein Optimismus kannte keine Grenzen: »Es müsste kein Gott im Himmel sein, wenn wir diese Schlacht nicht gewännen.«[29] Doch gehörte dies alles bereits zu einem lange vorbereiteten Täuschungsmanöver des Königs, der die völlig ahnungslosen Österreicher und Sachsen in den frühen Morgenstunden des 4. Juni 1745 bei dem kleinen Dorf Hohenfriedberg in der Nähe von Schweidnitz angriff. Obwohl zahlenmäßig unterlegen – 55 000 Preußen standen rund 78 000

Österreicher und Sachsen gegenüber –, verließ Friedrich das Schlachtfeld als triumphaler Sieger. Maria Theresia bewies trotz der Niederlage Standfestigkeit. Doch als England den Geldhahn zudrehte und Friedrich in der Schlacht von Soor am 30. September trotz neuerlicher zahlenmäßiger Unterlegenheit den Sieg davontrug, blieb der Habsburgerin nichts anderes übrig, als in den sauren Apfel zu beißen und am 25. Dezember 1745 im Frieden von Dresden ein zweites Mal auf Schlesien zu verzichten. Einzig die Anerkennung der Wahl ihres Ehemanns zum Kaiser am 13. September 1745 konnte sie auf der Habenseite verbuchen.

Gegenüber Frankreich hatte Friedrich keinerlei Gewissensbisse: Nachdem der französische Hof ihn »gänzlich im Stich gelassen habe«, habe er nicht länger zögern können, »mit den Höfen von Wien und Dresden meinen Frieden zu schließen«. Falls diese Nachricht seinem Hofe keine Freude mache, ließ er den französischen Gesandten in Berlin wissen, »so kann er es sich selbst zuschreiben, da er niemals, weder mit ausreichenden Hilfsgeldern noch mit Truppen, mich hat unterstützen oder das Gewicht des Krieges von mir hat ablenken wollen«.[30] Mit dieser Kritik hatte der König keineswegs ganz unrecht. Frankreich kochte vor allem sein eigenes Süppchen. Und darin war Preußen, ja das Reich überhaupt, nur noch ein Nebenkriegsschauplatz. Frankreichs großer Gegner in Europa und in den überseeischen Kolonien war England, und auf diese Auseinandersetzung konzentrierte Paris seine Kräfte.

Friedrich II. war einerseits ungeheuer stolz auf seine militärischen Erfolge: »Selbst die alten Römer haben niemals etwas Größeres geleistet. Unsere besten Alliierten sind unsere eigenen Truppen.«[31] Doch zugleich war ihm klar, dass er eigentlich keinen Schritt weiter gekommen war: »Schätzt man die Dinge nach ihrem wirklichen Wert ein, so ist zuzugeben, dass der Krieg in mancher Hinsicht sehr unnützes Blutvergießen war und dass Preußen durch eine Kette von Siegen weiter nichts erreichte als die Bestätigung des Besitzes von Schlesien.«[32] Der gut gefüllte Tresor, den ihm sein Vater hinterlassen hatte, war nach all diesen Kriegen jedenfalls leer.

Es braut sich was zusammen

Der 1745 geschlossene Frieden von Dresden sollte länger halten als jener, mit dem 1742 in Breslau und Berlin der Erste Schlesische Krieg beendet worden war: elf Jahre, in denen Friedrich den Staatsschatz wieder auffüllen und seine Armee neuerlich zu Kräften kommen lassen konnte. Den Besitz Schlesiens erhielt Preußen sogar noch einmal im Frieden von Aachen 1748 bestätigt, in dem unter den Österreichischen Erbfolgekrieg insgesamt ein Schlussstrich gezogen worden ist. Doch auch diese Zusicherung hatte nichts daran geändert, dass Maria Theresia den Verlust Schlesiens, »des schönsten Edelsteins in unserer Krone«, als Unrecht betrachtete, das ihr »schwerstes Herzeleid« bereitete.[33] Mit Wenzel Anton Graf Kaunitz ernannte sie 1753 einen Haus-, Hof- und Staatskanzler, der der Rückgewinnung Schlesiens oberste Priorität einräumte. Schon 1749 hatte er in einer Denkschrift als »Hauptstaatsmaxime« festgehalten, dass »der Verlust von Schlesien nicht zu verschmerzen und der König in Preußen als der größte, gefährlichste und unversöhnlichste Feind des Erzhauses anzusehen ... und die größte und beständige Sorgfalt dahin zu richten [sei], wie sich nicht nur gegen des ernannten Königs feindliche Unternehmungen zu verwahren und sicherzustellen [sei], sondern wie er geschwächt, seine Übermacht beschränkt und das Verlorene wieder herbeigebracht werden könne«.[34]

Kaunitz verfolgte diese Politik über Jahre. Kern seiner Überlegungen war ein entschiedener Richtungswechsel der österreichischen Politik: Da er sich von England wenig konkrete Hilfe erwartete, sprach er sich für ein Bündnis mit dem alten habsburgischen Erzfeind Frankreich aus. 1750 wurde Kaunitz von Maria Theresia zu ihrem Gesandten in Paris ernannt. Als solcher verfolgte er in den kommenden Jahren zielstrebig und zäh sein Ziel, die beiden gegnerischen Mächte einander näherzubringen. Doch selbst ein Bündnis mit Frankreich war nach Maria Theresias Meinung nicht ausreichend, um den Preußenkönig anzugreifen. Dazu gehörte nicht zuletzt, dass auch Russland sich an einem solchen Unternehmen gegen Preußen beteiligen würde.

So geheim diese Verhandlungen auch geführt wurden, bekam Friedrich doch Wind davon, welch gefährliche Koalition sich da anbahnte. Und wieder wollte er nicht darauf warten, nur zu reagieren. Ähnlich wie Kaunitz baute er darauf, durch einen diplomatischen Coup das Steuer zu seinen Gunsten herumreißen zu können. Am 16. Januar 1754 schloss er mit Großbritannien die Konvention von Westminster. Dabei handelte es sich nicht nur um einen gegenseitigen Nichtangriffspakt; darüber hinaus verpflichteten sich die Vertragspartner, jeden Angriff einer fremden Macht in Deutschland abzuwehren. Das war nichts anderes als eine preußische Garantie für das Kurfürstentum Hannover, das von König Georg II. von England in Personalunion regiert wurde. Und wer sollte ein Interesse daran haben, Hannover zu bedrohen? Das konnte aus englischer Sicht nur Frankreich sein, der große Rivale der Briten im kolonialen Wettstreit in Übersee. England hatte zuvor bereits Russland zu einer Garantie für Hannover gewinnen können, doch konnte Preußen nicht an einer solchen Einflussnahme des Zarenreichs im deutschen Norden gelegen sein. Friedrich hoffte durch die Konvention von Westminster daher einerseits, Russland außen vor halten zu können, andererseits aber auch englische Unterstützung für seine militärischen Ambitionen zu erhalten.

Vor dem Hintergrund der kolonialen Rivalität zwischen Frankreich und England erstaunt, dass Friedrich annahm, den französischen Ärger über die Konvention von Westminster besänftigen zu können. Nach wie vor war er davon überzeugt, »dass es nie im französischen Interesse liegen wird, die Vergrößerung des ... Hauses Österreich zu fördern«.[35] Doch darin täuschte sich der König. Nach dem preußischen Zusammengehen mit England war das lange Zeit tatsächlich zögerliche Frankreich bereit, das von Kaunitz geschmiedete Bündnis auch militärisch zu unterstützen und damit die »Umkehrung der Allianzen« komplett zu machen. Ohne Zweifel hat Friedrich die akute Gefährdung Preußens durch die Konvention von Westminster selbst verstärkt. Obwohl es sich bei dem am 1. Mai 1756 unterzeichneten Vertrag von Versailles um ein Defensivbündnis für den Fall handelte, dass eine der beiden Mächte angegriffen würde und Frankreich einen Präventivschlag noch ablehnte, sah Friedrich seine ärgsten Befürchtungen bestätigt. Er fühlte sich von Feinden umzingelt – einer Schlange gleich, die Preußen zu erwürgen drohte. Und von diesem Würgegriff konnte sich Preußen nach Meinung Friedrichs wiederum nur durch einen überraschenden militärischen Paukenschlag befreien. Denn eines stand für ihn fest: Defensivbündnis hin, Defensivbündnis her – würde Österreich die militärische Chance zur Wiedergewinnung Schlesiens sehen, dann würde Kaunitz keinen Moment zögern.

So äußerte der österreichische Staatskanzler Kaunitz bereits 1755 seine Überzeugung, dass Preußen »über den Haufen geworfen« werden müsse, »wenn das durchlauchtigste Erzhaus aufrecht stehen soll. Wir sind sonst uns und unseren Alliierten unnütz. Die beständige Gefahr ist da. Wir haben weniger Einfluss und Ansehen in allen europäischen Angelegenheiten. Im Reich setzt sich Preußen öffentlich der kaiserlichen Autorität entgegen, und wir wissen sicher, dass es nur auf unseren Untergang lauert und solchen menschlichem Ansehen nach bewirken würde, wenn wir ihm nicht zuvorkommen.«[36] Längst ging es Kaunitz nicht mehr nur um Schlesien: Es ging um die Verteilung der Macht in Europa, um die Rangfolge der Mächte im Reich und damit aus österreichischer Sicht darum, Preußen auf den Rang einer bestenfalls zweitklassigen Macht zurückzuwerfen.

Preußen wurde von Kaunitz als Störenfried des europäischen Gleichgewichts und damit als eine Bedrohung des Friedens betrachtet. Die Politik des österreichischen Staatsministers implizierte damit zwangsläufig eine Bedrohung der neuen Stellung Preußens, der Friedrich durch die Eroberung Schlesiens sichtbaren Ausdruck verliehen hatte. Eine Stellung, die nicht nur Wien wenig behagte: Auch in St. Petersburg strebte man seit Längerem danach, die Macht des zunehmend lästigen Rivalen an der Ostsee einzudämmen – und arbeitete daher mit Nachdruck am Zustandekommen einer gegen Preußen gerichteten Koalition, nach Meinung des österreichischen Staatskanzlers Kaunitz gar »allzu geschwind und hitzig, ehe noch die Sachen reif sind, wodurch alles verdorben werden könnte«.[37]

Der dänische Minister Johann Hartwig Graf von Bernstorff hat diese Dimension des Krieges in einem Brief an den Herzog von Choiseul, den Leiter der französischen Außenpolitik, prägnant beschrieben: »Der Krieg ist entbrannt, um zu entscheiden, ob diese neue Monarchie, zusammengesetzt aus verschiedenen Bestandteilen, noch ohne die ganze für sie notwendige Festigkeit und Ausdehnung, aber ganz und gar militärisch und mit der ganzen Begehrlichkeit eines jugendlichen, mageren Körpers, bestehen bleiben wird; ob das Reich zwei Häupter haben und der Norden Deutschlands einen Fürsten behalten soll, der aus seinen Staaten ein Feldlager und aus seinem Volk ein Heer gemacht hat und der, sofern man ihm Muße lässt, seine Staatsgründung abzurunden und zu befestigen, als Schiedsrichter der großen europäischen Angelegenheiten dastehen und für das Gleichgewicht zwischen den Mächten den Ausschlag geben würde.«[38]

Nachrichten über österreichische Truppenbewegungen in der Nähe der preußischen Grenzen, die sich später als falsch erwiesen, taten das Ihre, um Friedrich in seinen Befürchtungen zu bestärken. Spätestens als Maria Theresia Friedrichs Forderung einer Nichtangriffsgarantie ausweichend beantwortete, war die Entscheidung gefallen, den von ihm als unausweichlich betrachteten Krieg selbst zu eröffnen. Die Bedenken seines Bruders August Wilhelm, der lieber weiter auf den Verhandlungsweg setzen wollte, wischte er beiseite: »Lieber Bruder! Zwingen unsere Feinde uns zum Krieg, so muss man nicht fragen, wie viele sie sind, sondern: Wo stehen sie? Wir haben nichts zu fürchten.« Nicht anders erging es Podewils: Friedrich ließ sich von seinem Außenminister nicht umstimmen und verabschiedete sich von ihm mit dem ironischen Gruß: »Adieu, Herr der furchtsamen Politik.«[39]

Einmarsch in Sachsen

Ziel von Friedrichs Präventivschlag war Sachsen, das dem gegnerischen Bündnis nahestand, ihm aber nicht offiziell angehörte. Friedrich hat sich durch seinen ohne Kriegserklärung erfolgten

Einmarsch in dem Nachbarland daher einmal mehr den Ruf eines rücksichtslosen Friedensbrechers erworben. Der Preußenkönig betrachtete Sachsen als Aufmarschgebiet nach Böhmen und Mähren, wo er so viele feindliche Kräfte wie möglich binden wollte, um einen österreichischen Angriff auf Schlesien oder das brandenburgische Kernland zu verhindern. Eine Annexion des Kurfürstentums stand am Beginn des Siebenjährigen Kriegs wohl noch nicht auf seiner Agenda, ein mittel- bis langfristiges Ziel war es durchaus. Schon in seinem Politischen Testament von 1752 hatte sich Friedrich mit den »Erwerbungen günstig gelegener Länder« befasst: »Von allen Provinzen in Europa gibt es keine, die besser zu uns passen: Sachsen, Polnisch-Preußen [Westpreußen] und Schwedisch-Pommern [Vorpommern], weil alle drei ihn [den preußischen Staat] abrunden. Sachsen indessen ist die nützlichste, es würde die Grenze am weitesten hinausrücken und Berlin decken, diesen Mittelpunkt des Reichs, wo sich die königliche Familie, der Staatsschatz und alle höchsten Justiz- und Finanzbehörden sowie die Münze befinden; diese Hauptstadt, zu weitläufig, um verteidigt werden zu können, und die Festungsmauern geschleift durch einen Fehler meines Vaters. Sachsen würde dieser Schwäche der Hauptstadt abhelfen und sie doppelt decken durch die Elbe und die Berge, die es von Böhmen trennen« – bei einem möglichen österreichischen Angriff, müsste man hinzufügen.[40]

In seiner »Geschichte des Siebenjährigen Krieges« schreibt Friedrich rückblickend, dass er den Makel des Angreifers nicht gefürchtet habe. Dies sei »ein leeres Schreckensbild, das nur auf ängstliche Gemüter Eindruck machen konnte. In einer so kritischen Zeit, wo es sich um Sein oder Nichtsein des Vaterlands handelte, brauchte man darauf keine Rücksicht zu nehmen. Die Verschwörung Europas gegen Preußen war ja doch schon fertig.«[41] Ganz so gleichgültig war ihm der Makel aber doch nicht; gab er sich jedenfalls deutlich mehr Mühe als bei den ersten beiden schlesischen Kriegen, sein Handeln durch Flugblätter und Denkschriften zu rechtfertigen.

Obwohl Friedrich wusste, dass ihm England militärisch nur sehr beschränkt würde zu Hilfe kommen können und darüber hinaus nur einige wenige kleinere Reichsstände auf seiner Seite waren, begann er den Krieg. Am 29. August 1756 marschierten seine Truppen in Sachsen ein – und halb Europa fasste sich an den Kopf: Friedrich musste verrückt geworden sein, ereiferte sich Ludwig XV. in Paris. Kaunitz und Maria Theresia konnten ihr Glück gar nicht fassen: Es bedurfte gar keiner eigenen Offensive, sie mussten die Franzosen gar nicht mehr von der Notwendigkeit eines Präventivschlags überzeugen; Friedrich war so freundlich gewesen, zuerst anzugreifen und sich damit selbst ins Unrecht zu setzen. Nun konnte man rasch in Verhandlungen darüber eintreten, welche Höfe mit welchen Aussichten auf Landgewinn für den Krieg gegen Preußen gewonnen werden konnten. Militärisch schien die Sache ohnehin klar: Niemals würde sich der Preußenkönig gegen die gewaltige Allianz halten können, die sich ihm entgegenstellte: Österreich, Russland, Schweden und Frankreich!

Zwar konnten die preußischen Truppen am 9. September Dresden besetzen, doch die Hauptmacht der sächsischen Armee stand zwischen Pirna und Königstein, rund 20 000 Mann. Friedrich wollte sich eine zeitraubende und aufwendige Auseinandersetzung mit den Sachsen ersparen. Seine Friedensbedingungen waren allerdings nicht dazu angetan, bei Kurfürst Friedrich August II. Begeisterung hervorzurufen. Er sollte sein Land zumindest vorübergehend unter preußische Verwaltung und seine Truppen unter preußischen Oberbefehl stellen. Friedrich August lehnte ab und setzte seine ganze Hoffnung auf ein österreichisches Entsatzheer, das jedoch bei Lobositz in Nordböhmen am 1. Oktober 1756 von den Preußen geschlagen wurde. Den eingeschlossenen Sachsen blieb daher nichts anderes übrig, als zu kapitulieren, wollten sie nicht Hungers sterben. Glaubte Friedrich allerdings wirklich, dass er durch die darauffolgende Eingliederung der sächsischen Soldaten in sein Heer einen Coup gelandet hatte, sah er sich bald getäuscht: Die Sachsen nutzten in der Folge jede Gelegenheit, um zu desertieren.

Derweil war am 14. September 1756 ein weiterer Gegner hinzugekommen: Der Reichstag in Regensburg hatte mehrheitlich die Reichsexekution gegen Preußen beschlossen. Das bedeutete, dass nun auch die Reichsarmee – also die aus den Reichskreisen rekrutierte Armee des Heiligen Römischen Reichs – gegen Preußen eingesetzt werden konnte. Die Kampfstärke der Reichsarmee wurde in der borussisch gefärbten Geschichtsschreibung des 19. Jahrhunderts gern verächtlich gemacht. Spöttisch wurde von ihr als der »Reißaus-Armee« gesprochen. Doch auch wenn dieses pauschale Bild inzwischen korrigiert worden ist, entsprach die Kampfkraft der zusammengewürfelten und schlecht ausgerüsteten Einheiten nicht jener der preußischen Soldaten, die durch jahrelangen Drill auf Krieg vorbereitet waren. Dazu kam, dass die protestantischen Reichsstände an dem Feldzug oft nur widerwillig teilnahmen. Der Versuch Friedrichs, die Auseinandersetzung zu einem Krieg der Konfessionen zu machen, habe bei den Protestanten offenkundig »großen Eindruck« gemacht, ärgerte man sich in der Wiener Hofburg. Selbst in Sachsen stießen die Preußen zunächst nicht nur auf Ablehnung: »So viel ist gewiss, dass der gemeine Mann in Sachsen die ihm durch den Einmarsch fast unerschwinglichen Kosten mit viel Geduld erträgt, da ihm versichert wird, dass jener König als Beschützer der protestantischen Religion ... gekommen [sei], welches bei dem gemeinen Volk vielen Eindruck findet«,[42] heißt es in einem Bericht an den kaiserlichen Reichsvizekanzler Rudolf Joseph Fürst von Colloredo vom September 1756. Dass Friedrichs religiöse Propaganda nur Mittel zum Zweck war, tat dem keinen Abbruch; erst unter dem Eindruck der immer höheren Kontributionen wünschten die Sachsen, dass der vermaledeite Preußenkönig endlich das Weite suchen möge. Gleichwohl war die Reichsexekution für Friedrich ein Problem, nicht in erster Linie ein militärisches, sondern vor allem eines der Geltung, wurde ihm damit doch einmal mehr die Rolle des »Rechtsbrechers«, ja des »Verbrechers« zugewiesen.

Nach dem gelungenen Auftakt bei Lobositz entwickelte sich die militärische Lage auch 1757 aus preußischer Sicht zunächst positiv. Bei Prag gelang am 6. Mai ein weiterer Sieg gegen die Österreicher, doch war dieser Erfolg mit hohen eigenen Verlusten erkauft. Nur wenige Wochen später kam es in der Schlacht von Kolin östlich von Prag am 18. Juni 1757 zur ersten militärischen

Niederlage Friedrichs überhaupt. Mit allen Mitteln versuchte der König, seine fliehenden Soldaten aufzuhalten – mit dem legendär gewordenen Ausspruch »Racker, wollt ihr denn ewig leben?«, was einen alten Soldaten zu der Entgegnung veranlasst haben soll: »Ich dächte, Fritze, für acht Groschen wär's heut' genug.« Es half nichts, auch nicht, dass Friedrich selbst mit seinem Pferd voranstürmte, bis ihn ein Major fragte, ob er die Batterie denn alleine erobern wolle.[43]

Preußen unter Druck

Vergeblich setzte Friedrich in der Folge darauf, durch französische Vermittlung einen Friedensschluss zu erwirken. Da erreichte ihn auch noch die Nachricht, dass seine Mutter, Königin Sophie Dorothea, überraschend gestorben war. Die Nerven des Preußenkönigs lagen blank. Leidtragender war sein Bruder August Wilhelm, der aufgrund der Kinderlosigkeit Friedrichs bereits 1744 zum Thronfolger ernannt worden war. August Wilhelm hatte den Auftrag, Schlesien vor einem möglichen österreichischen Angriff zu decken, doch verlief der Rückzug der demoralisierten Armee eher chaotisch; dringend benötigte Vorratsmagazine fielen an die Österreicher. Friedrich sah die Schuld dafür allein bei seinem Bruder und war so erbost über dessen – wie er es sah – Versagen, dass er ihm am 19. Juli 1757 einen vernichtenden Brief schrieb: »Du weißt nicht, was Du willst, noch was Du tust … Du wirst stets nur ein kläglicher Heerführer sein. Kommandiere einen Harem, aber solange ich lebe, vertraue ich Dir keine zehn Mann mehr an. Wenn ich tot bin, mache so viele Dummheiten, wie Du willst: Sie kommen dann auf Dein Konto, aber solange ich lebe, sollst Du keine mehr machen, die den Staat schädigen. Das ist alles, was ich Dir sagen kann. Deine besten Offiziere sollen jetzt die Schweinerei, die Du angerichtet hast, wiedergutmachen.«[44] Und als ob dies nicht gereicht hätte, setzte Friedrich keine zwei Wochen später nach: »Durch Dein schlechtes Benehmen hast Du mich in eine verzweifelte Lage gebracht. Nicht meine Feinde richten mich zugrunde, sondern Deine schlechten Maßnahmen.«[45] August Wilhelm hat diese Demütigung niemals verwunden. Als gebrochener Mann zog er sich nach Schloss Oranienburg zurück, wo er drei Jahre später, am 12. Juni 1758, im Alter von erst 44 Jahren gestorben ist.

Preußen stand vor dem Abgrund. Seine Soldaten mussten sich aus Böhmen zurückziehen, und auch der größte Teil Schlesiens war wieder in österreichischer Hand. Ein Brief an seine Schwester Wilhelmine von Bayreuth lässt tief in Friedrichs aufgewühlte Seele blicken: »Wie, meine Liebe, meine unvergleichliche Schwester, wie könnte ich die Gefühle der Rache und des Zorns gegen alle meine Nachbarn unterdrücken, unter denen sich keiner befindet, der nicht herbeigeeilt ist zu meinem Sturz und sich nicht beteiligt hat an meiner Beraubung? Wie kann ein Fürst seinen Staat, den Ruhm seiner Nation, seine eigene Ehre überleben? Mag ein Kurfürst von Bayern, der noch ein Kind ist oder in einer Art Abhängigkeit von seinen Ministern steht und unempfindlich gegen die Stimme der Ehre, sich zum Sklaven der tyrannischen Herrschaft des Hauses Österreich machen und die Hand küssen, die seinen Vater unterdrückte, ich verzeihe es seiner Jugend und Unerfahrenheit. Aber ist das ein Vorbild, dem ich folgen soll? Nein, liebe Schwester … Die Standhaftigkeit besteht darin, dass man sich dem Unglück entgegenstellt. Nur die Feigen beugen sich unter das Joch und tragen geduldig ihre Ketten und lassen sich unterdrücken. Niemals, liebe Schwester, könnte ich mich zu dieser Schmach entscheiden.«[46]

Während in dem Brief an Wilhelmine auch versteckte Selbstmordgedanken vermutet werden, zeigte er in einem nahezu gleichzeitigen Schreiben an seinen Freund Peter von Keith, dass er den Humor noch nicht ganz verloren hatte: »Das Glück hat mir den Rücken gewendet. Ich hätte darauf vorbereitet sein müssen: Das Glück ist eine Frau, und ich bin kein Liebhaber. Der Erfolg erzeugt oft ein gefährliches Selbstvertrauen; das nächste Mal will ich es besser machen. Der Große Kurfürst würde überrascht sein, wenn er sähe, dass sein Urenkel sich mit den Russen, den Österreichern, beinahe ganz Deutschland und 100 000 Mann Hilfstruppen herumschlägt. Ich weiß nicht, ob es eine Schande für mich ist, wenn ich unterliege, aber ich bin sicher, dass es keine große Ehre ist, mich zu besiegen.«[47]

Auch Goethe war fritzisch gesinnt

Die Hiobsbotschaften rissen in der Folge nicht ab. Am 16. Oktober 1757 besetzten österreichische Husaren sogar Berlin. Zwar waren sie zu schwach, um die Stadt zu halten, und zogen bereits einen Tag darauf wieder ab. Doch der Imageschaden war enorm. Der Preußenkönig konnte nicht einmal mehr seine Residenzstadt vor dem Feind schützen. In dieser scheinbar ausweglosen Situation suchte Friedrich wieder einmal die Entscheidung auf dem Schlachtfeld – im Gegensatz zu den Alliierten, die auf die Taktik der kleinen Nadelstiche setzten und durch das Plündern der Magazine die Versorgung der preußischen Armee gefährdeten. Am 5. November 1757 hatte Friedrich sein Ziel erreicht: Bei Rossbach in der Nähe von Merseburg konnten seine Gegner nicht mehr ausweichen. Friedrich griff an – ungeachtet seiner zahlenmäßigen Unterlegenheit, stand seinen 22 000 Mann doch eine Übermacht von 40 000 feindlichen Soldaten gegenüber. Es handelte sich um die Reichsarmee unter dem Befehl des Prinzen Joseph Friedrich von Sachsen-Hildburghausen, ein französisches Korps unter dem Befehl des Marschalls Soubise sowie eine Einheit leichter österreichischer Reiterei.

Am Ende wurde es Friedrichs vielleicht größter Triumph – nicht in erster Linie wegen seiner militärischen Bedeutung, denn an der existenziellen Bedrohung Preußens änderte sich wenig. Wenn Rossbach dennoch solche Bedeutung zukommt, dann aufgrund der Welle der Begeisterung für den preußischen König, die der Sieg ausgelöst hat. In Flugblättern wurde über die geschlagenen Gegner Hohn und Spott ausgeschüttet: »Und kommt der große Friederich und klopft nur auf die Hosen, so läuft die ganze Reichsarmee, Panduren [damit waren Maria Theresias Reiter gemeint] und Franzosen.«[48] Im protestantischen Deutschland wurde Friedrich zum Heros.

Ein besonderes Beispiel dieser einsetzenden Friedrich-Verehrung ist Johann Wolfgang von Goethe. Im zweiten Buch seines autobiografischen Werks »Dichtung und Wahrheit« beschreibt er, wie sein Großvater und sein Vater noch zu Maria Theresia hielten – immerhin war Goethes Heimatstadt Frankfurt am Main der Schauplatz der Kaiserkrönungen und hatte sein Großvater noch den »Krönungshimmel« über Franz I. getragen. Doch vor allem die junge Generation konnte damit nichts mehr anfangen: »Und so war ich denn auch preußisch oder, um richtiger zu reden, Fritzisch gesinnt; denn was ging uns Preußen an? Es war die Persönlichkeit des großen Königs, die auf alle Gemüter wirkte. Ich freute mich mit dem Vater unserer Siege, schrieb sehr gern die Siegslieder ab und fast noch lieber die Spottlieder auf die Gegenpartei, so platt die Reime auch sein mochten.«[49] Es ist interessant, dass Goethe hier einen Unterschied zwischen Preußen und dem König machte – es war Friedrichs außergewöhnliche Persönlichkeit, die ihn in erster Linie angezogen hat.

Friedrichs Triumph bei Rossbach war auch deshalb so groß gewesen, weil er mit vergleichsweise geringen eigenen Verlusten errungen worden war: »Die Verbündeten verloren über 10 000 Mann, von denen vermutlich die meisten in Gefangenschaft gerieten, während bei den Preußen die Ausfälle infolge Tod, Verwundung oder Gefangennahme knapp 550 Mann betrugen.«[50] Dass es nicht zuletzt die kühnen Reiterattacken des Generals Friedrich Wilhelm von Seydlitz waren, die die Schlacht mit entschieden hatten, tat der Begeisterung keinen Abbruch.

Für Friedrich selbst war nicht nur der Sieg als solcher wichtig gewesen, sondern dass er mit Rossbach den Makel von Kolin wieder weggewaschen hatte: »Man wird sagen, dass 20 000 Preußen 50 000 Franzosen und Deutsche geschlagen haben. Jetzt werde ich zufrieden ins Grab steigen, seit der Ruf und die Ehre meiner Nation gerettet sind. Wir können Unglück haben, aber wir werden nicht ehrlos sein.«[51]

Das Wunder von Leuthen

Dass Rossbach militärisch nur von bedingtem Wert war, zeigte sich bald: Während Friedrich mit seiner Armee in Sachsen stand, gingen auch die letzten Brückenköpfe, die Preußen noch in Schlesien besetzt gehalten hatte, verloren. Sollte Rossbach nicht ein Muster ohne Wert gewesen sein, musste er den psychologischen Vorteil, den er aus der Schlacht gezogen hatte, noch in diesem Jahr nutzen und trotz des nahenden Winters versuchen, Schlesien zurückzuerobern. Wieder spielte er mit einer zahlenmäßig weit unterlegenen Armee – 35 000 gegen 70 000 Mann – Vabanque und griff die Österreicher bei Leuthen in der Nähe von Breslau an.

Dabei wandte er die sogenannte schiefe Schlachtordnung an, seine bevorzugte Strategie, die schon bei Rossbach eine Voraussetzung des Erfolgs gewesen war: Wenn immer möglich, versuchte Friedrich, »seine Angriffslinien so zu versetzen, dass der eine Flügel – häufig mit Unterstützung der Kavallerie – in die feindlichen Linien vorstieß, bevor der andere in Feindkontakt kam. Der Gedanke dahinter war, den Feind entlang seiner eigenen Linien quasi aufzurollen, statt frontal von einer Linie aus zu attackieren. Diese Manöverstrategie erforderte eine außergewöhnlich gut ausgebildete und disziplinierte Infanterie«[52] – und eine solche besaß Preußen in einem weit größeren Maß als seine Gegner. Bei Leuthen gab diese Taktik der schiefen Schlachtordnung den Ausschlag. Für Napoleon Bonaparte war »diese Schlacht ein Meisterwerk der Bewegungen, des Manövers und der Entschlossenheit; sie allein würde genügen, um Friedrich unsterblich zu machen und ihm einen Rang unter den größten Feldherren zuzuweisen«.[53]

Am Abend der Schlacht soll es zu jener berühmten Szene gekommen sein, die in keinem patriotischen Preußenbuch fehlen durfte: dem Choral von Leuthen. Spontan sollen einige preußische Soldaten das Lied »Nun danket alle Gott, mit Herzen, Mund und Händen« angestimmt haben – und bald habe die ganze Armee darin eingestimmt. Auch wenn das etwas überzogen sein mag angesichts des weit auseinandergezogenen Feldlagers, entspricht der Kern der Geschichte wohl der Realität. Selbst der König, dem allzu große Frömmigkeit kaum nachgesagt werden kann, soll von dieser Stimmung ergriffen gewesen sein. In dem Bericht eines Augenzeugen, des Husarenoffiziers Jakob Anton Friedrich Logan-Logejus, wird der »Choral von Leuthen« zwar nicht erwähnt, die Stimmung nach der Schlacht aber sehr anschaulich geschildert: »Die preußische Armee kampierte an der Stelle, an der das letzte Gefecht geschlagen worden war. Als Brennmaterial dienten ihnen die erbeuteten, leer gemachten Kisten und Fässer sowie entleerte Wagen … Tausende unserer braven Leute lagen singend, speisend, rauchend oder mit schnarchendem Munde schlafend um die Wärme spendenden Feuer … Freilich hatte dieses wilde, eigenartig schöne und sehr heitere Bild auch seinen grässlichen Hintergrund, denn man durfte nur wenige Schritte abseits der Zelte gehen, um auf blutige, von Geschützkugeln zerrissene oder von Säbelhieben zerfleischte Leichen zu sehen.«[54]

Dass Friedrich immer wieder die schnelle Entscheidung auf dem Schlachtfeld suchte, war kein purer Aktionismus oder nur Folge seiner Ungeduld. Der König wusste, dass die Substanz seiner Gegner sehr viel größer war die eigene preußische. Je länger sich der Krieg hinzog, umso geringer waren die preußischen Chancen, ihn zu gewinnen. Zumal einer der Gegner – Russland – noch gar nicht ernsthaft in die Auseinandersetzungen eingegriffen hatte. Nach Friedrichs Vorstellung sollten schnelle, klare Siege Preußen zu einem ebenso schnellen Frieden verhelfen. Doch selbst die beiden großen Siege von Rossbach und Leuthen hatten dazu nicht ausgereicht. Der Krieg ging 1758 in seine nächste Runde.

Das Jahr der Katastrophen

Zwar war es Friedrich gelungen, Schlesien wieder in seine Hand zu bekommen, aber dafür waren in Ostpreußen die Russen einmarschiert. Und während sich von Süden eine österreichische Armee unter dem Befehl des Feldmarschalls Leopold Graf von Daun den brandenburgischen Kernlanden näherte, rückte von

Osten eine russische Armee heran. Zusammen wollten sie Friedrich in die Zange nehmen und seine Stammlande besetzen. Wieder musste der König rasch handeln, ehe sich seine Gegner vereinen konnten. Bei Zorndorf in der Nähe von Küstrin kam es am 25. August 1758 zur Schlacht, einer der blutigsten des gesamten Krieges. Am Ende behielt Friedrich die Oberhand, doch es war kein Triumph wie Leuthen oder Rossbach, und der König wusste, dass er danach keine Zeit verlieren durfte. Erst wenn er auch die Österreicher besiegt hätte, würde er eine Atempause erhalten – vielleicht sogar die Chance zu einem Friedensschluss. Doch die Generäle Maria Theresias hatten ihre Lektion gelernt – anstatt sich von Friedrich überrumpeln zu lassen, griffen sie den völlig verdutzten und auf eine Schlacht überhaupt nicht vorbereiteten Preußenkönig am 14. Oktober 1758 um drei Uhr morgens, also in völliger Dunkelheit, bei Hochkirch in Sachsen an. Ein preußischer Feldgeistlicher berichtete, dass er durch das Feuer eines Gewehrs aus seinem »sanften Schlafe« geweckt worden sei – und dies zunächst für einen Traum gehalten habe.[55] Doch der Traum war Realität und mündete nur deshalb nicht in eine komplette Katastrophe, weil die ebenfalls geschwächten Österreicher nicht nachsetzten und Friedrich mit den Resten seiner geschlagenen Armee entkommen konnte.

Die Hoffnung auf eine rasche Entscheidung auf dem Schlachtfeld musste Friedrich endgültig aufgeben. Das schloss zwar einzelne Erfolge nicht aus, doch fortan war er nicht mehr der Jäger, sondern der Gejagte. Er musste versuchen, so lange auszuhalten und seinen Gegnern so empfindliche Nadelstiche zuzufügen, bis sich die Möglichkeit eines Verhandlungsfriedens bot. Doch danach sah es weder 1759 noch 1760 aus. In der Schlacht von Kunersdorf bei Frankfurt an der Oder musste er am 12. August 1759 gegen Österreicher und Russen eine verheerende Niederlage einstecken. Da Friedrich niemals die Gefahr gescheut hatte, hatte sein Leben mehrfach an einem seidenen Faden gehangen. Bei Kunersdorf soll es eine Tabaksdose gewesen sein, die eine Gewehrkugel abgefangen und ihm so das Leben gerettet habe. Auf der Burg Hohenzollern bei Hechingen wird die Uniform, die Friedrich in Kunersdorf getragen haben soll, bis heute gezeigt – einschließlich Einschussloch, Tabaksdose und Kugel. Ob authentisch oder nicht: Selbst die größte Niederlage seines Lebens wurde so in Siegerglück umgemünzt und dem Mythos Friedrichs hinzugefügt.

Doch das war eine spätere Heroisierung der Schlacht. Friedrich selbst war nach der Niederlage von Kunersdorf vollkommen verzweifelt. Der Bericht an seinen Minister Finck von Finkenstein in Berlin enthält dieses Mal unverhüllte Selbstmordgedanken: »Meine Leute gerieten in Verwirrung, ich habe sie dreimal wieder gesammelt, am Ende glaubte ich selbst gefangen zu sein und war gezwungen, das Schlachtfeld zu räumen. Mein Rock ist von Schüssen durchlöchert, zwei meiner Pferde sind getötet, mein Unglück ist, dass ich noch lebe. Unser Verlust ist sehr beträchtlich: Von einem Heer von 48 000 Mann habe ich nur noch 3000. In dem Augenblick, wo ich dies sage, flieht alles, und ich bin nicht mehr Herr über meine Leute... Dies ist ein grausames Missgeschick, ich werde es nicht überleben ... Ich habe keine Hilfsmittel mehr, und um nicht zu lügen, ich glaube, alles ist verloren: ich werde den Untergang meines Vaterlandes nicht überleben. Leben Sie wohl für immer.«[56]

Nur vier Tage nach seinem Brief an Finck von Finkenstein zeigten sich bei Friedrich erste Anzeichen eines neu erwachenden Optimismus. Österreicher und Russen machten keinerlei Anstalten, den kläglichen Resten von Friedrichs Armee den Garaus zu machen. Verdutzt stellte der König fest, dass immer mehr versprengte Soldaten zurückkehrten und sich seine Reihen langsam wieder füllten. »Der Feind lässt mir Zeit«, wunderte er sich, »vielleicht könnte ich mich durch seine Fehler retten.«[57]

Was den König und Preußen in diesem Moment gerettet hat, war die Uneinigkeit seiner Feinde. Während die Österreicher darauf drängten, nach Berlin zu ziehen – wie es Friedrich selbst erwartet hatte –, zogen die Russen, nachdem sie die Oder überquert hatten, nach Süden. Aufgrund ihrer eigenen großen Verluste bei Kunersdorf und weil auch der politische Wille zur völligen Vernichtung Preußens fehlte, hatten sie kein Interesse an einem weiteren Vormarsch. Der Preußenkönig konnte sein Glück kaum fassen: »Ich verkündige Dir das Mirakel des Hauses Brandenburg«, schrieb er am 1. September 1759 an seinen Bruder Heinrich.[58] Alle Selbstmordgedanken waren damit wieder beiseite gewischt. Er dachte sogar schon wieder daran, selbst anzugreifen: »Es ist leicht zu sagen, wir sollten einen Defensivkrieg führen. Aber ich habe eine solche Menge von Feinden, dass ich notgedrungen die Offensive ergreifen muss. Ich stehe hier in einem Dreieck, wo ich zur Linken die Russen, zur Rechten [den österreichischen Feldmarschall] Daun und im Rücken die Schweden habe. Führen Sie da doch mal einen Defensivkrieg! Ganz im Gegenteil, ich behaupte mich bisher nur dadurch, dass ich alles angreife, was ich kann, und kleine Erfolge erringe, die ich zu vervielfältigen suche, so gut es geht.«[59] Das genau war Friedrichs Problem: Je länger der Krieg dauerte, umso schlechter standen seine Karten. Er konnte die Situation nicht aussitzen, und jeder noch so kleine Sieg war ein Zeichen an seine Gegner: Schaut her – ich bin noch nicht am Ende.

Wählte Ungnade, wo Gehorsam nicht Ehre brachte

Nicht nur Preußen war geschwächt – bei allen Beteiligten stellten sich Zeichen von Kriegsmüdigkeit und Schwäche ein. Erste Friedensfühler führten jedoch zu keinem Ergebnis, und im Oktober 1760 gelang Österreichern und Russen doch noch ein Paukenschlag: Wie schon 1757 wurde Berlin besetzt, dieses Mal aber nicht von einigen wenigen Husaren im Handstreich, sondern von einer 40 000 Mann starken Armee. Die Stadt musste förmlich übergeben werden. Wie groß Friedrichs Mythos mittlerweile selbst bei seinen Feinden war, zeigte sich, als die Nachricht vom Anrücken einer Entsatzarmee unter seinem Befehl die Runde machte – ohne sich auf einen Kampf einzulassen, zogen sich Österreicher und Russen nach wenigen Tagen wieder zurück. Zuvor sollen sich vor allem die österreichischen Soldaten wenig ritterlich benommen haben, wie Friedrichs Vorleser Henri de Catt berichtet: »Die Russen, die man für so grausam und barbarisch hielt, retteten die

Stadt vor den Gräueltaten, mit welchen die Österreicher sie bedrohten. Sie hielten bewundernswürdige Ordnung, während jene in den königlichen Häusern, in der Umgebung der Stadt, unerhörte Unwürdigkeiten begingen. Wird die Nachwelt es sich vorstellen können, dass man die Gemächer der Königin und des Königs zu Aborten machte, wo man den Schmutz ablud? Könnte man denken, dass mehrere Wohnungen zu Pferdeställen bestimmt wurden, und sollte man endlich glauben, dass der Groll sich bis auf die Standbilder erstreckte, die völlig verstümmelt wurden? Die Goten, diese Barbaren, begingen in Rom die gleichen Ausschreitungen.«[60]

De Catts Beschreibung ist allerdings nicht ganz korrekt, und nur wenn man hinter diesen kleinen Fehler blickt, versteht man die folgenden Ereignisse. Denn es waren keine österreichischen Soldaten, die das Schloss Charlottenburg geplündert hatten, sondern sächsische Reiter, die unter österreichischem Befehl kämpften. Auch Friedrich hatte bei seinen Zügen durch Sachsen vor Plünderungen nicht zurückgeschreckt – allerdings hatte er die königlichen Schlösser nicht angetastet, die königliche Familie jedoch wenig freundlich behandelt. Allein die Besitzungen des sächsischen Premierministers Heinrich Graf von Brühl wurden von preußischen Soldaten geplündert. Friedrich hielt Brühl für seinen Hauptgegner in Sachsen – und hasste ihn abgrundtief. Nun aber sann er auf Rache: Im Februar 1761 erteilte er dem General Johann Friedrich Adolf von der Marwitz den Befehl, das königliche Schloss Hubertusburg in Wemsdorf zu plündern. Doch da geschah das Unglaubliche: Marwitz weigerte sich: »Weil sich dies allenfalls für Offiziere eines Freibataillons schicken würde und nicht für einen Kommandeur von Seiner Majestät Gensdarmes.«[61] Karl Theophil Guichard, der Kommandeur eines solchen Freikorps, hatte weniger Bedenken und führte den Befehl aus – so gründlich, dass von der ursprünglichen Inneneinrichtung aus der Zeit vor dem Siebenjährigen Krieg nichts erhalten geblieben ist. Die Freikorps waren zusammengewürfelte Einheiten, die mehr den marodierenden Landsknechten und Abenteurern des Dreißigjährigen Kriegs glichen als preußischen Soldaten. Doch anders waren die riesigen Verluste nicht mehr aufzufangen. Dass dieses Pendel der Gewalt auch wieder gegen Preußen ausschlagen könnte, sah auch ein Friedrich gewogener Zeitgenosse wie Ernst Ahasverus Graf von Lehndorff, der Kammerherr der Königin Elisabeth Christine: Die Plünderung von Hubertusburg sei eine Maßregel gewesen, die »alle anständigen Menschen beklagen und die große Befürchtungen für unsere Häuser hervorruft, falls das Unglück es wollte, dass die Feinde nochmals nach Berlin kommen«.[62]

Hubertusburg wurde auf diese Weise gleichermaßen zum Sinnbild der zerstörerischen Wirkung des Krieges wie auch zum Beispiel für den Mut, Befehle nicht über das eigene Gewissen zu stellen. Auf seinen Grabstein ließ Marwitz die legendär gewordenen Sätze schreiben: »Sah Friedrichs Heldenzeit und kämpfte mit ihm in allen seinen Kriegen. Wählte Ungnade, wo Gehorsam nicht Ehre erbrachte.«[63] Marwitz steht so als Beispiel dafür, dass unter den Offizieren in der Armee Friedrichs des Großen kein Kadavergehorsam geherrscht hat. Ihm wurde nicht etwa wegen Befehlsverweigerung der Prozess gemacht. Er hatte tatsächlich »nur« die Ungnade des Königs zu gewärtigen und wurde nicht aus dem Dienst entlassen. Im Gegenteil: Marwitz selbst, der sich vom König ungerecht behandelt fühlte, suchte mehrfach um seinen Abschied nach, der ihm dann aber erst 1769 genehmigt wurde.

Der Frieden von Hubertusburg

Wie lange konnte dieser Krieg noch weitergehen? Russland und Österreich mussten erkennen, dass sie ihre Kriegsziele nach wie vor nicht erreicht hatten. Preußen träumte schon lange nicht mehr von Sachsen; es ging tatsächlich nur noch um die Existenz des Staates – und um den Besitz Schlesiens. Selbst in seiner ärgsten Not war Friedrich nicht bereit, darauf zu verzichten. Die Substanz aller Krieg führenden Mächte war geschwächt, doch würde nicht Preußen aufgrund seiner begrenzten Ressourcen zwangsläufig irgendwann zusammenbrechen? Würden seine Gegner so lange aushalten können? Fakt ist, dass es Friedrich immer schwerer fiel, die gelichteten Reihen seiner Armee zu füllen. Antworten auf diese Frage musste die Geschichte nicht geben: Am 19. Januar 1762 starb Zarin Elisabeth von Russland. Ihr Neffe und Nachfolger Zar Peter III. war ein Bewunderer Friedrichs, der Austritt Russlands aus der Koalition daher nur eine Frage der Zeit: Am 5. Mai 1762 wurde der Friedensvertrag zwischen Preußen und Russland unterzeichnet. Auf sich allein gestellt, konnte Österreich den Krieg gegen Preußen nicht fortführen. Während Preußen die Soldaten ausgingen, steuerte Österreich auf den wirtschaftlichen Zusammenbruch zu. So war das Ende des langen Ringens vorprogrammiert. Daran änderte auch die Ermordung des jungen Zaren am 17. Juli 1762 nichts mehr; die neue Herrscherin – Peters Ehefrau Katharina – musste erst einmal ihre Macht im Inneren absichern. Am 30. Dezember 1762 begannen – ausgerechnet – in dem sächsischen Schloss Hubertusburg die Friedensverhandlungen zwischen Preußen und Österreich, am 15. Februar 1763 wurde bereits der Vertrag unterzeichnet. Preußen erhielt darin seinen Besitzstand vor dem Krieg bestätigt – das heißt den größten Teil Schlesiens und der Grafschaft Glatz. Friedrich sagte seinerseits zu, bei der nächsten Kaiserwahl für Maria Theresias Sohn Joseph zu stimmen und keine Ansprüche mehr auf das jülich-bergsche Erbe zu erheben.

Unter dem Strich war dies die Anerkennung Preußens als gleichberechtigter Macht im Reich – und das war genau das Gegenteil dessen, was Maria Theresia und Kaunitz angestrebt hatten. Doch Friedrichs Sieg war teuer erkauft – mit dem Blut von 180 000 Soldaten und einem ausgelaugten Land, das mühsam wieder aufgebaut werden musste. Das wusste der König nur zu genau: »Unser Kriegsruhm ist sehr schön aus der Ferne anzusehen; aber wer Zeuge ist, in welchem Jammer und Elend dieser Ruhm erworben wird, unter welchen körperlichen Entbehrungen und Anstrengungen, in Hitze und Kälte, in Hunger, Schmutz und Blöße, der lernt über den Ruhm ganz anders zu urteilen.«[64] Vergeblich warteten die Berliner darauf, ihren König willkommen zu heißen. Er gönnte ihnen ihre Freude über den Frieden, doch er selbst wollte niemanden sehen und nicht als triumphaler Sieger gefeiert werden. Über Nebenstraßen ließ er sich zum Stadtschloss bringen, allen Huldigungen ausweichend. Davon, dass dieser Tag doch der schönste in seinem Leben sein müsse, wie sein Freund Marquis d'Argens mutmaßte, wollte er schon gar nichts hören: »Der schönste Tag im Leben ist der, an dem man es verlässt.«[65]

Die Lust auf Eroberungen war Friedrich gründlich vergangen. Nur einmal noch ließ er seine Muskeln spielen: im bayerischen Erbfolgekrieg 1778/79. Nach dem Aussterben der bayerischen Wittelsbacher hätte sich der junge Kaiser Joseph II. gerne Niederbayern und die Oberpfalz einverleibt, auch um damit den Verlust Schlesiens zu kompensieren. Die Chancen dazu standen gar nicht schlecht, denn der eigentliche Erbe, Kurfürst Karl Theodor aus der pfälzischen Linie der Wittelsbacher, zeigte keine besondere Neigung, von Mannheim nach München umzuziehen. Um diesen Machtzuwachs der Habsburger zu verhindern, ließ Friedrich seine Truppen einmal mehr in Böhmen einmarschieren, doch zu großen Gefechten kam es nicht. Keine der beiden Seiten wollte es auf einen großen Krieg ankommen lassen, und so konnte bzw. musste Karl Theodor doch noch sein Erbe antreten. Ohne das Eingreifen Friedrichs wäre die Teilung Bayerns kaum zu verhindern gewesen und der größte Teil des Landes an Österreich gefallen. Ohne Friedrich den Großen und Preußen gäbe es heute keinen Freistaat Bayern.

Preußens Erfolg – ein Mirakel?

Der Tod der Zarin Elisabeth war eine wichtige, aber nicht die einzige Ursache für die Rettung Friedrichs gewesen. Ihr Tod kam auch nicht überraschend; Friedrich hatte um ihre fragile Gesundheit gewusst – und darum, dass er von ihrem Nachfolger bewundert wurde.

Bei allen gegenseitigen Schuldzuweisungen und aller auch emotionalen Feindschaft gerade zwischen Maria Theresia und der Zarin Elisabeth auf der einen sowie Friedrich auf der anderen

Seite, die monarchische Integrität als solche war in diesem Krieg nicht in Frage gestellt worden. Da mochte Maria Theresia Friedrich noch so oft ein »Ungeheuer« nennen und ihn wegen seines »falschen Charakters« verabscheuen oder Friedrich über die »Betschwester« und die »russische Messalina« lästern – Verhandlungen zwischen den Kriegsparteien waren nie kategorisch ausgeschlossen gewesen. Als Maria Theresia 1780 starb, schrieb Friedrich, dass er ihren Tod trotz aller vergangenen Rivalität bedaure: »Sie hat ihrem Thron und ihrem Geschlecht Ehre gemacht; ich habe mit ihr Kriege geführt, aber nie war ich ihr Feind.«[66]

Nicht nur Preußen, auch die gegnerische Koalition war angeschlagen und kriegsmüde: »Wir haben kein Geld, keine Hilfsmittel, keine Marine, keine Soldaten, keine Generale, keine Köpfe, keine Minister«, klagte der Herzog von Choiseul bereits 1761 seinem österreichischen Kollegen Kaunitz.[67] Frankreich stand in der kolonialen Auseinandersetzung mit England in Nordamerika und Indien auf verlorenem Posten; der deutsche Kriegsschauplatz war da nur noch ein Klotz am Bein.

Was zur Rettung Friedrichs über all die Jahre hinweg beigetragen hatte, war darüber hinaus die Uneinigkeit der gegnerischen Koalition. Sie waren gegen Preußen, aber sie verfolgten nicht die gleichen Ziele. Österreich ging es um Schlesien und um die Führungsposition im Reich, Russland um Einfluss im Baltikum und in Polen, Frankreich wollte vor allem England treffen, wenn es gegen Preußen Krieg führte. Geeint wurde diese Koalition durch den Wunsch einer nachhaltigen Schwächung Preußens, doch auf dem Weg zu diesem Ziel gab es eine Menge an Konfliktpunkten unter den Alliierten: Russland beispielsweise wollte sich Ostpreußen sichern, um es später mit Polen gegen Kurland und das benachbarte Semgallen einzutauschen. Nur um sich die weitere russische Unterstützung zur Durchsetzung der eigenen Ziele zu sichern, hatte Kaunitz diesem Ansinnen 1760 zähneknirschend zugestimmt. Der alten Kaisermacht konnte kaum daran gelegen sein, dass das russische Einflussgebiet sich immer weiter nach Westen ausdehnte. Russland und Frankreich wiederum waren potenzielle Gegner in Polen, das als Wahlmonarchie zum Spielball der europäischen Großmächte geworden war. Diesen »Mangel an Übereinstimmung und Eintracht« hat Friedrich II. selbst in seiner »Geschichte des Siebenjährigen Krieges« als einen der Gründe dafür ausgemacht, dass Preußen ohne Gesichtsverlust aus dem Krieg hervorgegangen war.

Doch gilt dies nicht nur für die Politik: Auch der Kriegführung der Alliierten fehlte es an Zielstrebigkeit, wie zum Beispiel nach Kunersdorf, als Österreicher und Russen sich nicht darauf einigen konnten, nach Berlin vorzustoßen. Anders als Friedrich, der im Angriff die beste Verteidigung sah, agierte der österreichische Feldmarschall Daun stets mit größter Vorsicht, um gar nicht erst in die Gefahr einer Niederlage zu kommen. In der Schlacht bei Rossbach fehlten der französischen Armee zahlreiche Offiziere – sie hatten es vorgezogen, die kalte Jahreszeit zu Hause zu verbringen, ungeachtet der preußischen Truppenbewegungen. Und weil die französischen Generäle gern mit großem Gepäck reisten, fehlte es an Kapazitäten, um genügend Lebensmittel für die Soldaten mitzuführen. Eine Schande sei dies, klagte der Herzog von Choiseul.[68]

Friedrich konnte Entscheidungen selbst treffen, ohne Rücksprache halten zu müssen wie die russischen und österreichischen Feldherren mit ihren jeweiligen Monarchen und in Kenntnis der augenblicklichen militärischen Lage. Maria Theresia war weit weg in Wien, Zarin Elisabeth in St. Petersburg. Friedrich war dort, wo es brannte. Es gab niemanden, der ihm dreinredete oder dem er Rechenschaft schuldig war, wenn ein riskantes Unternehmen scheiterte. Und er kümmerte sich wie schon sein Vater am liebsten selbst um jede Kleinigkeit, wie der französische Gesandte Guy de Valory während des Zweiten Schlesischen Kriegs erstaunt festgestellt hatte: »Er quartiert sich unter einem Zelt ein, im Mittelpunkt seines Lagers; er ist es, der alle Befehle erteilt und sich um den ganzen Einzeldienst kümmert, welchen in den französischen Heeren der Quartiermeister von der Kavallerie und der Generalmajor versehen … Er erhebt sich früh um vier Uhr, steigt zu Pferd und besucht vom rechten Flügel bis zum linken alle Posten und Außenposten seines Lagers. Er versieht persönlich alle Offiziere und Generale ... mit Befehlen und Verhaltensmaßregeln, und ihm persönlich erstatten alle, die sich zurückmelden, ihren Bericht.«[69]

Am österreichischen Hof wurde die aktive militärische Rolle Friedrichs bereits 1761 als eine der Ursachen für die eigenen militärischen Schwierigkeiten erkannt: »Ein zum Krieg gleichsam geborenes und durch viele Erfahrungen ausgearbeitetes Talent weiß im Kriegführen mehr auszurichten und mehr Vorteile aus einem jedem ihm günstigen Vorfall zu ziehen als ein Ruhe und Frieden liebender Fürst, der nicht mit gleichen Talenten zum Kriegführen begabt [ist], wenn er auch von gleicher Macht wäre. Neben den Leidenschaften und Talenten zum Kriegführen ist auch ein großer Vorteil, wenn ein kriegender Fürst, der Eifer und Talent zum Kriegführen besitzt, selbst zu Felde liegt und oberster Befehlshaber ist. Der König von Preußen besitzt nun außer der Herrsch- und Ländersucht auch eine große Passion und viel Talent zum Kriegführen.«[70]

Immer wieder wurde Friedrichs Durchhaltewillen als Begründung dafür herangezogen, dass ein verhältnismäßig kleines Königreich dazu in der Lage war, sich so lange und letztlich erfolgreich gegen eine übermächtige Koalition zu behaupten. Tatsächlich war dem König beispielsweise von Prinz Heinrich zu einem früheren Friedensschluss geraten worden, selbst wenn er dabei wieder Teile Schlesiens herausgeben müsste. Doch für Friedrich war dies keine Verhandlungsbasis. Das mussten auch seine Gesandten in London erfahren. 1761 machte England klar, dass es keine Lust hatte, länger den Zahlmeister für Preußen zu spielen, nachdem es selbst seinen Kolonialkrieg in Nordamerika gegen Frankreich gewonnen hatte. Friedrichs Gesandte rieten vor diesem Hintergrund zu Verhandlungen mit Österreich. Die Antwort des Königs fiel deutlich aus: »Lernen Sie besser Ihre Pflicht, und wissen Sie, dass es Ihnen mitnichten zukommt, mir impertinente Ratschläge zu geben ... Sie mögen wissen, dass ich mich niemals gegen den Frieden versteifen werde. Aber ich will ihn auf eine Weise abschließen, die meiner Würde entspricht und keine Erniedrigung kennt.«[71]

Ein letzter Grund sei nicht vergessen: die trotz aller Niederlagen und Entbehrungen noch weitgehend intakte Moral der preußischen Truppen. Diese erstaunliche Tatsache führt zu der Frage, wie die Soldaten und ihre Offiziere die Kriege um Schlesien erlebt haben und wer diese Soldaten überhaupt waren.

Nur arme Männer aus Toggenburg?

Das Bild des preußischen Soldaten im Siebenjährigen Krieg, ja des gemeinen Mannes in preußischen Diensten überhaupt, ist zu einem nicht geringen Teil von Ulrich Bräker geprägt worden. Der Sohn eines Tagelöhners aus dem schweizerischen Toggenburg (einer Landschaft zwischen St. Gallen und Chur) wurde 1755 Diener bei einem preußischen Werbeoffizier. Von diesem nach Berlin geschickt, wurde er dort kurzerhand in eine Uniform gesteckt. Alle Versuche Bräkers, den »Irrtum« rückgängig zu machen, schlugen fehl – er war preußischer Soldat.

In seiner Autobiografie beschrieb der Schweizer rückblickend diese Zeit. So bestätigt er beispielsweise aus der »Anschauung von unten«, dass viele Soldaten auch unter Friedrich dem Großen sich – modern gesprochen – mit Nebenjobs über Wasser hielten bzw. keineswegs dauerhaft im Dienst waren: »Dann spazierte ich an die Spree und sah da hundert Soldatenhände sich mit Aus- und Einladen der Kaufmannswaren beschäftigen. Oder auf die Zimmerplätze; da steckte wieder alles voll arbeitender Kriegsmänner.«[72] Selbst in den Kasernen trieben die Soldaten »hunderterlei Hantierungen – von Kunstwerken bis zum Spinnrocken«.

Bräker dachte vor diesem Hintergrund, dass er sich später vielleicht ebenso als Handwerker ein Zubrot verdienen könnte, »gibt's doch hier selbst unter den gemeinen Soldaten ganze Leute, die ihre hübschen Kapitalien haben, Wirtschaft, Kaufmannschaft treiben«. Doch dann kamen ihm Bedenken: Da er durch einen Trick seines einstigen Herrn in die Armee gepresst worden war, hatte er überhaupt kein Handgeld erhalten, und vielleicht hätten die so eifrigen Soldaten ihr Geld auch durch eine günstige Heirat erworben. Und überhaupt, gab er zu, könne er nicht mit Geld umgehen. Seine Habseligkeiten hatte Bräker bald verkauft, was er an Sold bekam, »ging meist für Wäsche, Puder, Schuhwaren, Kreide, Schmirgel, Öl und anderes Plunderzeug drauf«.

Auch mit der dunklen Seite des preußischen Militärwesens machte Bräker gleich in seinen ersten Wochen Bekanntschaft, und es sind diese Beschreibungen, die dann später vor allem Eingang in die Preußenkritik gefunden haben. Auf den Exerzierplätzen habe er gesehen, »wie die Offiziere ihre Soldaten musterten und prügelten, dass mir schon im voraus der Angstschweiß von der Stirn troff«. Seine eigene Ausbildung empfand Bräker als eintönig und stumpfsinnig – die ganze Welt des Militärs wurde ihm zunehmend zuwider, nur die Freundschaft zu zwei anderen Schweizer Soldaten gab ihm Hoffnung: »Wir tummelten uns wacker. Aber es tat uns nicht minder in der Seele weh, andere um jede Kleinigkeit willen so unbarmherzig behandelt und uns selber ... coujoniert zu sehen; oft ganze fünf Stunden lang in unserer Montur eingeschnürt wie geschraubt zu stehen, in die Kreuz und Quere und alles auf Geheiß eines Offiziers, der mit einem furiosen Gesicht und aufgehobenem Stock vor uns stand und alle Blicke ... dreinzuhauen drohte. Bei einem solchen Traktament musste auch der starknervigste Kerl halb lahm und der geduldigste rasend werden. Und kamen wir dann todmüde ins Quartier, so ging es schon wieder Hals über Kopf, unsere Wäsche zurechtzumachen und jedes Fleckchen auszumustern, denn bis auf den blauen Rock war unsere ganze Uniform weiß. Gewehr, Patronentasche, jeder Knopf an der Montur, alles musste spiegelblank geputzt sein. Zeigte sich an einem dieser Stücke die geringste Untat oder stand ein Haar in der Frisur nicht recht, so war, wenn man auf den Platz kam, die erste Begrüßung eine derbe Tracht Prügel.«

Früh dachten Bräker und seine Schweizer Freunde daher daran, zu desertieren. Was sie davon abhielt, war zu sehen, wenn Deserteure wieder gefasst wurden. Friedrich der Große hat an der Strafe des Spießrutenlaufens, wie sie unter seinem Vater gehandhabt worden war, nichts geändert: »Bald alle Wochen hörten wir ... neue ängstigende Geschichten von eingebrachten Deserteuren, die, wenn sie noch so viele List gebraucht, sich in Schiffer und andere

Handwerksleute oder gar in Weibsleute verkleidet, in Tonnen und Fässer versteckt und dennoch ertappt wurden. Da mussten wir zusehen, wie man sie durch 200 Mann achtmal die Gasse auf und ab Spießruten laufen ließ, bis sie atemlos hinsanken – und des folgenden Tags aufs Neue dran mussten; die Kleider ihnen vom zerhackten Rücken heruntergerissen, und wieder frisch drauf losgehauen wurde, bis Fetzen geronnenen Bluts ihnen über die Hosen hinab hingen.«

Die Nachricht von einer bevorstehenden Schlacht – der ersten des Siebenjährigen Kriegs – löste bei Bräker daher weniger Angst um Familie und eigenes Leben aus wie bei den einheimischen Soldaten, deren Abschied von ihren Familien er mitfühlend beschrieben hat, als die Hoffnung auf eine Chance zum Desertieren. Er fand das Soldatenleben widerlich, und die Kriege des Preußenkönigs gingen ihn nichts an. »Mein und so vieler anderer Sinn war vollends allein auf: Fort, fort! Heim, ins Vaterland, gerichtet.« Bräker hoffte inständig, »vor einer Bataille zu entwischen«, doch das Bild eingebrachter Deserteure hielt ihn weiter davon ab. Tatsächlich desertierte Bräker dann – wie so viele andere – im Chaos einer Schlacht, wo im Pulverdampf die Übersichtlichkeit verloren ging. In Bräkers Fall war dies die Schlacht von Lobositz am 1. Oktober 1756. Die Gelegenheit zur Flucht ergab sich erst, als die Schlacht bereits in vollem Gange war. Wir verdanken diesem Umstand eine der beeindruckendsten Schilderungen einer Schlacht, wie sie ein einfacher Soldat erlebt hat: »Wir rückten immer vorwärts. Da fiel mir vollends aller Mut in die Hosen; in den Bauch der Erde hätt' ich mich verkriechen mögen, und eine ähnliche Angst, ja Todesblässe las man bald auf allen Gesichtern ... Die geleerten Branntweinflaschen flogen unter den Kugeln durch die Lüfte; die Meisten soffen ihre Vorräte bis auf den Grund aus, denn da hieß es: Heute braucht es Courage, und morgen [gibt es] vielleicht keinen Fusel mehr. Jetzt avancierten wir bis unter die Kanonen ... Potz Himmel! Wie sausten da die Eisenbrocken über unseren Köpfen hinweg, fuhren bald vor uns in die Erde, dass Stein und Rasen hoch in die Luft sprang, bald mitten ein, und spickten uns die Leute aus den Gliedern weg, als wenn's

Strohhalme wären ... Nun rückte auch unsere Kavallerie an; wir machten Lücke und ließen sie vor, auf die feindliche losgaloppieren ... Allein, kaum währte es eine Viertelstunde, so kam unsere Reiterei, von der österreichischen geschlagen und bis nahe unter unsere Kanonen verfolgt, zurück. Da hätte man das Spektakel sehen sollen: Pferde, die ihren Mann im Stegreif hängend, andere, die ihr Gedärm der Erde nachschleppten ...«

Erst als sich das Schlachtenglück aus preußischer Sicht zum Guten wendete, sah Bräker seine Chance – und rannte davon. Bei den sich zurückziehenden kaiserlichen Truppen gab er sich sogleich als Deserteur zu erkennen – einer von 200, die bei Lobositz die Flucht ergriffen hatten. Über Prag, Regensburg und Bregenz kehrte Bräker schließlich in sein geliebtes Toggenburg zurück: »O du erwünschter, gesegneter Ort! so hab' ich dich wieder, und niemand wird mich weiter von dir nehmen, dacht' ich so im Heruntertrollen wohl hundertmal; und dankte dabei immer Gottes Vorsehung, die mich aus so vielen Gefahren, wo nicht wunderbar doch höchstgütig gerettet hat.«

Ohne Zweifel sind Bräkers Schilderungen seines Soldatenlebens authentisch. Und er stand auch nicht allein mit seiner Unzufriedenheit, wie der Text eines populären Soldatenlieds illustriert:

»O König von Preußen, Du großer Potentat,
Wie sind wir Deines Dienstes so überdrüssig satt,
Was fangen wir nur an in diesem Jammertal,
Allwo ist nichts zu finden als lauter Not und Qual

Und kommt das Frühjahr an, da ist die große Hitz',
Da muss man exerzieren, dass ei'm der Buckel schwitzt.
Da muss man exerzieren von Morgen bis Mittag,
Und das verfluchte Leben, das währt den ganzen Tag.

Vom Exerzieren weg geht's wieder auf die Wacht,
Kein Teufel tut nicht fragen, ob man gefressen hat.
Kein Branntwein in der Flaschen, kein weißes Brot dabei,
Ein schlechtes Tabakrauchen, das ist der Zeitvertreib.

Dann kommt ein' frisch' Parad', tut man ein falschen Schritt,
Dann hört man es schon rufen, der Kerl muss aus dem Glied!
Patrontasche runter, den Säbel abgelegt,
Und tapfer drauf geschmissen, bis er sich nicht mehr regt.

Ihr Herren, nehmt's nicht wunder, wenn einer desertiert,
Wir werden wie die Hunde mit Schlägen strapaziert;
Und bringen sie uns wieder, sie hängen uns nicht auf,
Das Kriegsrecht wird gesprochen: Der Kerl muss Gassen lauf!

Und wann wir Gassen laufen, so spielet man uns auf
Mit Waldhorn und Trompeten, dann geht es tapfer drauf.
Da werden wir gehauen von manchem Musketier,
Der eine hat's Bedauern, der and're gönnt es mir.

Und werden wir dann alt, wo wenden wir uns hin?
Die Gesundheit ist verloren, die Kräfte sind dahin.
Und endlich wird es heißen, ein Vogel und kein Nest,
Geh, Alter, nimm den Bettelsack, bist auch Soldat gewest.«[73]

Doch sind weder dieses Lied noch die Autobiografie Bräkers exemplarisch für die preußische Armee – sonst hätte Friedrich der Große niemals einen siebenjährigen Krieg durchhalten können, gebaut allein auf völliger Unterordnung und drakonischer Strafpraxis. Die unterschiedliche Bewertung des Dienstes in der Armee hing auch von der Herkunft und der Motivation der jeweiligen Soldaten ab. So war beispielsweise Bräker nicht nur kein einheimischer Soldat; er war nicht einmal ein Abenteurer, den das gezahlte Handgeld oder die Aussicht auf kriegerischen Ruhm gelockt hatte. Er war ohne jedes eigenes Zutun Soldat geworden, ein Geprellter und Getäuschter, der seinen Dienst verständlicherweise nur eines hatte: satt.

Der König – ein Soldat wie jeder andere?

Ulrich Bräker selbst hat ein Beispiel dafür gegeben, dass nicht alle Soldaten so gedacht haben wie er. Er berichtet, wie die einheimischen – brandenburgischen und preußischen – Soldaten die österreichischen Panduren bei Lobositz »wie Furien« gepackt hätten. Am Ende der Schlacht, als er selbst die Gelegenheit zur Flucht ergriff, hätten ihm »etliche Preußen« zugerufen: »Komm, komm, Bruder! Viktoria [Sieg].« Es war nicht Bräkers Krieg – aber offensichtlich haben viele einheimische Soldaten, aber auch viele Ausländer, die oft nach ihrer Dienstzeit in Preußen geblieben sind, diesen Krieg als den ihren betrachtet. Und auch diese Seite verdient Beachtung.

Mit einer gewissen Verwunderung bemerkte Friedrich selbst, der sich aus Religion nur wenig machte, wie viele einfache Soldaten ihren Beruf gerade mit Bezug auf die Religion besonders ernst nahmen. Etwa wenn sie vor der Schlacht von Leuthen 1757 sangen: »Gib, dass ich tu' mit Fleiß, was mir zu tun gebühret, wozu mich mein Beruf in meinem Stande führet. Gib, dass ich's tue bald, zu der Zeit, da ich soll, und wann ich's tu', so gib, dass es gerate wohl.«[74] Es war dieses Credo des preußischen Pflichtbewusstseins, das viele Soldaten verinnerlicht hatten. Das schloss den Wunsch nach Frieden nicht aus, wie der Brief eines Grenadiers an seinen Vater von 1759 zeigt: »Wir müssen uns also zu Gott halten und ihn bitten, dass er unserm König und uns wolle gnädig sein, dass wir unsere Feinde mögen glücklich überwinden und den Sieg erhalten. Und ich hoffe, dass uns der liebe Gott bald den Frieden bescheren wird ...«[75]

Aber auch für diesen einfachen Bauernsohn aus dem Westfälischen stand fest, dass es *sein* König war, der diesen Krieg führte – und hoffentlich gewinnen würde. Ein märkischer Musketier schrieb vor dem Hintergrund der vielen Desertionen nach der verlorenen Schlacht von Kunersdorf ebenfalls 1759 in sein Tagebuch: »Viele von uns werden abtrünnig; ich will aber, so mir Gott Gesundheit und Leben fristet, den Eid nicht brechen, sondern will Gott und dem König getreu bleiben ...«[76] Natürlich wurde Gott auch in Anspruch genommen bei der Hoffnung auf den eigenen Sieg: »Ich habe aber die Gedanken, wenn der liebe Gott uns gnädig ist und gibt uns den Sieg, welcher einzig und allein von Gott kommt, so werden sie dermaßen gepritscht werden, dass es als dann vielleicht das letzte Mal sein wird.«[77] So hoffte ein Soldat vor der Schlacht von Lobositz, nicht ahnend, dass ihm noch sieben Jahre Krieg bevorstehen sollten.

Diese Dokumente sind ebenso authentisch wie Bräkers Autobiografie. Friedrich der Große ist wahrhaftig kein großer Menschenfreund gewesen, und vom »gemeinen Pöbel« hielt er nicht viel. Und doch haben sich gerade viele einfache Soldaten zu ihm hingezogen gefühlt. Friedrich hat an den großen Schlachten der Schlesischen Kriege selbst teilgenommen – nicht vom Feldherrnhügel aus, sondern im dicksten Getümmel. Das war ein unschätzbares psychologisches Plus. Ob General oder einfacher Soldat – sie alle sahen, dass sich ihr König der gleichen Gefahr aussetzte wie sie selbst. Das schweißte zusammen und erklärt mit den Mythos um Friedrich unter vielen Soldaten, spätestens seit Rossbach und Leuthen. »Der König ist sehr vergnügt mit uns gewesen«, schreibt ein Soldat nach der Schlacht von Lobositz an seine Frau. »Am Sonntag, als den 3. Oktober, ist er bei uns gewesen, Kompanie für Kompanie, und hat sich vielmals für unsere Tapferkeit bedankt.«[78] Friedrich war präsent für seine Soldaten, keine anonyme Gestalt an einem fernen Hof.

Adlige Offizierskaste

Im Offizierskorps ging die Saat vollends auf, die der »Soldatenkönig« gesät hatte. Hatte der landsässige Adel unter Friedrich Wilhelm I. die ihm zugedachte Rolle zunächst nur widerwillig angenommen, so identifizierte er sich unter Friedrich dem Großen völlig mit ihr: Der Dienst als Offizier wurde geradezu zur Quelle adligen Selbstverständnisses und Zusammengehörigkeitsgefühls. Ganz im Gegenteil etwa zu Frankreich, wo die Uniform »eher als Livree denn als Ehrenkleid« galt und man es als »gesellschaftlichen Fauxpas empfand, bei Hofe in Uniform zu erscheinen«.[79]

Friedrich hat dieses Denken bewusst gefördert, indem er Bürgerliche so weit als möglich aus diesem Kreis ausschloss und damit die Ausnahmestellung des Adels im Militär zementierte. Ausnahmen gab es, vor allem in der – als weniger ritterlich erachteten – Artillerie und gegen Ende des Siebenjährigen Kriegs, als es sich Friedrich schlicht nicht mehr leisten konnte, allzu wählerisch zu sein. Zu viele waren getötet worden, zu hoch war der Blutzoll in manchen adligen Familien. Und so wurden die Offiziersanwärter auch immer jünger. Friedrich erschrak selbst einmal beim Anblick der milchgesichtigen Junker, die für ihn in den Krieg ziehen sollten. Doch als er einen von ihnen fragte, ob er denn überhaupt schon trocken hinter den Ohren sei, erhielt er zur Antwort: »Ich bin jung, Majestät, aber mein Mut ist alt.«[80]

Preußische Disziplin

Im Alltag der einfachen Soldaten außerhalb von Kriegszeiten war jedoch weniger Mut gefragt als die Bereitschaft, sich ein- und vor allem unterzuordnen. Das dauernde Wiederholen von Handgriffen und stundenlange Exerzieren war die Voraussetzung dafür, dass die Soldaten diese Handlungen auch unter den extremen Bedingungen einer Schlacht auszuführen imstande waren. Um diese Funktionalität eines Uhrwerks zu erreichen, hielt Friedrich, wie schon sein Vater, absolute Disziplin für unersetzlich – inklusive der von Ulrich Bräker beschriebenen grausamen Strafpraxis. Die Soldaten sollten ihre Offiziere mehr fürchten als den Feind. Disziplin war für Friedrich kein Selbstzweck oder gar ein Ausfluss von Sadismus: »Die geringste Lockerung würde die Verwilderung nach sich ziehen« – demgegenüber würden Truppen, die »in dieser strengen Unterordnung erzogen« seien, inmitten der größten Gefahren auf Kommandos hören »und dem Tod trotzen, wenn es ihre Anführer befehlen«.[81] »Sie gehen, wohin sie geführt werden, und verrichten Wunder, wenn das Beispiel ihrer Offiziere sie dazu ermuntert.« Dass die preußische Armee so funktionierte, hatte bereits die erste Schlacht um Schlesien in Mollwitz 1741 gezeigt. Ein österreichischer Offizier schrieb danach voller Bewunderung über diesen Feind: »Ich kann wohl sagen, mein Lebtag nichts Schöneres gesehen zu haben. Sie marschierten mit der größten Contenance und so schnurgleich, als wenn es auf dem Paradeplatz wäre. Das blanke Gewehr machte in der Sonne den schönsten Effekt, und ihr Feuer ging nicht anders als ein stehendes Donnerwetter. Unsere Armee ließ den Mut völlig sinken.«[82] Es war daher kein Wunder, dass der österreichische Feldmarschall Daun bei seiner Reorganisation der Armee Maria Theresias gerade in der Ausbildung Preußen zum Vorbild nahm.

Disziplin war nach Ansicht Friedrichs aber noch aus einem anderen Grund wichtig: »Disziplin hält den Soldaten in Schranken und zwingt ihn zu vernünftiger und geregelter Lebensführung, hält ihn von jeder Gewalttat, von Diebstahl, Trunkenheit und Spiel zurück.« Das sah Maria Theresia in Wien nicht anders, wie auch das Gassenlaufen keine preußische Besonderheit, sondern in zahlreichen Armeen der Zeit üblich war. Die Armeen des 18. Jahrhunderts waren keine homogenen Einheiten: Da gab es die als Landeskinder rekrutierten einfachen Bauern, aber da gab es auch zahlreiche Glücksritter und Abenteurer oder junge Männer wie Bräker, die nur durch eine Verkettung unglücklicher Umstände zu Soldaten gemacht geworden waren. Für die Idee einer Armee mündiger Bürger in Uniform fehlten dieser Zeit noch alle Voraussetzungen; die Armee Friedrichs des Großen kann aber nur aus den Zeitumständen heraus verstanden und beurteilt werden.

Die Herkunft der Soldaten

Die Basis der preußischen Armee bildeten auch unter Friedrich dem Großen die Kantonisten, das heißt jene Untertanen, die bereits als Kinder in die Stammrollen der Regimenter eingetragen worden waren, wobei die Befreiungen von der Kantonspflicht noch zahlreicher waren als die unter seinem Vater. Ergänzt wurde die Armee – ebenfalls wie unter dem »Soldatenkönig« – durch die Werbung in ganz Europa. Dabei wandten die preußischen Werber wie eh und je List, Tücke und Gewalt an. Für viele arme Bauernsöhne oder Tagelöhner war das gezahlte Handgeld ein wichtiger Anreiz, die Uniform anzuziehen, auch wenn diese Einmalzahlung unter Friedrich dem Großen sehr viel geringer ausfiel als noch unter seinem Vater.

Gewaltsam geworbene Soldaten dürften verstärkt dazu geneigt haben, die preußischen Fahnen zu verlassen, sobald sich eine Gelegenheit dazu bot. Darüber hinaus gab es eine Fülle an Motiven zur Desertion: die Sehnsucht nach der Heimat, nach Familie und Freunden; das Erleben der grausamen Wirklichkeit des Krieges; die Langeweile und Stumpfsinnigkeit des täglichen Dienstes; prügelnde Vorgesetzte; die Angst vor Strafen, die Diskrepanz zwischen dem von den Werbern versprochenen lustigen Soldatenleben und der rauen Wirklichkeit. Unter den Soldaten gab es auch sogenannte »Handgeldjäger«, die so oft wie möglich die Fahnen wechselten, um bei jeder weiteren Dienstverpflichtung neuerlich abkassieren zu können. Die Zahl der Desertionen von ausländischen Soldaten scheint erstaunlicherweise nicht höher gewesen zu sein als unter den einheimischen Kantonisten, obwohl diese doch sehr viel mehr aufs Spiel setzten. Denn wenn ein ausländischer Soldat desertierte, hatte er ein Ziel: Er wollte – wie Ulrich Bräker – nach Hause. Wenn ein Preuße desertierte, brach er nicht nur mit der Armee, sondern zugleich mit seiner Heimat und gegebenenfalls auch mit seiner Familie. Auf die Desertion stand wie schon unter dem »Soldatenkönig« die Todesstrafe. Doch Friedrich der Große war in seiner Kriegführung auf jeden Mann angewiesen. Daher kamen viele Deserteure – zumindest nach dem ersten Versuch – mit dem Leben davon. Auch gab es von Zeit zu Zeit Amnestien für reumütige Deserteure, die freiwillig in die Armee zurückkehrten.

Der tolerante König

Wenige Tage nach seiner Thronbesteigung fragte das Generaldirektorium bei Friedrich II. im Juni 1740 an, ob in Frankfurt an der Oder ein italienischer Katholik das Bürgerrecht erwerben dürfe. Auf diese Eingabe schrieb der König seine berühmte Randbemerkung: »Alle Religionen sind gleich und gut, so die Leute, die sie profesiren [ausüben], nur ehrliche Leute sind. Und wenn Türken und Heiden kämen und wollten das Land peupliren [bevölkern], so wollen wir sie [ihnen] Moscheen und Kirchen bauen.«[83] Und sollten seine Beamten diesen Grundsatz beim ersten Mal noch nicht richtig verstanden haben, schrieb er ihnen im selben Monat noch einmal mit aller Deutlichkeit ins Stammbuch: »Die Religionen müssen alle toleriert werden, und muss der Fiskal nur das Auge darauf haben, dass keine der anderen Abbruch tue, denn hier muss ein jeder nach seiner Fasson selig werden.«[84]

Mit seiner Politik der weitreichenden religiösen Toleranz – das wird oft vergessen – stand Friedrich der Große in der Tradition seines Vaters. Allerdings beruhte die Toleranz des »Soldatenkönigs« auf der Vorstellung eines alle Konfessionen umfassenden, gemeinsamen christlichen Glaubens – fernab des ihn so abstoßenden »Pfaffengezänks«. Die Toleranz Friedrichs II. hatte demgegenüber ihre Basis in der aufgeklärten Überzeugung, dass es in Glaubensfragen keinen Zwang geben darf – aber auch in der weitgehenden religiösen Indifferenz des Königs selbst. So machte die Spottlust Friedrichs vor der Religion nicht halt. Nachdem sein frommer Husarengeneral Hans Joachim von Zieten eine Einladung an einem Karfreitag mit der Begründung abgelehnt hatte, dass er an diesem Tag zum Abendmahl in die Kirche gehe, lud der König ihn wenig später neuerlich ein. Zieten kam – und Friedrich konnte sich nicht verkneifen zu fragen: »Nun, Zieten, wie ist ihm das Abendmahl bekommen. Hat er den Leib und das Blut Christi auch ordentlich verdaut?« Worauf ihm dieser empört zur Antwort gab: »Eure Königliche Majestät wissen, dass ich im Krieg keine Gefahr gescheut habe. Wo es darauf ankam, wagte ich mein Leben für König und Vaterland … Aber es gibt Einen über uns. Der ist mehr als Eure Königliche Majestät, mehr als alle Menschen. Das ist der Heiland der Welt, diesen Heiligen lasse ich nicht antasten und verhöhnen, denn auf ihm beruht mein Glaube, mein Trost und meine Hoffnung im Leben und im Sterben. Untergraben Eure Majestät diesen Glauben, dann untergraben Sie das wahre Wohl des Vaterlandes.«[85]

Den Breslauer Bischof Philipp Ludwig von Sinzendorf forderte Friedrich in nicht minder sarkastischer Form auf, die Wahl des als preußenfreundlich geltenden Philipp Gotthard Graf von Schaffgotsch zum Koadjutor – und damit zu seinem potenziellen Nachfolger auf dem Bischofsstuhl – im Domkapitel durchzusetzen: »Der Heilige Geist und ich sind übereingekommen, dass der Prälat Schaffgotsch Koadjutor von Breslau sein soll, und die von Ihren Domherren, die sich dem widersetzen, sollen als Leute betrachtet werden, die dem Wiener Hof und dem Teufel ergeben sind und die den höchsten Grad der Verdammnis verdienen, weil sie dem Heiligen Geist Widerstand leisten.« Worauf der nicht weniger scharfzüngige Kirchenmann konterte: »Das große Einvernehmen zwischen dem Heiligen Geist und Eurer Majestät ist eine große Neuigkeit für mich; ich wusste nicht einmal, dass die Bekanntschaft gemacht war.«[86]

Arg strapaziert wurde die Geduld des Königs, wenn seine Entscheidung in innerreligiösen Streitereien eingefordert wurde. Eine Gemeinde, die ihren Pfarrer loswerden wollte, weil er nicht an die Auferstehung glaubte, beschied er genervt: »Der Pfarrer bleibt! Wenn er am Jüngsten Tag nicht mit aufstehen will, kann er ruhig liegen bleiben.«[87] Als auch noch der Streit um die Lieder in einem Gesangbuch zu ihm drang, fügte er seiner Entscheidung die handschriftliche Bemerkung hinzu: »Ein jeder kann bei mir glauben, was er will, wenn er nur ehrlich ist. Was die Gesangbücher angeht, so steht einem jedem frei zu singen ›Nun ruhen alle Wälder‹ oder dergleichen dummes und törichtes Zeug mehr. Aber die Priester müssen die Toleranz nicht vergessen, denn ihnen wird keine Verfolgung gestattet werden.«[88] Dabei muss man sich vor Augen halten, dass – während Friedrich sein Loblied der Toleranz sang und jedem Aberglauben den Kampf ansagte – beispielsweise in der Fürstabtei Kempten am 4. April 1775 noch eine Magd hingerichtet wurde, weil sie mit dem Teufel Unzucht getrieben und Gott und allen Heiligen abgeschworen haben soll.[89]

In seinem Politischen Testament von 1752 bemerkte Friedrich zur Erziehung eines königlichen Prinzen: »Hinsichtlich der Religion muss er sich in diesem Land der reformierten Religion anschließen, aber ohne abergläubische Vorurteile, vor allem ohne Fanatismus wegen der drei bei uns anerkannten Religionen, zwischen denen er sich neutral verhalten muss. Ein Mensch kann sehr tugendhaft sein, ohne an die absurden Fabeln zu glauben, die ihm Betrüger im schwarzen Gewand erzählen. Es genügt, sich selbst zu achten und in allen Lebenslagen sich dieser bewundernswerten Maxime zu erinnern: Tut den andern nicht das an, was Ihr nicht wollt, dass man Euch antut.«[90] Friedrich zitierte damit Christian Thomasius, für den dieser Satz die Grundlage des menschlichen Zusammenlebens auf der Basis des Naturrechts war, ebenjener Thomasius, der einst eine der Schlüsselfiguren bei der Gründung der Universität Halle durch Friedrichs Großvater gewesen war.

Friedrichs Toleranz beschränkte sich denn auch nicht auf die alltägliche Frömmigkeit seiner Untertanen, sondern bezog die wissenschaftliche Forschung mit ein. Unmittelbar nach seiner Thronbesteigung hat er den von seinem Vater vertriebenen Philosophen und Mathematiker Christian Wolff wieder an die Universität Halle berufen. 1743 machte er ihn gar zum Rektor der Universität. Wolff hatte gelehrt, dass die Einsicht in das Gute eine Folge vernünftigen Denkens und nicht der Gnade Gottes sei und war deshalb 1707 des Landes verwiesen worden. Friedrich holte ihn zurück, weil er genau das aussprach, was er selbst dachte. Der Mensch kann aus sich heraus vernünftig sein und bedarf keines göttlichen Vermittlers.

Friedrich und die Katholiken

Nachdem durch die Eroberung Schlesiens die Zahl der Katholiken in Preußen weiter gestiegen war, war es für Friedrich umso wichtiger, dass die Konfessionen nicht untereinander in Streit gerieten, drohte dies doch den Zusammenhalt des Staates zu gefährden: »Die Katholiken, die Lutheraner, die Reformierten, die Juden und eine Anzahl anderer christlicher Sekten wohnen in diesem Staat und leben dort in Frieden: Wenn der Souverän aus falschem Eifer auf den Gedanken käme, sich für eine dieser Religionen zu erklären, würden sich Parteien bilden, Dispute sich erhitzen, die Verfolgungen anfangen und nach und nach die verfolgte Religion ihre Heimat verlassen und Tausende von Untertanen unsere Nachbarn durch ihre Zahl und ihren Fleiß bereichern.«[91]

So ließ er den Katholiken ihre Feiertage und ihre Prozessionen und gab ihnen auch in Berlin den Bauplatz für eine eigene Kirche, und dies nicht irgendwo, sondern so zentral, wie es nur überhaupt möglich war: direkt neben seiner neuen Staatsoper gegenüber dem Zeughaus, keinen Kilometer vom königlichen Schloss entfernt. Beschränkungen in Größe oder Art des Baus wurden den Berliner Katholiken keine auferlegt. Sie sollten ihre Kirche – die heutige Hedwigskathedrale – so groß bauen, »als sie solche immer haben wollen oder können, mit einem oder mehreren Türmen, großen und kleinen Glocken«.[92] Keinen Pardon kannte Friedrich jedoch, wenn Priester oder Mönche in Schlesien allzu deutlich ihre prohabsburgische Gesinnung zeigten oder gar aktiv gegen den neuen Landesherrn arbeiteten. Doch das war keine Frage der Religion, sondern der Loyalität gegenüber dem Landesherrn.

Diese Frage stellte sich für Friedrich insbesondere bei den Jesuiten. Weil er die schlesischen Patres des Ordens im Verdacht hatte, eine Art fünfte Kolonne Maria Theresias und fanatische Anhänger des Hauses Österreich zu sein, holte er französische Mitglieder des Ordens ins Land. Doch immerhin: Anders als sein Vater duldete er die Jesuiten trotz aller anfänglichen Bedenken in Preußen. Noch mehr: Als der Orden 1773 durch Papst Klemens XIV. – auf Drängen Spaniens, Frankreichs und Portugals – aufgehoben wurde, konnten die Jesuiten (wenn auch unter anderem Namen) ausgerechnet im protestantischen Preußen weiter wirken. Friedrich wusste um die gute Ausbildung der Jesuiten, was sie für den

Schulunterricht geradezu prädestinierte. An Voltaire schrieb er am 24. Oktober 1773, dass er sich nach Schlesien aufgemacht habe, »um meine armen Ignatianer [Jesuiten] über das harte Vorgehen des römischen Gerichtshofs hinwegzutrösten, ihrem Orden aufzuhelfen, verschiedene Provinzen zu bestimmen, wo ich sie mir erhalten und dem Vaterland nützlich machen möchte, wenn sie dort Schulen zur Bildung der Jugend ... unterhalten.«[93] Seinem Vorleser de Catt gegenüber bemerkte er sogar, »dass sich die Jesuiten am besten auf die Unterweisung der jungen Leute verstünden, die man ihnen anvertraute«. Sie besäßen die Fähigkeit, sich »in die jungen Leute zu versetzen, sie zu beobachten, Richtung und Augenmaß ihrer Fähigkeiten zu erfassen, sie auf das Gebiet zu drängen, für das sie Begabung zeigen«.[94]

Gott – ein passiver Beobachter

Grundsätzlich setzte sich Friedrich der Große in seinem Politischen Testament von 1752 mit religiösen Themen auseinander. Er brach dabei endgültig mit dem auf dem christlichen Glauben beruhenden Amtsverständnis seines Vaters: »Es ist sehr gleichgültig für die Politik, ob ein Souverän Religion hat oder nicht. Alle Religionen sind, wenn man sie betrachtet, auf ein mythisches System gegründet, mehr oder weniger absurd. Es ist unmöglich, dass ein Mensch mit gesundem Verstand, der in die Untersuchung dieser Materie eintritt, nicht den Irrtum sieht; aber diese Vorurteile, diese Irrtümer, diese Wunder sind für die breite Masse gemacht, und man muss auf die Öffentlichkeit Rücksicht zu nehmen wissen, um sie nicht in ihrem Kult zu verletzen, welche Religion es auch sei.«[95]

Friedrich war nicht gläubig in einem wie auch immer definierten kirchlichen Sinn. Aber er war auch kein Atheist, denn er leugnete die Existenz Gottes nicht. Allerdings ging er – wie die Deisten – davon aus, dass dieser Gott nach dem Schöpfungsakt keinen Einfluss mehr auf die Entwicklung der Menschheit genommen habe. Demzufolge konnte es auch keine Offenbarungen Gottes an oder für die Menschen geben. Religionen, das Christentum eingeschlossen, waren für Friedrich daher nichts anderes als Aberglauben. Je mehr er sich mit der Kirchengeschichte beschäftigte, umso mehr war er von dieser Auffassung überzeugt: »Ich neige zu der Annahme, dass die ganze Welt von Konstantin bis Luther schwachsinnig war. Man stritt sich in unverständlichem Kauderwelsch über absurde Hirngespinste, und das Papsttum begründete seine weltliche Macht mithilfe des Aberglaubens und der Dummheit der Fürsten und Völker.«[96] Auch an die Unsterblichkeit der Seele vermochte Friedrich nicht zu glauben: »Wie mein Geist, bevor ich war, nicht gedacht hat, so wird er auch nicht denken, wenn meine Bestandteile sich aufgelöst haben.«[97]

Der Wert des Christentums

Dennoch kam der Religion und ihren Vertretern eine tragende Rolle im Preußen Friedrichs des Großen zu. Während er Voltaire gegenüber 1766 noch behauptete, dass das Volk »den Zügel der Religion nicht brauche, um zufrieden zu sein«,[98] bemerkte er zwölf Jahre später gegenüber dem Minister Karl Abraham Freiherr von Zedlitz, »dass die Schulmeister auf dem Land die Religion und die Moral den jungen Leuten lehren, ist recht gut und müssen sie davon nicht abgehen«. Die Schulmeister sollten sich Mühe geben, dass die Menschen bei ihrer Religion blieben »und sie so weit bringen, dass sie nicht stehlen und nicht morden«.[99]

Ganz praktisch benötigte er die Pfarrer auf dem Land für den schulischen Unterricht der Kinder. Aber auch in einem übertragenen Sinn maß er der Gläubigkeit des einfachen Volkes, das seiner Meinung nach zu einem selbstbestimmten, aufgeklärten Denken ohnehin nicht in der Lage war, Bedeutung bei: Wer sich nach den christlichen Geboten richtete, lebte nach moralischen Grundsätzen, die ihm selbst, der Gesellschaft und dem Staat Halt gaben.

Bei aller Toleranz für die Katholiken: Die überwiegende Mehrheit der preußischen Bevölkerung war protestantisch, und natürlich trug Friedrich diesem Umstand Rechnung. Außer Frage stand, dass der Herrscher Preußens protestantisch zu sein hatte. Für Friedrich stand ebenso fest, dass er der protestantischen Geistlichkeit, sooft er sich über manche Engstirnigkeit ärgern mochte, vertrauen konnte – so wie umgekehrt die protestantischen Geistlichen im Königtum der Hohenzollern die Basis für ihr Wirken im Geist der Reformation sahen. Dies galt für die katholischen Geistlichen nicht: Nicht unbedingt, weil ihre Loyalität zuerst dem Papst in Rom zu gelten hatte – das erkannte der König ohnehin nicht an –, sondern weil alle katholischen Geistlichen unter dem Generalverdacht standen, es vielleicht doch mit den Habsburgern zu halten, sollte sich eine Gelegenheit zum Seitenwechsel ergeben. Und so riet Friedrich seinen Nachfolgern, zwar »Freundschaft mit dem Papst zu halten, um dadurch die Katholiken zu gewinnen«, dem katholischen Klerus aber sollten sie besser nicht trauen, »ohne zuverlässige Beweise seiner Treue zu besitzen«.[100] Keinesfalls sollten die katholischen Priester in Preußen sich unterstehen, »unsere evangelischen Untertanen von ihrer Religion ab und zur römisch-katholischen zu bringen«.[101] Dass Friedrich mit Heiligenverehrung und Reliquienkult nichts anzufangen wusste, versteht sich fast von selbst. Für ihn war das nichts anderes als fanatischer Aberglaube, der Katholizismus der lächerlichste von allen Kulten.

Die preußische Propaganda hat Friedrich II. zum Beschützer des Protestantismus im Heiligen Römischen Reich gemacht; in der borussischen Geschichtsschreibung des 19. Jahrhunderts wurde der große König auch vor diesem Hintergrund zu einem Vorkämpfer der (klein)deutschen Einheit, wie sie im Kaiserreich 1871 verwirklicht worden ist. Doch lässt sich Friedrichs Einsatz *für* den Protestantismus nicht trennen von seinem Kampf *gegen* die Vorherrschaft der katholischen Kaisermacht Österreich. Wie schon im Dreißigjährigen Krieg verwischten sich dabei spätestens auf europäischer Ebene die Fronten: In den ersten beiden schlesischen Kriegen war Friedrichs engster Verbündeter das katholische Frankreich – weil es der alte Rivale Österreichs war. Erst im Siebenjährigen Krieg tauschte Friedrich, was er zunächst gar nicht beabsichtigt hatte, Frankreich mit der protestantischen Macht

England. Die Konfession war eine Klaviatur, auf der sich innerhalb des Reichs spielen ließ, und Friedrich spielte darauf, weil er sich einen Vorteil davon versprach. Darüber hinaus mögen auch aus der Tradition gewachsene Schutzmechanismen gegenüber den kleineren protestantischen Mächten eine Rolle gespielt haben; ausschlaggebend dafür war aber nicht ein tief empfundenes protestantisches Bekenntnis des Königs selbst. Der Protestantismus war für den aufgeklärten König ein Faktor der Macht – im Inneren wie im Äußeren.

Friedrich und die Juden

Friedrichs umfassende religiöse Toleranz ist einer der Gründe, weshalb ihm der – zunächst wegen seiner Erfolge auf dem Schlachtfeld verliehene – Ehrenname »der Große« bis heute kaum streitig gemacht wird. Auf dieser tatsächlich weißen Weste gibt es nur einen Fleck, und das ist das eher problematische Verhältnis des Königs zu den Juden. Hier stand er eindeutig in der Tradition seines Vaters: Sie waren ihm suspekt.

Mit seiner »Ringparabel« hat Gotthold Ephraim Lessing 1779 die drei großen monotheistischen Religionen gleichberechtigt auf eine Stufe gestellt und damit den wichtigsten literarischen Beitrag für die Emanzipation der Juden in Deutschland geleistet. Doch das Zeitalter der Aufklärung war auch geprägt von einer zum Teil heftigen Religionskritik, für die beispielsweise Voltaire steht. Und die schärfste Kritik übte der Philosophenfreund Friedrichs des Großen eben an den Juden. Voltaire war wie Friedrich kein Atheist, sondern gilt als einer der wichtigsten Vertreter des Deismus. Für den Offenbarungsglauben der monotheistischen Religionen hatte er nur Hohn und Spott übrig. Ging man davon aus, dass sich Gott seit der Schöpfung nicht mehr in das Geschehen auf Erden einmischte, dann war die biblische Geschichte Israels nichts weiter »als eine Ansammlung von Sittenlosigkeit, Aberglauben und politischer Unfähigkeit. Da die jüdische Geschichte als Einheit gedacht wurde, galten diese Charakterzüge auch für die zeitgenössischen Juden«.[102] Die aufgeklärte Religionskritik traf nicht nur die jüdische Religion, aber sie galt ihr geradezu als Musterbeispiel einer irrationalen Offenbarungsreligion.

Die Kritik Friedrichs II. an den Juden war jedoch letztlich Ausdruck einer emotional unterfütterten Ablehnung. Er äußerte sich – wie sein Freund Voltaire, der darin noch deutlich über den König hinausging – über sie fast nur in negativen Stereotypen. Die Juden seien die »gefährlichste von allen Sekten«, die in Preußen lebten, »weil sie den Handel der Christen schädigen und weil sie für den Staat unbrauchbar sind«.[103] Diese Einschätzung ist umso unverständlicher, als Friedrich das Existenzrecht der Juden in Preußen nahezu ausschließlich unter dem Gesichtspunkt des wirtschaftlichen Vorteils für den preußischen Staat betrachtet hat: Die Juden wurden mit möglichst hohen Steuern und Abgaben belegt, und sie sollten zudem dazu gebracht werden, ihr im Handel erworbenes Kapital in die preußische Wirtschaft zu investieren, vor allem durch die Gründung von Manufakturen.

Die rechtliche Stellung der Juden regelte Friedrich II. neu in dem 1750 erlassenen »Revidirten General-Privilegium und Reglement vor die Judenschaft im Königreiche Preußen«. Darin wurde den Juden weiterhin die Ausübung eines bürgerlichen Handwerks untersagt. Kern dieses »General-Juden-Reglements« war jedoch die Einteilung der Juden in sechs Gruppen: Generalprivilegierte, Ordentliche Schutzjuden, Außerordentliche Schutzjuden, Publique Bediente, Tolerierte und Geduldete, Privatdienstboten.[104] Nur die in der ersten Gruppe zusammengefassten Hofjuden konnten sich frei im Land bewegen und erhielten entsprechende Schutzbriefe auch für alle ihre Kinder. Dagegen erhielten die Ordentlichen Schutzjuden einen entsprechenden Brief für höchstens zwei Kinder, die Außerordentlichen Schutzjuden und die Publiquen Bedienten (Rabbiner und andere Gemeindebeamte) für maximal ein Kind. Die Geduldeten und die Dienstboten hatten keinen Anspruch darauf, dass auch ihre Kinder in Preußen bleiben konnten. Mithilfe dieser Anordnungen sollte die Zahl der Juden in Preußen auf einem möglichst niedrigen Niveau gehalten werden. Dem entsprach die Entwicklung während der Herrschaft

Friedrichs des Großen allerdings nicht: In Berlin lebten 1725 nur 800 Juden, 1750 waren es bereits 2000 und 1775 sogar 3700.[105] Zwar hätte das General-Juden-Reglement die Möglichkeit zur Ausweisung jener Juden gegeben, die keinen Anspruch auf einen Schutzbrief hatten; de facto ist dies aber kaum jemals geschehen.

Friedrich II. hat sich auch in späteren Jahren immer wieder abfällig über die Juden geäußert. Dabei wusste er nur zu genau, wie wichtig die Unterstützung der jüdischen Münzpächter bei der Finanzierung des Siebenjährigen Kriegs gewesen war und welche Bedeutung die Investitionen der jüdischen Oberschicht für die kriegsgebeutelte preußische Wirtschaft hatten. Die Symbiose zwischen den jüdischen Münzpächtern und dem König zeigt aber ebenso, wie schmal der Grat zwischen gesellschaftlichem Aufstieg und gleichzeitiger gesellschaftlicher Ächtung war. Der berühmteste unter den jüdischen Hoffaktoren Friedrichs des Großen war Benjamin Veitel Ephraim, dessen wieder aufgebautes Palais am Berliner Mühlendamm einen Eindruck von dessen kultivierter Lebensart vermittelt. Ephraim war zunächst Hofjuwelier, 1755 wurde er zum Münzpächter ernannt. Da der Geldbedarf Friedrichs im Siebenjährigen Krieg immer größer wurde, weder die englischen Subsidien noch die sächsischen Kontributionen ausreichten, verfiel man auf ein scheinbar probates Mittel: Man verringerte einfach den Silbergehalt der Münzen. So gelang es, mit weniger Silber mehr Münzen zu prägen. Die Differenz teilten sich König und Münzpächter. Es war ein einträgliches Geschäft für beide Seiten, dessen logische Konsequenz allerdings eine immer höhere Inflation war. Bald machte der Spottvers »Außen Silber, innen Zinn, außen Friedrich, innen Ephraim« die Runde. Die Wut der kleinen Leute traf den jüdischen Münzpächter – und nicht den, der verantwortlich für diese Finanzpolitik war: der König höchstselbst! Friedrich waren diese Zusammenhänge nur allzu bewusst; immerhin hat er Ephraim nicht als billiges Bauernopfer fallen lassen.

Friedrich hat durch seine Begünstigung einiger weniger reicher jüdischer Familien dazu beigetragen, dass diese sich als Glieder des preußischen Staates betrachteten, obwohl sie nicht dessen Staatsbürger werden durften. Die Generationen nach den ersten

Firmengründern und Hofbankiers strebten jedoch nach der wirtschaftlichen auch die politische Gleichstellung an. Friedrich hat diese Entwicklung, zwar unbewusst und ungewollt, letztlich befördert. Nicht vergessen werden darf dabei aber, dass das Gros der jüdischen Bevölkerung Preußens nicht dieser reichen Oberschicht angehört hat, sondern unter schwierigsten Bedingungen sein Auskommen fristete, als lediglich geduldete und vielfach ausgegrenzte Minderheit.

Ein prägnantes Beispiel für die Möglichkeiten, aber auch die Grenzen jüdischen Aufstiegs im Preußen Friedrichs des Großen ist der Philosoph Moses Mendelssohn. Geboren wurde er 1729 als Sohn eines Synagogendieners in Dessau. Als sein Lehrer, der Rabbiner David Fränkel, 1743 einen Ruf nach Berlin erhielt, folgte ihm sein erst 14-jähriger Schüler nach. In ärmlichen Verhältnissen lebte er in der hohenzollerischen Residenzstadt, »oft in so bedrängter Lage, dass er sich manchmal einen Laib Brot kaufte und sich Zeichen darauf machte, für wie viel Mahlzeiten das Brot reichen sollte. Und dann aß er nicht, bis er satt war, sondern nur so viel er sich angezeichnet hatte.«[106] Getrieben wurde Mendelssohn von dem einen Wunsch: zu lernen, zu lernen und nochmals zu lernen. Auf Vermittlung Fraenkels wurde er 1754 Hauslehrer des Seidenfabrikanten Isaak Bernhard – es war seine Eintrittskarte in die jüdische Oberschicht der Stadt. In das Unternehmen seines Gönners trat Mendelssohn zunächst als Buchhalter, später als Teilhaber ein. Doch diese Tätigkeit füllte ihn nicht aus: Seine Leidenschaft galt der Philosophie – und der deutschen Sprache.

Wirtschaftlich und privat machte Mendelssohn sein Glück in Berlin. Als aufgeklärter Denker war er in den intellektuellen Kreisen der Stadt längst kein Unbekannter mehr. Aber noch immer war Mendelssohns Rechtsstatus in Preußen der eines bloß Geduldeten, der jederzeit ausgewiesen werden konnte. Alle Bemühungen um einen Schutzbrief waren vergebens gewesen. Doch dann kam ein Mann ins Spiel, der ganz nah am König war: der Marquis d'Argens. Nur aufgrund seiner Fürsprache erhielt Mendelssohn 1762 das Niederlassungsrecht, das es ihm endlich auch erlaubte, seine Braut Fromet Guggenheim zu heiraten.

Noch einmal kreuzten sich die Wege Mendelssohns und Friedrichs II.: 1771 wählte die Königliche Akademie der Wissenschaften den jüdischen Philosophen zu ihrem Mitglied. Der Präsident der Philosophischen Klasse, der Schweizer Johann Georg Sulzer, hatte Mendelssohn vorgeschlagen. Friedrich lehnte die Ernennung kategorisch ab und strich den Namen Mendelssohns auf der Liste der Aufnahmekandidaten persönlich durch. Der König hat die Ablehnung Mendelssohns niemals begründet, und so muss offen bleiben, ob allein seine Abneigung gegenüber den Juden dafür ausschlaggebend war. Friedrich konnte mit Lessing so wenig anfangen wie mit Mendelssohn. Seine aufgeklärte Welt sprach Französisch. Mendelssohn und Lessing dagegen waren Wegbereiter der betont deutschsprachigen Aufklärung, die der frankophile Preußenkönig kaum registriert hat. Es mag also auch diese Abneigung eine Rolle gespielt haben. Das schönste Denkmal wurde Moses Mendelssohn von seinem Freund Gotthold Ephraim Lessing gesetzt: Er nahm ihn zum Vorbild für Nathan den Weisen in seinem gleichnamigen Drama.

Ein letzter Blick soll zwei Nachfahren des Philosophen gelten: Der berühmte Komponist Felix Mendelssohn-Bartholdy war ein Enkel Moses Mendelssohns. Ein weiterer Nachfahre, der Historiker Gustav Mendelssohn-Bartholdy, hat 1912 eine Sammlung von Briefen, Erlassen, Berichten und Anekdoten Friedrichs des Großen herausgegeben – das hätten sich weder Moses Mendelssohn noch der König wohl jemals träumen lassen.

Die Familie Mendelssohn-Bartholdy geht auf Abraham Mendelssohn zurück, Moses' ältesten Sohn. Seine Biografie ist typisch für den Wunsch vieler Juden, als vollwertige Bürger anerkannt zu werden. Der Wunsch nach Emanzipation ging über in die Bereitschaft zu völliger Assimilation. So ließ sich Abraham Mendelssohn 1822 taufen; seine allesamt vor diesem Zeitpunkt geborenen Kinder – darunter Felix – hatte er bereits 1816 gemeinsam taufen lassen. Nicht anders als Heinrich Heine, der glaubte, die Taufe sei das »Entreebillett zur europäischen Kultur« – und dann bitter enttäuscht wurde.[107] Eine Enttäuschung, wie sie auch Felix Mendelssohn-Bartholdy erleben musste: Als er sich 1832 um die Stelle als Leiter der Berliner Singakademie bewarb, wurde er vor allem aufgrund antisemitischer Vorbehalte nicht gewählt. Für den gläubigen Christen Mendelssohn-Bartholdy, der gleichwohl seine jüdischen Wurzeln nie verleugnet hat, war dies ein schwerer Schlag.

Doch zurück zu Friedrich dem Großen: Trotz aller Ablehnung hat er den Juden religiöse Toleranz nicht verwehrt, und es war ihm wichtig festzustellen, dass er sie niemals verfolgt habe. Juden konnten in Berlin ihren Glauben ebenso ungestört leben wie Katholiken und Protestanten. »Ein Gesetz eines Kannibalen würdig« – so vernichtend urteilte der französische Staatsmann Honoré Gabriel de Mirabeau über das General-Juden-Reglement von 1750.[108] Doch auch hier sei zumindest einschränkend angemerkt: Ähnliche Regelungen hat es in zahlreichen anderen europäischen Staaten ebenso gegeben. In keinem europäischen Land waren die Juden den Christen zur Zeit Friedrichs rechtlich gleichgestellt. Der erste europäische Staat, der diesen Schritt vollzog, war das revolutionäre Frankreich 1791. Dieser Kontext sollte nicht außer Acht gelassen werden, wenn dieser Fleck auf der ansonsten weißen Weste der religiösen Toleranz Friedrichs des Großen – durchaus zu Recht – kritisiert wird.

Zwischen Meinungsfreiheit und Zensur

Die religiöse Toleranz ist eine Sache. Doch wie war es im Preußen Friedrichs des Großen um die Duldsamkeit gegenüber anderen Meinungen insgesamt bestellt? Nicht gut, folgt man dem Dramatiker Gotthold Ephraim Lessing oder dem Archäologen Johann Joachim Winckelmann. Die »Berlinische Freiheit«, schrieb Lessing von Hamburg aus an seinen Berliner Verleger Friedrich Nicolai, »reduziert sich einzig und allein auf die Freiheit, gegen die Religion so viel Sottisen zu Markte zu bringen, als man will. Und dieser Freiheit muss sich der rechtliche Mann nun bald zu bedienen schämen. Lassen Sie es aber noch einmal einen in Berlin versuchen, über andere Dinge so frei zu schreiben, als Sonnenfels in

Wien geschrieben hat; lassen Sie es ihn versuchen, dem vornehmen Hofpöbel so die Wahrheit zu sagen, als dieser sie ihm gesagt hat; lassen Sie einen in Berlin auftreten, der für die Rechte der Untertanen, der gegen Aussaugung und Despotismus seine Stimme erheben wollte, wie es jetzt sogar in Frankreich und Dänemark geschieht: und Sie werden bald die Erfahrung haben, welches Land bis auf den heutigen Tag das sklavischste Land von Europa ist.«[109]

Nicht anders sah dies Winckelmann: »Besser ist es, ein beschnittener Türke zu sein als ein Preuße. Es schaudert mich die Haut vom Haupt bis zu den Zehen, wenn ich an den preußischen Despotismus und an den Schinder der Völker denke.«[110]

Allerdings spricht bei Lessing und Winckelmann auch persönliche Enttäuschung aus diesen vernichtenden Urteilen. Winckelmann, der aus dem altmärkischen Stendal stammte, bewarb sich 1765 als königlicher Bibliothekar. Zu einer Anstellung kam es nicht, weil Friedrich dem Großen Winckelmanns Gehaltsvorstellungen überzogen erschienen: Für einen Deutschen wollte er allenfalls 1000 Taler und nicht die von Winckelmann geforderten 2000 Taler bezahlen. Und Lessing wurde zwar 1760 in die Akademie der Wissenschaften gewählt. Doch stieß bereits diese Entscheidung auf den Widerwillen des Königs, der künftige Nominierungen sich selbst vorbehielt – was unter anderem Mendelssohn zum Verhängnis werden sollte. Dennoch bewarb sich auch Lessing – erwartungsgemäß vergeblich – 1765 als Bibliothekar bei Friedrich.

Tatsächlich sah es nach dem Regierungsantritt Friedrichs ganz und gar nicht nach Zensur und Unterdrückung aus. Die Zeitungen dürften, wies er seinen Minister Podewils 1740 an, »nicht geniert werden, wenn sie interessant sein sollen«. Sogar die Gründung einer deutsch- und einer französischsprachigen Zeitung in Berlin regte er an.[111] Doch: Schreiben, was sie wollten, durften die Zeitungen nur in ihrem Feuilleton. Der politische Teil der Zeitungen unterlag dagegen selbstverständlich der Zensur, die denn auch äußerst strikt gehandhabt wurde. Mit seiner Schwester Wilhelmine von Bayreuth geriet der König einmal in Streit, als ein Redakteur in der stammverwandten Markgrafschaft sich preußenkritisch äußerte. Friedrich hatte keinerlei Verständnis dafür, dass dergleichen in Bayreuth möglich war.

Die politische Zensur sollte verhindern, dass Zeitungsbeiträge oder Bücher veröffentlicht wurden, die – aus der Sicht des Königs – geeignet waren, den Staat zu gefährden. Weitgehend immun war Friedrich gegen Kritik an seiner Person. So antwortete er auf die Anfrage eines Stadtmagistrats, wie ein Bürger zu bestrafen sei, der Gott, den König und den Magistrat gelästert habe: »Dass der Arrestant Gott gelästert hat, ist ein Beweis, dass er ihn nicht kennt, dass er mich gelästert hat, vergebe ich ihm, dass er aber einen edlen Rat gelästert hat, dafür soll er exemplarisch bestraft und auf eine halbe Stunde nach Spandau kommen.«[112]

Den Zorn seiner Untertanen zog sich Friedrich durch das staatliche Kaffeemonopol zu, das es den ärmeren Schichten praktisch unmöglich machte, dieses exotische Getränk zu genießen. Als er einmal – wie so oft – durch Berlin ritt, um nach dem Rechten zu sehen, sah er am Werderschen Markt einen Menschenauflauf. Um zu erfahren, was die Leute zusammengeführt hatte, ritt er näher und erblickte sich selbst auf einem an eine Hauswand gehefteten Flugblatt »in höchst kläglicher Positur, wie er auf einem Fußschemel saß, eine Kaffeemühle zwischen den Beinen, und mit der einen Hand mahlte, während er mit der anderen jede herausgefallene Bohne auflas«. Während die versammelten Bürger einen Wutausbruch des Königs fürchteten, meinte dieser nur: »Hängt es doch niedriger, dass die Leute sich nicht den Hals ausrecken müssen.«[113] Der Hoftrompeter Johann Paul Hessner hat diese Episode in seinen Erinnerungen festgehalten und auch die Reaktion der Menschen überliefert: »Kaum war dies ausgesprochen, als ein allgemeiner Jubel ausbrach. Man riss das Bild in tausend Stücke, die Jungen warfen die Mützen, und ein allgemeiner Jubelruf: ›Vivat der Alte Fritz‹ scholl dem langsam davonreitenden König nach.«[114]

Der erste Diener des Staates

Immanuel Kant hat die Meinungsfreiheit, wie sie auch schon Friedrich der Große verstanden hat, in seinem 1784 in der »Berlinischen Monatsschrift« erschienenen Aufsatz »Was ist Aufklärung« treffend so beschrieben: »Räsoniert, soviel ihr wollt und worüber ihr wollt; nur gehorcht.« Friedrichs Herrschaft ist oft unter dem Schlagwort des »aufgeklärten Absolutismus« zusammengefasst worden. Unter Absolutismus versteht man eine Regierungsform, »in der alle Gewalt unumschränkt in der Hand des Monarchen liegt«.[115] In dieser Reinkultur hat es den Absolutismus im 18. Jahrhundert allerdings kaum irgendwo gegeben; man müsste vielleicht eher vom Anspruch des Monarchen auf unumschränkte Herrschaft sprechen. Davon ist Friedrich Wilhelm I. ebenso ausgegangen wie Friedrich der Große oder Ludwig XIV.

Doch wie begründete Friedrich diesen Anspruch? Er verstand sich nicht als »Amtmann Gottes« wie sein Vater, noch bildete er sich ein, selbst identisch mit dem Staat zu sein, wie der »Sonnenkönig«. Seinen Herrschaftsanspruch leitete Friedrich II. aus dem Naturrecht ab, aus einem naturgegebenen, unkündbaren »Gesellschaftsvertrag« zwischen Herrscher und Beherrschten, der auf dem »gegenseitigen Hilfsbedürfnis der Menschen« basiert.[116] Wer nicht betrogen werden wolle, dürfe auch selbst nicht betrügen, wer Hilfe in der Not verlange, müsse sie auch seinen Mitmenschen gewähren – jeder Bürger müsse einen Teil seines Eigennutzes dem seiner Nächsten opfern, seine eigenen Wünsche der Wohlfahrt des Staates unterordnen. In einer solchen auf naturrechtlichen Grundsätzen basierenden Gesellschaft ist der Fürst »kein Despot, der nur seinen Launen frönt. Man muss ihn als den Mittelpunkt betrachten, in dem alle Linien der Peripherie zusammenlaufen.«[117] In dieser Schnittstelle musste der Herrscher »der erste Diener des Staates« sein, oder noch konkreter: »Er und sein Volk bilden gleichsam einen Körper, der nur insoweit glücklich sein kann, als Eintracht sie zusammenhält. Der Fürst ist für die Gesellschaft, die er regiert, was der Kopf für den Körper ist. Er muss für die ganze Gesellschaft sehen, denken und handeln …«[118] Gott spielte in allen diesen Betrachtungen keine Rolle mehr – dies war eine radikale Abwendung der Begründung von Herrschaft, wie sie seit dem Mittelalter grundlegend für Europa gewesen war.

Dass dem Herrscher in dieser Eigenschaft die alleinige Entscheidungsgewalt zukommt, begründete Friedrich nicht ausschließlich mit dem Gesellschaftsvertrag als Grundlage des staatlichen Zusammenlebens: »In einem Staate wie diesem ist es nötig, dass der Fürst seine Geschäfte selber führt, weil er, wenn er klug ist, nur dem Staatsinteresse folgt, das das seine ist, und weil ein Minister immer Nebenabsichten in den Angelegenheiten hat, die seine eigenen Interessen berühren, anstatt verdienstvolle Personen zu befördern. Er wird die Stellen mit seinen Kreaturen besetzen und danach trachten, durch die Zahl der Personen, die er an sein Schicksal kettet, sich selbst zu festigen …«[119]

Hier hatte Friedrich die im 18. Jahrhundert weit verbreitete Günstlingswirtschaft im Blick, von der ja auch Preußen nicht frei gewesen war. Doch dem König war die Schwachstelle seiner Überlegungen durchaus bewusst: Ein Herrscher werde diese Aufgaben erfüllen, wenn er klug sei. Und was, wenn er eben nicht klug war? Eine zweite Schwachstelle hat Friedrich dagegen nicht wahrhaben wollen: Bedingt durch seinen Anspruch, alles selbst zu machen, überforderte er sich, genauso, wie sein Vater sich überfordert hatte. Vor allem: Unter diesem beherrschenden König konnten selbstständige Köpfe kaum gedeihen. Von einigen Ausnahmen abgesehen, waren seine Minister fleißige Sachbearbeiter, aber keine Ideengeber, die dem Land hätten eigene Impulse geben können. Auch das Generaldirektorium verlor unter Friedrich erheblich an Einfluss. Friedrich war von einem fast krankhaften Misstrauen durchdrungen und vertraute nur wenigen Menschen. Dazu gehörte beispielsweise sein Geheimer Rat August Friedrich Eichel, der als graue Eminenz im Hintergrund wirkte und aufgrund seines vergleichsweise niedrigen Rangs in der Öffentlichkeit kaum in Erscheinung trat. Auch dem Jubel seiner Untertanen traute der König nicht – einmal darauf angesprochen, meinte er, dass man auch einen alten Affen auf ein Pferd setzen könne, und das Volk werde ebenso zusammenlaufen.

Gleiches Recht für alle

Weil er überzeugt war, als König über den Parteiinteressen zu stehen, war es für Friedrich eine der wichtigsten Herrscherpflichten, Garant des Rechts zu sein. Zwar haben nicht zuletzt seine langen Kriege verhindert, dass die von ihm begonnene Justizreform unter seiner Herrschaft zu Ende gebracht werden konnte. Doch legten er und sein Justizminister Samuel von Cocceji damit die Basis für das 1794 unter König Friedrich Wilhelm II. erlassene Allgemeine Preußische Landrecht. Gleichwohl hat Friedrich der Große wesentlich daran mitgewirkt, dass Preußen zu einem Rechtsstaat geworden und das Strafrecht ebenfalls dem Diktat der Vernunft unterworfen worden ist. In diesem Klima war für die Folter als Mittel der Wahrheitsfindung kein Platz mehr. Ihre Abschaffung am 3. Juni 1740, nur drei Tage nach seinem Regierungsantritt, ist zu Recht als bedeutende Leistung des Königs gewürdigt worden. Diese Leistung wird auch dadurch nicht eingeschränkt, dass Hoch- und Landesverrat sowie mehrfacher Mord zunächst ausgenommen blieben und Friedrich eine Veröffentlichung des Dekrets unterließ, um potenzielle Täter weiterhin abzuschrecken. Denn de facto ist die Folter in Preußen nach 1740 praktisch nicht mehr angewandt worden, und 1754 folgte die endgültige Abschaffung ohne jede Ausnahme. Zum Vergleich: Die 1769 erlassene Cautio Criminalis Theresiana sah die Folter nach wie vor als Teil des Strafprozessrechts; erst 1787 wurde die Folter auch in den habsburgischen Erblanden abgeschafft. Unter Friedrich wurde in Preußen aber nicht nur die Folter abgeschafft, sondern ebenso die Zahl der Verbrechen, bei denen die Todesstrafe verhängt wurde, drastisch reduziert.

Ein relativ häufiges Verbrechen waren Kindstötungen durch Mütter. Der bekannteste einschlägige Fall ist jener der Frankfurter Magd Susanna Margaretha Brandt, der als Vorbild für das Gretchen in Goethes »Faust« gedient hat. In Preußen wurden Frauen, die sich dieses Verbrechens schuldig gemacht hatten, in einem Sack ertränkt. Friedrich hat durchaus die Notlage dieser meist ungewollt schwangeren Frauen gesehen und sich dafür eingesetzt, dass für Kinder aus nichtehelichen Beziehungen gesorgt werden sollte. Auch die Frauen sollten vor der gesellschaftlichen Ächtung geschützt und ihnen nicht der geringste Vorwurf gemacht werden. Er ließ sogar Entbindungshäuser für sie einrichten. Wenn Kinder dennoch getötet wurden, handelte es sich allerdings auch aus der Sicht Friedrichs um Mord. Allein das archaische Ertränken schaffte er ab, bei der Todesstrafe blieb es; nur wurde diese nun mit dem Schwert vollstreckt.

Das Recht stand für Friedrich auch über dem König; die Gesetze galten für ihn wie für jeden seiner Untertanen. Er verkündete daher, »niemals in den Ablauf der Gerichtsverfahren einzugreifen: In den Gerichten sollen die Gesetze sprechen, und der Herrscher hat zu schweigen.«[120] Allerdings nutzte er sein Bestätigungsrecht als Handhabe, um Urteile abzumildern oder zu verschärfen. Nur ein einziges Mal hat der König in ein Verfahren eingegriffen – und das Urteil förmlich umgedreht: in dem legendären Fall des Müllers Arnold. Dieser hatte seine Mühle an einem Nebenfluss der Oder aufgeben müssen, weil er die Abgaben an den Gutsherrn nicht mehr hatte zahlen können – seiner Argumentation zufolge, weil der Fluss nicht mehr genügend Wasser führte, nachdem ein Stück flussaufwärts ein Karpfenteich angelegt worden war. So um seine Existenz gebracht, schrieb der Müller an den König. Tatsächlich las Friedrich solche Zuschriften und kümmerte sich um sie. Zwar förderte er den Adel als gesellschaftliche Elite, doch musste sich auch diese Elite den Gesetzen unterwerfen. Seinen Staats- und Justizministern hämmerte der König förmlich ein, »dass in meinen Augen ein armer Bauer ebenso viel gilt wie der vornehmste Edelmann, und ist das Recht sowohl für vornehme als für geringe Leute. Ich verbiete daher allen Ernstes, mit den armen Leuten so hart und gewaltsam zu verfahren und sie vor ausgemachter Sache gleich mit Gefängnis zu bedrohen, vielmehr stattdessen sie glimpflich anzuhören ...«[121]

Im Fall des Müllers Christian Arnold schien der Gutsherr ebenso gewaltsam vorgegangen zu sein. Doch weder das Landgericht in Küstrin noch das Kammergericht in Berlin urteilten, wie es der König und der Müller erwartet hatten. Friedrich tobte. Die Affäre kostete den Justizminister Maximilian von Fürst und den Landrat der Neumark das Amt; die mit dem Fall befassten Räte ließ der König zu einer einjährigen Festungshaft in Spandau verurteilen. Seither haben Generationen von Historikern und Hobbyhistorikern darüber gestritten, wer in diesem Fall denn nun tatsächlich »recht« gehabt hat: der König und der Müller oder die standhaften Richter. Einerlei: Friedrich hat im Fall des Müllers Arnold tatsächlich seinen Grundsatz gebrochen, nicht in laufende Verfahren einzugreifen. Aber er hat dies – so paradox es klingen mag – getan, um ein Exempel zu statuieren und damit der übergeordneten Vorstellung des für alle geltenden Rechts zum Durchbruch zu verhelfen, »damit sämtliche Justiz Collegia in allen dero Provinzen sich darin spiegeln und keine dergleichen Ungerechtigkeiten begehen mögen«.[122]

Wissenschaft und Architektur

Während Friedrich in seinem Regierungsstil und seiner Auffassung von Pflichterfüllung seinem Vater ähnlicher geworden ist, als er es in seiner Kronprinzenzeit jemals für möglich gehalten hätte, gab es doch auch signifikante Unterschiede, nicht zuletzt im Verhältnis zu Kunst, Wissenschaft und Architektur.

War die Akademie der Wissenschaften unter dem »Soldatenkönig« zu einem Schattendasein unter dem Vorsitz von Friedrich Wilhelms gelehrtem Hofnarren Gundling verurteilt, so verhalf Friedrich der Einrichtung wieder zu neuem Glanz. Nicht nur, weil er selbst Kunst und Wissenschaft zugetan war. Er war überzeugt davon, dass eine Regierung, die die »Ermunterung der Wissenschaften im Geringsten verabsäumte, binnen Kurzem um ein Jahrhundert hinter ihren Nachbarn zurückstehen würde«.[123]

Dem »Staatsziel Wissenschaft« entsprach es, dass Friedrich den berühmten französischen Mathematiker Pierre Louis Moreau de

Maupertuis an die Spitze der Akademie berief. Die Liste der Mitglieder las sich bald wie ein Who's Who der europäischen Wissenschaften: Natürlich gehörten Friedrichs Freunde Voltaire und d'Argens dazu, aber auch der Schweizer Mathematiker Leonhard Euler, der französische Enzyklopädist Denis Diderot und große deutsche Wissenschaftler wie der Chemiker Andreas Sigismund Marggraf und der Mediziner Johann Theodor Eller. Nachteilig wirkten sich die langen Kriegsjahre auf die Arbeit der Akademie aus und letztlich auch die Übernahme der Präsidentschaft durch Friedrich selbst 1764. Die Lähmung, die Preußen in den letzten Lebensjahren des Königs kennzeichnete, machte vor der Akademie nicht halt. Neue Strömungen in Wissenschaft und Kunst erreichten Friedrich nicht mehr, und während er bei den Naturwissenschaftlern auch die Leistungen deutscher Gelehrter würdigte, änderte er seine abschätzige Meinung über die deutschen – oder besser gesagt: deutschsprachigen – Geisteswissenschaftler zeitlebens nicht.

Mehr als das große Podium der öffentlichen Debatten schätzte Friedrich die intime Diskussion unter Gleichgesinnten. Dafür steht bis heute Schloss Sanssouci in Potsdam. Friedrich selbst skizzierte seine Vorstellungen für den Bau nach der Idee eines französischen »maison de plaisance«, Georg Wenzeslaus von Knobelsdorff setzte die Ideen des Königs um. 1747 war der Bau bezugsfertig, der heute als Musterbeispiel für das friderizianische Rokoko gilt. Im Mittelpunkt des Schlosses befindet sich der nach dem Vorbild des römischen Pantheons mit einer Lichtöffnung in der Mitte der Kuppel versehene Marmorsaal. Hier fanden die legendären Tafelrunden Friedrichs statt, deren berühmtester Gast 1750 bis 1753 Voltaire war. Vom Marmorsaal öffnet sich eine über die gesamte Breite des Schlosses reichende Raumflucht (Enfilade). Der persönlichste Raum ist die nur über das Schlafzimmer zugängliche, mit Zedernholz getäfelte Bibliothek, die als einziger Raum außerhalb der Enfilade liegt. Dies war der Rückzugsort des Königs und kein Teil des höfischen und damit öffentlichen Lebens.

Der Bau von Sanssouci war der Auftakt für zahlreiche Baumaßnahmen in Potsdam, das Friedrich zu seiner liebsten Residenz wurde. Wie sehr er die Stadt während seiner langen Kriege vermisste, vertraute er 1758, mitten im Siebenjährigen Krieg, seinem Vorleser Henri de Catt an: »Nach Potsdam, nach Potsdam. Das brauche ich, um glücklich zu sein! Wenn Sie diese Stadt sehen, wird sie Ihnen sicherlich gefallen ... Ich gestehe, dass ich gerne baue und schmücke, aber ich tue es von meinen Ersparnissen, und der Staat braucht nicht darunter zu leiden. Wenn ich bauen lasse, beschäftige ich die Menschen, und das ist im Staate von großer Bedeutung ... Das Geld, das ich für meine Bauten ausgebe, bleibt im Land; es läuft hier um, und das ist noch ein weiterer Vorteil, der meiner Bautätigkeit entspringt ...«[124]

Abgesehen von Schloss Sanssouci und den zahlreichen Kleinbauten zieht vor allem ein gewaltiges Gebäude im Park die Blicke allein schon wegen seiner Größe auf sich: das Neue Palais. Gut 240 Meter lang ist der von 1763 bis 1770 errichtete Bau, der nur einem Zweck diente: Europa zu zeigen, dass Preußen nach sieben Jahren Krieg längst nicht am Ende war. Eine »Fanfaronade« hat Friedrich das Schloss mit seinen über 300 Zimmern selbst genannt. Die Kassen des Königs, das war das vom Neuen Palais ausgehende Signal, waren so gut gefüllt, dass er sich sogar einen solchen Prunkbau leisten konnte. Und als positiven Nebeneffekt brachten die Aufträge für den Bau des Schlosses den brandenburgischen Handwerkern gut gefüllte Auftragsbücher – und Aufträge hatten sie nach dem Siebenjährigen Krieg mehr als nötig. Auch die Stadt Potsdam profitierte von der Leidenschaft des Königs. Allein in der Weber- und Spinnerkolonie Nowawes entstanden zwischen 1750 und 1780 Wohnungen für 1500 Menschen.

In Berlin galt ein Schwerpunkt Friedrichs gleichfalls dem Wohnungsbau. 1753 überschritt die Stadt die 100000-Einwohner-Marke. Doch sind es auch hier die repräsentativen Bauten, die das Interesse auf sich ziehen. Die Mitte Berlins trägt bis heute in vielem Friedrichs Handschrift; sie sollte zu einem Spiegelbild der gewachsenen Machtstellung des Landes in Europa werden. Im Mittelpunkt dieser Pläne stand das Forum Fridericianum, das als Ergänzung zu dem herrschaftlichen Bereich um das Stadtschloss vor allem öffentliche Bauten umfasste. Dazu gehört beispielsweise das 1741 bis 1743 erbaute Opernhaus »Unter den Linden«. Waren Theater und Oper bisher integrale Bestandteile von Schlossanlagen gewesen, ließ Friedrich durch Knobelsdorff erstmals einen völlig eigenständigen Theaterbau errichten. Weitere Bauten der friderizianischen Neugestaltung Berlins waren das Palais des Prinzen Heinrich, die heutige Humboldt-Universität, und die Königliche Bibliothek. Auch der Gendarmenmarkt, unbestritten der schönste Platz Berlins, geht in Teilen auf Friedrich zurück. Dies gilt etwa für die Kuppeltürme des Französischen und des Deutschen Doms mit ihren Säulenvorhallen, durch die der Platz seinen einheitlichen Charakter erhalten hat.

Handel und Wandel

Staatliche Hochbaumaßnahmen waren für Friedrich ein Element der Wirtschaftsförderung, die wiederum ein zentrales Element der Politik des Königs war. Schon 1740 hatte Friedrich ein eigenständiges Departement im Generaldirektorium eingerichtet, das sich ausschließlich mit der Förderung von Handel und Gewerbe beschäftigen sollte. Was immer möglich, sollte in Preußen selbst produziert werden; Rohstoffe sollten im Land verarbeitet und nicht exportiert werden. »Damit ein Land in blühendem Zustand bleibt, ist es in höchstem Maße notwendig, dass die Handelsbilanz günstig stehe: Gibt es mehr für die Importe aus, als es durch die Exporte einnimmt, muss es zwangsläufig von Jahr zu Jahr immer mehr verarmen.«[125]

Nur was nicht im Land selbst hergestellt werden konnte, durfte importiert werden – mit entsprechend hohen Zöllen. Ins Extreme gesteigert wurde diese Politik beim Kaffee, auf den 1781 ein Staatsmonopol eingerichtet wurde. Die Preußen sollten lieber heimischen Getreidekaffee trinken als ihr Geld für Exportware ausgeben. Wer auf richtigen Kaffee dennoch nicht verzichten wollte, musste die vom Staat diktierten hohen Preise bezahlen. Für die Erhebung der Zoll- und Akziseeinnahmen wurde 1766 eine eigene

Behörde eingerichtet, die sogenannte Regie, der ausschließlich französische Beamte angehörten. Zu ihnen gehörten auch die »Kaffeeriecher«, die im wahrsten Sinne des Wortes überall ihre Nasen hineinsteckten, um geschmuggelte Kaffeebohnen zu entdecken. Insgesamt war die Steuerbelastung sehr hoch und wurde von der Bevölkerung als drückend empfunden. Mehl als Grundnahrungsmittel wurde nicht besteuert. Auch hat Friedrich durch die Öffnung der staatlichen Magazine und die staatliche Kontrolle der Brotpreise dafür gesorgt, dass Nahrungsmittel selbst in Krisenzeiten ausreichend zur Verfügung standen.

In seinem 1749 entworfenen Handelsprogramm hat Friedrich die Pfeiler der preußischen Wirtschaft so zusammengefasst: »Unser Handel beruht wesentlich auf Holz, Korn, Wollstoffen, Hanf, Flachs, Leinwand und Wachs. Pommern und die Kurmark verkaufen nach dem Ausland Langholz und Mastbäume für die Schiffe, die Mark bringt Tuche, Särge und Etaminstoffe [dünnes Gewebe] auf die Messen in Braunschweig, Leipzig, Frankfurt und Breslau; ebenso gehen einige unserer Etaminstoffe nach Spanien. Die schlesische Leinwand findet teils Absatz in England, von wo sie durch englische Kaufleute nach Amerika gelangt. Schlesien kauft Wachs in Polen und liefert Lichte zurück, ebenso nach Sachsen. Ostpreußen verkauft sein Korn nach Schweden und seinen Flachs nach Holland.«[126] Bei den Manufakturen unterschied Friedrich zwischen jenen, die einheimische Rohstoffe verarbeiteten, und solchen, die auf Rohstoffe aus dem Ausland angewiesen waren, doch hielt er beide für wichtig, um alle Zweige des Handels zur Entfaltung zu bringen. Luxuswaren wie edle Stoffe und Porzellan sollten vor allem in Berlin produziert werden, weil es dort viele vornehme Leute gebe, die Geschmack hätten und so kostbare Dinge zu schätzen wüssten.

In diesem Sinn ist auch die Förderung der Königlichen Porzellan-Manufaktur zu sehen. 1761 von Johann Ernst Gotzkowsky als private Manufaktur gegründet, ging das Unternehmen bereits zwei Jahre später in staatliche Hände über. Durch das 1765 erlassene Einfuhrverbot für sächsisches Porzellan erhielt die »KPM« de facto eine Monopolstellung in Preußen.

Ein besonderer Schwerpunkt von Friedrichs Wirtschaftsförderung galt der Textilproduktion und hier insbesondere der Seide. Die Dorfpfarrer sollten Maulbeerbäume anpflanzen und auch ihre Schäflein dazu bringen. Den besonders eifrigen Pflanzern winkten Prämien und Vergünstigungen. Instruktoren aus Frankreich und Italien sollten die Maulbeerpflanzungen regelmäßig kontrollieren. Da er aber auf seine Schäflein allein nicht bauen wollte, warb Friedrich in Genf gezielt 200 Familien an, die dort bereits als »Seidenzüchter« gearbeitet hatten. Natürlich sollte nicht nur der Rohstoff in Preußen hergestellt werden. 1752 gab es in Berlin und Potsdam bereits 500 Seidenwebstühle. Zu den von Friedrich mit zinslosen Darlehen und direkten Investitionshilfen geförderten Unternehmern gehörte auch der Jude David Hirsch, der 1730 eine Samt- und zwei Jahre später eine Seidenmanufaktur gegründet hat – ein Beispiel dafür, dass der König die Juden dann unterstützte, wenn er sich einen wirtschaftlichen Nutzen davon versprach.

Die Landwirtschaft war für das pure Überleben des Staates notwendig: »Wenn die Armee dieser Ackerbauern durch ihre Arbeit nicht den dürren Boden ertragsfähig machte, würde die Gesellschaft zugrunde gehen. Man muss diese nützlichen und arbeitsamen Leute hüten wie den Augapfel.«[127] Eingelöst hat Friedrich dieses Versprechen jedoch nur sehr bedingt. Strukturelle Veränderungen in der Landwirtschaft hat er jedenfalls nicht in dem Umfang vorgenommen, wie er es gerne getan hätte. Zwar lehnte er die Leibeigenschaft aus moralischen Gründen prinzipiell ab, doch aufheben konnte er sie nur auf den königlichen Domänen und nicht auf den adligen Gütern. Lediglich bei allzu drastischen Übergriffen schritt er gelegentlich ein. Indem er den Verkauf von adligen Gütern an Bürgerliche weitgehend untersagte, festigte er die gesellschaftlichen Strukturen. Immerhin verbot er auch das sogenannte »Bauernlegen«, das heißt den Aufkauf freier Bauernhöfe durch adlige Grundherren.

Am nachhaltigsten wurde die Landwirtschaft durch die umfassende Binnenkolonisation gefördert. Mit gigantischem Aufwand ließ Friedrich zwischen 1747 und 1753 das Oderbruch trockenlegen, insgesamt 56 000 Hektar Land – und gewann für Preußen auf diese Weise eine neue Provinz, diesmal nicht durch Waffengewalt, sondern durch Ingenieurskunst und harte Arbeit, zu der auch Tausende von Soldaten herangezogen wurden. Eine menschenfeindliche Sumpflandschaft wurde in eine Kulturlandschaft verwandelt. Ähnliche Maßnahmen folgten in kleinerem Umfang auch in anderen Regionen des Landes. Mit Privilegien, Steuerbefreiungen und direkten Subventionen lockte Friedrich insgesamt 300 000 Migranten in die trockengelegten Einflusszonen der Flüsse und in das 1772 erworbene Westpreußen. So kam es, dass schließlich 20 Prozent der preußischen Bevölkerung unter Friedrich einen – modern ausgedrückt – Migrationshintergrund hatten. Zwar kamen viele dieser Migranten aus anderen Teilen des Reichs – aus Schwaben, der Pfalz, Sachsen, Franken –, doch ebenso aus Polen, den Niederlanden, der Schweiz.

Die erste Teilung Polens

Anders als in seiner Sturm-und-Drang-Zeit, in der er Europa durcheinandergewirbelt hat, war er in den letzten beiden Jahrzehnten darum bemüht, das Gleichgewicht der Kräfte zu wahren. Dem diente etwa sein erwähntes Engagement im bayerischen Erbfolgekrieg. Die größte außenpolitische Herausforderung Friedrichs nach dem Kriegen um Schlesien war die Frage der polnischen Teilung. Vor allem Russland versuchte, immer mehr Einfluss auf die geschwächte Adelsrepublik zu nehmen. Der Erste, der polnisches Gebiet förmlich besetzte, war jedoch 1769 Kaiser Joseph II., der in der Zips einmarschierte, die bis 1412 zu Ungarn gehört hatte und dann an Polen verpfändet worden war.

Friedrich II. hatte in seinen beiden Politischen Testamenten zum Ausdruck gebracht, dass das polnische Westpreußen zu den Gebieten gehörte, deren Erwerbung er für erstrebenswert erachtete. 1768 präzisierte er dies dahin gehend, dass er Westpreußen nicht mit militärischen Mitteln gewinnen wolle. Wozu auch, möchte man hinzufügen, wenn es die Möglichkeit gab, Teile des polnischen Kuchens auf friedlichem Weg zu bekommen. Am 20. Februar 1771 ergriff Friedrich dazu die Initiative, indem er seinem Gesandten am Hof der russischen Zarin freie Hand für Verhandlungen darüber gab: »Die eigentliche Frage, um die es geht, ist nicht mehr, ob Polen in seiner Gesamtheit erhalten bleibt, da die Österreicher einen Teil davon wegnehmen wollen [die Zips]. Es bleibt aber die Frage, ob verhindert werden kann, dass durch diese Abtrennung dem Gleichgewicht zwischen der Macht des Hauses Österreich und meines Hauses Abbruch getan wird; dem Gleichgewicht, dessen Erhaltung für mich so wichtig und den russischen Hof selbst so bedeutsam ist. Ich sehe kein anderes Mittel, als dass wir dem Beispiel des Wiener Hofes folgen, dass wir ebenso alte Rechte, die mir meine Archive liefern werden, geltend machen und irgendeine kleine Provinz Polens besetzen … Ich möchte jedoch vorher die wahre Meinung des russischen Hofes darüber wissen. Ich überlasse Ihnen dafür die Wahl der Mittel, die Ihnen passend und besonders geeignet erscheinen …«[128]

Die österreichische Besetzung der Zips war ein guter Vorwand, einseitige Einflussnahmen zu verhindern und das von Friedrich zuletzt so beschworene Gleichgewicht der Großmächte zu erhalten. So kam es fast auf den Tag genau ein Jahr später zu einer Einigung Preußens mit Russland, der bald auch Österreich beitrat. Wobei die russischen und die österreichischen Gebietsgewinne sehr viel umfangreicher waren als die preußischen. Für Friedrich entscheidend war aber nicht die schiere Masse, sondern die Abrundung seines Staatsgebiets und die endlich Wirklichkeit gewordene Verbindung (Ost-)Preußens mit dem brandenburgischen Kernland. Maria Theresias Gewissensbisse kommentierte der Preußenkönig gewohnt sarkastisch: »Sie weint, aber sie nimmt.«[129] Um ihre Annexionen rechtlich abzusichern, zwangen die drei Großmächte Polen 1773 zur förmlichen Abtretung der betroffenen Gebiete; zurück blieb ein Rumpfstaat, der im Inneren auf Reformen setzte, außenpolitisch aber völlig abhängig von seinen gierigen Nachbarn war.

Der »Alte Fritz«

Als Friedrich aus dem Siebenjährigen Krieg zurückkehrte, war aus dem stürmischen König der »Alte Fritz« geworden. Vor allem in seinen letzten Lebensjahren war Sanssouci nicht mehr der Schauplatz geistreicher Tafelrunden, sondern Zeuge der königlichen Einsamkeit. Die Vorhänge des Schlosses waren am Ende so zerschlissen wie seine ungepflegte Uniform, auf den löchrigen Polstermöbeln schliefen Friedrichs Hunde, die zu seinen liebsten Weggefährten geworden waren.

Ein österreichischer Offizier, der ihn 1771 besucht hat, war erstaunt über den Anblick, der sich ihm bot: »Sein blauer Uniformrock, der begann, fadenscheinig zu werden, war von einer so abgenutzten Schärpe umgürtet, dass der Ärmste seiner Offiziere sich geschämt haben würde, sie zu tragen. Der Hut ... sah aus, als stamme er aus dem Siebenjährigen Krieg. Seine Schuhe schienen endlich sechs Monate lang die Bürste nicht gespürt zu haben.«[130]

Trotz allen berechtigten Ärgers über die hohen Steuern und den immer größeren Reformstau umgab den König nach wie vor eine Aura der Ehrfurcht, wie sie der General Friedrich August Ludwig von der Marwitz in seinen Jugenderinnerungen beschrieben hat: »Am 21. Mai 1785 sah ich den König von der Revue zurückkommen. Er kam auf einem großen weißen Pferde geritten ... Das ganze Rondell und die Wilhelmstraße waren gedrückt voll Menschen, alle Fenster voll, alle Häupter entblößt, überall das tiefste Schweigen ... Der König ritt ganz allein vorn und grüßte, indem er fortwährend den Hut abnahm. Er hat ihn vom Halleschen Tor bis zur Kochstraße gewiss zweihundert Mal abgenommen. Bei dem Palais der Prinzessin Amalie [seiner Schwester] angekommen ..., war die Menge noch dichter. Der Vorhof war gedrängt voll, doch in der Mitte, ohne Anwesenheit irgendeiner Polizei, geräumiger Platz für ihn und seine Begleiter. Er lenkte in den Hof hinein, die Flügeltüren gingen auf, und die alte lahme Prinzessin Amalie ... wankte die Stiegen herab, ihm entgegen. Sowie er sie gewahr wurde, setzte er sich in Galopp, hielt, sprang rasch vom Pferde, zog den Hut, umarmte sie, bot ihr den Arm und führte sie die Treppe wieder herauf. Die Flügeltüren gingen zu, alles war verschwunden, und noch stand die Menge entblößten Hauptes, schweigend, alle Augen auf den Fleck gerichtet, wo er verschwunden war. Und doch war nichts geschehen. Keine Pracht, kein Feuerwerk, keine Kanonenschüsse, keine Trommeln und Pfeifen, keine Musik. Nein, nur ein 73-jähriger Mann, schlecht gekleidet, staubbedeckt, kehrte von seinem mühsamen Tagewerk zurück. Aber jedermann wusste, dass dieser Alte auch für ihn arbeitete, dass er sein ganzes Leben an diese Arbeit gesetzt und sie seit 45 Jahren noch nicht einen Tag versäumt hatte.«[131]

Seine Schlagfertigkeit verlor der König selbst in seinen letzten Lebenstagen nicht, und so zynisch er »austeilte«, so bereitwillig steckte er weiterhin ein. Den aus Hannover an sein Krankenbett gerufenen Leibarzt des englischen Königs begrüßte er mit der Frage: »Wie viele Friedhöfe haben Sie schon gefüllt?« Darauf entgegnete der Mediziner: »Nicht so viele wie Eure Majestät«.[132]

Am 17. August 1786 ist Friedrich der Große gestorben. Ohne Pomp und Prunk, bei nächtlichem Fackelschein, wollte Friedrich der Große neben seinen Hunden unter der Terrasse von Sanssouci begraben werden. Sein Nachfolger Friedrich Wilhelm II. erfüllte diesen letzten Wunsch seines Onkels nicht. Er ließ ihn in der Potsdamer Garnisonkirche beisetzen. Die Wirren des Zweiten Weltkriegs führten den Sarkophag des Königs über ein Salzbergwerk in Thüringen und die Marburger Elisabethkirche schließlich zur Burg Hohenzollern auf der Schwäbischen Alb, der Stammburg der Familie. Erst nach der Vereinigung der beiden deutschen Staaten wurde Friedrichs letzter Wunsch 1991 erfüllt. Seither ruht er unter der Terrasse von Sanssouci – neben seinen Hunden. Eine schlichte Marmorplatte zeigt die Stelle an.

Über das Erbe dieses Königs ist viel diskutiert worden. Doch was er in seinem Politischen Testament von 1768 als Grundlage gesellschaftlichen Zusammenlebens formuliert hat, ist heute noch genauso gültig wie vor über 240 Jahren: »Pflicht eines jeden guten Bürgers ist es, dem Vaterland zu dienen, daran zu denken, dass er nicht allein für sich auf der Welt ist, sondern dass er zum Wohl der Gesellschaft, in die ihn die Natur gesetzt hat, arbeiten muss.«[133]

Und wie steht es um die historische Größe des Königs? Wenn die Nachwelt Friedrich den Beinamen »der Große« zuerkannte, habe sie damit – so Leopold von Ranke – »nicht etwa alles sanktionieren wollen, was von ihm ausging, denn nicht eben alles ist groß, was ein großer Mann tut, und an manchem, was von ihm ausging, hat nicht bloß der Neid und die Missgunst etwas auszusetzen gefunden«.[134] Mit dieser Einschränkung mag man Friedrich II. auch heute noch »den Großen« nennen.

Der Unpreußische?

Friedrich Wilhelm II. (1786–1797)

Friedrich der Große hat von seinem Nachfolger nicht viel gehalten, und er hielt mit dieser Meinung nicht hinter dem Berg: »Wenn nach meinem Tod mein Herr Neffe in seiner Schlaffheit einschlummert, sorglos in den Tag hineinlebt, wenn er verschwenderisch, wie er ist, das Staatsvermögen verschleudert, so wird ... binnen dreißig Jahren weder von Preußen noch vom Haus Brandenburg mehr die Rede sein.«[1]

Das Verdikt des großen Königs macht Friedrich Wilhelm II. bis heute zu schaffen. War er nicht tatsächlich der unpreußischste aller preußischen Könige? Hat er nicht die solide Haushaltspolitik seiner Vorgänger über den Haufen geworfen und den Staatsschatz geleert? Seine Mätresse, die »schöne Wilhelmine«, zur Gräfin erhoben, die Tochter eines Musikers und Gastwirts, mit der er – und das im protestantischen Preußen und als verheirateter Ehemann – fünf Kinder gezeugt hat? Neigte er nicht bei aller persönlichen Liebenswürdigkeit unter dem Einfluss seiner bevorzugten Ratgeber zu engstirniger Bigotterie inklusive nächtlicher Geisterbeschwörungen?

Es gibt genügend Gründe, die eine mildere Beurteilung seiner Regierungszeit rechtfertigen. Die letzten Jahre der Herrschaft Friedrichs des Großen waren von einer bleiernen Schwere und Reformstarre geprägt gewesen. Daher war die Stimmung beim Regierungsantritt Friedrich Wilhelms II. keineswegs gedrückt. Der »Soldatenkönig« und Friedrich der Große haben zusammen 74 Jahre lang regiert – Jahre, in denen nüchterne Pflichterfüllung und Arbeitsamkeit zum Ethos des Staates geworden waren. Unter

Friedrich Wilhelm II. erhielt Preußen ein menschlicheres, weicheres Gesicht. Auf einmal durfte wieder gefeiert werden, ohne dass man deshalb gleich ein schlechtes Gewissen haben musste. In der Kunst wurde endlich der lange Rokokozopf des »alten Fritz« abgeschnitten: Musik, Literatur und Architektur erlebten unter Friedrich Wilhelm II. eine neue Blüte. Nicht umsonst wurde der erste große Bau des Klassizismus in Berlin – das Brandenburger Tor – unter diesem König errichtet. Und es war Friedrich Wilhelm II., unter dessen Herrschaft 1794 die Arbeit an dem von Friedrich dem Großen begonnenen Allgemeinen Landrecht für die preußischen Staaten endlich abgeschlossen werden konnte.

Politisch stand das Preußen jener Jahre vor großen Herausforderungen. Die erste nahm ihren Ausgang in Paris, wo der Sturm auf die Bastille am 14. Juli 1789 den Ausbruch der Französischen Revolution markierte. Wie sollte Preußen darauf reagieren?

Krieg gegen die Revolution

Die Französische Revolution ist in ihren Anfängen von den deutschen Fürsten keineswegs so einhellig abgelehnt worden, wie man dies im Rückblick vermuten könnte. Die Reform der verknöcherten französischen Monarchie im Geist der Aufklärung war längst überfällig. Auch fürchtete man speziell in Preußen zunächst keinen vergleichbaren Ausbruch von Unzufriedenheit. Doch indem sich die Revolution immer offener gegen die Monarchie als Staatsform wandte und von immer radikaleren Auswüchsen begleitet wurde, wuchs die Überzeugung, dass ein Eingreifen notwendig werden könnte. Umso mehr, nachdem Ludwig XVI. sein Heil in der Flucht gesucht hatte – und gedemütigt nach Paris zurückgekehrt war.

Die zahlreich nach Deutschland strömenden adligen Emigranten aus Frankreich entfesselten ihrerseits eine leidenschaftliche Agitation gegen das neue Regime in ihrer Heimat und drängten die europäischen Monarchen zum Eingreifen. Friedrich Wilhelm II. machte sich die Entscheidung nicht leicht. Er ließ sich aus zahlreichen Quellen über die Situation in Frankreich informieren. Schließlich sorgte er sich doch, dass der »Geist der Freiheit und des Ungehorsams« über den Rhein schwappen könnte. Die Ereignisse in Frankreich verdienten daher »die ernsteste Aufmerksamkeit aller Regierungen«.[2] Daneben standen aber auch ganz klassische Motive: ein möglicher territorialer Gewinn oder finanzielle Entschädigungen.

Bei einer Zusammenkunft mit Kaiser Leopold II. im sächsischen Pillnitz einigten sich die beiden Monarchen am 27. August 1791 darauf, »den König von Frankreich in die Lage zu versetzen, in vollkommener Freiheit die Grundlage einer Regierungsform zu befestigen, welche den Rechten der Souveräne und dem Wohle Frankreichs entspricht«.[3] Dies war noch nicht die Entscheidung zur bewaffneten Intervention, aber es war eine Herausforderung an die Nationalversammlung in Paris, die man in der Politiksprache von heute als Einmischung in die inneren Angelegenheiten eines souveränen Staates bezeichnen würde. Die Anerkennung der neuen französischen Verfassung durch Ludwig XVI. beruhigte die Lage kurzzeitig, doch wurde man in Paris vor dem Hintergrund der Annäherung zwischen Wien und Berlin zunehmend nervös. Tatsächlich schlossen die beiden so lange verfeindeten Staaten im Februar 1792 ein förmliches Bündnisabkommen und vereinbarten, sich im Falle des Angriffs einer dritten Macht gegenseitig zu unterstützen. Ein französisches Ultimatum an Österreich, diesen Vertrag zu lösen, lehnte der neue Kaiser Franz II. ab und verschärfte die Situation noch, indem er die französische Regierung dazu aufforderte, »die besitzenden [deutschen] Fürsten im Elsass wieder in ihre Rechte einzusetzen und Avignon dem Papst wiederzugeben«.[4]

Zu den mahnenden Stimmen in Preußen gehörte damals Prinz Heinrich, der Bruder Friedrichs des Großen und erfahrene General der friderizianischen Kriege. Er ging – zu Recht, wie sich zeigen sollte – davon aus, dass eine solche Einmischung die Situation des französischen Königs nur noch verschlimmern würde. An seinen Bruder Ferdinand schrieb er am 1. April 1792: »Ich verabscheue die Partei der Jakobiner und würde alles auf der Welt darum geben, wenn sie vernichtet werden würden. Frankreich ist in einer furchtbaren Lage … Wenn ich glaubte, dass Gewaltmittel etwas ausrichten könnten, würde ich dafür stimmen. Aber ich bin überzeugt, dass diejenigen, die dann ans Ruder kämen, noch mehr verderben als gutmachen würden.«[5]

Den nächsten Schritt auf der Leiter der Eskalation machte schließlich das revolutionäre Frankreich: Am 20. April 1792 erklärte die Nationalversammlung Österreich den Krieg. Dies war zugleich ein probates Mittel, von dem innenpolitischen Chaos abzulenken, in dem sich das Land in dieser Zeit befand. Die Hoffnung Frankreichs, Preußen würde sich aus dem Krieg heraushalten, erfüllte sich nicht. Friedrich Wilhelm II. stand zu dem in Wien vereinbarten Bündnis.

Erstes militärisches Ziel der Franzosen waren die österreichischen Niederlande (in etwa das heutige Belgien und Luxemburg), doch war die Offensive schlecht organisiert und fiel bald in sich zusammen. Nachdem auf diese Weise die Würfel gefallen waren, entschieden sich die konservativen Mächte zum Einmarsch in Frankreich; der Revolution sollte der Garaus gemacht werden. Friedrich Wilhelm selbst setzte sich an die Spitze seiner Truppen. Der Oberbefehl wurde Herzog Karl Wilhelm Ferdinand von Braunschweig übertragen, der schon im Siebenjährigen Krieg gekämpft hatte.

Große Befürchtungen hegten die Koalitionäre nicht; ein besserer Spaziergang würde es werden, mehr nicht. Was wollten die zusammengewürfelten Haufen der französischen Revolutionäre schon gegen die disziplinierten österreichischen und preußischen Soldaten ausrichten! Der Generalquartiermeister wurde gar angewiesen, nicht zu viele Pferde zu kaufen, denn die »Komödie« werde nicht allzu lange dauern. So erinnerte sich der preußische Militärschriftsteller Carl von Clausewitz, der als blutjunger Fähnrich an diesem Ersten Koalitionskrieg teilgenommen hat: »Da 1792 die verbündeten deutschen Heere wider Frankreich zogen, nahmen sie die Dinge überaus leicht. Österreichische Offiziere scherzten: Es sei schimpflich, Kanonen gegen die Sansculotten [in diesem Fall spöttisch gemeinte Bezeichnung für die zusammengewürfelten Revolutionstruppen] mitzuführen; schon Wasserspritzen reichten aus. Die preußischen … verhießen Pariser Geschenke aufs baldigste in die Heimat zu schicken. Unsere Ordnung, dachte man, und jener verwirrte Zustand, jenes verächtliche Pöbelmilitär! Es erregte Gelächter.«[6] Kurioserweise wollte einzig der Befehlshaber, der Herzog von Braunschweig, nicht in dieses Gelächter einstimmen.

Die abschätzige Haltung, die viele Offiziere hegten, basierte auf den Erfahrungen, die sie bis dahin mit revolutionären Gegnern gemacht hatten. 1787 hatten 20000 preußische Soldaten genügt, um eine Erhebung der von Frankreich unterstützten »Patrioten« gegen die Herrschaft des oranischen Erbstatthalters Wilhelm V. in den Niederlanden niederzuschlagen. Preußen hatte sich damals eingemischt, weil die Schwester Friedrich Wilhelms II. mit dem Erbstatthalter verheiratet und von den Aufständischen kurzzeitig sogar in ihre Gewalt gebracht worden war. Das chaotische Auftreten der französischen Soldaten bei ihrem missglückten Angriff in den österreichischen Niederlanden 1789 und abfällige Berichte der adligen Emigranten hatten die Geringschätzung noch weiter verstärkt.

Einen kapitalen Fehler beging in dieser Situation der Herzog von Braunschweig. Unmittelbar vor dem Beginn der Offensive ließ er sich dazu verleiten, Öl in das revolutionäre Feuer zu gießen, als er die Franzosen in einem Manifest dazu aufrief, dem Invasionsheer keinen Widerstand entgegenzusetzen. Man werde dies als »Rebellion gegen den König«[7] bestrafen: »Wenn das Schloss der Tuilerien, in dem sich Ludwig XVI. mit seiner Familie aufhielt, gestürmt oder verletzt, die geringste Gewalttätigkeit verübt oder sogar Ihren Majestäten die mindeste Beleidigung zugefügt werden sollte, wenn nicht im Augenblick für ihre Sicherheit, Erhaltung und Freiheit Sorge getragen würde …, werde die Stadt Paris einer militärischen Exekution und gänzlicher Zerstörung preisgegeben und die rebellischen, dieser Attentate schuldigen Verbrecher den verdienten Strafen überliefert.«[8]

Damit erhielten in Frankreich endgültig die radikalen Kräfte die Oberhand, die auch die konstitutionelle Monarchie abschaffen wollten, deren Rettung doch das erklärte Kriegsziel der Alliierten war. Der Herzog hatte Ludwig XVI. mit diesem unter dem Druck der Emigranten verfassten Manifest einen Bärendienst erwiesen. Auch die Idee, auf dem Marsch requiriertes Vieh mit Bons zu bezahlen, die auf Ludwig XVI. ausgestellt waren, trug nicht gerade dazu bei, dessen Ansehen zu heben. Johann Wolfgang von Goethe, der als Kriegskommissar des Herzogs Karl August von Weimar an dem Feldzug teilnahm, hat eine solche Situation beschrieben: »Also kamen ... Preußen und Österreicher und ein Teil von Frankreich [= die adligen Emigranten], auf französischem Boden ihr Kriegshandwerk zu treiben. In wessen Macht und Gewalt taten sie das? Sie konnten es in eigenem Namen tun, der Krieg war ihnen zum Teil erklärt, ihr Bund war kein Geheimnis; aber nun ward noch ein Vorwand erfunden. Sie traten auf im Namen Ludwigs XVI.; sie requirierten nicht, aber sie borgten gewaltsam. Man hatte Bons drucken lassen, die der Kommandierende unterzeichnete, derjenige aber, der sie in Händen hatte, beliebig ausfüllte: Ludwig XVI. sollte bezahlen. Vielleicht hat nach dem Manifest nichts so sehr das Königtum gegen das Volk aufgehetzt als diese Behandlungsart.« Goethe schildert daraufhin, wie man eine große Schafherde ihren Besitzern abgenommen und deren »wollige Zöglinge« dann »vor den ungeduldigen fleischlustigen Soldaten vor ihren Füßen ermordet wurden ... Es ist mir nicht leicht eine grausamere Szene und ein tieferer männlicher Schmerz jemals vor Augen und zur Seele gekommen.«[9]

Nun war Goethe kein Soldat, und er kannte auch die Grausamkeiten des Krieges bis dahin nur vom Hörensagen. In jedem Krieg von der Antike bis zur Neuzeit haben Armeen sich auch aus dem Land versorgt, in dem sie operierten. Ungewöhnlich aber war, dass die Eindringlinge in diesem Fall den König des angegriffenen Landes zum Zahlmeister machen wollten. Das war aus ihrer Sicht zwar logisch, denn um ihn wieder an die Macht zu bringen, hatten sie den Krieg überhaupt erst begonnen. Aber es war unklug, weil es die radikalen Kräfte der Revolution stärkte und den Widerstandswillen befeuerte.

Valmy und die Folgen

Zunächst lief gleichwohl alles nach Plan. Longwy und Verdun kapitulierten. Bei Valmy in der Champagne kam es am 20. September 1792 zum ersten größeren Aufeinandertreffen auf französischem Boden. Der Herzog von Braunschweig war ein vorsichtiger Taktierer und wollte eine offene Feldschlacht vermeiden, wenn er nicht von vornherein sicher sein konnte, sie möglichst ohne große eigene Verluste zu gewinnen. So konzentrierten sich die Kämpfe auf die Artillerie, weshalb dieses Treffen als »Kanonade von Valmy« in die Geschichte eingegangen ist. Dabei mussten die Koalitionstruppen zu ihrer Verwunderung feststellen, dass ihre revolutionären Kontrahenten nicht einfach davonliefen. Es war nicht wirklich eine Niederlage, aber es war das Gegenteil von dem, was sie erwartet hatten, und der Herzog von Braunschweig blies den Angriff ab, bevor er richtig begonnen hatte. Die Stimmung war denkbar schlecht. Eine Ruhrepidemie forderte mehr Todesopfer als die Kampfhandlungen. Bald machte den Soldaten noch der Hunger zu schaffen. Die Koalitionstruppen waren »in die unfruchtbarste Region Frankreichs vorgerückt, wo die Einwohner teils entflohen waren, teils um keinen Preis ihnen Lebensmittel überließen ... Diese mussten von Verdun hergeholt werden. Allein, von dem Tage an, an welchem die Alliierten die Grenze Frankreichs überschritten hatten, war ein beständiges, fast ununterbrochenes Regenwetter eingetreten, welches alle Wege grundlos machte und die Zufuhr der Lebensmittel erschwerte. Wenn auch einzelne Transporte des in Verdun gebackenen Brotes bei der Armee ankamen, so reichten dieselben nicht hin zur Sättigung für so viele Tausend Hungrige«, erinnerte sich der Trierer Domkapitular Viktor Joseph Dewora.[10] Der Herzog von Braunschweig sah vor diesem Hintergrund keine andere Möglichkeit mehr, als am 27. September 1792 den Rückzug über die Maas zu befehlen.

Die Kanonade von Valmy ist von Johann Wolfgang von Goethe gleichfalls als Augenzeuge geschildert worden. Noch interessanter als seine Beschreibung der »Kanonade« ist indes seine Beurteilung der Situation danach: »Als ich zurückgeritten und völlig in Sicherheit war, fand ich bemerkenswert, dass alle jene Glut sogleich erloschen und nicht das mindeste von einer fieberhaften Bewegung übrig geblieben sei... So war der Tag hingegangen, unbeweglich standen die Franzosen ...; unsere Leute zog man aus dem Feuer zurück, und es war eben, als wenn nichts gewesen wäre. Die größte Bestürzung breitete sich über die Armee. Noch am Morgen hatte man nicht anders gedacht, als die sämtlichen Franzosen aufzuspießen und aufzuspeisen, ja mich selbst hatte das Vertrauen auf ein solches Heer, auf den Herzog von Braunschweig zur Teilnahme an dieser gefährlichen Expedition gelockt; nun aber ging jeder vor sich hin, man sah sich nicht an, oder wenn es geschah, so war es, um zu fluchen oder zu verwünschen. Wir hatten, eben als es Nacht werden wollte, zufällig einen Kreis geschlossen, in dessen Mitte nicht einmal wie gewöhnlich ein Feuer konnte angezündet werden; die meisten schwiegen, einige sprachen, und es fehlte doch eigentlich einem jeden Besinnung und Urteil. Endlich rief man mich auf, was ich dazu denke, denn ich hatte die Schar gewöhnlich mit kurzen Sprüchen erheitert und erquickt; diesmal sagte ich: ›Von hier und heute geht eine neue Epoche der Weltgeschichte aus, und ihr könnt sagen, ihr seid dabei gewesen‹.«[11]

Nicht zuletzt durch Goethes Bonmot bekam die Kanonade von Valmy eine Bedeutung, die aus militärischer Sicht weit überzogen war. Doch Valmy wurde zu einem Symbol: für die auf den Lorbeeren Friedrichs des Großen eingeschlafene preußische Armee, für die Kampfkraft der von der Gerechtigkeit ihrer Sache überzeugten proletarischen Massen, für den Sieg des neuen über das alte Europa, für die Überlegenheit der am 22. September 1792 in Paris ausgerufenen Republik über die Monarchie. Ferdinand Foch, französischer Marschall des Ersten Weltkriegs, sagte einmal über Valmy: »Die Kriege der Könige waren damit zu Ende gegangen, die Kriege der Völker begannen.«[12]

Es war eine Stimmung, wie sie in der im April 1792 verfassten heutigen französischen Nationalhymne, der Marseillaise, zum Ausdruck kommt: »Vorwärts, Kinder des Vaterlands, der Tag des

Ruhms ist gekommen. Gegen uns der Tyrannei blutige Fahne man erhoben hat. Hört ihr in den Feldern ihre wilden Soldaten schreien? Sie kommen bis in unsere Arme, zu erwürgen eure Söhne, eure Gefährtinnen. Zu den Waffen, Bürger! Formiert eure Bataillone! Marschieren wir, auf dass das unreine Blut unsere Fluten tränke. Was will diese Sklavenhorde von Verrätern, von verschworenen Königen, für wen diese schmählichen Fesseln ...«[13] Ein junger französischer Soldat soll in den Kämpfen sogar explizit auf das neue Lied der Revolution hingewiesen haben: »Wir fochten einer gegen fünf, doch mit uns focht die Marseillaise.«[14]

Alle blutrünstige Rhetorik und revolutionären Aufrufe änderten jedoch nichts daran, dass die nach Valmy begonnene französische Offensive keineswegs ein einziger Erfolgszug war, umso mehr, als sich der Koalition gegen das revolutionäre Frankreich nach der Hinrichtung Ludwigs XVI. am 21. Januar 1793 auch noch das zunächst zögerliche England und mit den Niederlanden sogar eine Republik angeschlossen hatten.

Zwar gelang es den Franzosen, die österreichischen Niederlande zu besetzen, und auch am Rhein stießen sie immer weiter nach Norden vor. Im Oktober 1792 eroberten sie Mainz. Doch das war bereits der Wendepunkt. In der Schlacht von Neerwinden (Flämisch-Brabant) mussten die Revolutionstruppen am 18. März 1793 eine verheerende Niederlage einstecken, und im April begann die Belagerung von Mainz, das von 30 000 vor allem preußischen Soldaten eingeschlossen wurde. Am 23. Juli 1793 kapitulierte die Stadt.

Der Frieden von Basel

Die Geschichte kennt kein »Was wäre geschehen, wenn ...«, und doch stellt sich die Frage an manchen Wendepunkten immer wieder. Was also wäre geschehen, wenn Preußen und Österreicher an dieser Stelle entschlossen und mit vereinten Kräften nachgesetzt hätten – anstatt sich von den Franzosen neuerlich in die Defensive drängen zu lassen? Die Weltgeschichte wäre vielleicht anders verlaufen. Zum einen fehlte es jedoch an der dafür notwendigen Entschlossenheit, wie bereits der Herzog von Braunschweig klagte: »Wenn eine große Nation wie die französische durch Schrecken und Begeisterung zu großen Taten geführt wird, so sollte ein einziger Wille, ein einziger Grundsatz alle Schritte der Verbündeten lenken. Allein, wenn stattdessen jedes Heer für sich ohne festen Plan, ohne Einigkeit, ohne Grundsatz und ohne Methode handelt, dann müssen die Ergebnisse so sein, wie wir sie erlebt haben.«[15]

Doch die mangelnde Entschlossenheit war nicht allein der zaudernden Natur des Königs zuzuschreiben. Frankreich war nur *ein* Brandherd; im Osten machte sich Russland daran, dem polnischen Reststaat den Garaus zu machen. Durfte man da einfach zusehen, ohne seine eigenen Interessen einzubringen? Nein, aus preußischer Sicht war klar: Man wollte selbst ein weiteres Stück vom polnischen Kuchen abhaben. Wäre die völlige Konzentration auf den Westen nicht der gleiche Fehler gewesen, wie ihn einst der »Soldatenkönig« begangen hatte, als er sich aus dem Nordischen Krieg heraushielt?

Der Krieg gegen Frankreich war zudem teuer und nur noch mit englischen Hilfsmitteln zu finanzieren – zu welchem Zweck, nachdem Ludwig XVI. tot war und die französische Monarchie endgültig verloren schien? Friedrich Wilhelm II. zog daraus die Konsequenz und verließ den westlichen Kriegsschauplatz, um sein Augenmerk auf Polen zu richten. An den Herzog von Braunschweig schrieb Friedrich Wilhelm II. am 18. September 1793: »Die Sicherstellung meiner eigenen Grenzen zwingt mich zu dem Entschluss, für jetzt die Armee zu verlassen.« Zwar wünschte er, dass die polnischen Angelegenheiten »mir bald gestatten werden, mich wiederum bei meinen Truppen einzufinden«, doch tatsächlich kehrte er nicht wieder zurück.[16] Damit war der Krieg gegen Frankreich für Preußen zwar nicht zu Ende, aber er wurde doch nur auf Sparflamme weitergeführt. Im Oktober 1794 wurden die letzten preußischen Soldaten abgezogen.

Am 5. April 1795 wurde der Frieden von Basel geschlossen, mit dem Preußen nun auch offiziell aus dem Krieg gegen Frankreich ausscherte. Frankreich erklärte sich bereit, die besetzten rechtsrheinischen Gebiete zu räumen, die linksrheinischen sollten dagegen bis zu einem allgemeinen Friedensschluss unter französischer Besatzung bleiben. Für deren möglichen endgültigen Verlust sollte Preußen auf Kosten geistlicher Gebiete rechts des Rheins entschädigt werden. Darüber hinaus vereinbarten die beiden Staaten die Wiederaufnahme von Handelsbeziehungen. Realpolitisch betrachtet, ermöglichte der Frieden von Basel die Konzentration der preußischen Politik auf die polnische Frage und beendete ein kostspieliges Abenteuer. Dass Preußen damit aber Österreich im Regen stehen ließ und sich auch nicht darum kümmerte, dass das Heilige Römische Reich deutscher Nation Frankreich den Reichskrieg erklärt hatte, brachte Friedrich Wilhelm II. den Vorwurf des Verrats ein. Mitten durch Deutschland zog sich nun eine Demarkationslinie – nördlich davon schwiegen unter preußischem Schutz die Waffen, südlich davon herrschte Krieg.

Natürlich gehörten die Befürworter des Kriegs zu den größten Gegnern des Friedensschlusses – und umgekehrt. Zu den Scharfmachern hatte der Freiherr vom Stein gehört, der spätere große Reformer des preußischen Staates. Er fürchtete ein französisches Übergewicht in Europa und sah dies in der Zersplitterung Deutschlands begründet. Dem wollte er mit einer Stärkung der beiden Vormächte Preußen und Österreich begegnen: »Ich betrachte die Vergrößerung der beiden militärischen Mächte als ein notwendiges und wünschenswertes Ereignis.« Die deutschen Kleinstaaten sollten mit den beiden großen Monarchien vereinigt werden, »von deren Existenz die Fortdauer des deutschen Namens abhängt«. Die Kriegsanstrengungen der Koalition waren ihm viel zu träge. Die hohen Offiziere seien allesamt schlaff und schleppten nur ihre »zentnerschwere Langeweile« mit sich herum. Den »unglückseligen Frieden« von Basel, der für ihn nichts anderes war als eine »perfide Preisgabe Deutschlands«, lehnte Stein kategorisch ab. Ganz anders beurteilte der alte Prinz Heinrich, der von Anfang an vor einem Krieg gegen Frankreich gewarnt hatte, die Situation: »Dieser Krieg ist mit Dummheit angefangen und mit Dummheit geführt worden. Er ist gegen das Interesse unseres Landes; man muss ihn endigen. Wir haben andere Feinde als die Franzosen.«[17] Und das war aus der Sicht Heinrichs, nicht anders als zu der Zeit seines großen Bruders, Österreich!

Differenzierter wurde die Lage von Karl August Freiherr von Hardenberg beurteilt, damals Leitender Minister der neuen preußischen Provinz Ansbach-Bayreuth: »Unsere Kräfte sind erschöpft, ein baldiger Friede ist für uns unentbehrlich. Der Krieg wird im Widerspruch mit der öffentlichen Meinung geführt, besonders ist auch die Armee demselben entgegen. Sie ist von oben bis unten vom Geist des Widerspruchs erfüllt ... Das einzige Heil, die einzige Rettung von Europa liegt in einem baldigen Frieden«, formulierte Hardenberg in einem Brief an den preußischen Außenminister Christian Graf von Haugwitz. Doch er fügte hinzu: »Dabei muss man mit den Verbündeten zusammenwirken.«[18] Also kein Separatfrieden, der nach Ansicht Hardenbergs nur Frankreich nützen würde, von dem er eine Revolutionierung ganz Europas befürchtete. Und doch war es ausgerechnet Hardenberg, der von März 1795 an die Verhandlungen in Basel auf preußischer Seite führte. Der gebürtige Hannoveraner war ein Realpolitiker, der nüchtern konstatierte, dass ein allgemeiner Frieden in diesem Moment nicht erreichbar war. Also musste er versuchen, für Preußen das Bestmögliche herauszuholen und zugleich endgültige Festsetzungen auf einen späteren Zeitpunkt zu verschieben, und Preußen dabei als möglichen Vermittler ins Spiel bringen. Genau das hat er erreicht. Preußen hatte den Rücken frei, um mit ganzer Macht seine östlichen Interessen durchzusetzen. Der König verlieh Hardenberg für den erfolgreichen Abschluss der Friedensverhandlungen zwar den Schwarzen Adlerorden, doch glücklich war er mit dem Erreichten nicht: Er hatte Königsmördern die Hand zum Frieden gereicht und seine Verbündeten im Stich gelassen. Das schien ihm ein hoher Preis.

Die polnische Frage

Nicht erst mit dem Frieden von Basel hat sich das Verhältnis zwischen Preußen und Österreich dramatisch verschlechtert. Denn inzwischen traten die beiden Mächte im Osten neuerlich als Konkurrenten auf. Ziel der allseitigen Begierden war einmal mehr der ohnehin bereits gerupfte polnische Adler. Preußen richtete sein Streben vor allem auf Danzig, das es schon bei der ersten Teilung gerne erworben hätte. Zunächst war dabei nicht an eine neuerliche Teilung allein auf Kosten Polens gedacht. Der preußische Außenminister Ewald Friedrich Graf von Hertzberg schlug stattdessen vor, dass Polen zwar Danzig an Preußen abtreten, dafür aber das bei der ersten Teilung an Österreich verloren gegangene Galizien zurückerhalten sollte. Österreich und Russland sollten sich dafür an Teilen des wankenden Osmanischen Reichs schadlos halten dürfen, mit dem sie sich gerade im Krieg befanden. Dass die beiden »Partner« Polen keineswegs dem preußischen Einfluss überlassen wollten, versteht sich von selbst. So ersann Hertzberg einen neuen Plan, um in den Besitz von Danzig zu kommen: »Ich möchte, dass der König den Augenblick benutze, sich mit Schweden, der Pforte [dem Osmanischen Reich] und auf jeden Fall mit Polen verbinde, um Russland nach dem Osten zu vertreiben.«[19] Doch auch dieser Gedanke wurde nicht mit besonderer Ernsthaftigkeit weiter verfolgt, das polnisch-preußische Bündnis blieb eine Episode.

Mit seiner neuen liberalen Verfassung vom 3. Mai 1791, die Elemente der Französischen Revolution aufgriff, ohne die Gesellschaftsordnung völlig auf den Kopf zu stellen, hätte Polen die Chance gehabt, eine stabile konstitutionelle Monarchie zu werden. Der König wurde auf die Verfassung verpflichtet, die Gewaltenteilung eingeführt, das Vetorecht des Adels im Reichstag weitestgehend aufgehoben. Ohne Zustimmung des Reichstags sollte die Regierung keine Gesetze erlassen, Steuern erheben oder Verträge mit auswärtigen Mächten abschließen dürfen. Durch die Einführung der dynastischen Erbfolge wurde Polen eine solide staatliche Grundlage gegeben.

Zarin Katharina II. bestärkte jedoch die großen polnischen Magnaten in ihrem Widerstand gegen die Verfassung – und bot 100 000 Soldaten zur Unterstützung an. Gegen diese Übermacht hatten die polnischen Verteidiger der Verfassung keine Chance. Um zu retten, was noch zu retten war, schlug sich am Ende selbst König Stanislaus II. August auf die Seite der Verfassungsgegner.

Mit der Beschwörung der Gefahr eines Übergreifens revolutionärer Umtriebe, der »französischen Pest«, ließ sich anschließend sogar ein neuerlicher Eingriff in die territoriale Hoheit des Nachbarlands begründen.[20] Vor dem Hintergrund der vollendeten Tatsachen, die Katharina die Große mit ihrer »Hilfe« für die Magnaten geschaffen hatte, konstatierte man in Preußen nüchtern, dass die einfachste Möglichkeit, in den Besitz von Danzig zu kommen, ein Übereinkommen mit Russland war. Dass man damit die kurz zuvor noch umworbenen Polen vor den Kopf stieß, bereitete weder Friedrich Wilhelm II. noch seinen Ministern größere Gewissensbisse. Als Stanislaus II. August die Preußen angesichts des russischen Einmarschs um Hilfe anrief, antwortete Friedrich Wilhelm II. kühl, dass sich die Polen dieses Schlamassel durch ihre liberale Verfassung selbst zuzuschreiben hätten. Es sei doch klar gewesen, dass die Zarin sich dadurch herausgefordert fühlen würde. Mit der Verfassung sei ein neuer Staat entstanden, gegenüber dem Preußen keine Bündnisverpflichtungen habe. Das mag eine moralisch angreifbare Haltung gewesen sein, doch ein Krieg gegen Russland im Konzert mit Polen wäre, berücksichtigt man die noch nicht bereinigte Situation im Westen, politischer Selbstmord gewesen. Die Macht siegte auch in diesem Fall über die Moral.

Am 23. Januar 1793 besiegelten die beiden Großmächte die zweite polnische Teilung. Österreich musste sich mit der vagen Aussicht begnügen, vielleicht irgendwann einmal die ungeliebten österreichischen Niederlande gegen Bayern eintauschen zu können. Jene polnischen Magnaten, die geglaubt hatten, mit russischer Hilfe ihre eigenen innenpolitischen Ziele durchsetzen zu können, bekamen die Rechnung als Erste serviert: Da die »Urheber und Anhänger der Revolution vom 3. Mai 1791« noch immer »geheime Komplotte« schmiedeten, habe »von Russlands und

Preußens Monarchen der Entschluss gefasst werden müssen«, Polen »in engere Grenzen einzuschnüren«. Die Nation möge »das Geschäftliche der notwendigen Gebietsabtretung auf einem Reichstag freundschaftlich erledigen«.[21]

Der daraufhin – unter irregulären Bedingungen – tatsächlich einberufene polnische Reichstag stimmte am 14. Oktober 1793 der Abtrennung weiterer Teile des Landes zu – wenn man das denn so bezeichnen mag: Die Abgeordneten tagten unter dem »Schutz« russischer Soldaten, sie durften den Tagungsort, das Schloss Grodno im heutigen Weißrussland, nicht verlassen, und als sie trotzdem kein positives Votum abgeben wollten, wurde flugs ihr Schweigen als Zustimmung gewertet. Russland sicherte sich in der zweiten polnischen Teilung eine Beute von fast 230 000 Quadratkilometern Fläche und machte sich darüber hinaus das verbliebene Restpolen zum Vasallen, der nicht mehr über sein eigenes Schicksal bestimmen durfte. Preußens Zugewinn fiel mit 58 000 Quadratkilometern demgegenüber eher bescheiden aus. Doch dazu gehörte nicht zuletzt das so lange begehrte Danzig, dazu Posen, Gnesen, Kalisch und Thorn, die künftig die neue Provinz Südpreußen bildeten.

Der übriggebliebene polnische Reststaat war kaum überlebensfähig. Das wussten die Teilungsmächte, und das wussten auch die Polen selbst. Eine Armee von gerade einmal 15 000 Mann sollte ihnen belassen, der Rest nach Hause geschickt werden. Der Widerstand einer Einheit gegen ihre Zwangsauflösung war das Fanal für einen Aufstand, an dessen Spitze sich Tadeusz Kościuszko stellte – eine schillernde Gestalt. Im amerikanischen Unabhängigkeitskrieg hatte er auf der Seite der Aufständischen gekämpft und es bis zum Brigadegeneral gebracht. 1784 kehrte er in seine polnische Heimat zurück. In einem Manifest rief er seine Landsleute am 24. März 1794 zum bewaffneten Aufstand auf – für die Wiedergewinnung der nationalen Unabhängigkeit, aber auch für die Ideale der Freiheit, wie er sie in Amerika kennen gelernt hatte.

Kosciuszko schwang sich während des Aufstands zum Diktator auf und wusste sein Volk dabei hinter sich. Selbst die Bauern kämpften mit ihren Sensen gegen die weitere Zerstückelung ihres

Friedrich I., König in Preußen. Das nach 1701 entstandene Gemälde wird Samuel Theodor Gericke zugeschrieben. Der Hermelinmantel und die Krone auf dem Thron verweisen auf seine neue königliche Würde.

Die reich verzierte Lustjacht »Liburnica« König Friedrichs I.; im Hintergrund ist das Potsdamer Stadtschloss zu sehen. Kolorierter Kupferstich von Johann Georg Wolfgang (1705).

Friedrich Wilhelm I., der »Soldatenkönig«. Gemälde von Antoine Pesne (1729).

»Friedrich Wilhelm I. zieht den Degen gegen Kronprinz Friedrich«. Der Konflikt zwischen Vater und Sohn in einer späteren Darstellung. Kolorierter Kupferstich von Peter Haas (1800).

Das besondere Augenmerk Friedrich Wilhelms I. galt der Werbung von lang gewachsenen jungen Männern für sein Königsregiment in Potsdam. Hier ein Grenadier des Leibbataillons in einer zeitgenössischen Farblithografie (1730).

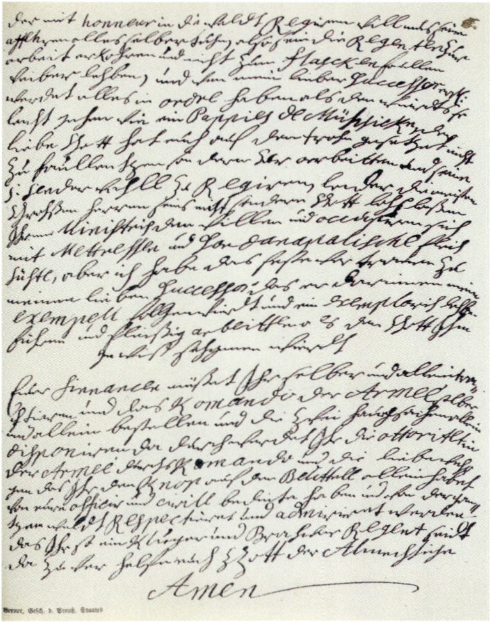

Das eigenhändige Testament Friedrich Wilhelms I. mit Richtlinien für seinen Sohn, den späteren König Friedrich II. (1722).

Der Lieblingsaufenthalt Friedrich Wilhelms I.: das Schloss Königs Wusterhausen in Brandenburg. Aquarell von Wilhelm Barth (um 1830).

Friedrich Wilhelm I. bei einer Schulinspektion. Holzschnitt nach einem Gemälde von Adolph von Menzel (1858).

Die Prinzen Heinrich und Ferdinand erscheinen im Tabakskollegium Friedrich Wilhelms I., um ihrem Vater eine gute Nacht zu wünschen. Gemälde von Georg Lisiewski (1737).

Kronprinz Friedrich und seine Lieblingsschwester Wilhelmine, die spätere Markgräfin von Bayreuth. Gemälde von Antoine Pesne (1714).

»Wann werden meine Qualen sich enden!« König Friedrich II. im Siebenjährigen Krieg nach seinem Sieg über das österreichische Heer bei Leuthen. Kolorierter Kupferstich von Peter Haas (1800).

»Friedrich der Große in der Nacht vor der Bataille bei Lobositz«. Der kolorierte Kupferstich von Peter Haas (um 1800) zeigt den König in nachdenklicher Haltung im Feldlager seiner Soldaten.

»Friedrich II. und Voltaire unter den Kolonnaden von Schloss Sanssouci«. Der französische Philosoph war von 1750 bis 1753 Gast am Hof des Königs. Kolorierter Kupferstich von Peter Haas (um 1800).

»Das Flötenkonzert Friedrichs des Großen in Sanssouci«. Im Hintergrund, links auf dem Sofa sitzend, ist Friedrichs Schwester Wilhelmine von Bayreuth dargestellt. Gemälde von Adolph von Menzel (1850).

König Friedrich Wilhelm III. von Preußen. Gemälde von Ernst Gebauer (1814), Kopie nach François Gérard.

Königin Luise von Preußen. Pastell von Nikolaus Lauer (1806).

Karl Reichsfreiherr vom und zum Stein. Gemälde von Johann Christoph Rincklake (1804).

Karl August Fürst von Hardenberg. Punktierstich von Johann Friedrich Bolt (1815).

Napoleon I. empfängt das preußische Königspaar und Zar Alexander I. in Tilsit. Gemälde von Nicolas Gosse (1837).

Die Lange Brücke mit dem Reiterstandbild des Großen Kurfürsten von Andreas Schlüter. Im Hintergrund das Berliner Stadtschloss. Gemälde von Maximilian Roch (1842).

König Friedrich Wilhelm IV. von Preußen in seinem Arbeitskabinett im Berliner Stadtschloss. Gemälde von Franz Krüger (um 1846).

»Zwischen mich und mein Volk soll sich kein Blatt Papier drängen.« Karikatur auf die Haltung Friedrich Wilhelms IV. während der Revolution 1848/49. Holzstich (um 1848).

Das Kölner Dombaufest im August 1842. Mit seiner Teilnahme wollte König Friedrich Wilhelm IV. die Aussöhnung zwischen Staat und katholischer Kirche demonstrieren. Holzstich (1848).

Augusta, spätere Deutsche Kaiserin und Königin von Preußen, geborene Prinzessin von Sachsen-Weimar-Eisenach. Gemälde von Franz Xaver Winterhalter (1850).

Die Krönung Wilhelms I. zum König von Preußen am 18. Oktober 1861 in der Schlosskirche zu Königsberg. Ölskizze von Adolph von Menzel (1861).

Wilhelm I., späterer Deutscher Kaiser und König von Preußen. Das Porträt zeigt ihn als Prinz von Preußen im Park von Schloss Babelsberg. Kreidelithografie nach einem Gemälde von Franz Krüger (1855).

Nach der Niederlage der französischen Truppen in der Schlacht bei Sedan am 2. September 1870 übergibt Napoleon III. (links) seinen Degen an König Wilhelm I. Kreidelithografie von W. Loeillot (1870).

König Wilhelm I. von Preußen wird im Spiegelsaal des Schlosses von Versailles zum Deutschen Kaiser ausgerufen. Gemälde von Anton von Werner (1885).

Landes. Doch russische Truppen unter dem Befehl des Generals Alexandr Suworow schlugen die Erhebung schließlich nieder. Nach zwischenzeitlichen Erfolgen der Aufständischen gelang den Russen in der Schlacht von Maciejowice am 10. Oktober 1794 der entscheidende Sieg. Bei ihrem Einzug in Warschau richteten sie ein Massaker unter den Einwohnern des Vororts Praga an, dem 12 000 Menschen zum Opfer fielen – Suworow ging daraufhin als »Mörder von Praga« in die Geschichte ein.

Und Preußen? Friedrich der Große war zwar der Motor der ersten polnischen Teilung gewesen, doch hatte er keine völlige Auflösung des polnischen Staates beabsichtigt. Restpolen sollte ruhig weiter den Puffer zu Russland bilden. Das blieb im Prinzip auch unter Friedrich Wilhelm II. so. Der Aufstand Kościuszkos änderte diese Situation jedoch grundlegend. Es war klar, dass Katharina die Große sich nicht wieder aus Restpolen zurückziehen würde. Preußen zögerte gleichwohl, sich an der endgültigen Zerschlagung Polens zu beteiligen. Daher kam es am 3. Januar 1795 zuerst zu einer Einigung zwischen Österreich und Russland, der sich Preußen – um nicht leer auszugehen – am 24. Oktober anschloss. »Ich bin es nicht, der diese letzte Teilung anstrebte«, schrieb Friedrich Wilhelm II. an Hardenberg, »aber es stand schlechterdings nicht in meiner Macht, sie zu verhindern. Es wäre denn, ich hätte mich unter den ungünstigsten Umständen in einen Krieg mit den Kaiserhöfen eingelassen.«[22] Auch bei dieser dritten Teilung Polens war Russland flächenmäßig wiederum der mit Abstand größte Nutznießer. Preußen erhielt unter anderem Warschau und Teile Masowiens, die als Provinz Neu-Ostpreußen zusammengeschlossen wurden.

Damit hatte der Staat der Hohenzollern seine bis dahin größte Ausdehnung erreicht – und dies ohne kriegerische Aktionen, sieht man einmal von der lauen Beteiligung preußischer Soldaten an der Niederschlagung des Kościuszko-Aufstands ab. Preußen hatte nun eine Fläche von über 305 000 Quadratkilometern und 8,7 Millionen Einwohner. Friedrich Wilhelm II. hat Preußen einen viel größeren territorialen Zugewinn beschert als Friedrich II. Und doch ist der eine als »der Große« in die Geschichte eingegangen, während der andere auch für seine Politik in der polnischen Frage viel gescholten worden ist. Von »demokratischer« Seite für die Vergewaltigung eines schutzlosen Nachbarlands, von »deutschnationaler« Seite dafür, dass er Preußen zu einem »halbslawischen« Staat gemacht und ihm damit eine Bürde für die Zukunft aufgelastet habe. Tatsächlich sprachen 40 Prozent aller preußischen Untertanen nach 1795 Polnisch. Doch nationale Motive spielten auf preußischer Seite bei den Teilungen Polens keine Rolle; es war pure Machtpolitik. Preußen war kein Nationalstaat, und es interessierte Friedrich Wilhelm II. nicht, ob seine Untertanen Brandenburger oder Friesen, Litauer oder Polen waren. Infolgedessen gab es auch keine ernsthafte Germanisierungspolitik. Zwar war Deutsch fortan die Amtssprache auch in den polnischen Teilungsgebieten, doch durften sich die Untertanen auf Polnisch an die Behörden wenden, und Friedrich Wilhelm II. forcierte sogar den Polnischunterricht an den preußischen Gymnasien. Die Beamten, die in die neuen Provinzen kamen, sollten sich mit der Bevölkerung in deren Muttersprache verständigen können.[23] Allerdings war es offensichtlich nicht die »Crème de la Crème«, die in den folgenden Jahrzehnten in die polnischen Gebiete versetzt worden ist, und Verständigungsprobleme blieben nicht aus. Doch erst unter seinem Nachfolger Friedrich Wilhelm III. und dann vor allem in dem 1871 gegründeten Kaiserreich wurde eine forcierte Germanisierung der »polnischen Preußen« betrieben.

Dass die Teilung nicht zwangsläufig die Unterdrückung polnischen Nationalbewusstseins bedeutete, zeigt das Beispiel des Grafen Józef Maksymilian Ossoliński. 1817 gründete der Adelige das später so genannte »Ossolineum«, eine Stiftung, die es sich zur Aufgabe machte, polnische Bücher und Handschriften zu sammeln und der Öffentlichkeit zugänglich zu machen. Der österreichische Kaiser Franz I. unterstützte die Gründung, weil er sich davon eine die Gemüter beruhigende Wirkung versprach. Tatsächlich wurde das »Ossolineum« zu einer »nationalen Identitätsstätte aller Polen« – egal ob sie nun russische, preußische oder habsburgische Untertanen geworden waren. Damit war das »Ossolineum« aber natürlich zugleich eine Keimzelle der Unabhängigkeitsbewegung.

Nur zwei Jahre nach der dritten Teilung kam der polnische General Woyczinski nach Berlin – in der Tasche hatte er einen Plan, der seinem Land die Unabhängigkeit wiederbringen sollte. Ein preußischer Prinz sollte den Thron eines neuen polnischen Staates besteigen. Woyczinski suchte zuerst den alten Prinzen Heinrich auf, auf dessen Initiative zwar die erste Teilung maßgeblich zurückgegangen war, der aber – wie sein Bruder – das völlige Verschwinden Polens von der Landkarte stets abgelehnt hatte. Thronkandidat Woyczinskis war der damals 23-jährige Prinz Louis Ferdinand. Der Neffe Heinrichs war ein Heißsporn, der sich im Kampf gegen das revolutionäre Frankreich ausgezeichnet hatte. Gleichwohl galt er auch in Paris als akzeptabler Kandidat. Louis Ferdinand selbst hatte mehrfach seine polenfreundliche Einstellung bekundet; den russischen General Suworow bezeichnete er offen als »Mörder von Praga«. Dazu kam, dass Louis Ferdinands Schwester Luise Friederike mit dem polnischen Fürsten Anton Heinrich Radziwill verheiratet war, also sogar verwandtschaftliche Bande bestanden. Gleichwohl hatte der kühne Plan nie eine Chance, realisiert zu werden. Weder Russland noch Österreich hätten einen preußischen Prinzen an der Spitze eines wie auch immer gearteten polnischen Staates hingenommen. Friedrich Wilhelm II. lehnte es daher rundweg ab, darüber auch nur zu reden. Unter keinen Umständen wollte er sich Ärger mit den anderen Teilungsmächten einhandeln. Gleichwohl zeigt diese Episode, dass die polnischen Teilungen und ihre Folgen sich Beurteilungen entziehen, die nach einem allzu einfachen Muster gestrickt sind. Es war eine komplizierte Gemengelage aus absolutistischem Länderschacher sowie aufkommender nationaler und revolutionärer Bewegungen, die ganz Europa erfassten.

Das Ende der Toleranz?

Die Innenpolitik Friedrich Wilhelms II. wird meist kaum gnädiger beurteilt als seine Außenpolitik. Der Hauptvorwurf, der dem König gemacht wurde, war die – vermeintliche? – Abhängigkeit von seinen engsten Beratern. Zwei Namen stehen dabei im Vordergrund: Johann Rudolf von Bischoffwerder und Johann Christoph (von) Wöllner.

Wöllner und Bischoffwerder stehen beispielhaft für die Abwendung vom Geist der Aufklärung in der Regierungszeit Friedrich Wilhelms II. Wöllner hatte in Halle Theologie studiert. Zu Beginn der 1750er-Jahre wurde er Hauslehrer bei Charlotte, der Tochter des Generals August Friedrich von Itzenplitz in Behnitz bei Nauen. Nach dem Tod des Generals in der Schlacht von Kunersdorf übernahm Wöllner die Verwaltung des Guts; 1768 heiratete er seine einstige Schülerin. Bei Friedrich dem Großen bat er damals vergeblich darum, in den Adelsstand erhoben zu werden. Für Friedrich war Wöllner ein »betrügerischer und intriganter Pfaffe«, dessen gesellschaftlichem Aufstieg er keineswegs den Segen zu geben gedachte.[24] Allerdings ging es Friedrich dabei weniger um die Person Wöllner – dass ein bürgerlicher Pfarrer eine adlige Rittergutstochter heiraten wollte, war ihm grundsätzlich suspekt. Wöllners Stunde schlug erst mit dem Regierungsantritt Friedrich Wilhelms II., den er schon als Kronprinzen kennen gelernt und für die »Rosenkreuzer« gewonnen hatte, einen mystischen, gegen die Aufklärung gerichteten Geheimbund, der die Aufrichtung eines »reinen Christentums« propagierte.

Bischoffwerder hatte als junger Offizier am Siebenjährigen Krieg teilgenommen, 1778 ernannte ihn Friedrich der Große zum Adjutanten des Kronprinzen. In dieser Zeit entwickelte sich ein Vertrauensverhältnis zwischen den beiden, das nach der Thronbesteigung anhielt – und sich für Bischoffwerder auszahlte. Er wurde einer der wichtigsten militärischen und außenpolitischen Ratgeber Friedrich Wilhelms II., ohne je offiziell ein Ministeramt zu bekleiden. Auch Bischoffwerder war »Rosenkreuzer«.

Die Abwendung von der Aufklärung war allerdings keine auf das Preußen Friedrich Wilhelms II. beschränkte Entwicklung, sondern ein zeittypisches Phänomen. Der Auflösung der politischen, sozialen und gesellschaftlichen Ordnung durch die Revolution wurde ein »gereinigtes Christentum« gegenübergestellt, das eine klare Richtschnur für alle Lebensbereiche geben sollte.

Wöllner und Bischoffwerder beeinflussten die Politik des Königs maßgeblich. Erstes sichtbares Zeichen der neuen Zeit war die Ablösung des Ministers Karl Abraham von Zedlitz. Der gebürtige Schlesier war ein aufgeklärter Jurist, der den Konflikt nicht scheute. Im Müller-Arnold-Prozess hatte er Friedrich dem Großen offen widersprochen und war dennoch im Amt geblieben. Als Leiter des »Departements der Geistlichen Sachen«, dem auch das gesamte Erziehungswesen des Landes unterstand, machte er sich nach dem Regierungsantritt Friedrich Wilhelms II. daran, eine Schulreform im Geist der Aufklärung durchzuführen. Das bedeutete keineswegs eine Abwendung von der religiösen Unterweisung. Im Gegenteil: Ohne Religionsunterricht war der Mensch für Zedlitz ein »reißendes Tier«, doch der religiösen musste zwangsläufig die politische Unterweisung folgen, in der die Schüler beispielsweise lernen sollten, dass sie nur gegenüber den Gesetzen und nicht gegenüber Personen zu unbedingtem Gehorsam verpflichtet waren. Religion und Vernunft durften keine Gegensätze sein. Die Schüler sollten nicht nur über ihre Pflichten, sondern auch über ihre Rechte Bescheid wissen. Das von ihm vorgeschlagene dreigliedrige Modell mit Schulen für Bauern, Bürger und gelehrte Stände ging von den praktischen Anforderungen aus, um die Schüler »besser und für ihr bürgerliches Leben brauchbarer zu machen«.[25] Am 22. Februar 1787 wurde als neue Aufsichtsbehörde das Oberschulkollegium gegründet – die Schulen unterstanden damit nicht mehr der geistlichen Aufsicht und wurden, zumindest in der Theorie, zu weltlichen Bildungseinrichtungen. Auch das Abitur, wie wir es heute kennen, geht auf Zedlitz zurück, der damit den höheren Schulabschluss einheitlich gestalten wollte.

Mit dieser Politik wurde Zedlitz den Gegnern der Aufklärung zunehmend ein Dorn im Auge. Da er zudem schwer erkrankte, fiel es umso leichter, an seinem Stuhl zu sägen. Am 3. Juli 1788 erklärte der letzte verbliebene Aufklärer am preußischen Hof zermürbt den Rücktritt. Das Oberschulkollegium wurde zu einem de facto bedeutungslosen Papiertiger, denn ihm gehörten nun ausschließlich ebenjene Mitglieder der geistlichen Konsistorien an, die schon zuvor über die Schulen gewacht hatten. Zu seinem

Nachfolger als Leiter des »geistlichen Departements« ernannte der König – natürlich – seinen Favoriten Wöllner. Noch während Zedlitz im Amt war, hatte dieser an einer kompletten Neuausrichtung der preußischen Religionspolitik gearbeitet. Unterschiedliche theologische Auffassungen, gar eine Theologie, die sich auf die Vernunft berief, widersprachen Wöllners Vorstellungen diametral. Stattdessen sollte es eine »allgemeine Richtschnur, Norm und Regel« geben, »dass in den preußischen Landen die christliche Religion den protestantischen Kindern in ihrer alten ursprünglichen Reinheit und Echtheit erhalten und wiederhergestellt werde, auch dem Unglauben ebenso wie dem Aberglauben, der Verfälschung der Grundwahrheiten des Glaubens der Christen und der daraus entstehenden Zügellosigkeit der Sitten ... Einhalt geschehe«.[26] Dies war der Kern des am 9. Juli 1788 von Friedrich Wilhelm II. erlassenen Religionsedikts. Wer dagegen verstieß, musste mit Konsequenzen rechnen. Alle Pfarrer und Lehrer wurden fortan einer Glaubensprüfung unterzogen, ehe sie ihr Amt antreten durften.

Allerdings: Das Religionsedikt hielt gleichermaßen fest, dass alle drei christlichen »Haupt-Confessionen« – reformiert, lutherisch, katholisch – frei ihren Glauben ausüben durften. Streng untersagt war ihnen lediglich, im jeweils anderen Revier zu wildern, sprich: Gläubige abzuwerben. Vor allem galt dies für die katholische Geistlichkeit, der nach wie vor mit gehörigem Misstrauen begegnet wurde. Auch der »jüdischen Nation« wurde die freie Religionsausübung unter dem Schutz des Landesherrn zugesichert, allerdings nicht gleichberechtigt mit den drei großen christlichen Konfessionen, sondern lediglich zusammen mit einigen kleineren christlichen Gemeinschaften als »geduldete Sekte«. Insofern atmet selbst Wöllners Religionsedikt noch ein Stück weit den Geist der toleranten Haltung Friedrichs des Großen. Was Friedrich einst in seiner berühmt gewordenen Randbemerkung geschrieben hatte, erlangte unter seinem Nachfolger Gesetzeskraft.

Die neue Engstirnigkeit traf vor allem die protestantische Seite, auf die der König als oberster Kirchenherr direkt Einfluss nehmen konnte. Schon vor seiner Thronbesteigung, so Friedrich Wilhelm II., habe er zu seinem Leidwesen bemerkt, »dass manche Geistliche der protestantischen Kirche sich ganz zügellose Freiheiten erlauben, verschiedene wesentliche Stücke der protestantischen Kirche und der christlichen Religion überhaupt wegleugnen und in ihrer Lehrart einen Modeton annehmen, der dem Geist des Christentums völlig zuwider ist und die Grundsäulen des Glaubens der Christen am Ende wankend machen würde«.[27] Diesem »Wanken des christlichen Glaubens«, das – aus der Sicht Wöllners und Friedrich Wilhelms – die Grundfesten der Gesellschaft zu erschüttern drohte, sollte durch das Religionsedikt Einhalt geboten werden. Daher wurde die Geistlichkeit jetzt auf eine maßgeblich von Wöllner geprägte orthodoxe Linie festgelegt. Unter dem Missbrauch des Namens »Aufklärung« sei das »geoffenbarte Wort Gottes« herabgewürdigt worden. Damit sollte nun Schluss sein.

Dies beschränkte aber nicht die persönliche Glaubensfreiheit; in Fragen der »inneren Überzeugung« sollte es nicht »den mindesten Zwang« geben. »Welcher Lehrer der christlichen Religion also eine andere Überzeugung in Glaubenssachen hat, als ihm der Lehrbegriff seiner Konfession vorschreibt, der kann seine Überzeugung auf seine Gefahr sicher behalten, denn wir wollen uns keine Herrschaft über sein Gewissen anmaßen; allein, selbst nach seinem Gewissen müsste er aufhören, ein Lehrer seiner Kirche zu sein; er müsste sein Amt niederlegen.«[28]

Es konnte in Preußen auch unter Friedrich Wilhelm II. jeder glauben, was er wollte. Doch spöttische Bemerkungen über die Religion, wie sie unter Friedrich dem Großen verbreitet waren, wurden nicht mehr geduldet. Darauf hatte Wöllner noch zu Lebzeiten Friedrichs hingearbeitet. In seinen »Allgemeinen Reflexiones« über die Religion in einem Staat, die er 1785 dem damaligen Kronprinzen Friedrich Wilhelm übergab, schrieb er: »Handelt ein Fürst nicht in der Tat äußerst unweise, wenn er nicht nur durch sein eigenes böses Exempel vor den Augen aller seiner Untertanen beweist, dass er selbst keine Religion hat, sondern bei aller Gelegenheit alle diejenigen für Toren erklärt und lächerlich macht, die Religion und Frömmigkeit lieben und durch ihren guten Wandel verehren? Wenn er in seinem Land allen Religionsspöttern eine solche zügellose Freiheit gestattet, dass ein jeder ungescheut alles Ehrwürdige der Religion unter die Füße treten, öffentlich alles Gift dagegen ausbreiten kann und darf? Oh, wie kann ein solcher Fürst verlangen, dass dem Volk die Majestät des Königs heilig sein soll, dem die Majestät Gottes lächerlich gemacht wird?«[29] Das war unverhohlene Kritik an Friedrich dem Großen und untermauerte die spätere Religionspolitik Friedrich Wilhelms II. als staatspolitische Notwendigkeit.

Der zensierte Kant

Das Religionsedikt wurde am 19. Dezember 1788 durch ein Zensuredikt ergänzt, für dessen Überwachung 1791 mit der »Immediat Examinations Kommission« eine eigene Behörde geschaffen wurde. Verboten waren ganz allgemein alle Schriften, die die »Ruhe und Ordnung im Land« zu gefährden drohten. Eine solche Zensur hatte es auch unter Friedrich dem Großen gegeben, doch Parteigänger Wöllners in der Kommission legten diese Vorgabe im Sinne des Religionsgesetzes so restriktiv aus, dass einige Zeitschriften ihr Erscheinen bald komplett einstellten.[30]

Prominentestes Opfer der restriktiven Zensur war Immanuel Kant. Der Königsberger Philosoph war ein enger Freund des zurückgetretenen Ministers Zedlitz gewesen. In der angesehenen »Berlinischen Monatsschrift« wollte Kant eine Artikelserie über Philosophie und Religion veröffentlichen. Da ihm klar war, dass es sich dabei um ein heißes Eisen handelte, legte er den ersten Beitrag selbst der Kommission vor. Offensichtlich schien dem Zensor nicht nur der Titel – »Von der Einwohnung des bösen Prinzips neben dem guten: oder über das radikale Böse in der menschlichen Natur« – reichlich kompliziert, sondern auch der ganze Inhalt. Da eine solche Schrift wohl nur von »tiefdenkenden Gelehrten« gelesen werde, witterte er keine Gefahr für die Allgemeinheit und erteilte die Druckerlaubnis. Doch als der Herausgeber der »Berlinischen Monatsschrift« den zweiten Beitrag Kants zur Überprüfung einreichte, wurde ihm die Druckerlaubnis verweigert. Mittlerweile hatte sich der für theologische Fragen zuständige Zensor eingeschaltet, und der sah das Religionsedikt verletzt. Eine Erklärung für seine Einschätzung wollte er nicht geben: Es sei einem Zensor wohl kaum möglich, seine Arbeit zu verrichten, »wenn er gehalten sein sollte, mit einem Schriftsteller es auszumachen, auf welcher Seite bei verschiedenen Meinungen Wahrheit sei«.

Mit dieser »Basta«-Antwort wollte sich Kant keinesfalls abfinden. Und er hatte auch schon einen Ausweg gefunden: Wenn er aus der Artikelserie ein Buch machte und dieses an seiner Universität in Königsberg veröffentlichte, waren nicht mehr die Berliner Zensoren zuständig, sondern die jeweilige Fakultät. Die theologische Fakultät wies seine Schrift zurück, daraufhin bot er sie der philosophischen an – und diese »gab ohne Umstände die Zustimmung zur Veröffentlichung«.

Wenn Kant jedoch geglaubt hatte, damit aus dem Schneider zu sein, hatte er sich getäuscht. Sein Buch mit dem Titel »Die Religion innerhalb der Grenzen der bloßen Vernunft« stieß auf allerhöchstes Missfallen. Im Auftrag des Königs verfasste Wöllner am 1. Oktober 1794 einen Brief an den Philosophen in Königsberg, der an Deutlichkeit nichts zu wünschen übrig ließ. Der König habe schon seit geraumer Zeit mit großem Missfallen gesehen, dass Kant seine Philosophie »zur Entstellung und Herabwürdigung mancher Haupt- und Grundlehren der Heiligen Schrift und des Christentums missbraucht« habe. Dies sei unverantwortlich gegenüber seiner »Pflicht als Lehrer der Jugend«. Unmissverständlich wurde von Kant verlangt, sich künftig »nichts dergleichen« mehr zuschulden kommen zu lassen, »widrigenfalls Ihr Euch bei fortgesetzter Renitenz unfehlbarer unangenehmer Verfügungen zu gewärtigen habt«.

Kant, der nahezu sein ganzes Leben in Königsberg verbracht hatte, scheute vor einer Flucht ins Ausland zurück. So blieb ihm, wollte er nicht tatsächlich in allerhöchste Ungnade fallen und seine Professur verlieren, nichts anderes übrig, als klein beizugeben: Vor sich selbst rechtfertigte er sich damit, dass man ja nicht unbedingt alles öffentlich sagen müsse, was wahr sei, und dem König gegenüber erklärte er »feierlich, dass ich mich fernerhin aller öffentlichen Vorträge, die Religion betreffend ... sowohl in Vorlesungen wie in Schriften ... gänzlich enthalten werde«.[31]

Der »Vielgeliebte«

Warum Friedrich Wilhelm II. schon von seinen Zeitgenossen den Beinamen »der Vielgeliebte« erhalten hat, ist nicht ganz schlüssig belegt. Mag sein, dass damit auch auf sein inniges Verhältnis zum weiblichen Geschlecht angespielt worden ist, doch hat sich der König durch sein Regierungshandeln durchaus zunächst allgemeine Zuneigung zu sichern gewusst. Dies gilt etwa für den erwähnten freundlicheren Umgang mit seinen Mitmenschen. Es wäre ihm jedenfalls nie in den Sinn gekommen, seine Beamten als »Hundsfott« oder »Esel« zu bezeichnen, wie dies seine Vorgänger mit schöner Regelmäßigkeit taten.

Auch gegenüber den einfachen Soldaten legte Friedrich Wilhelm II. eine ganz andere Grundeinstellung an den Tag. Bereits unmittelbar nach seinem Regierungsantritt stellte er klar: »Der König hat keine Schlingel, Kanaillen, Hunde und Kroppzeug in seinen Diensten, sondern rechtschaffene Soldaten ..., was auch wir sind, nur dass uns das zufällige Glück höhere Chargen gegeben hat. Unter den gemeinen Soldaten sind viele so gut als wir, und vielleicht würden es manche noch besser als wir verstehen.«[32] Die Offiziere und Unteroffiziere wies er an, durch ihr Beispiel zu führen und nicht durch Tyrannei. Daraus sprach eine Menschenfreundlichkeit, wie sie in Preußen bis dahin nicht gerade weit verbreitet gewesen war.

Dass er fast als erste Amtshandlung die französischen Akzisebeamten nach Hause schickte, kam bei der Bevölkerung gut an. Die Aufhebung des staatlichen Monopols auf Tabak und Kaffee verbilligte diese Genussmittel und trug zur wachsenden Beliebtheit Friedrich Wilhelms II. bei, auch wenn das Tabakrauchen auf der Straße weiterhin verboten blieb – »bei fünf Talern Strafe oder körperlicher Züchtigung«.[33] Das an einen Privatunternehmer verpachtete Zuckermonopol hob der König gleichfalls auf – künftig sollte jedermann dazu berechtigt sein, Zuckerfabriken anzulegen. Der Import von Getreide wurde erleichtert. Dem Staat gingen durch diese Maßnahmen jedoch erhebliche Einnahmen verloren – und das vor dem Hintergrund wachsender Ausgaben durch den Krieg gegen das revolutionäre Frankreich, die Kosten für die Integration der polnischen Teilungsgebiete und die Bauleidenschaft des Königs. Als sich der Plan einer fast revolutionären, »nach oben ansteigenden Klassensteuer«, den Woellner vorgeschlagen hatte, nicht durchsetzen ließ, »blieb der königlichen Regierung nichts weiter übrig, als die Artikel des täglichen Massenbedarfs wie Mehl, Zucker und Bier zu besteuern ... Bei Friedrich dem Großen hatte es überwiegend die Luxusartikel betroffen, bei Friedrich Wilhelm II. waren es die Grundnahrungsmittel, die nun mit einer Verbrauchssteuer belegt wurden.«[34] Trotzdem wuchsen die Schulden in Schwindel erregende Höhen. Von seinem Onkel hatte Friedrich Wilhelm II. einen mit 51 Millionen Talern gefüllten Staatsschatz vererbt bekommen. Daraus machte er in nur elf Regierungsjahren einen Schuldenberg von 59 Millionen Talern. Auch wenn man die Umstände in Betracht ziehen muss und andere Quellen die Schulden »nur« auf 30 Millionen Taler beziffern, kann man vor diesem Hintergrund von einer erfolgreichen Wirtschaftspolitik sicher nicht sprechen.

Aus dem Generaldirektorium machte Friedrich Wilhelm II. wieder jenes kollegiale Beratungsgremium, das es unter dem »Soldatenkönig« gewesen war. Dessen Mitgliedern schrieb er ins Stammbuch: »Sie müssen darauf hinarbeiten, dass dem Generaldirektorium der Charakter eines Kollegiums beiwohne, welches gemeinsam zu arbeiten habe, damit im Ganzen Übereinstimmung beobachtet und die Wohlfahrt des Landes nicht einseitigem, diesem oder jenem Departement zuträglich erscheinenden Vorteil nachgesetzt oder gar aufgeopfert werde.«[35] Doch wie es sich schon unter Friedrich Wilhelm I. angedeutet hatte, war eine solche Zentralbehörde zu schwerfällig, um die administrativen Aufgaben des gewachsenen Staates zu meistern. Und Friedrich Wilhelm II. war zwar kein bloßer Müßiggänger, wie er oft dargestellt wird, aber auch kein Arbeitstier wie der »Soldatenkönig« und an Details der Verwaltungspraxis nur wenig interessiert.

Das Allgemeine Landrecht

Mit ähnlichen Widerständen wie Karl Abraham von Zedlitz hatte Carl Gottlieb Svarez zu kämpfen. Der Jurist arbeitete seit 1780 an der von Friedrich II. angestoßenen umfassenden Reform des preußischen Rechts. Der Wirrwarr an unterschiedlichen Rechtsquellen sollte durch ein einheitliches Gesetzbuch beendet werden. Allerdings sollte darin nicht nur bestehendes Recht zusammengeführt, sondern in Theorie und Praxis nach rationalen Kriterien aufgebaut sein. Diese Arbeit wurde durch den Tod Friedrichs nicht unterbrochen. 1788 war das »Allgemeine Gesetzbuch für die Preußischen Staaten« im Entwurf fertiggestellt, doch vergingen weitere drei Jahre redaktioneller Arbeit, ehe das Werk 1791 veröffentlicht wurde. So wie der Staat nach naturrechtlichen Grundlagen organisiert war, war das Naturrecht auch die Basis jeder Gesetzgebung; das Recht sollte »auf die einfachen Grundsätze der Vernunft und natürlichen Billigkeit« zurückgeführt werden. Vor allem aber: Dieses Recht sollte nicht etwa in der Gelehrtensprache Latein verfasst sein, sondern »in der Sprache der Nation und dergestalt allgemein verständlich ..., dass ein jeder Einwohner des Staats, dessen natürliche Fähigkeiten nur allgemein ausgebildet sind, die Gesetze, nach welchen er seine Handlungen einrichten und beurteilen lassen soll, selbst lesen und verstehen könne«. Das war aufgeklärtes Denken in Reinkultur![36]

Am 1. Juni 1792 hätte das Gesetzbuch dann endlich in Kraft treten sollen – doch nichts dergleichen geschah. Den äußeren Anlass für die Rückstellung des Mammutwerks war der Krieg gegen die Französische Revolution. Den gleichen Geist, den man für den Sturz der alten Ordnung dort verantwortlich machte, sahen Svarez' Gegner in dessen Gesetzeswerk. In einem Vortrag vor dem Kronprinzen versuchte er den Vorwurf zu widerlegen, dass die Philosophie der Aufklärung daran Anteil hätte: »Die Unordnung in den Finanzen, der harte Druck übermäßiger Auflagen, die Verschwendungen des Hofes, die Mätressen und Günstlinge, der willkürliche Despotismus, der gegen die Person, die Freiheit und das Vermögen der einzelnen Staatsbürger von ehrgeizigen und habsüchtigen Ministern unter der Nachsicht eines schwachen Regenten verübt wurde – das sind die wahren und einzigen Quellen der Revolution.«[37]

Doch die Kritiker störte schon der Titel von Svarez' Kompendium: »Allgemeines Gesetzbuch für die Preußischen Staaten« – das klang nach einem Gesetzbuch *für* das Volk, und so war es von seinem Autor ja auch gedacht. Doch das Volk sollte die Gesetze eigentlich nur befolgen, warfen konservative Kritiker ein, und so wurde daraus das vom Titel her unverfänglichere »Allgemeine Landrecht«, das man nach außen als ausschließliche Zusammenfassung bereits bestehenden Rechts präsentieren konnte.

Es blieb nicht bei dieser kosmetischen Korrektur. Gestrichen wurden vor allem jene Paragrafen, die auch nur ansatzweise mit revolutionärem Denken hätten in Verbindung gebracht werden können. So sah das Gesetzbuch ursprünglich vor, dass »Verfügungen der oberen Gewalt, welche in streitigen Fällen ohne rechtliche Erkenntnis erteilt worden sind, ... weder Rechte noch Verbindlichkeiten« bewirken sollten. Dieser die staatliche und herrscherliche Willkür einschränkende Paragraf fand sich in der 1794 dann tatsächlich in Kraft getretenen Fassung ebenso wenig wie der Hinweis, dass »der Zweck der bürgerlichen Vereinigung und das allgemeine Ziel der Gesetze« das »Wohl des Staates und seiner Einwohner« sei.[38] Damit hätte die »bürgerliche Vereinigung« den Staat konstituiert, und auch das roch für manche arg republikanisch. Die natürlichen Rechte und Freiheiten der Bürger hätten nach Ansicht Svarez' schließlich »nicht weiter eingeschränkt werden [dürfen], als es der gemeinschaftliche Endzweck erfordert«. Diese Einschränkung schien konservativen Kritikern zu vage – und so wurde auch dieser Paragraf komplett gestrichen.

Diese Streichungen dürfen aber nicht den Eindruck vermitteln, als wäre dadurch das Gesetzbuch in seiner Substanz verändert worden. Es blieb bei der naturrechtlichen Begründung der freien Entfaltungsmöglichkeiten, die jeder Bürger nun per Gesetz zugesichert bekam: »Die allgemeinen Rechte des Menschen gründen sich auf die natürliche Freiheit, sein eigenes Wohl ohne Kränkung der Rechte eines anderen suchen und befördern zu können.«[39] Diese freie Entfaltungsmöglichkeit schloss ausdrücklich die religiöse Freiheit mit ein: »Die Begriffe der Einwohner des Staats von Gott und göttlichen Dingen, der Glaube und der innere Gottesdienst können kein Gegenstand von Zwangsgesetzen sein. Jedem Einwohner im Staate muss eine vollkommene Glaubens- und Gewissensfreiheit gestattet werden. Niemand ist schuldig, über seine Privatmeinungen in Religionssachen Vorschriften vom Staate anzunehmen. Niemand soll wegen seiner Religionsmeinungen beunruhigt, zur Rechenschaft gezogen, verspottet oder gar verfolgt werden.«[40] Das waren Paukenschläge freiheitlichen Denkens – Grundsätze, die in zahlreichen Staaten der Erde bis heute nicht verwirklicht sind.

So fortschrittlich diese Seite des Allgemeinen Landrechts bis heute wirkt, so rückwärtsgewandt erscheint die darin festgelegte Zementierung der Standesunterschiede. Freilich galt der Grundsatz, dass die Gesetze für alle Bürger der preußischen Staaten zu gelten hatten – vom König bis zum Tagelöhner. Doch aus der Zugehörigkeit zu einem bestimmten Stand ergaben sich höchst unterschiedliche Rechte und Pflichten. Zwar sollte es keine Leibeigenschaft oder gar Sklaverei in Preußen geben, aber die untertänigen Landbewohner sollten auch weiterhin »das Gut, zu welchem sie geschlagen sind, nicht ohne Bewilligung ihrer Grundherrschaft« verlassen dürfen. Ohne Erlaubnis des Gutsherrn durften Kinder aus untertänigen Familien kein bürgerliches Gewerbe erlernen oder gar studieren. Nur wenige Erleichterungen standen dem gegenüber: Die Herrschaft durfte eine »beabsichtigte Heirat« nicht versagen »ohne gesetzliche Ursache«.[41] Und die Herrschaft durfte ein Gut nicht mehr mitsamt den darauf lebenden Untertanen ohne deren Willen verkaufen oder tauschen.

Auch das Gesinde wurde im Allgemeinen Landrecht auf seinen Platz in der Gesellschaft verwiesen: Es musste seine Dienste »treu, fleißig und aufmerksam verrichten«, und wenn es seine Herrschaft »durch ungebührliches Betragen zum Zorn« reizte, musste es »Scheltworte oder geringe Tätlichkeiten« hinnehmen, ohne dafür gerichtliche Genugtuung fordern zu können.[42] Am anderen Ende der Standesleiter erhielt der Adel seine bevorzugte Stellung als »erster Stand im Staate« durch das Allgemeine Landrecht bestätigt. Er blieb zu den »Ehrenstellen im Staat ... vorzüglich berechtigt«. Personen bürgerlichen Standes durften weiterhin keine adligen Güter erwerben. Allerdings durften Adlige ihrerseits kein bürgerliches Gewerbe treiben.[43] Jeder Stand sollte auf seinem Platz bleiben, der gesellschaftlichen »Durchlässigkeit« wurden enge Grenzen gesetzt. Das Allgemeine Landrecht ist eine eigenwillige Mischung aus fortschrittlichen und beharrenden Elementen, eine Reform auf halbem Wege und daher mithin typisch für den Zustand Preußens im Allgemeinen: ein Staat mit modernen und zugleich konservativen Zügen.

Neubeginn für Kunst und Kultur

Mit Friedrich Wilhelm II. zog der Klassizismus in Preußen ein. Der erste größere Bau in dem neuen Stil wurde zugleich zum bekanntesten: das Brandenburger Tor. Es ist ein Teil der Berliner Akzisemauer. Wer in die Stadt kam, musste sich hier ausweisen, seine Waren vorzeigen – und die Akzise darauf entrichten. Doch es ist von Anfang viel mehr gewesen als ein bloßer Funktionsbau. Das belegen schon die monumentalen Ausmaße und seine aufwendige, symbolbefrachtete Architektur. Baumeister war Carl Gotthard Langhans, den der König 1788 zum Direktor des neu gegründeten Oberhofbauamts ernannt hatte, das für alle staatlichen Bauten verantwortlich war. Über seinen Entwurf und dessen antikes Vorbild berichtete er dem König: »Die Lage des Brandenburger Tores ist in ihrer Art unstreitig die schönste in der ganzen Welt. Um hiervon gehörig Vorteil zu ziehen und dem Tor so viel Öffnung zu geben wie möglich, habe ich bei dem Bau des Neuen Tores das Stadttor von Athen [die Propyläen der Akropolis] zum Modell genommen… Die auf der Attika stehende Quadriga stellt den Triumph des Friedens vor.«[44] Als das Tor 1791 eingeweiht wurde, fehlte allerdings noch die von Langhans erwähnte Quadriga, der von vier Pferden gezogene Streitwagen mit der geflügelten Siegesgöttin Viktoria darin. Mit ihr setzte der Bildhauer Gottfried Schadow dem Bauwerk zwei Jahre später im wörtlichen und im übertragenen Sinn die Krone auf.

Die Quadriga mag Schadows bekanntestes Werk sein, doch ergreifender sind zwei andere Skulpturen, die er im Auftrag Friedrich Wilhelms II. geschaffen hat: sein Grabmal für den im Alter von acht Jahren früh verstorbenen Grafen Alexander von der Mark, den Sohn des Königs und seiner Geliebten Wilhelmine Enke, sowie sein Doppelstandbild der Prinzessinnen Luise und Friederike von Preußen. Die Schwestern waren geborene Prinzessinnen von Mecklenburg-Strelitz; Luise heiratete den damaligen Kronprinzen und späteren König Friedrich Wilhelm III., Friederike dessen jüngeren Bruder Louis. Friedrich Wilhelm II. war von seinen beiden Schwiegertöchtern höchst angetan – und beim Anblick von Schadows »Prinzessinnengruppe« mag man das auch heute noch leicht nachvollziehen. Schadow ist es gelungen, die natürliche Anmut der beiden Schwestern in ein Kunstwerk zu übertragen.

Was für Friedrich Wilhelm I. Wusterhausen und für Friedrich den Großen Sanssouci war, das war für Friedrich Wilhelm II. das Marmorpalais am Ufer des Heiligensees in Potsdam, »die selbst gewählte königliche Freude«.[45] Baumeister war Carl von Gontard, der Innenausbau geht auf Carl Gotthard Langhans zurück. Der rote Backsteinbau besteht aus dem quadratischen zweistöckigen Hauptgebäude mit einem Belvedere und eingeschossigen Seitenflügeln. Nach dem Zweiten Weltkrieg wurde das Marmorpalais als Armeemuseum zweckentfremdet, doch in den vergangenen Jahren wurde es mustergültig saniert. Vorbild für das Marmorpalais waren die Villen Andrea Palladios in Venetien. Die Blaulackierte Kammer diente dem König als Musikzimmer. Friedrich

Wilhelm II. war selbst ein ausgezeichneter Cellist und hatte eine bedeutende, aber auch teure Hofkapelle mit 70 (!) fest angestellten Musikern. Wolfgang Amadeus Mozart meinte bei seinem Besuch in Preußen 1789 gar, dass der König über die »größte Ansammlung von Virtuosen der Welt« verfüge.[46] Von dem beim Marmorpalais angelegten Neuen Garten aus konnte der König mit dem Boot zu seinem ganz privaten Refugium gelangen: der Pfaueninsel. Das darauf erbaute Schloss in Form einer künstlichen Burgruine verweist bereits auf die romantisierenden Vorstellungen des Historismus, der im Mittelalter die goldene Zeit verwirklicht sah.

Hatte Friedrich II. für die deutsche Literatur nur Hohn und Spott übrig gehabt, wenn er sie denn überhaupt beachtete, bedeutete der Regierungsantritt Friedrich Wilhelms II. auch hier einen Neuanfang. Deutsch war nun nicht mehr länger nur die Sprache der niederen Chargen – Deutsch eroberte die Wissenschaft und die Kunst. Aus dem Französischen Komödienhaus Friedrichs des Großen am Gendarmenmarkt wurde am 5. Dezember 1786 das Königliche National-Theater. Zu dessen Direktor ernannte Friedrich Wilhelm II. 1796 den Schauspieler August Wilhelm Iffland, damals ein absoluter Star. Iffland gehörte zum Ensemble der »Deutschen Nationalschaubühne« des Kurfürsten Karl Theodor von der Pfalz in Mannheim, trat aber als Gast auch an anderen Bühnen auf. Johann Wolfgang von Goethe war so beeindruckt von seiner schauspielerischen Leistung, dass er ihn für das Weimarer Theater zu gewinnen suchte: »Iffland spielt schon seit drei Wochen hier; und durch ihn wird der gleichsam verlorene Begriff von dramatischer Kunst wieder lebendig«, begeisterte sich Goethe über dessen Auftritte in einer von ihm inszenierten Aufführung seines »Egmont« in Friedrich von Schillers Bearbeitung.[47] Doch der Begehrte gab Weimar einen Korb – und ging nach Berlin. Unter seiner Intendanz wurde das Berliner Nationaltheater zu einer der ersten Stätten der deutschen Schauspielkunst. Endlich kamen Goethe und Schiller auch in Preußen an. Darüber hinaus wurden aus wirtschaftlichen Gründen viele volkstümliche Stücke geboten, denn das Nationaltheater wurde trotz seines wohlklingenden

Namens nur zu fünf Prozent von staatlicher Seite bezuschusst; den Rest musste Iffland selbst einspielen.

In dem Haus am Gendarmenmarkt wurde aber nicht nur Theater gespielt, sondern es wurden gleichermaßen Opern und Konzerte gegeben. Und auf diesem Gebiet wehte nicht minder ein neuer Wind. »Figaros Hochzeit« und »Die Zauberflöte« von Mozart wurden ebenso im Nationaltheater aufgeführt wie Christoph Willibald Glucks »Iphigenie auf Tauris« – es war der Durchbruch der deutschsprachigen Oper in Berlin. Die unter Friedrich dem Großen tonangebende italienische Oper und die französische Komödie verschwanden damals aber keineswegs ganz von der Bühne. Dies belegt auch ein Schreiben des Kämmerers Johann Friedrich Ritz – den der König nach dem offiziellen Ende der Liaison mit seiner Geliebten Wilhelmine Enke verheiratet hatte – an seine Frau über das Programm in dem neu eröffneten Schauspielhaus in Potsdam: »Sonntags ist italienische Operette und mittwochs deutsche, einen Mittwoch Komödie, den anderen Mittwoch Operette. Du kannst nicht glauben, wie schön es ist …«[48]

War schon das Programm des Nationaltheaters an eine breite bürgerliche Schicht gerichtet, so war die Singakademie bereits von ihrem Ansatz her eine bürgerliche Initiative. Das Ansehen des 1791 von Carl Friedrich Christian Fasch gegründeten Chors war groß; Aufführungen großer Oratorien wie Georg Friedrich Händels »Messias« zogen die Besucher in Scharen an und waren gesellschaftliche Großereignisse. Im Jahr 1811, also nach dem Tod Friedrich Wilhelms II., erhielt die Singakademie sogar einen eigenen Saal mit 900 Plätzen – das heutige Maxim-Gorki-Theater am Kupfergraben. Für seine hervorragende Akustik war der Saal in ganz Europa berühmt. Ihre größte Blüte erlebte die Singakademie unter dem Vorsitz Carl Friedrich Zelters zwischen 1800 und 1832. Dem Berliner Vorbild folgend, wurden bald in zahlreichen anderen Städten Singakademien gegründet. Für die bis heute anhaltende Blüte des Chorgesangs in Deutschland wurde der Grundstein im Preußen Friedrich Wilhelms II. gelegt.

Auch die Akademie der Künste und die Akademie der Wissenschaften, deren Tätigkeit unter dem »alten Fritz« etwas eingeschlafen waren, erwachten unter Friedrich Wilhelm II. zu neuer Blüte. Wie das Theater wirkte die Akademie der Künste durch jährliche Ausstellungen nun verstärkt in eine breite Öffentlichkeit. Diese umfasste den Adel und die bürgerliche Oberschicht, die sich vor allem in Berlin gebildet hatte. Umsonst war der Besuch der Kunstausstellungen der Akademie allerdings nicht. Das Eintrittsgeld von vier Groschen sollte »dem Eindringen des neugierigen uneingeweihten Pöbels« vorbeugen.[49] Eine klassenlose Gesellschaft war auch das Preußen Friedrich Wilhelms II. nicht.

Der Pazifist auf dem Thron

Friedrich Wilhelm III. (1797–1840)

Wie eine Abfolge von gegensätzlichen Charakteren scheint die Reihe der preußischen Könige. So war es auch nach dem Tod Friedrich Wilhelms II. am 16. November 1797: Der neue König Friedrich Wilhelm III. war kein Lebemann wie sein Vater, sondern ein nüchterner Pedant. Er sprach meist in abgehackten Sätzen – heraus kamen dann keine groben Randbemerkungen oder geistreiche Bonmots wie bei seinen Vorfahren, sondern Sätze wie: »Kann nicht tanzen, kann nur Bocksprünge machen«,[1] als seine lebensfrohe Gemahlin Luise ihn zum Walzer aufforderte, oder: »Alte Sachen in Ehren halten. Rock noch ganz gut. Ihn noch manches Jahr tragen«,[2] als er es ablehnte, sich eine neue Uniform schneidern zu lassen, nur weil er jetzt König war. Ein Amt, das er liebend gern gegen jenes eines »Dorfschulzen von Paretz« eingetauscht hätte – in Paretz hatte er sich ein bescheidenes Schloss bauen lassen, das er mit seiner Frau Luise und der wachsenden Kinderschar am liebsten bewohnte, wenn es seine Pflichten als König zuließen. Es war ein fast bürgerlich zu nennendes Eheidyll. Doch Friedrich Wilhelm war kein Bürger, sondern König, eine Aufgabe, die schwer auf ihm lastete, denn er hasste nichts mehr, als Entscheidungen zu treffen. Und genau das erwarteten sie alle jeden Tag von ihm. Zu alledem hatte Friedrich Wilhelm III. das Pech, ausgerechnet zu einem Zeitpunkt preußischer König zu sein, als sich jenseits des Rheins Napoleon Bonaparte aufmachte, Europa zu unterwerfen. Das verlangte nicht nur Entscheidungen von großer Tragweite; es verlangte auch die Bereitschaft zum Krieg. Und das war das nächste Problem dieses Königs: Er hasste den Krieg.

Fatalistisch meinte er 1806: »Mehr als ein König ist untergegangen, weil er den Krieg liebte; ich, ich werde untergehen, weil ich den Frieden liebte.«[3] Nur einmal entschied er sich bewusst für den Krieg – im unmöglichsten Moment, ohne irgendeinen Bundesgenossen auf seiner Seite zu wissen. Doch es war die Niederlage in diesem Krieg, die den ewigen Zauderer wenigstens zeitweise und mehr getrieben als vorantreibend zum Reformer werden ließ.

Herausforderung Napoleon

Nachdem Preußen im Frieden von Basel bereits 1795 aus dem Krieg gegen Frankreich ausgeschert war, machte Österreich 1797 gezwungenermaßen ebenfalls seinen Frieden mit dem revolutionären Nachbarn, der die Habsburger unter anderem die österreichischen Niederlande gekostet hatte. In einem geheimen Zusatzprotokoll erkannte Österreich auch den Rhein als Grenze zwischen Frankreich und dem Heiligen Römischen Reich an. Nur ein Jahr später brach der Krieg neuerlich aus – und Preußen zog es wiederum vor, neutral zu bleiben. In Frankreich war inzwischen der Stern Napoleon Bonapartes aufgegangen. In den Schlachten von Marengo in Oberitalien und Hohenlinden in Oberbayern besiegten seine Truppen die Österreicher, die – nach dem Rückzug Russlands aus der Koalition – den Franzosen wieder einmal allein gegenübergestanden hatten. Der Kaiser musste nun auch offiziell im Namen des Heiligen Römischen Reichs den Rhein als Grenze anerkennen und sich dazu verpflichten, die deutschen Standesherren für ihre linksrheinischen Verluste zu entschädigen. Dies geschah 1803 durch den Reichsdeputationshauptschluss vor allem auf Kosten der geistlichen Herrschaften. Auch die in den Niederlanden, der Schweiz und Ligurien von Napoleon etablierten Republiken musste der Kaiser anerkennen. 1804 setzte sich Napoleon selbst die Krone auf und machte sich zum Kaiser der Franzosen. Seinen Traum einer Invasion in England musste er nach der Niederlage in der berühmten Seeschlacht von Trafalgar zwar aufgeben, aber auf dem Kontinent war seine Macht ungebrochen.

In der sogenannten Dritten Koalition versuchten Russland, Österreich, Großbritannien und Schweden, den anscheinend unaufhaltsamen Aufstieg des Korsen zu stoppen. In der »Dreikaiserschlacht von Austerlitz« am 2. Dezember 1805 machte Napoleon auch dieser Koalition den Garaus. Österreich musste im Frieden von Pressburg nicht nur weitere Gebietsverluste hinnehmen, sondern den »Emporkömmling« Napoleon als »Kaiser der Franzosen« anerkennen. Die süddeutschen Staaten schlossen sich 1806 im Rheinbund zusammen, der auf Gedeih und Verderb mit Frankreich verbunden war. Die beteiligten Fürsten durften sich an ihren kleinen Nachbarn schadlos halten und über Rangerhöhungen freuen. Bayern und Württemberg waren bereits am 1. Januar 1806 zu Königreichen von Napoleons Gnaden aufgestiegen. Unter dem Druck des französischen Kaisers legte Franz II. am 6. August 1806 die Krone des Heiligen Römischen Reichs nieder und nannte sich fortan nur noch Franz I. von Österreich. Das Heilige Römische Reich, das seine Tradition auf Karl den Großen zurückführte, war damit nach tausend Jahren untergegangen – in einem banalen Verwaltungsakt.

Neutralität als Staatsmaxime

Und was machte Preußen in all diesen Umbruchsjahren von 1795 bis 1806? Es sonnte sich in seiner Neutralität, ließ die anderen Krieg führen, steckte den Kopf in den Sand und baute darauf, dass alles schon irgendwie gutgehen würde. Nichts sehen, nichts hören, nichts riechen. Alle Versuche, Preußen für eine weitere Koalition gegen Frankreich zu gewinnen, waren fehlgeschlagen, aber ebenso alle Versuche Frankreichs, Friedrich Wilhelm III. auf seine Seite zu ziehen. Und so blieb es nördlich der Demarkationslinie bei einem Frieden, der gleichwohl einen schalen Beigeschmack hatte: »Zwar brannte die Welt in allen Ecken und Enden, Europa hatte eine andere Gestalt angenommen, zu Lande und See gingen Städte und Flotten zu Trümmern, aber das mittlere, das nördliche Deutschland genoss noch eines gewissen fieberhaften

Friedens, in welchem wir uns einer problematischen Sicherheit hingaben«, erinnerte sich Goethe an diese »Zwischenkriegsjahre«.[4]

An seiner Neutralitätspolitik hat Friedrich Wilhelm III. stur wie ein Maulesel festgehalten: »Das größte Glück eines Landes besteht zuverlässig in einem fortdauernden Frieden; die beste Politik ist also diejenige, welche stets diesen Grundsatz insofern vor Augen hat, als unsere Nachbarn uns in Ruhe lassen wollen. Man mische sich nie in fremde Händel, die einen nichts angehen ... Um aber nicht wider Willen in fremde Händel gemischt zu werden, so hüte man sich vor Allianzen, die uns früh oder spät in solche verwickeln könnten.«[5] Hier mischte sich die allgemeine Friedensliebe des Königs mit den Erfahrungen, die Preußen in den Jahrzehnten zuvor mit Allianzen gemacht hatte. Dazu kam, dass Kriege eine kostspielige Angelegenheit waren. Friedrich der Große verfügte über den Tresor seines Vaters, als er in Schlesien einfiel. Friedrich Wilhelm III. hatte von seinem Vater nichts als Schulden geerbt.

Der entscheidende Berater des Königs, seit 1802 auch formal Außenminister, war Christian Graf von Haugwitz. Es hat ihm nicht an der Einsicht gefehlt, dass Napoleon Einhalt geboten werden musste. Doch scheiterte er am entschiedenen Widerstand des Königs gegen jegliche Kriegspläne und dessen Angst vor der eigenen Courage. Dazu kam, dass er die Gestaltung der Außenpolitik immer mehr dem frankreichfreundlichen Kabinettsrat Johann Wilhelm Lombard überließ. Nach der – die Demarkationslinie verletzenden – Besetzung des Kurfürstentums Hannover durch Napoleon legte Haugwitz 1804 die Amtsgeschäfte nieder. Sein Nachfolger Karl August Freiherr von Hardenberg stand der Kriegspartei nahe, doch der König wollte von alledem nach wie vor nichts hören: »Es gibt mehrere Personen, die zugunsten des Krieges votieren, ich nicht. Es scheint mir, dass es Mittel gibt, sich herauszuziehen, ohne auf eine derartige Radikallösung zu kommen.«[6] Die Worte »ich nicht« hat der König in diesem Brief sogar noch unterstrichen.

An Opposition gegen diese Politik hat es in Preußen nicht gemangelt. Dazu gehörte nicht zuletzt die Königin! Verzweifelt schrieb Luise an ihren Vater, dass man doch nicht immer nur gleichgültig mit ansehen könne, was im Rest Europas vor sich gehe. Wer immer nur abseits stehe in den großen Krisen der Zeit, der verliere nicht nur den Respekt seiner Gegner, sondern bald auch jenen seiner Nachbarn und potenziellen Verbündeten.

Zur »Kriegspartei« gehörte auch Prinz Louis Ferdinand von Preußen, der Cousin des Königs und »enfant terrible« der königlichen Familie. Musisch hochbegabt, aber leichtsinnig und bis über beide Ohren verschuldet, wurde er von Friedrich Wilhelm III. als ungeliebter Kritiker in die Provinz abgeschoben. Louis Ferdinand war, wie Königin Luise, überzeugt davon, dass »Abseitsstehen« nur denjenigen stärken würde, der die Freiheit bedrohte – und das war aus seiner Sicht das revolutionäre Frankreich. Neutralität um jeden Preis lade nur dazu ein, ausgenutzt zu werden. In einem Brief an den Generaladjutanten des Königs zitierte er ein altes lateinisches Sprichwort, das seine Auffassung widerspiegelte: »Si vis pacem para bellum« – Wenn du den Frieden willst, bereite den Krieg vor. Stattdessen habe man in Preußen »ohne wirklichen Willen, ohne irgendeinen Entschluss … viel Geld ausgegeben, Zeit verloren, die Provinzen belastet, ohne zu wissen, was wir wollen«.[7]

Nicht minder ungestüm als Louis Ferdinand drängte der Freiherr vom Stein darauf, sich der Koalition gegen Frankreich anzuschließen. Im Oktober 1804 war er zum Minister für das Akzise-, Zoll-, Kommerz- und Fabrikwesen ernannt worden. Damit war nach Hardenberg zwar ein zweiter Reformer in Amt und Würden, doch der König stützte sich weiterhin vor allem auf seine vertrauten Kabinettsräte, mit denen er, anders als mit seinen Ministern, täglichen Umgang pflegte. Sie entsprachen seinem eigenen Wesen, doch eine entschlossene Politik war mit diesen Bürokraten nicht zu machen, die eifrig darauf bedacht waren, den König abzuschirmen, um ihren eigenen Einfluss nicht zu verlieren. In einer Denkschrift verlangte Stein eine grundsätzliche Änderung dieses Systems. Die Vorzimmerregierung durch die Kabinettsräte sollte durch die Bildung verantwortlicher Ministerien ersetzt werden. Doch war eine solche Reform mit Friedrich

Wilhelm III. – noch – nicht zu machen. Empört wies er das Ansinnen zurück.

Der König sah sich spätestens im Herbst 1805 von allen Seiten unter Druck gesetzt. Österreich und Russland drängten, Preußen solle sich endlich entscheiden. Der Zar verlangte fast ultimativ die Zustimmung des Königs zum Durchmarsch russischer Truppen, um den Österreichern zu Hilfe kommen zu können. Da traf am 3. Oktober die Nachricht in Berlin ein, dass der französische Marschall Bernadotte ohne Vorankündigung oder gar Erlaubnis durch das preußische Ansbach marschiert sei. Wie lange wollte sich Friedrich Wilhelm III. noch auf der Nase herumtanzen lassen?

Als am 25. Oktober 1805 Zar Alexander in Berlin eintraf, bereitete die Menge dem russischen Herrscher einen triumphalen Empfang. Friedrich Wilhelm III. dagegen hatte Hardenberg nur mit Mühe davon überzeugen können, ihn überhaupt zu treffen – der König fürchtete seine Popularität und gleichermaßen seine Kriegslust. Am Ende kam aber doch Bewegung in die Sache. Am Sarkophag Friedrichs des Großen in der Potsdamer Garnisonkirche schworen sich Friedrich Wilhelm und Alexander ewige Freundschaft. Der österreichisch-russischen Koalition schloss sich der König gleichwohl nicht an, sondern sicherte Russland lediglich eine »bewaffnete Vermittlung« zu. Nun wurde Haugwitz wieder aus der Versenkung geholt – er sollte Napoleon zur Rede stellen und mit einem Eintritt Preußens in die gegnerische Koalition drohen. Doch ebendiese Koalition war mit ihrer Niederlage in der Dreikaiserschlacht von Austerlitz am 2. Dezember 1805 am Ende – und Haugwitz, ohnehin ängstlich darauf bedacht, Napoleon nicht über Gebühr zu reizen, hatte nicht mehr viel, womit er drohen konnte. Stattdessen diktierte Napoleon die Bedingungen: Preußen sollte zwar das – in Personalunion von den englischen Königen regierte – Kurfürstentum Hannover bekommen, dafür aber Kleve, Ansbach und Neuchâtel abgeben. Die Aussicht eines so großen Territorialgewinns in Norddeutschland schien Haugwitz verlockend; was war dagegen der abgelegene Streubesitz, den Preußen dafür aufgeben sollte? Doch das war nicht der einzige Preis: Napoleon verlangte darüber hinaus nun ultimativ ein förmliches Bündnis Preußens mit Frankreich.

Zurück in Berlin, empfing Haugwitz keineswegs die erwartete Begeisterung für den von ihm ausgehandelten Vertrag. Vor allem von Hardenberg, der ja eigentlich für die Außenpolitik zuständig war, wurde er für seine bedingungslose Hinnahme der französischen Forderungen scharf kritisiert, war er doch selbst dabei, hinter den Kulissen mit Russland und England zu verhandeln. Also musste Haugwitz noch einmal zu Napoleon fahren, doch der hatte von der preußischen Hinhaltetaktik genug: Er verlangte nun auch noch, dass die preußischen Häfen für alle englischen Handelsschiffe gesperrt werden sollten. Diese Forderung trieb Preußen in einen offenen Krieg mit England. Und Napoleon setzte noch eins drauf: Er forderte den Rücktritt Hardenbergs! Der Minister zog schließlich selbst die Konsequenz aus der hoffnungslosen Lage, nahm unbefristeten Urlaub und machte Platz für seinen eigenen Vorgänger: Haugwitz.

Dass Napoleon nicht vorhatte, auf seinen Verbündeten besondere Rücksicht zu nehmen, zeigte sich, als er im April 1806 die neuen preußischen Gebiete in Westfalen besetzen ließ, ohne Friedrich Wilhelm III. darüber auch nur zu informieren. Sofort wurde der König wieder von allen Seiten gedrängt, diesen Affront nicht unbeantwortet zu lassen: »Ich rate Dir, von Bonaparte Rechenschaft zu fordern«, schrieb Königin Luise ihrem Mann. »Man sagt immer, man darf sich nicht mit Frankreich überwerfen, mit diesem Ungeheuer an Macht, und ich antworte: Man muss ganz ebenso vorsichtig sein, sich seine Freunde zu erhalten, die Einzigen, die uns nützen und als Stütze gegen dieses Ungeheuer dienen können, das keine Freunde kennt. Er [Napoleon] will nur Sklaven als Werkzeuge seines Willens. Und ich bin überzeugt, dass jeder Preuße lieber den letzten Blutstropfen hingeben als sich zu der Infamie erniedrigen wird, Verbündeter oder Sklave – was synonym ist – der Franzosen zu werden.«[8]

Ganz ähnlich sah dies Prinz Louis Ferdinand, der selbst nach dem Frieden von Pressburg – sprich dem Ausscheiden Österreichs und Russlands – an seiner Überzeugung festhielt, dass man der

Auseinandersetzung mit Frankreich nicht ausweichen dürfe: »Wenn Preußen sich den Frieden von Bonaparte aufzwingen lässt, so ist es aus, wir verlieren den Rest von Ansehen, den wir noch besaßen, und der Rest Deutschlands wird Bonaparte zu Füßen liegen, wie Württemberg, Bayern und Baden.«[9] Napoleon, so Louis Ferdinand, werde nicht aufgeben, »ehe Preußens letzte Stunde nach seinem Willen geschlagen« habe, und dann »werden die Tränen und die Klagen jener erbärmlichen und feigen Prediger des Friedens, den sie nur im Gefühl ihrer Mittelmäßigkeit wünschen, die Monarchie Friedrichs des Großen nicht retten.«[10] Als dem Minister Haugwitz die Fensterscheiben eingeworfen wurden, beschuldigte man den heißblütigen Prinzen – wohl zu Unrecht – dieser Tat. Doch die Wut über Haugwitz und über das neuerliche Einknicken vor Napoleon war damals weit verbreitet. Ein französischer Offizier, der damals für Verhandlungen in Berlin war, erinnerte sich später: »Vor meiner Abreise konnte ich mich noch selbst überzeugen, wie der Hass gegen Napoleon die sonst so ruhige Bevölkerung in einen wahren Taumel der Aufregung versetzte. Die Offiziere von meiner Bekanntschaft wagten nicht mehr, das Wort an mich zu richten oder mich zu grüßen; mehrfach wurden Franzosen vom Pöbel tätlich angegriffen.«[11] Eine Karikatur zeigte den preußischen König, »wie ihm Haugwitz eine Schlafmütze und Hardenberg einen Degen reicht«[12] – Friedrich Wilhelm III. hatte, ein letztes Mal, die Schlafmütze gewählt.

Der unmögliche Krieg

Vielleicht auch, um seinem wankelmütigen neuen Verbündeten zu zeigen, dass er die Macht hatte, Länder zu verschenken, aber auch wieder zu nehmen, bot Napoleon im August 1806 England die Rückgabe des Kurfürstentums Hannover um den Preis eines Friedensschlusses an. Nun war selbst für den duldsamen Preußenkönig das Maß voll, der zudem fürchtete, von Napoleon in einen Krieg mit Russland hineingezogen zu werden. Hatte Friedrich Wilhelm III. in all den Jahren zuvor gezögert und gezaudert, handelte er jetzt überstürzt, ja kopflos: Er sandte ein Ultimatum an Napoleon, das diesen aufforderte, sich hinter den Rhein zurückzuziehen. Das war eine hanebüchene Forderung, und natürlich dachte der Franzose nicht daran, darauf einzugehen. Napoleon hatte nicht den geringsten Respekt vor Preußen: »Sein Kabinett ist dermaßen verächtlich, sein Souverän so schwach, dass man auf diese Macht gar nicht zählen kann … Der Gedanke, Preußen könne sich allein mit mir einlassen, erscheint mir so lächerlich, dass er gar nicht in Betracht gezogen zu werden verdient.«[13] Umso verdutzter hielt er nun das Ultimatum Friedrich Wilhelms in Händen.

Die Verblüffung des großen Korsen war nachvollziehbar: Mit wem wollte Friedrich Wilhelm III. eigentlich in diesem Moment gegen ihn antreten? Österreich war jetzt zwangsweise ebenfalls mit Frankreich verbündet, Russland nach Austerlitz geschwächt und jedenfalls nicht bereit, kurzfristig in irgendwelche Kämpfe einzugreifen, und in England war man nach der Annexion Hannovers nicht eben begeistert von dem Gedanken, Preußen zu unterstützen – eine Unterstützung, die sich ohnehin vor allem auf die Zahlung von Subsidien hätte beschränken müssen. Als einziger Verbündeter blieb das militärisch nicht gerade Angst einflößende Sachsen. Auch die eigene Armee war nur bedingt einsatzbereit. Doch nun war der Krieg da, und Napoleon wandte sich nach Norden, um den Schlagabtausch mit Preußen zu führen. Der Oberbefehl über die preußischen Truppen wurde einmal mehr dem Herzog von Braunschweig übertragen, mittlerweile 71 Jahre alt – und damit durchaus repräsentativ für das preußische Offizierskorps: Von den 2500 preußischen Offizieren waren gerade einmal sieben unter fünfzig Jahre alt, von den 142 Generälen waren vier über achtzig – und kein einziger unter sechzig.[14] Es waren noch immer die Offiziere Friedrichs des Großen – und genauso dachten und handelten sie. Das Gros der preußischen Soldaten dagegen hatte, ganz im Gegensatz zu ihren französischen Kontrahenten, keinerlei Kriegserfahrung – eine vielleicht sympathische, aber auf dem Schlachtfeld wenig hilfreiche Folge der elfjährigen Neutralitätspolitik.

Auf preußischer Seite war man von der Geschwindigkeit des französischen Vormarschs überrascht, hatte man doch gehofft, dass noch genügend Zeit bliebe, die getrennt nach Süden marschierenden Truppen zu vereinen, ehe es zu einem ersten Feindkontakt käme. Die Vorhut stand unter dem Kommando des Prinzen Louis Ferdinand. Obwohl ihm klar war, wie schwer es sein würde, den französischen Vormarsch aufzuhalten, brannte er darauf, endlich gegen Napoleon ins Feld ziehen zu können. Bei Saalfeld ließ er sich am 10. Oktober 1806 – ohne auf das Eintreffen der Armee Hohenlohe, der er unterstellt war, zu warten – auf das erste größere Gefecht des Kriegs ein. Er sah die Gefahr, dass die im Raum Naumburg konzentrierte preußische Hauptarmee durch ein erfolgreiches Vorrücken Napoleons von ihren Verbindungen nach Dresden und Berlin abgeschnitten würde. Dass er schon zahlenmäßig hoffnungslos unterlegen war, wusste er nicht; dass die Gegebenheiten des Geländes nicht eben vorteilhaft für die preußische Seite waren, wischte er beiseite. Es war ein ungleicher Kampf und am Ende ein heilloses Durcheinander. Die Schlacht war für Preußen und Sachsen eigentlich verloren, aber verzweifelt versuchte der Prinz, die Fliehenden zu stoppen, und tatsächlich gelang es ihm, einige zum Halten zu bewegen. Gemeinsam mit diesen viel zu schwachen Kräften stemmte er sich noch einmal gegen die Angreifer und fand dabei selbst den Tod.

Vom rein militärischen Standpunkt war die Niederlage von Saalfeld kein Beinbruch. Die Hauptarmee war intakt, die entscheidende Schlacht noch nicht geschlagen. Aber Saalfeld war ein Menetekel: »Mit dem Prinzen Louis, einem der entschlossensten, mutvollsten und tapfersten Heeresanführer, sank eine der größten Hoffnungen des Heeres dahin – der Tod dieses so verehrten Prinzen erregte allgemeine Bestürzung. Der Verlust des Gefechtes bei Saalfeld ..., die sichtbare Überlegenheit der französischen Armee und der einreißende Mangel an Verpflegung für Menschen und Vieh wirkten vereinigt mit hin auf den unglücklichen Ausgang der [wenige Tage später folgenden] Schlacht bei Jena«, kommentierte ein preußischer Offizier verbittert.[15] Im Rückblick fand

Theodor Fontane die treffenden Worte: »Prinz Louis war gefallen, und Preußen fiel – ihm nach.«[16]

Vier Tage nach Saalfeld kam es in der Doppelschlacht von Jena und Auerstedt zur größten anzunehmenden Katastrophe. Den Franzosen war es gelungen, einen Keil zwischen die preußische Hauptarmee und die Armee des Fürsten Friedrich Ludwig zu Hohenlohe-Ingelfingen zu treiben. Bei Jena wurde Hohenlohe im Morgengrauen vom Artilleriefeuer der Franzosen überrascht. Gleichwohl gelang es ihm, die Lage zu stabilisieren. Für einen eigenen Vormarsch wollte er auf Unterstützung warten, doch als diese endlich kam, hatte auch der französische Marschall Jean Lannes seine Truppen vereint. Die eigentliche Katastrophe spielte sich jedoch im nahen Auerstedt ab, wo der Herzog von Braunschweig mit einer großen Übermacht auf die französische Vorhut stieß. Schon zu Beginn der Kampfhandlungen wurde der Herzog tödlich getroffen. Friedrich Wilhelm III. war von der militärischen Verantwortung, die er nun übernehmen sollte, hoffnungslos überfordert; in höchster Eile und unter Druck kühne Entscheidungen zu treffen war nicht seine Sache. Am Ende gab er den Befehl zum Rückzug, und die preußischen Soldaten flohen Hals über Kopf – für Napoleon war der Weg nach Berlin frei.

Wie ein einfacher Soldat die Schlacht von Auerstedt erlebt hat, zeigen die Erinnerungen von Johann Christoph Pickert sehr anschaulich: »Es war den 14. Oktober des Morgens sehr neblig. Das Brausen der Geschütze und der Tumult der Kämpfe erschütterten die Luft und den Erdboden. So erreichten wir die Anhöhe, von der wir alles übersehen konnten. Wir hielten nicht lange, so waren schon viele von unserem Regiment verwundet und getötet; auch den Pferden meiner beiden Vorderleute wurden die Füße abgeschossen. Wir attackierten, wobei unser Kommandeur Prinz Wilhelm verwundet wurde, und wir mussten uns mit Verlust zurückziehen. Wir versuchten es noch einmal, einzuhauen, wurden aber in der größten Unordnung zurückgetrieben, und nun war auch kein Halten mehr, alles retirierte.«[17] Erst zwei Wochen später, im vorpommerschen Pasewalk, war die Flucht Pickerts und seiner Kameraden zu Ende, und sie gerieten in französische Kriegsgefangenschaft.

Das gedemütigte Preußen

Die Berliner erfuhren am 17. Oktober durch eine Proklamation des Stadtkommandanten Friedrich Wilhelm Graf von der Schulenburg von der Niederlage bei Jena und Auerstedt: »Der König hat eine Bataille verloren. Jetzt ist Ruhe die erste Bürgerpflicht. Ich fordere die Einwohner Berlins dazu auf. Der König und seine Brüder leben.«[18] Dass es um weit mehr ging als um eine Schlacht, war den Menschen in der Hauptstadt spätestens am 27. Oktober klar, als Napoleon wie ein Triumphator in Berlin einzog und befahl, die Quadriga auf dem Brandenburger Tor abzubauen und als Kriegsbeute nach Paris zu bringen. Die Zeit, da die Siegesgöttin Viktoria auf Preußens Seite stand, war vorüber. Napoleon war ein Mann geschichtsträchtiger Gesten, und so ließ er es sich nicht nehmen, tags darauf einige Minuten am Sarkophag Friedrichs des Großen in der Potsdamer Garnisonkirche zu verweilen. Zu seinen Offizieren gewandt sagte er daraufhin: »Messieurs, wenn der noch lebte, stünden wir nicht hier.«[19]

Den König und seine Familie verschlug die Flucht vor den französischen Truppen bis nach Ostpreußen, in den hintersten Winkel des Königreichs. Im masurischen Ortelsburg, wo die Familie vom 23. November bis zum 5. Dezember 1806 Station machte, schrieb Königin Luise in ihr Tagebuch ein Gedicht aus »Wilhelm Meisters Lehrjahre« von Goethe, das offensichtlich ihre eigenen Gefühle in dieser schwierigen Zeit wiedergab und seither zum festen Zitatenschatz der preußischen Geschichte gehört:

»Wer nie sein Brot mit Tränen aß,
Wer nie die kummervollen Nächte
Auf seinem Bette weinend saß,
Der kennt euch nicht, ihr himmlischen Mächte!

Ihr führt ins Leben uns hinein
Ihr lasst den Armen schuldig werden;
Dann überlasst ihr ihn der Pein:
Denn alle Schuld rächt sich auf Erden.«[20]

Doch auch in Ortelsburg war das Königspaar bald nicht mehr sicher und floh weiter nach Memel. Verhandlungen mit Napoleon liefen ins Leere, nachdem dieser sogar eine preußische Beteiligung am Angriff auf Russland als Bedingung für einen Friedensschluss ins Spiel gebracht hatte. In der Hoffnung, mit russischer Hilfe das Blatt noch einmal wenden zu können, entschloss sich Friedrich Wilhelm III. unter dem Einfluss Steins daher für die Fortsetzung des Krieges. Doch so schnell der Einfluss des Freiherrn in dieser Notlage gestiegen war, so schnell sank er auch wieder. Stein wollte die Gelegenheit für die von ihm schon lange propagierte Änderung des Regierungssystems nutzen und forderte die Einberufung eines Ministerrats mit direktem Zugang zum König. Friedrich Wilhelm ließ sich darauf nur halbherzig ein. Zwar stimmte er der Schaffung eines »Konseils« aus drei verantwortlichen Ministerien – Innen-, Außen- und Kriegsministerium – zu, aber auf die Mitwirkung seines gewohnten Kabinettsrats Karl Friedrich von Beyme in diesem Kreis wollte er nicht ganz verzichten. Zu sehr fürchtete er, von den ihm fachlich überlegenen Ministern in die Ecke gedrängt und im schlimmsten Fall sogar vorgeführt zu werden; nicht anders, als dies der »Soldatenkönig« bei seinen Ministern befürchtet hatte, weshalb er an den Sitzungen des Generaldirektoriums nicht teilgenommen hatte. Ebenso lehnte Friedrich Wilhelm III. die von Stein geforderte Berufung Hardenbergs zum Außenminister ab, weil er wusste, dass Napoleon darauf allergisch reagieren würde. Stein selbst wollte den Posten des Außenministers nicht übernehmen, weil er in diesem Geschäft keinerlei Erfahrung hatte.

Unter diesen Umständen wollte Stein in dem »Konseil« aber auch nicht als Innen- und Finanzminister mitwirken und schickte ihm zur Bearbeitung übergebene Unterlagen einfach wieder zurück. Damit war das Maß für Friedrich Wilhelm III. voll – was fiel diesem Mann nur ein? Er sei, teilte er ihm am 3. Januar 1807 in einem Schreiben mit, »ein widerspenstiger, trotziger, hartnäckiger und ungehorsamer Staatsdiener, der, auf sein Genie und seine Talente pochend, weit entfernt, das Beste des Staates im Auge zu haben, nur durch Kapricen geleitet, aus Leidenschaft und aus persönlichem Hass und Erbitterung« handle.[21] Weit entfernt, vor dem Monarchen zu kuschen, bat Stein daraufhin um seine Ablösung, die selbstverständlich sofort gewährt wurde.

Militärisch ließ sich das neue Jahr dagegen überraschend gut an. In der Schlacht von Preußisch-Eylau boten Russen und Preußen am 7./8. Februar 1807 dem französischen Kaiser erstmals erfolgreich Paroli. Doch konnten sie daraus keinen taktischen Vorteil ziehen, und am 13. Juni folgte eine bittere russische Niederlage bei Friedland. Die Russen zogen sich daraufhin aus Ostpreußen zurück, und der Zar strebte nach einem Friedensschluss mit Napoleon. Die Verhandlungen darüber fanden auf einem Floß inmitten der Memel statt, die damals die Grenze zwischen dem russischen und den französischen Einflussbereich darstellte. Schon im Mittelalter waren solche Treffen auf neutralem »Boden« nicht unüblich, um protokollarischen Problemen aus dem Weg zu gehen. Dabei war der eigentliche Landesherr beiderseits der Memel, Friedrich Willhelm III., bei diesem Treffen zunächst gar nicht dabei. Der preußische König musste als Zaungast warten, bis Napoleon die Zeit für gekommen hielt, auch ihn zu empfangen. Der französische Kaiser drückte damit die ganze Verachtung aus, die er für Friedrich Wilhelm III. empfand. Preußen war keine Größe mehr, mit der er rechnete. Mit Russland verhandelte der Franzose auf Augenhöhe, Friedrich Wilhelm hatte nur die Bedingungen hinzunehmen, die er ihm diktierte.

In dem am 7. Juli 1807 geschlossenen Frieden von Tilsit verlor Preußen die Hälfte seines Territoriums und wurde damit auf den Status einer zweitrangigen Macht zurückgeworfen. Vergeblich hatte Königin Luise den französischen Kaiser bei einem Treffen milde zu stimmen versucht. Napoleon wusste sehr wohl, dass die Königin zu den eifrigsten Befürwortern eines Krieges gegen ihn gehört hatte. Im Grundsatz wurde Preußen durch den Friedensschluss auf sein Kerngebiet reduziert. Es verlor alle Gebiete westlich der Elbe sowie die in den polnischen Teilungen gewonnenen Provinzen Südpreußen und Neu-Ostpreußen. Der Cottbuser Kreis fiel an das Königreich Sachsen. Der verbliebene Rest sollte so lange von französischen Truppen besetzt und sogar unter französischer Verwaltung bleiben, bis eine Einigung über die Kontributionszahlungen erreicht war, die Preußen leisten sollte. Einzig in Memel, dem Zufluchtsort des Königs, wurden keine französischen Soldaten stationiert. Friedrich Wilhelm III. war vom Herrn über eine Großmacht zum Bürgermeister einer Kleinstadt geworden – so hatte er sich seinen Traum vom »Dorfschulzen« nicht vorgestellt.

Alle Versuche der preußischen Seite, Frankreich in der Frage der Kontributionszahlungen milde zu stimmen, schlugen fehl. Am Ende einigte man sich im November 1808 auf die Zahlung von 32 Millionen Talern innerhalb von 30 Monaten. Als Gegenleistung zogen sich die französischen Truppen weitgehend aus Restpreußen zurück. Damit ging auch die Verwaltung wieder in preußische Hände über. Friedrich Wilhelm III. war nun wieder halbwegs Herr im eigenen Haus, doch darüber schwebte stets das Damoklesschwert der neuerlichen Besetzung, sollten die Kontributionszahlungen nicht in der vereinbarten Höhe und Zeit geleistet werden.

Von Langhans bis Schinkel

Die außenpolitisch und militärisch motivierte Kritik an der Neutralitätspolitik Friedrich Wilhelms II. und Friedrich Wilhelms III. ist nur eine Seite der Medaille – die negative, wenn man so will. Andererseits hat die Neutralitätspolitik dem Norden und Osten Deutschlands zwölf Jahre des Friedens beschert, während ganz Europa im Krieg versank. Das bedeutete nicht nur wirtschaftlichen Aufschwung, sondern bildete auch den Boden für eine Zeit der kulturellen Blüte. Es waren die Jahre, in denen Carl Gotthard Langhans das Brandenburger Tor, Carl von Gontard das Marmorpalais und David Gilly das Schloss Paretz erbauten; in denen Gottfried Schadow seine bedeutendsten Skulpturen schuf, in denen die Berliner Manufakturen Möbel und Porzellan von höchster Qualität produzierten. An der Spitze der Akademie der Künste stand seit 1797 der Kupferstecher Daniel Chodowiecki – ein

Migrant halb polnischer, halb schweizerisch-hugenottischer Abstammung und damit durchaus typisch für den Vielvölkerstaat Preußen.

L'art pour l'art, die Kunst nur um der Kunst willen, das war nicht gerade ein typisch preußischer Gedanke. Kunst und Kunsthandwerk lagen nahe beieinander. Das galt auch für die Baumeister. Genies wie Andreas Schlüter waren ja schön und recht – doch was nützte der schönste Entwurf für einen riesigen Turm, wenn die Statik nicht richtig berechnet war bzw. der sandige Untergrund nicht in die Überlegungen miteinbezogen worden war und der ganze Bau einstürzte. Zunächst als Abteilung der Akademie der Künste, später als eigenständige Einrichtung wurde 1799 die Bauakademie in Berlin gegründet. Sie sollte den zukünftigen Architekten vor allem das technische Wissen vermitteln, das sie später gleichermaßen für Monumental- wie für Nutzbauten anwenden können sollten. Maßgeblich beteiligt an der Gründung der Bauakademie waren David Gilly und sein Sohn Friedrich, der als kommender Star am Berliner Architektenhimmel galt. Doch Friedrich Gilly starb schon 1800 im Alter von erst 28 Jahren. An seine Stelle trat sein Freund Karl Friedrich Schinkel – ein Multitalent, der nicht nur baute, sondern auch malte und sich nicht zu schade war für Bühnenbildentwürfe und populäre Dioramen. Ein Mann, der anscheinend nichts anderes kannte als Arbeit und sich immer mehr davon aufhalste – einen »workaholic« würde man ihn heute nennen.

Von seinen erhaltenen Bauten sind das Alte Museum, einer der ältesten Museumsbauten Deutschlands, die Neue Wache Unter den Linden und das Schauspielhaus am Gendarmenmarkt die bekanntesten; klassizistische Bauten, die ihre Vorbilder in der bewunderten Antike hatten. Doch Schinkel wäre kein preußischer Baumeister, wenn er es dabei hätte bewenden lassen. Sein zwischen 1832 und 1836 entstandener Neubau für die Bauakademie weist weit voraus: »Der Bau aus unverputzten, rohen Ziegeln, der darin an die Backsteingotik … anknüpft, ist ein Musterbeispiel für die Gewerbeförderung in Preußen. Angeregt durch englische Fabrikbauten des frühen 19. Jahrhunderts, gilt der Bau in seiner technologischen Ästhetik als erster architektonisch bedeutsamer Industriebau in Deutschland... Aufgrund ihrer Konstruktion aus tragenden Stützen und nichttragenden Wandelementen kann die Bauakademie als ein Vorläufer für die moderne Skelettbauweise angesehen werden.«[22] Das Gebäude wurde im Zweiten Weltkrieg schwer beschädigt und 1962 abgerissen. Ein Förderverein bemüht sich derzeit um den Wiederaufbau – eine Musterfassade wirbt am historischen Ort dafür.

Gleich neben der Bauakademie zeugt die Friedrichswerdersche Kirche von der Vielseitigkeit Schinkels, handelt es sich doch um einen der frühesten neugotischen Kirchenbauten in Deutschland. Auch hier verwendete Schinkel Backstein und knüpfte damit neuerlich an die mittelalterlichen Kirchenbauten in der Mark Brandenburg an. Von der überladenen Neugotik der zweiten Hälfte des 19. Jahrhunderts ist dieser Stil allerdings noch weit entfernt; Schinkel steht für klare, einfache Formen und nicht für überladene Türmchenromantik. Was Schinkel für die Baukunst, das wurden in der zweiten großen Friedensphase unter Friedrich Wilhelm III. nach 1814 in der Bildhauerei Christian Daniel Rauch und der vor allem für seine Porträtbüsten bekannte Friedrich Tieck. Rauchs berühmtes Reiterstandbild Friedrichs des Großen steht seit 1980 wieder an seinem angestammten Platz »Unter den Linden«.

Im Salon der Rahel Levin

Das Preußen Friedrich Wilhelms III. war die große Zeit der Berliner Salonkultur, die nur unter den Bedingungen der Friedensjahre zu denken ist. In fast zwangloser Runde trafen sich dort Adlige und Bürgerliche, Offiziere und Beamte, Schriftsteller und Diplomaten und – was fast noch revolutionärer war: Männer und Frauen. Die Berliner Salons waren jedoch keine klassenlosen Gesellschaften: Angehörige der Unterschichten sucht man dort – natürlich – vergebens. Doch es wurden gleichwohl Standesschranken überschritten, wie dies noch wenige Jahrzehnte zuvor unvorstellbar gewesen wäre. »Extrawürste« wurden nicht gebraten. So erhielt Prinz Louis Ferdinand, Stammgast im Salon Rahel Levins, zwar den Ehrenplatz neben der Gastgeberin, bekam von ihr dafür aber »ordentliche Dachstuben-Wahrheit« zu hören: Sie nahm kein Blatt vor den Mund, nur weil ihr Nebensitzer ein Mitglied des königlichen Hauses war.[23] Keine Hofetikette bestimmte den Umgang zwischen Adligen und Bürgerlichen. Große kulinarische Genüsse durften die Besucher nicht erwarten: »Dünner Tee und dünne Butterbrote«, viel mehr gab es nicht – im Mittelpunkt stand die geistige Nahrung.[24]

Der berühmteste Berliner Salon war jener Rahel Levins und zugleich der ungewöhnlichste: Gastgeberin war eine unverheiratete junge Jüdin. Man traf sich in der Dachstube ihres elterlichen Hauses in der Berliner Jägerstraße nahe dem Gendarmenmarkt. In keinem anderen Salon war das Publikum so gemischt wie bei Rahel. Zu ihr kamen der Universalgelehrte Wilhelm von Humboldt, der Publizist Friedrich Gentz, die Brüder August Wilhelm und Friedrich von Schlegel, der Schauspieler Ludwig Robert, Rahels Bruder, der Schweizer Historiker Johannes von Müller, der Offizier Peter von Gualteri, der schwedische Diplomat Karl Gustav Brinckmann, der Schriftsteller Jean Paul, die Schriftstellerin Rebecca Friedländer, der Schauspieler Ferdinand Fleck, die Brüder Ludwig und Friedrich Tieck, die Sängerin Friederike Bethmann-Unzelmann – und natürlich Prinz Louis Ferdinand von Preußen, für den Rahel zur Seelentrösterin oder, wie er es selbst ausdrückte, zur »moralischen Hebamme« wurde, da sie ihn so sanft entbinde, dass selbst von den »peinlichsten Ideen dadurch ein sanftes Gefühl« zurückbleibe.[25] Louis Ferdinand kam meist in Begleitung seines Schwagers, des Prinzen Radziwill.

Einer der adligen Teilnehmer, Graf Hugo von Salm, hat die Atmosphäre dieser Treffen in der Jägerstraße sehr anschaulich beschrieben: »Man sprach vom Theater, von Fleck, von Righini, dessen Opern damals den größten Beifall hatten, von Gesellschaftssachen, von den Vorlesungen August Wilhelm Schlegels, denen auch Damen beiwohnten. Die kühnsten Ideen, die schärfsten Gedanken, der sinnreichste Witz, die launigsten Spiele der

Einbildungskraft wurden hier an dem einfachen Faden zufälliger und gewöhnlicher Anlässe aufgereiht ... Alle waren auf natürliche Weise tätig und doch keiner aufdringlich, man schien ebenso gern zu hören als zu sprechen.«[26] Themen der Tagespolitik spielten dagegen kaum eine Rolle.

Gastgeberin eines solchen Salons zu werden war Rahel Levin keineswegs in die Wiege gelegt. Die 1771 geborene Tochter eines jüdischen Kaufmanns genoss keine besonders gründliche Erziehung: »Mir wurde nichts gelehrt; ich bin wie in einem Walde von Menschen erwachsen«, erinnerte sie sich später. Doch ihre Eltern hatten wohl selbst im Traum nicht daran gedacht, dass ihre Tochter einmal die intellektuelle Elite Berlins bei sich versammeln würde. Ihre Erziehung war auf eine Rolle als Hausfrau und Mutter ausgerichtet; intellektuelle Konversation stand nicht auf dem Stundenplan. Doch Rahel war schon als Kind neugierig und sog alles Wissen wie ein Schwamm in sich auf. Gleichwohl wurde sie nie eine Intellektuelle im engeren Sinn. Aber sie war eine ungeheuer gefühlvolle, impulsive Frau, die es verstand, die Menschen für sich einzunehmen – ihnen das Gefühl zu geben, an allem, was sie bewegte, innerlich Anteil zu nehmen.

Der Salon von Henriette Herz stand jenem Rahel Levins an Berühmtheit nicht nach und war sogar noch älter als dieser, ja, kann als Vorbild aller späteren Berliner Salons gelten. »Wer den Gendarmenmarkt und Madame Herz nicht gesehen, hat Berlin nicht gesehen«, hieß es damals.[27] Dass auch Henriette Herz Jüdin war, ist kein Zufall gewesen: »Die christlichen Häuser Berlins boten nichts, welches dem, was jene jüdischen an geistiger Geselligkeit boten, gleichgekommen oder nur ähnlich gewesen wäre«, erinnerte sich Karl August Varnhagen von Ense, der spätere Ehemann Rahel Levins, an diese Blütezeit der Berliner Salons. In der Zusammensetzung glichen die Runden bei Henriette Herz weitgehend jenen bei Rahel Levin. Doch war sie ein ganz anderer Typus als Rahel: Geboren 1764 als Tochter eines angesehenen Arztes, erhielt sie eine umfassende Ausbildung und sprach mehrere Sprachen; neben Deutsch waren dies Hebräisch, Latein und Griechisch, als Erwachsene lernte sie zudem Englisch, Französisch,

Italienisch, Sanskrit, Türkisch und Malaiisch. Schon im Alter von 15 Jahren wurde sie mit dem Arzt Marcus Herz verheiratet, der bei Immanuel Kant in Königsberg studiert hatte. Durch ihren 17 Jahre älteren Ehemann kam Henriette früh und sehr intensiv mit der Gedankenwelt der Aufklärung in Berührung.

Als dritte jüdische Salonnière der Zeit sei die Bankierstochter Sara von Grotthuß genannt. Durch ihre zweite Ehe mit einem livländischen Baron hatte die fast fanatische Goethe-Verehrerin Zugang zu adligen Kreisen, und so mag ihr Salon als Bindeglied zu jenen geselligen Runden gelten, die bald auch Damen aus dem Hochadel eröffneten. Dazu gehörten Louis Ferdinands Schwester Luise Radziwill und die Herzogin Dorothea von Kurland. Auch in diesen Salons verkehrten Adlige und Bürgerliche, doch konnte der Kontrast zwischen ihren Schlössern und der Dachstube Rahel Levins kaum größer sein. Auch begnügten sich diese adligen Gastgeberinnen nicht mehr mit »dünnem Tee und dünnen Butterbroten«, und es blieb nicht beim geistreichen Gespräch allein. Sogar Theateraufführungen – mit den Salongästen als Schauspielern – fanden statt.

Mit dem Untergang des alten Preußen 1806 war die große Zeit der Berliner Salons vorüber. Alle Versuche, nach den Befreiungskriegen gegen Napoleon wieder daran anzuknüpfen, blieben schwache Abbilder. Dies gilt auch für Rahel Levins »zweiten Salon«. Die offene Gesellschaft, wie sie in diesen wenigen Jahren innerhalb der intellektuellen Kreise geherrscht hatte, gab es nicht mehr. Zwar waren die preußischen Juden durch die Stein-Hardenbergschen Reformen zu gleichberechtigten Staatsbürgern geworden. Doch blieb dies vielfach Theorie. Der aufkommende – deutsche, nicht preußische – Nationalismus hatte vielfach einen antisemitischen Unterton, dessen sich auch manche Gelehrte und Dichter bedienten. Viele Juden glaubten, durch eine völlige Assimilation tatsächlich gleichberechtigt zu werden. Die Taufe hielt Heinrich Heine dementsprechend für das »Entreebillett« zur europäischen Kultur. Taufen ließen sich auch Rahel Levin und Henriette Herz. Zu diesem latenten Antisemitismus gesellte sich eine stete Revolutionsfurcht, die den intellektuellen Diskurs lähmte. Die biedermeierliche Beschaulichkeit, wie sie etwa Carl Spitzweg in seinen Bildern der 1830er- und 1840er-Jahre eingefangen hat, war zugleich eine Phase der Stagnation und der künstlichen Ruhe, des Rückzugs in die eigenen vier Wände.

Geblieben ist der Nachruhm der Berliner Salons, die langfristig zur Herausbildung einer bürgerlichen Gesellschaft und einer offenen Konversationskultur beigetragen haben. Und nicht zuletzt waren Rahel Levin und Henriette Herz Wegbereiterinnen der Emanzipation, selbst wenn die Befreiung der Frau aus den von Männern bestimmten gesellschaftlichen Zwängen durch das konservative 19. Jahrhundert noch einmal stark in den Hintergrund gedrängt worden ist und die wenigen Berliner Salonnièren Ausnahmegestalten geblieben sind. Grundlage für dieses andere Preußen war die Friedenspolitik Friedrich Wilhelms III. Nur in deren Windschatten waren die Salons von Rahel Levin oder Henriette Herz denkbar. Was man aus politischer und militärischer Sicht kritisch beurteilen mag, erwies sich für die Kultur als Segen – eine Medaille hat eben immer zwei Seiten.

Hardenberg und Stein – das ungleiche Reformerpaar

Wenn es einem Staat gutgeht, denken seine Politiker selten an die Notwendigkeit von Reformen. Das war vor 200 Jahren nicht anders als heute. Friedrich Wilhelm III. wäre ganz sicher nicht als großer Reformer in die Geschichte eingegangen, hätte er in politisch ruhigeren Zeiten regiert. Und eigentlich waren es auch nicht seine Reformen – zu Recht sind sie unter den Namen ihrer beiden Protagonisten in die Geschichte eingegangen: Heinrich Friedrich Karl vom Stein und Karl August von Hardenberg. Es mag bezeichnend sein, dass beide keine gebürtigen Preußen waren: Stein entstammte einem alten Adelsgeschlecht aus Nassau an der Lahn. Nach dem Studium in Göttingen – Jura, Geschichte, Staatswirtschaft – trat er 1780 in den preußischen Staatsdienst ein. Dabei arbeitete er zunächst ausschließlich in den westlichen Provinzen des Reichs, unter anderem als Kriegs- und Domänenrat im westfälischen Hamm, als Leiter der staatlichen Bergbauverwaltung und schließlich als Oberkammerpräsident aller westlichen Besitzungen der Hohenzollern. Heute würde man dieses Amt wohl mit dem eines Ministerpräsidenten vergleichen. Erst mit der Ernennung zum Minister für das Akzise-, Zoll-, Kommerz- und Fabrikwesen 1804 wechselte er auf die Berliner Bühne. Seine weite Distanz zum preußischen Machtzentrum ermöglichte es ihm, die großen Schwachstellen des preußischen Staates nüchtern zu sehen und schonungslos anzuprangern. Stein war niemals ein preußischer Patriot; sein Vaterland war – um es etwas pathetisch auszudrücken – Deutschland. Die Reform und die Befreiung Preußens waren für ihn stets nur eine Etappe auf dem Weg zu einer Neuordnung Deutschlands.

Karl August von Hardenberg stammte aus einem alten hannoveranischen Adelsgeschlecht. Wie Stein studierte er in Göttingen Jura. Sein Meisterstück als Beamter lieferte er mit der gelungenen Eingliederung der Markgrafschaft Ansbach-Bayreuth in den preußischen Staat nach 1792 und der Aushandlung des Basler Friedens 1795. Schlagzeilen machte Hardenberg mit seinem lockeren und sehr aufwendigen Lebenswandel, der ihm auch von seinem Kollegen Stein immer wieder vorgeworfen wurde. Seine Abneigung gegenüber Hardenberg beruhe, bekannte Stein einmal gegenüber einem Vertrauten, »nicht auf einer einzelnen Tatsache, sondern auf seiner Lasterhaftigkeit, seiner skandalösen Liederlichkeit, wodurch er zur schlechten Gesellschaft hingezogen wurde, seinem Stolz, der ihn veranlasste, alle tüchtigen, selbstständigen Männer von den Geschäften zu entfernen und mittelmäßige oder nichtswürdige zu wählen, seiner Falschheit, die verhinderte, dass er nie eine Freundschaft knüpfte ..., seinem Leichtsinn und seiner Oberflächlichkeit, da er nichts Gründliches kannte«.[28] Der geradlinige Stein, der mit seiner Politik des Alles oder Nichts immer wieder aneckte, und der geschmeidige, leichtlebige Hardenberg – sie bildeten eine Zweckgemeinschaft, Zuneigung verband sie nicht.

Nach seiner Ablösung als Minister 1807 hatte sich Stein nach Nassau zurückgezogen und dort eine Denkschrift ausgearbeitet. Darin forderte er eine komplette Neugliederung der staatlichen

Verwaltung mit einer Zentralbehörde an der Spitze. Das Nebeneinander von Provinzial- und Fachbehörden, das immer wieder Kompetenzstreitigkeiten ausgelöst hatte, sollte beendet werden, die Provinzen und die Gemeinden eine Selbstverwaltung mit klar umrissenen Zuständigkeiten erhalten. Doch damit sollte es nicht sein Bewenden haben. Stein ging es ganz generell um »die Belebung des Gemeingeistes und Bürgersinns, die Benutzung der schlafenden oder falsch geleiteten Kräfte und der zerstreut liegenden Kenntnisse, der Einklang zwischen dem Geist der Nation, ihren Ansichten und Bedürfnissen und denen der Staatsbehörden, die Wiederbelebung der Gefühle für Vaterland, Selbstständigkeit und Nationalehre«.[29]

Während Stein in Nassau an seiner Denkschrift schrieb, war zwischenzeitlich Hardenberg wieder als Erster Staatsminister zurückgekehrt – und auf Intervention Napoleons nach kurzer Zeit schon wieder abgelöst worden. Sein Nachfolger wurde ausgerechnet der Freiherr vom Stein. Friedrich Wilhelm III. musste einsehen, dass es bei aller persönlichen Abneigung keinen geeigneteren Mann für die Bewältigung dieser existenziellen Krise gab. Stein sprach sich in dieser Zeit für ein Entgegenkommen gegenüber Napoleon aus – nicht weil er seine Einstellung grundsätzlich geändert hatte, sondern in realistischer Erkenntnis der Lage. Und so sah man die Ernennung des Freiherrn auch in Paris mit Wohlwollen.

Die Bauernbefreiung

Die erste der großen Reformen, die Stein 1807 in Angriff nahm, ist als Bauernbefreiung in die Geschichte eingegangen. Tatsächlich war sie für Preußen ein epochaler Schritt, was sich auch in der feierlichen Sprache des Edikts spiegelt: »Mit dem Martini-Tag 1810 hört alle Gutsuntertänigkeit in unseren sämtlichen Staaten auf. Nach dem Martini-Tag 1810 gibt es nur freie Leute …«[30] Allerdings wurde dadurch nur der persönliche Status der bis dahin erbuntertänigen Bauern geändert – eine Bodenreform war damit nicht verbunden. Das heißt: Das Land blieb weiterhin im Eigentum jener Adligen, denen die Bauern zuvor persönlich untertan gewesen waren. Diese Schwäche der Bauernbefreiung wurde wenige Jahre später dahin gehend korrigiert, dass »die bisher nicht zu Eigentum verliehenen bäuerlichen Besitzungen in Eigentum verwandelt und die darauf liegenden Abgabe- und Dienstverpflichtungen der Bauern gegen die Abtretung eines Teils des Hofstelle an den bisherigen Gutsherrn abgelöst werden sollten ... Der Landübergang konnte zwar durch die Zahlung einer dauernden Rente abgewendet werden, doch dazu fehlten häufig die Mittel, und die betroffenen Bauern gerieten erneut in wirtschaftliche Schwierigkeiten ... So stand am Ende oft der Verkauf an einen reichen Großgrundbesitzer.«[31]

Manche Parallelen zu aktuellen Entwicklungen sind verblüffend: Bei Bodenreformen des 20. Jahrhunderts in Afrika oder Lateinamerika (die im Unterschied zu Preußen allerdings meist durch Enteignungen der Großgrundbesitzer eingeleitet worden sind) wurden zumindest ähnliche Erfahrungen gemacht: Das Land, das die Bauern erhielten, war zu klein, um es effektiv bewirtschaften zu können. Es fehlte an Fachwissen und modernem Gerät. In Afrika und Lateinamerika führte dies zu einem bisweilen verheerenden Rückgang der landwirtschaftlichen Produktion, in Preußen stand am Ende, wie zitiert, oft der Weiterverkauf an einen Großgrundbesitzer. Und was machte der nunmehr ehemalige Bauer – er zog in die Stadt, die mit der beginnenden Industrialisierung ein besseres Leben zu bieten schien. Doch trotz dieser Schwierigkeiten und der so nicht absehbaren Spätfolgen war Steins Bauernbefreiung« ein Meilenstein: Aus bäuerlichen Untertanen waren freie Bürger geworden!

Die plakative Bezeichnung »Bauernbefreiung« trifft jedoch nur einen Teil des Edikts. Es machte insgesamt Schluss mit der auf Standesunterschieden beruhenden Rollenverteilung – wenigstens schuf es die rechtliche Basis dafür. So konnten jetzt endlich auch Bürgerliche adlige Güter erwerben, und »jeder Edelmann« war nun »ohne allen Nachteil seines Standes« befugt, bürgerliche Gewerbe zu treiben. Bauern konnten Bürger in der Stadt werden,

Stadtbürger – wenn sie denn wollten – »in den Bauernstand treten«.[32] Besonders interessant für reiche Bürger war es, dass die »mit den Adelsgütern verbundenen öffentlich-rechtlichen Privilegien und Hoheitsrechte (insbesondere die Patrimonialgerichtsbarkeit und die niedere Polizei) bestehen blieben«.[33] Genau das hatte Friedrich der Große immer zu verhindern versucht. In seinem Denken hatte jeder Stand seinen Platz und seine Aufgabe gehabt; dieses starre Korsett gab es nun nicht mehr.

Demokratie von unten

Endlich hatte Stein auch den anhaltenden Widerstand des Monarchen gegen die völlige Abschaffung der Kabinettsregierung gebrochen. Wie es der forsche Freiherr schon lange wollte, erhielt Preußen im Dezember 1808 eine moderne Regierung mit fünf Ministern, die dem Monarchen gegenüber direkt verantwortlich waren: einen Justiz-, einen Finanz-, einen Innen-, einen Außen- und einen Kriegsminister. Das Generaldirektorium gab es fortan nicht mehr und vor allem keine Kabinettsräte mehr, die eifersüchtig über das Vorzimmer des Königs hätten wachen können. Einen Regierungschef sah Stein nicht vor; die Minister sollten unter der nominellen Oberhoheit des Königs kollegial regieren. Dies sollte sich allerdings schon 1810 mit der Ernennung Hardenbergs zum Staatskanzler ändern.

Für Stein stand fest, dass eine grundlegende Reform auch die Kommunen als Basis der staatlichen Organisation mit einschließen musste. Und so wurde die preußische Städteordnung von 1808 zur Grundlage unserer heutigen kommunalen Selbstverwaltung: mit einer von den Bürgern gewählten Stadtverordnetenversammlung als eigentlichem Souverän der Kommune. Der Magistrat – sprich: die Spitze der Verwaltung – wurde von den Stadtverordneten gewählt und war an deren Beschlüsse gebunden. So wurden die Bürger unmittelbar an der lokalen Machtbildung beteiligt. Das war auch die Intention Steins gewesen. Die Bürger sollten »nicht nur von den Fesseln unnützer, schwerfälliger

Formen befreit werden«. Bürgersinn und Gemeingeist, die durch »die Entfernung von aller Teilnahme an der Verwaltung der städtischen Angelegenheiten vernichtet« worden seien, sollten durch die Reform »neues Leben« erhalten.[34] Allerdings war man von einem gleichen Wahlrecht in Preußen damals noch weit entfernt. Wahlberechtigt waren weniger als zehn Prozent der Bevölkerung, denn das Wahlrecht war an das Vollbürgerrecht gebunden, und dessen Erwerb war mit hohen Kosten verbunden. Wer kein Geld hatte, durfte auch nicht wählen.

Chancengleichheit beim Militär

Die Niederlagen gegen Napoleon hatten den Reformstau im preußischen Militär überdeutlich offengelegt. Dabei hatte man auch registrieren müssen, mit welch großer Motivation ein revolutionäres Massenheer zu kämpfen imstande war. Doch die preußische Armee bestand 1806 nach wie vor zur Hälfte aus geworbenen Ausländern. Der preußische Rest war aufgrund der zahlreichen Befreiungen von der Wehrpflicht gleichfalls kein repräsentativer Querschnitt der Bevölkerung; es waren vor allem die Bauern, die das Vaterland verteidigen sollten. Und stellvertretend für diese hatte der Schriftsteller Johann Gottfried Seume schon 1805 gefragt: »Für wen soll der deutsche Grenadier sich auf die Batterie und in die Bajonette stürzen? Er bleibt sicher, was er ist, und trägt seinen Tornister so fort und erntet kaum ein freundliches Wort von seinem Gewalthaber. Er soll dem Tod unverwandt ins Auge sehen, und zu Hause pflügt sein alter, schwacher Vater frönend die Felder des gnädigen Junkers, der nichts tut und nichts zahlt und mit Misshandlungen vergilt.«[35]

Wollte Preußen also zu alter Stärke zurückfinden, musste es seine Armee reformieren. Zu diesem Zweck wurde im Juli 1807 eine Militär-Reorganisationskommission unter dem Vorsitz Gerhard von Scharnhorsts gebildet, dem Leiter des Kriegsdepartements. Mitglieder der Kommission waren unter anderen August Graf Neidhardt von Gneisenau, der mit der Verteidigung der pommerschen Festung Kolberg für einen der wenigen Erfolge im Krieg gegen Napoleon gesorgt hatte, Hermann von Boyen, der bei Immanuel Kant in Königsberg studiert hatte, und nach seiner Rückkehr aus französischer Kriegsgefangenschaft Carl von Clausewitz. Das waren keine Kommissköpfe, sondern hochgebildete Offiziere, die mit der Sprache mindestens ebenso gut umgehen konnten wie mit dem Degen. Alle waren sie durchdrungen von aufgeklärtem Gedankengut, und auch die Französische Revolution hatte ihre Spuren im Denken dieser Offiziere hinterlassen. Doch das Ziel ihrer Reform war kein theoretisches: Die Armee sollte in den Stand gesetzt werden, Preußen und Deutschland von der napoleonischen Herrschaft zu befreien.

Dazu benötigte man motivierte Soldaten – und das setzte voraus, diese menschlich zu behandeln. Die Vorstellung, dass ein Soldat mehr Angst vor seinem Offizier als vor dem Feind haben sollte, war aus Sicht der Reformer nicht nur überholt; sie war schlicht unmenschlich. Und so propagierte Gneisenau am 9. Juli 1808 die »Freiheit der Rücken«. Denn: »Was soll der Fremde, was soll der Bürger denken, wenn der den Soldaten auf öffentlichem Platze mit dem Stocke misshandeln, ihn oft für geringfügige Exerzierfehler von eigener Hand seiner Vorgesetzten willkürlich mit Schlägen übersäen sieht …«[36] Vorgesetzten, die glaubten, ohne Prügel nicht auskommen zu können, fehle es offensichtlich an der notwendigen »Darstellungsgabe«. Tatsächlich wurde nur wenig später, am 3. August 1808, nicht nur das berüchtigte Gassenlaufen abgeschafft, sondern die Prügelstrafe insgesamt.

Ändern musste sich auch die Zusammensetzung der Armee: Das klare Ziel der Reformer war von Anfang an die allgemeine Wehrpflicht ohne Ausnahmen. Nicht mehr nur die Bauern sollten ihren Kopf für den Staat hinhalten müssen, sondern alle Bürger ohne Unterschied. Schon Friedrich Wilhelm II. hatte gefordert, dass die Offiziere Vorbilder sein müssten. Doch geschehen ist damals wenig. Das sollte nun anders werden. Um dies zu erreichen, brachen die Reformer mit einem weiteren Relikt aus der Zeit Friedrichs des Großen: »Einen Anspruch auf Offiziersstellen sollen von nun an in Friedenszeiten nur Kenntnisse und Bildung gewähren, in Kriegszeiten ausgezeichnete Tapferkeit und Überblick. Aus der ganzen Nation können daher alle Individuen, die diese Eigenschaften besitzen, auf die höchsten Ehrenstellen im Militär Anspruch machen. Aller bisher stattgehabte Vorzug des Standes hört beim Militär ganz auf, und jeder hat gleiche Pflichten und gleiche Rechte.«[37] Das war nicht allein dem freiheitlichen Gedankengut der Reformer geschuldet, sondern nicht minder praktischem Nutzen: »Währenddem ein Reich in seiner Schwäche und Schmach vergeht, folgt vielleicht in seinem elendesten Dorfe ein Cäsar dem Pflug, und ein Epaminondas [griechischer Feldherr] nährt sich karg von dem Ertrage seiner Hände. Man greife daher zu dem einfachen und sicheren Mittel, dem Genie, wo immer es sich auch befindet, eine Laufbahn zu öffnen und die Talente und Tugenden aufzumuntern, von welchem Range und Stande sie auch sein mögen … Die neue Zeit braucht mehr als alte Titel und Pergamente, sie braucht frische Tat und Kraft«, begründete Neidhardt von Gneisenau das Ende der adligen Exklusivität des Offizierskorps.[38]

Tatsächlich ging der Anteil der adligen Offiziere in Preußen zwischen 1806 und 1818 von 90 auf 54 Prozent zurück.[39] Dieser Anteil stieg nach der konservativen Wende in der Mitte des 19. Jahrhunderts wieder auf 65 Prozent an, um bis 1913 auf 30 Prozent zu sinken – das heißt im Umkehrschluss: 70 Prozent der Offiziere waren Bürgerliche.[40] Allerdings ergibt sich ein anderes Bild, wenn man zwischen höheren und niederen Offiziersrängen oder gar der Generalität unterscheidet. Dazu kommt, dass sich der Adel in bestimmten Eliteregimentern, wie dem Ersten Garderegiment zu Fuß, Rückzugsräume der Exklusivität schuf.

War das Adelsprivileg bereits 1808 gefallen, dauerte es mit der Umsetzung der zentralen Forderung der Militärreformer – der Einführung der allgemeinen Wehrpflicht – deutlich länger. Nach dem Frieden von Tilsit hatte sich Preußen verpflichten müssen, nicht mehr als 42 000 Mann unter Waffen zu halten; das waren gerade mal etwas mehr als 20 Prozent der alten friderizianischen Heeresstärke. Zwar behalf man sich in der Folge damit, Reservisten auszubilden, die nicht auf diese 42 000 Mann regulärer

Soldaten angerechnet wurden. Doch allzu viel erreichte man damit nicht. Die Einführung der Allgemeinen Wehrpflicht wäre von Napoleon niemals hingenommen worden. Solange also Preußen offiziell im Lager Napoleons stand, war an die Umsetzung dieser zentralen Forderung der Reformer nicht zu denken. Dazu kam, dass auch Friedrich Wilhelm III. einer allgemeinen Volksbewaffnung, wie sie die Reformer anstrebten, sehr skeptisch gegenüberstand.

Die letzten Erfolge der Reformer

Die Abschaffung des Kabinettssystems und die neue Städteordnung waren die letzten großen Erfolge des Freiherrn vom Stein in Preußen gewesen. In Paris hatte man feststellen müssen, dass der Freiherr keineswegs ein Erfüllungsgehilfe französischer Forderungen war, sondern im Gegenteil offen auf ein neues Bündnis mit Österreich hinzuarbeiten schien. Das Fass zum Überlaufen brachte aus französischer Sicht ein abgefangener Privatbrief Steins, in dem er sich dafür aussprach, die antifranzösische Stimmung in dem von Napoleons Bruder Jerôme regierten Königreich Westfalen zu fördern. Damit war er als Erster Staatsminister nicht mehr zu halten, zumal sich auch in Preußen die Opposition gegen ihn bemerkbar machte. Durch seine schroffe Art war er dem König wenig sympathisch, dem konservativen Adel war er durch seine Reformpolitik verhasst. So war der General Friedrich August Ludwig von der Marwitz zwar ein ebenso großer Napoleon-Hasser wie Stein, doch dessen gesellschaftliche Reformen lehnte er kategorisch ab: »Er fing … die Revolutionierung des Vaterlandes an, den Krieg der Besitzlosen gegen das Eigentum, der Industrie gegen den Ackerbau, des Beweglichen gegen das Stabile, des krassen Materialismus gegen die von Gott eingeführte Ordnung, des (eingebildeten) Nutzens gegen das Recht, des Augenblicks gegen die Vergangenheit und Zukunft, des Individuums gegen die Familie, der Spekulanten und Kontore gegen die Felder und Gewerbe, der Büros gegen aus der Geschichte des Landes hervorgegangene

Verhältnisse, des Wissens und der eingebildeten Talente gegen Tugend und ehrenvollen Charakter.«[41]

Am 24. November 1808 nahm Friedrich Wilhelm III. Steins Rücktrittsgesuch an. Aus der durchaus berechtigten Furcht vor Repressalien Napoleons floh Stein nach Prag und Brünn, ehe er 1812 von Zar Alexander als Berater nach St. Petersburg geholt wurde. Nach einem wenig erfolgreichen Intermezzo mit Alexander Burggraf zu Dohna-Schlobitten als Innen- und Karl Freiherr vom Stein zum Altenstein als Finanzminister kehrte 1810 Hardenberg als Staatskanzler zurück an die Schalthebel der Macht in Preußen.

Selbst wenn die Vokabel »epochal« in Bezug auf die Stein-Hardenbergschen Reformen sehr häufig verwendet scheint – auf die bürgerliche Gleichstellung der Juden trifft sie ebenfalls zu. In dem maßgeblich auf Hardenberg zurückgehenden Emanzipationsedikt für die preußischen Juden vom 11. März 1812 bekamen sie es schriftlich: »Die in unseren Staaten jetzt wohnhaften ... Juden und deren Familien sind für Einländer und preußische Staatsbürger zu achten.« Seit dem Mittelalter war den Juden die Ausübung der meisten »ehrbaren Gewerbe« verboten gewesen. Nun aber hieß es unzweideutig: »Sie können Grundstücke jeder Art, gleich den christlichen Einwohnern, erwerben, auch alle erlaubten Gewerbe mit Beobachtung der allgemeinen gesetzlichen Vorschriften treiben.«[42] Das alles wäre eine Generation zuvor noch undenkbar gewesen. Allerdings war Preußen nicht der erste deutsche Staat, der die bürgerliche Gleichstellung der Juden verkündete – diese Ehre gebührt dem Großherzogtum Baden. Auch mag man bekritteln, dass das Emanzipations-Edikt noch mit einigen Fallstricken verbunden und seine Sprache nicht frei von latentem Misstrauen war. Aber für die preußischen Juden war es eine wirkliche Befreiung: Sie konnten leben, wo sie wollten, und arbeiten, was sie wollten, ohne dauernd Angst haben zu müssen, irgendwann aus diesem Staat einfach hinausgeworfen zu werden.

Steins Bauernbefreiung war bereits ein erster Schritt hin zur Gewerbefreiheit gewesen. Die Zunftordnung war damit aber noch nicht ausgehebelt. Den letzten Bruch mit dieser aus dem

Mittelalter und der frühen Neuzeit überkommenen Tradition vollzog erst Hardenberg mit dem Gewerbesteuer-Edikt von 1810. Jeder, der fortan ein Gewerbe oder ein Handwerk ausüben wollte, benötigte eine staatliche Konzession. Das galt sowohl für jene, die bereits Gewerbetreibende waren, als auch für jene, die einen Betrieb gründen wollten. Die Konzession war die Grundlage für die an den Staat zu entrichtende Gewerbesteuer – sie bot dem Inhaber aber eben auch die Freiheit, jedes Gewerbe seiner Wahl auszuüben, wann und wo immer er wollte. Ziel dieser Reform war die »Entfesselung aller Kräfte …, um auch im Gewerbe einer dynamischen Konkurrenzwirtschaft mit allen erwarteten günstigen Folgen zum Durchbruch zu verhelfen«.[43] Oder verkürzt ausgedrückt: die ökonomische Wohlfahrt des Staates als Voraussetzung für seine politische Stärke; je mehr Gewerbetreibende es infolge des Edikts gab, umso mehr nahm der Staat an Gewerbesteuern ein.

Die Bildungsreformen Wilhelm von Humboldts

Dass in den großen Rahmen einer allgemeinen Staatsreform auch die Bildung gehörte, verstand sich für Stein von selbst. Eine Abteilung des Innenministeriums sollte sich darum kümmern. An dessen Spitze wollte Stein nicht irgendeinen Bürokraten sehen, sondern eine herausragende Persönlichkeit mit umfassender Bildung und dem Mut zu eigenen Ideen. Und so brachte er Wilhelm von Humboldt in Vorschlag. Der Gelehrte stammte aus einer begüterten Adelsfamilie und konnte es sich daher leisten, nach seinem Jurastudium dem preußischen Justizdienst schon bald den Rücken zu kehren, um als Privatier ganz seinen Studien und ausgedehnten Reisen zu leben. Verbinden ließ sich das Angenehme mit dem Nützlichen als preußischer Gesandter in Rom. 1802 trat er diese Stelle an – in einer Zeit, in der deutsche Künstler und Gelehrte scharenweise nach Italien pilgerten, um antike Kunst und italienische Lebensart kennenzulernen. Für Humboldt war dies ohne Zweifel eine attraktive Position, und doch gab er sie 1809 auf, um das preußische Bildungswesen zu reformieren.

Offensichtlich hat den Gelehrten diese Aufgabe über die Maßen gereizt – und voller Eifer machte er sich ans Werk: »Der Zweck des Schulunterrichts ist die Übung der Fähigkeiten und die Erwerbung der Kenntnisse, ohne welche wissenschaftliche Einsicht und Kunstfertigkeit unmöglich ist … Er ist also auf doppelte Weise, einmal mit dem Lernen selbst, dann mit dem Lernen des Lernens beschäftigt … Der Schüler ist reif, wenn er so viel bei anderen gelernt hat, dass er nun für sich selbst zu lernen imstande ist.«[44] Bei solchen theoretischen Fixierungen ließ es Humboldt nicht bewenden. Er gliederte das gesamte Bildungswesen in drei Abschnitte: die Elementarschule für die Vermittlung des Grundwissens, das Gymnasium als Voraussetzung für die dritte Stufe – das Studium an einer Universität. Das Gymnasium sah Humboldt in der Pflicht, den klassischen Kanon der humanistischen Bildung zu lehren. Das humanistische Gymnasium als *die* Einrichtung der höheren Schulbildung ist ein Werk Humboldts.

Doch auch der Universität drückte der Gelehrte seinen Stempel auf. Als er sein Amt antrat, gab es Universitäten lediglich in Königsberg, Frankfurt an der Oder und Breslau; Halle war im Frieden von Tilsit an das neu gegründete Königreich Westfalen gefallen. Keine Universität gab es in Berlin – aus Humboldts Sicht ein untragbarer Zustand. 1810 nahm die Berliner Universität ihren Lehrbetrieb auf. In ihr wollte er sein universitäres Ideal verwirklichen: In der von ihm propagierten Verbindung von Lehre und Forschung wurde die – seit 1946 nach ihm benannte – Universität zum Vorbild für zahlreiche spätere Gründungen. Eine Universität sollte nicht nur vorhandenes Wissen vermitteln, sondern durch aktive Forschung neues Wissen erwerben. Dabei strebte Humboldt eine breite universale Bildung an, die den ganzen Menschen formen sollte. Schon 1810 hatte die Universität ihren Sitz im ehemaligen Palais des Prinzen Heinrich »Unter den Linden« – und daran hat sich bis heute nichts geändert.

Nach nicht einmal eineinhalb Jahren gab Humboldt sein Amt als Abteilungsleiter für Kultur im preußischen Innenministerium bereits wieder auf. Das Amt schien ihm für seinen Ehrgeiz und seine Selbsteinschätzung schließlich doch zu untergeordnet. Die

Spuren seines Wirkens aber sind bis in die Gegenwart spürbar geblieben, etwa dann, wenn heute der sogenannte Bologna-Prozess unter Rückgriff auf das humboldtsche Ideal des universal gebildeten Wissenschaftlers kritisiert wird.

Angst vor einem Volkskrieg

Während in Preußen die ganze Konzentration der inneren Reform des Staates galt, verstärkten sich die Spannungen zwischen Russland und Frankreich. Die von Napoleon angeordnete Kontinentalsperre gegen England – also das Verbot jedweden Handels mit dem Inselreich – schadete der russischen Wirtschaft enorm. Alexander I. sah daher keine andere Möglichkeit, als die Kontinentalsperre auszuhebeln: Er erlaubte den Export russischen Getreides nach England und erhöhte zugleich die Steuern auf alle Waren, die auf dem Landweg in sein Reich gelangten. Die russischen Adligen sollten ihr Geld nicht mehr für französische Luxusartikel ausgeben. Es war Alexander klar, dass er damit Napoleon herausforderte. Wie würde dieser darauf reagieren?

Der französische Kaiser war kein Freund halber Sachen. Er suchte die Entscheidung – Russland war das einzige Land des Kontinents, das er noch nicht unterworfen hatte. Nun suchte er die Entscheidung. Mit einer Streitmacht von 600 000 Soldaten überschritt er am 23. Juni 1812 die Memel, darunter die Hälfte der zusammengeschmolzenen preußischen Armee als Zwangsverbündeter Napoleons.

Zunächst lief für den großen Korsen alles nach Plan. Bereits am 14. September 1812 erreichte er Moskau. Doch die Stadt war von ihren Bewohnern weitgehend verlassen und teilweise in Brand gesteckt worden. Der Zar und seine Armee hatten sich in die Weite des Landes zurückgezogen. Vergeblich wartete Napoleon darauf, dass Alexander ihm ein Friedensangebot machen würde. Der Zar hatte Zeit, Napoleon nicht. Die russische Politik der verbrannten Erde sorgte dafür, dass die Nahrungsmittel knapp wurden. Napoleon entschied sich, das Abenteuer abzubrechen und sich zurückzuziehen. Doch dieser Rückzug mitten im russischen Winter wurde zur eigentlichen Katastrophe der Grande Armée und ihrer Verbündeten.

In dieser Situation schloss der preußische General Hans David Ludwig Graf Yorck (von Wartenburg) am 30. Dezember 1812 mit dem russischen General Johann Graf Diebitsch die Konvention von Tauroggen. Darin erklärte Yorck seine Truppen für neutral! Napoleon erkannte sofort die Sprengkraft in dieser Vereinbarung: »In militärischer Hinsicht ist es gar nichts, in politischer aber sehr viel.«[45] Die entscheidende Frage war nun: Würde Tauroggen zu einem Fanal oder zu einer Fußnote der Geschichte werden? Alles hing vom König ab.

Schon 1808/09 hatten einige der Militärreformer wie Scharnhorst und Gneisenau, aber auch der Freiherr vom Stein über einen Aufstand gegen Napoleon nachgedacht. Im Zeichen des sich anbahnenden Konflikts zwischen Russland und Frankreich 1810/11 wurden diese Ideen neuerlich aus der Schublade geholt. Vorbilder gab es durchaus: in Spanien und, gar nicht so weit entfernt, in Tirol: »Das aber ist wahr und wird ewig unsterblich bleiben«, schwärmte der Schriftsteller Ernst Moritz Arndt, »dass in dieser Zeit die tapferen Tiroler Landleute und Bauern unter ihrem heldenmütigen Anführer, dem Sandwirt Andreas Hofer von Passeier, und die spanischen Landleute von Navarra, Aragonien, Katalonien und Kastilien durch ihren frommen und treuen Mut berühmter geworden sind als alle stehenden Heere«.[46] Doch Friedrich Wilhelm III. konnte sich mit dem Gedanken an einen Volkskrieg mit Guerillacharakter nicht anfreunden. An eine entsprechende Eingabe Gneisenaus schrieb er nur: »Als Poesie gut.«[47] Er war selbst erst kurz zuvor nach Berlin zurückgekehrt. Teile des Landes waren nach wie vor von französischen Truppen besetzt. Wie hätte der Aufstand von völlig unerfahrenen und schlecht bewaffneten Bauern und Bürgern Erfolg haben können? Nicht einmal seine eigene Sicherheit schien ihm in dieser Situation gewährleistet zu sein. Und Königin Luise, die ihren Mann vielleicht zu einer mutigen Entscheidung gedrängt haben könnte, war 1810 im Alter von erst 34 Jahren gestorben.

Ein Volkskrieg, das roch nach revolutionärer Erhebung, die sich am Ende auch gegen ihn wenden könnte. Und suspekt waren ihm nicht minder die nationalen Töne, die nun allenthalben zu hören waren: »Der Krieg muss geführt werden zur Befreiung von Deutschland durch Deutsche«, schrieb Scharnhorst schon 1808. Im Gefolge der Französischen Revolution und Napoleons mochten Reformen und bürgerliche Rechte auch rechts des Rheins Einzug gehalten haben. Doch sie waren verbunden mit der Aufgabe der eigenen Identität, mit wirtschaftlicher Ausblutung durch die verlangten Kontributionen und die Folgen der Kontinentalsperre gegen England, mit Krieg und Elend. Es war eine blutbefleckte Freiheit, die Napoleon den Deutschen gebracht hatte. Dementsprechend trafen sich in der Ablehnung Napoleons aufgeklärte Reformer wie Stein und Hardenberg mit konservativen »Eisenfressern« wie Marwitz und Yorck von Wartenburg. Aber bei Weitem nicht alle dachten so, und wäre Napoleon in Russland nicht gescheitert, wäre die Geschichte womöglich anders verlaufen, und es hätte die Befreiungskriege niemals gegeben. Doch lag der Angriff auf Russland in der Maßlosigkeit Napoleons begründet – und in der ebenso maßlosen Unterschätzung seiner Gegner. Dass er selbst ihr bester Lehrmeister gewesen war, registrierte er nicht.

Das alles schien an der Jahreswende 1812/13 noch weit entfernt. Yorck hatte in Tauroggen eigenmächtig gehandelt. In einem pathetischen Brief an den König rechtfertigte er seine Entscheidung: »Eurer königlichen Majestät … ist es jetzt vorbehalten, der Erlöser und Beschützer Ihrer und aller deutschen Völker zu werden. Es liegt klar am Tage, dass die Hand der Vorsehung das große Werk leitet. Der Zeitpunkt muss aber schnell benutzt werden. Jetzt oder nie ist der Moment, Freiheit, Unabhängigkeit und Größe wieder zu erlangen, ohne zu große und zu blutige Opfer bringen zu müssen … Ich spreche hier die Sprache eines alten und treuen Dieners, und diese Sprache ist die fast allgemeine der Nation. Der Ausspruch Eurer Majestät wird alles neu beleben …; wir werden uns wie alte echte Preußen schlagen, und der Thron Eurer Majestät wird für die Zukunft felsenfest und unerschütterlich dastehen.«[48] Sollte er für sein Handeln verurteilt werden, werde er »auf dem Sandhaufen« ebenso ruhig sterben wie auf dem Schlachtfeld.

Friedrich Wilhelm III. war wütend über diese Insubordination – und er war, wie immer, unentschlossen. Was, wenn die Sache schiefginge? Napoleon sich von dem Fehlschlag in Russland erholte? Wenn sich eine Katastrophe wie in Jena und Auerstedt wiederholte? Napoleon würde Preußen von der Landkarte wischen, und er – Friedrich Wilhelm III. – wäre es gewesen, der das Erbe Friedrichs des Großen verspielt hätte. Man kann diese Sorge des Königs durchaus verstehen. Tatsächlich enthob er Yorck am 19. Januar 1813 seines Kommandos und weigerte sich, »dem Bündnis mit Frankreich getreu«, die Konvention von Tauroggen zu unterzeichnen. Doch die Ereignisse entwickelten inzwischen eine Eigendynamik, der sich der König am Ende nicht mehr entziehen konnte. In Ostpreußen tauchte alsbald der Freiherr vom Stein auf – in seiner Eigenschaft als Berater des Zaren. Yorck, den die Nachricht von seiner Absetzung zumindest offiziell niemals erreicht hat, hob zusammen mit Stein eine 20 000 Mann starke Landwehr aus; Freiwillige sollten sich den regulären preußischen Truppen anschließen.

Privatsekretär des Freiherrn vom Stein war damals der Schriftsteller Ernst Moritz Arndt. Er gehört zu jenen, die die Befreiungskriege propagandistisch begleitet haben. Nach einem Sieg gegen Frankreich musste es, das war Arndts tiefe Überzeugung, nicht nur weitere gesellschaftliche Reformen geben. Dass Napoleon so viel Erfolg hatte, lag für Arndt in der Zersplitterung der deutschen Staaten begründet. So sang er in seinem berühmten Gedicht »Was ist des Deutschen Vaterland« das hohe Lied deutscher Einheit. Und was hielt Arndt für »des Deutschen Vaterland«? »So weit die deutsche Zunge klingt«, war seine Antwort; also überall dort, wo Deutsch gesprochen wurde: »Das ganze Deutschland soll es sein. Oh Gott vom Himmel sieh darein und gib uns rechten deutschen Mut, dass wir es lieben treu und gut. Das soll es sein! Das soll es sein! Das ganze Deutschland soll es sein!«[49] Die frühe deutsche Demokratiebewegung war von Anfang an zugleich eine Nationalbewegung. Jene, die wie Stein und Arndt für die Befreiung der Bauern, die Teilhabe der Bürger an der Macht und eine Verfassung für das Volk waren, waren zugleich die Vordenker einer wie auch immer gestalteten deutschen Staatlichkeit. Das eine ist vom anderen nicht zu trennen.

Als alle riefen, kam der König…

Nach der mehr oder weniger eigenständigen Neutralisierung Ostpreußens war auch dem König klar, dass es kein Zurück mehr gab und die Entscheidung nicht länger aufgeschoben werden durfte. Am 28. Februar 1813 kam es zum Bündnis zwischen Russland und Preußen. In Kalisch, das bei der zweiten polnischen Teilung an Preußen gefallen war, aber seit dem Frieden von Tilsit zu dem von Napoleon geschaffenen Herzogtum Warschau gehörte, wurde der Bündnisvertrag unterzeichnet. Darin wurde Preußen sein territorialer Bestand von 1806 zugesichert – mit Ausnahme größerer polnischer Gebiete, die an Russland fallen sollten. Dafür war eine Entschädigung Preußens im norddeutschen Raum vereinbart worden. Eigentlich hatte der König einem solchen Bündnis nur zustimmen wollen, wenn auch Österreich mit von der Partie wäre, doch war der russische Druck auf Preußen und auch der innerhalb Preußens zu stark, um sich hinter diese Forderung zurückzuziehen.

Wenige Wochen später, am 17. März, erließ Friedrich Wilhelm III. den berühmten Aufruf »An mein Volk«, den spöttische Geister fortan in »Als alle riefen, kam endlich auch der König« umdeuteten. Die Entscheidung ist ihm in der Tat schwergefallen. Er war sich der Verantwortung, der Tragweite und der Gefahren bewusst. Diesen Ernst atmet sein Aufruf: »So wenig für mein treues Volk als für Deutsche bedarf es einer Rechenschaft über die Ursachen des Krieges, welcher jetzt beginnt… Wir erlagen unter der Übermacht Frankreichs. Der Frieden, der die Hälfte meiner Untertanen mir entriss, gab uns seine Segnungen nicht, denn er schlug uns tiefere Wunden als der Krieg selbst. Das Mark des Landes ward ausgesogen, die Hauptfestungen blieben vom Feinde besetzt, der Ackerbau ward gelähmt sowie der sonst so hoch gebrachte Kunstfleiß unserer Städte. Die Freiheit des Landes ward gehemmt und dadurch die Quelle des Erwerbs und des Wohlstands verstopft. Das Land ward ein Raub der Verarmung… Jetzt ist der Augenblick gekommen, wo alle Täuschung über unseren Zustand aufhört. Brandenburger, Preußen, Schlesier, Pommern, Litauer! Ihr wisst, was Ihr seit fast sieben Jahren erduldet habt. Ihr wisst, was Euer trauriges Los ist, wenn wir den beginnenden Kampf nicht ehrenvoll enden. Erinnert Euch an die Vorzeit, an den großen Kurfürsten, den großen Friedrich! Bleibt eingedenk der Güter, die unter ihnen unsere Vorfahren blutig erkämpften… Große Opfer werden von allen Ständen gefordert werden: denn unser Beginnen ist groß und nicht gering die Zahl und die Mittel unserer Feinde… Gott, Ausdauer, Mut und der mächtige Beistand unserer Bundesgenossen werden unseren redlichen Anstrengungen siegreichen Lohn gewähren. Aber welche Opfer auch von Einzelnen gefordert werden mögen, sie wiegen die heiligen Güter nicht auf, für die wir sie hingeben, für die wir streiten und siegen müssen, wenn wir nicht aufhören wollen, Preußen und Deutsche zu sein. Es ist der letzte, entscheidende Kampf, den wir bestehen für unsere Existenz, unsere Unabhängigkeit, unseren Wohlstand; keinen anderen Ausweg gibt es als einen ehrenvollen Frieden oder einen ruhmvollen Untergang…«[50]

Geschickt ist in diesem von Theodor Gottlieb von Hippel, einem Mitarbeiter Hardenbergs, verfassten Aufruf die preußische Tradition mit der neu erwachten nationalen – deutschen – Begeisterung verknüpft. Dass sich ein preußischer König in dieser Form »An sein Volk« wandte, war revolutionär. Doch darf dieser Aspekt nicht überschätzt werden. Die militärische Hauptlast trugen in der Folge die Soldaten der stehenden Heere. Und das war Friedrich Wilhelm III. sehr recht so.

Da das preußische Heer aber durch die Auflagen Napoleons arg dezimiert war, stimmte der König am 9. Februar 1813 der Aufhebung aller Befreiungen vom Wehrdienst für die Dauer des Krieges zu – eher unter dem Druck der Ereignisse als aus tiefer

Überzeugung, wie sie etwa Scharnhorst formuliert hatte: »Alle Bewohner des Staats sind geborene Verteidiger desselben.«[51] Zum stehenden Heer kamen durch königlichen Erlass drei weitere Truppenteile: die sogenannten freiwilligen Jäger-Detachements, Landwehr und Landsturm.

Am berühmtesten wurden die Lützowschen Jäger, in deren Reihen zahlreiche Protagonisten der Nationalbewegung dienten wie die Dichter Theodor Körner und Joseph von Eichendorff oder der »Turnvater« Jahn, dazu vor allem zahlreiche Studenten und Intellektuelle. Sie erhielten keinen Sold und mussten sich selbst ausrüsten. Zwar wurde die »wilde, verwegene Jagd« der – wegen ihrer Uniform so genannten – »schwarzen Gesellen« vielfach gerühmt, doch tatsächlich ist ihre militärische Effektivität nicht besonders groß gewesen. Nach dem Ende der »Befreiungskriege« wurden die Lützowschen Jäger aufgelöst und ihre Mitglieder auf andere, reguläre Einheiten verteilt, ängstlich darauf bedacht, den Geist, der in dieser Flasche steckte, nicht herauskommen zu lassen. Und doch sind die Lützowschen Jäger in Deutschland in gewisser Weise bis heute präsent geblieben: Zu ihrer (selbst eingefärbten) schwarzen Uniform trugen sie goldfarbene Knöpfe und rote Aufschläge. Diese Farbkombination übernahm 1815 die in Jena gegründete »Urburschenschaft«, 1848 waren es die Farben der Revolution – und heute sind es die Farben der deutschen Flagge, die bei Fußballweltmeisterschaften und anderen Großereignissen tausendfach geschwenkt werden, ohne dass dabei irgendjemand an die Lützower Jäger denkt, auf die sie zurückgehen.

Neben diese freiwilligen Jäger-Detachements traten die Landwehr, wenn man so will, die eigentliche Volksarmee mit rund 120 000 Mann, und der Landsturm, der tatsächlich in Partisanentaktik agieren sollte. Ernst Moritz Arndt geriet darüber regelrecht ins Schwärmen: »Dieser Landsturm steht nun auf, wann der Feind da oder doch nahe ist; wann die Gefahr vorüber, so geht jeder, wie ihm gefällt, wieder in sein Haus, an seine Arbeit, an sein Geschäft. Er gebraucht alles, was Waffen heißt und wodurch man Überzieher und Bedränger ausrotten kann: Büchsen, Flinten, Speere, Keulen, Sensen usw.; auch sind ihm alle Kriegskünste,

Listen und Hinterlisten erlaubt, wodurch er mit der mindesten Gefahr bei Tag und Nacht den Feind vertilgen kann: denn der Räuber und Überzieher hat in seinem Land nichts zu suchen. Ein solcher Volkskrieg ist jetzt da für alle Deutschen: nur durch allgemeinen Aufstand gegen den Feind, nur durch eine brüderliche Vereinigung aller deutschen Kräfte kann Europa und das Vaterland gerettet und die scheußliche Gewalt niedergerissen werden, welche die Freiheit und das Glück der Welt bedroht.«[52] Tatsächlich las sich dies in der offiziellen Verordnung für den Landsturm ähnlich radikal: »Es ist daher die Bestimmung des Landsturms, dem Feind den Einbruch wie den Rückzug zu versperren, ihn beständig außer Atem zu halten; seine Munition, Lebensmittel, Kuriere und Rekruten aufzufangen; seine Hospitäler aufzuheben, nächtliche Überfälle auszuführen, kurz, ihn zu beunruhigen, zu peinigen, schlaflos zu machen, einzeln und in Trupps zu vernichten, wo es nur möglich ist.«[53]

Nur mit größter Mühe war es Neidhardt von Gneisenau gelungen, den König von der Notwendigkeit einer solchen Partisanentruppe zu überzeugen. Die Probe aufs Exempel musste der Landsturm freilich nicht bestehen. Der Krieg 1813/14 fand weitgehend außerhalb der preußischen Grenzen statt, und wo der Landsturm doch zum Einsatz kam, wurde er eher spöttisch belächelt. Zumindest in dieser Frage sollte Napoleon recht behalten: Die biederen Preußen waren keine besonders guten Guerilleros. Und Friedrich Wilhelm III. war froh, als er die ihm unangenehme Landsturmverordnung noch 1814 wieder weitgehend außer Kraft setzen konnte.

Auch die schlecht ausgerüstete Landwehr erreichte nicht die Kampfkraft des etablierten Feldheers, hat sich während des Feldzugs 1813/14 aber doch »das Vertrauen selbst skeptischer Generale erworben«.[54] Immerhin war in der Summe aller dieser Maßnahmen erreicht worden, dass Preußen nun 279 000 Mann unter Waffen hatte – eine gewaltige Aufrüstung innerhalb kürzester Zeit.

Den besonderen Charakter dieses Krieges mit einer bis dahin nicht gekannten Mobilisierung der eigenen Bevölkerung würdigte Friedrich Wilhelm III. am 10. März 1813 mit der Stiftung des

Eisernen Kreuzes – nicht ohne Bedacht am Geburtstag der im Volk verehrten verstorbenen Königin Luise. Idee und Entwurf gingen in Anlehnung an das Kreuz des Deutschen Ordens auf den König selbst zurück; Karl Friedrich Schinkel brachte es in die heute bekannte Form. Das Material »Eisen« war einerseits der Notzeit geschuldet, andererseits stand es für besondere Härte und Standhaftigkeit. Und es war *ein* Orden für alle: vom General bis zum einfachen Bauernsoldaten. Auch die Siegesgöttin auf dem Brandenburger Tor erhielt damals ihren Lorbeerkranz mit dem Eisernen Kreuz darin. Damit dieses Kreuz tatsächlich etwas Einmaliges bliebe, legte Friedrich Wilhelm fest, dass der Orden nur in diesem Krieg und danach nicht mehr verliehen werden sollte. Diesen Willen des Königs haben seine Nachfolger nicht befolgt, sondern das Eiserne Kreuz 1870 und 1914 jeweils neu gestiftet. Daran knüpfte dann auch das Dritte Reich 1939 an. Doch an die Stelle der preußischen Königskrone und der Initialen des jeweiligen Königs trat damals das Hakenkreuz. Als Hoheitszeichen der Bundeswehr hat das Eiserne Kreuz in gewisser Weise die Zeiten überdauert.

Die Völkerschlacht von Leipzig

Nach dem Rückzug aus Russland bot die Grande Armée zwar ein Bild des Jammers. Von den 600 000 Soldaten, die auf französischer Seite in den Krieg gezogen waren, waren 275 000 gefallen und 200 000 in Gefangenschaft geraten, auf die Truppen der Verbündeten konnte er sich nur noch sehr bedingt verlassen. Doch Napoleon war ein großer Organisator, und es gelang ihm in kurzer Zeit, eine neue Armee auf die Beine zu stellen. Allerdings fehlte es diesen jungen Soldaten an der Erfahrung, die bis dahin immer ein Trumpf seiner Armee gewesen war. Zwar versuchte das noch neutrale Österreich während eines vereinbarten Waffenstillstands im Sommer 1813 eine Vermittlungsaktion, doch waren sowohl der Zar als auch Napoleon am Ende froh, dass nichts dabei herauskam. Die Entscheidung sollte auf dem Schlachtfeld fallen. Über eine halbe Million Soldaten standen sich vom 16. bis zum 19. Oktober 1813 in der Völkerschlacht bei Leipzig gegenüber – es war die größte Schlacht, die die Welt bis dahin gesehen hatte. Schon vor Leipzig hatte die Absetzbewegung der deutschen Rheinbund-Fürsten begonnen. Den Anfang machte Bayern, das Napoleon doch seine Erhebung zum Königreich verdankte. In der Schlacht selbst wechselten Sachsen und Württemberger die Seiten.

Der Ausgang des Kampfs stand keinesfalls von vornherein fest, wenn auch Napoleon im Vorfeld zwei entscheidende Nachteile hatte hinnehmen müssen. Lange hatte er gehofft, Österreich wenn nicht auf seiner Seite, so zumindest neutral halten zu können. Dies ist ihm nicht gelungen, obwohl er dem österreichischen Staatskanzler Klemens Wenzel Fürst Metternich sogar Schlesien als Beute anbot. Ebenso wenig erfüllt wurde die Hoffnung des Kaisers, die Verbündeten getrennt schlagen zu können. Stattdessen traf er in Leipzig auf die gesamte gegnerische Koalition. Am Ende stand eine Niederlage, die nur deshalb nicht schon zum Ende Napoleons führte, weil es ihm gelang, das Schlachtfeld mit rund 60 000 Mann zu verlassen und er am Ende sogar über den Rhein nach Frankreich zurückkehren konnte, weil die Verbündeten nicht entschieden und schnell genug nachsetzten.

Das Schlachtfeld von Leipzig war übersät von Leichen und Verwundeten, deren Versorgung jeder Beschreibung spottete. Ein Berliner Arzt berichtete, dass ihm auf dem Weg zu den notdürftig eingerichteten Lazaretten »ein ununterbrochener Zug von Verwundeten« begegnet sei, »die wie die Kälber, auf Schubkarren, ohne Strohpolster, zusammengeklumpt lagen und Einzelne, die ihre zerschossenen Glieder, die nicht genug Raum auf diesem Fuhrwerk hatten, neben sich her schleppten«. In den Lazaretten sah es nicht besser aus: »Sie liegen entweder in dumpfen Spelunken, in welchen selbst das Amphibien-Leben nicht Sauerstoff genug finden würde, oder in scheibenleeren Schulen oder wölbischen Kirchen, in welchen die Kälte der Atmosphäre in dem Maße wächst, als ihre Verderbnis abnimmt, bis einzelne Franzosen noch ganz ins Freie hinausgeschoben sind, wo der Himmel das Dach macht, und Heulen und Zähneklappern herrscht… An jenen Orten liegen sie geschichtet wie die Heringe in ihren Tonnen, alle noch in den blutigen Gewändern, in welchen sie aus der heißen Schlacht hereingetragen sind. Unter 20 000 Verwundeten hat nicht ein einziger ein Hemd, Betttuch, Decke, Strohsack oder Bettstelle erhalten… Viele sind noch gar nicht, andere werden nicht alle Tage verbunden. Die Binden sind zum Teil von grauer Leinwand, aus Dürrenberger Salzsäcken geschnitten, die die Haut mitnehmen, wo sie zum Teil noch ganz ist. In einer Stube stand ein Korb mit rohen Dachschindeln zum Schienen der zerbrochenen Glieder. Viele Amputationen sind versäumt, andere werden von unberufenen Menschen gemacht, die kaum das Barbiermesser führen können… Ich schließe meinen Bericht mit dem grässlichsten Schauspiel, das mir kalt durch die Glieder fuhr und meine ganze Fassung lähmte. Nämlich auf dem offenen Hof der Bürgerschule fand ich einen Berg, der aus Kehricht und Leichen meiner Landsleute bestand, die nackend lagen und von Hunden und Raben angefressen wurden…«[55]

Die letzte Hoffnung Napoleons war es, dass sich die Koalition nicht über das Fell des Bären einigen und auseinanderbrechen würde. So abwegig war dieser Gedanke nicht. Dass Russland sich nun – wie im Vertrag von Kalisch mit Preußen vereinbart – nahezu ganz Polen unter den Nagel reißen wollte, passte Metternich ebenso wenig wie die preußischen Avancen auf Sachsen, dessen König den entscheidenden Moment zum Absprung von Napoleon verpasst hatte. Daher lag ein schneller Feldzug nicht im österreichischen Interesse. Doch Napoleon schaufelte sich sein eigenes Grab, als er es ablehnte, den Rhein als Grenze des französischen Einflussbereichs anzuerkennen, wie ihm dies im Rahmen von Friedensverhandlungen angeboten worden war. Man mag dies mit völligem Realitätsverlust erklären oder eine Äußerung Napoleons gegenüber Metternich vom Juni 1813 zu Rate ziehen: »Ich werde zu sterben wissen, aber ich trete keine Handbreit Bodens ab. Eure Herrscher, geboren auf dem Thron, können sich zwanzigmal schlagen lassen und doch immer wieder in ihre Residenzen zurückkehren; das kann ich nicht, ich, der Sohn des

Glücks! Meine Herrschaft überdauert den Tag nicht, an dem ich aufgehört habe, stark und folglich gefürchtet zu sein.«[56] Ob Napoleon das nun wirklich im Detail so gesagt hat, wie von Metternich überliefert, sei dahingestellt. Aber es trifft seine Lage nach der Völkerschlacht von Leipzig auf den Punkt. Friedrich Wilhelm III. mochte die Hälfte seines Territoriums verloren haben, aber er war der angestammte König. Seit über 400 Jahren regierte seine Familie in der Mark Brandenburg – ein verlorener Krieg erschütterte die Grundfesten der Dynastie nicht. Anders Napoleon: Keine Geschichte und keine Dynastie deckten seine Herrschaft; er war zum Erfolg verdammt.

Nach der Ablehnung des Friedensangebots gab es für die Alliierten keine andere Wahl mehr, als den Rhein zu überschreiten und Napoleons Herrschaft zu beenden, wie dies die preußische Seite schon nach Leipzig gefordert hatte. Ein Spaziergang wurde der Marsch nach Paris nicht, und Napoleon hätte auch jetzt noch seine Herrschaft sichern können. Zwar ging es nun nicht mehr um den Rhein als Grenze, aber ein Frankreich, auf sein vorrevolutionäres Maß zurechtgestutzt, hätten Österreich und Russland weiterhin unter der Herrschaft des Korsen akzeptiert. Preußen als potenziell schwächstes Glied der Kette hätte dies nicht verhindern können, sosehr der preußische Feldmarschall Gebhard Leberecht von Blücher voranstürmte, um auf dem Schlachtfeld vollendete Tatsachen zu schaffen. Preußens bester Verbündeter war Napoleon, der jeden Kompromiss ablehnte. Und so war es Blücher, der am 30. März 1814 in Paris einzog; einen Tag später folgten ihm die Herrscher der drei verbündeten Mächte: Kaiser Franz I. von Österreich, Zar Alexander I. von Russland und Friedrich Wilhelm III. von Preußen. Die Menschen in Paris empfingen die drei Monarchen fast überschäumend; offensichtlich waren auch sie der Kriege müde; »es war wahrlich ein solcher Jubel, dass ein mit den Ereignissen Unbekannter unmöglich hätte glauben können, dass dies der Einzug feindlicher Armeen in eine eroberte Stadt sei«, notierte ein Augenzeuge.[57] Für seine Verhältnisse regelrecht euphorisch schrieb der König an seine Oberhofmeisterin Sophie Marie Gräfin von Voß nach Berlin: »Hurra! Hurra! Hurra!

Paris ist unser!«[58] Am 6. April 1814 dankte Napoleon ab und tauschte die Herrschaft über die Grande Nation mit der Herrschaft über die kleine Mittelmeerinsel Elba. Es war ein Triumph nicht zuletzt für das von Napoleon so gedemütigte Preußen. Die Verbündeten hatten den Krieg gewonnen, doch wer würde beim Frieden das beste Blatt haben? Dazu wurden die Karten neu gemischt – und das besiegte Frankreich spielte dabei munter mit.

Der Wiener Kongress

Der Wiener Kongress war ein Kongress der Superlative. Teilgenommen haben daran alle Mächte, die an den napoleonischen Kriegen beteiligt gewesen waren. Und das waren eine ganze Menge: die europäischen Kaiser- und Königreiche, die deutschen Königreiche von Napoleons Gnaden, dazu rund dreißig kleinere deutsche Staaten, aber auch eine Reihe von jüdischen Gemeinden, die katholische Kirche in Deutschland und selbst die Vereinigung der deutschen Buchhändler. Allerdings wurden die wegweisenden Entscheidungen nicht auf Plenumssitzungen getroffen, wie man sie heute von den Treffen der Staats- und Regierungschefs der Europäischen Union her kennt. Das künftige Schicksal Deutschlands etwa lag ganz in den Händen der fünf größeren Mächte Österreich, Preußen, Bayern, Hannover und Württemberg, während die kleineren Staaten nur versuchen konnten, über gemeinsame Noten einen gewissen Einfluss zu nehmen. Erst recht keine Rolle spielten die Kleinstaaten bei den Beratungen über die Zukunft des Kontinents.[59]

Vieles wurde auch von den Großmächten nicht offen am Verhandlungstisch diskutiert, sondern hinter den Kulissen oder bei den großen gesellschaftlichen Ereignissen, die im Rahmen des Kongresses zelebriert wurden. Vor diesem Hintergrund entstand das Bonmot vom tanzenden Kongress, doch weckt dies falsche Assoziationen: Der Kongress hat getanzt – aber nicht nur. Er hat am Ende Europa eine über Jahrzehnte relativ stabile Friedensordnung beschert, zugleich aber eine innenpolitische Wende vorbereitet, die aus tiefer Revolutionsfurcht das geistige Klima der Reformzeit hinweggewischt hat. Die außenpolitische Stabilität hat der Kongress erreicht, in dem er Veränderungen der napoleonischen Zeit unberührt gelassen hat: Weder wurde das römisch-deutsche Kaisertum wiederhergestellt, wie es die Kleinstaaten gefordert hatten, noch legten die Könige von Bayern, Sachsen oder Württemberg ihre Kronen von Napoleons Gnaden nieder. In den territorialen Fragen wurden Kompromisse gefunden, die für alle Seiten akzeptabel waren.

Die eigentlichen Hauptdarsteller des Kongresses, der vom 18. Juni 1814 bis zum 9. Juni 1815 in der Donaumetropole getagt hat, waren der russische Zar Alexander I. und der österreichische Staatskanzler Metternich. Preußen, vertreten durch König Friedrich Wilhelm III. und seinen Staatskanzler Hardenberg, spielte in diesem Konzert allenfalls die dritte Geige. Eine erstaunliche Rolle übernahm das besiegte Frankreich, in dem nach dem Sturz Napoleons die bourbonische Königsherrschaft wieder installiert worden war. Auf dem Kongress vertrat Außenminister Talleyrand das Land. Sein diplomatisches Geschick und die Uneinigkeit der Alliierten, die sich gegenseitig nach wie vor nicht die Butter auf das Brot gönnten, machten aus Frankreich den – gemessen an den Erwartungen – eigentlichen Gewinner der Verhandlungen in Wien.

Preußen hat in Wien nicht alles erreicht, was es angestrebt hat, aber es konnte unter dem Strich zufrieden sein: Seine alte Großmachtstellung aus der Zeit vor den napoleonischen Kriegen wurde wiederhergestellt. Nicht erreicht hat Preußen allerdings sein Hauptziel: das Königreich Sachsen von der politischen Landkarte zu tilgen. Mit seinem Beharren auf dieser Forderung hat Friedrich Wilhelm III. die anderen Mächte gegen sich aufgebracht. England, Frankreich und England schlossen gar einen Geheimvertrag, »der sie zu gegenseitigem bewaffneten Beistand verpflichtete, falls eine dieser Mächte wegen der von ihr auf dem Kongress erhobenen Forderungen von einer anderen Macht angegriffen werden sollte«.[60] Damit hat Preußen erheblich dazu beigetragen, Frankreich wieder hoffähig zu machen. Zu lange hatte der König sich – gegen die Meinung Hardenbergs – allein darauf verlassen, dass die Unterstützung der russischen Forderungen in Polen umgekehrt die Unterstützung des Zaren für die preußische Annexion Sachsens zur Folge hätte. Alexanders Unterstützung war allenfalls lau. Friedrich Wilhelm war über die Zurückweisung der preußischen Ansprüche auf Sachsen empört, empfand er diese doch als Geringschätzung der Leistungen seines Landes in den Kriegen gegen Napoleon. Ähnlich argumentierte Hardenberg gegenüber Metternich: »Retten Sie Preußen aus seiner gegenwärtigen Lage. Es kann doch nicht aus diesem schrecklichen Krieg, in dem es so hochherzige Anstrengungen gemacht hat, ganz allein hervorgehen in einem Zustand der Schande und der Schwäche und zusehen, wie alle, alle sich vergrößern, abrunden, ihren Besitzstand sichern.«[61]

Am Ende musste Sachsen immerhin erhebliche Gebiete im Norden seines Landes an Preußen abtreten. Doch standen dagegen die bereits in Kalisch vereinbarten Abtretungen von Gebieten aus der zweiten und dritten polnischen Teilung an Russland. Damit schmolz der polnische Teil Preußens, der fortan in der Provinz Posen organisiert war, erheblich zusammen. Und zu guter Letzt musste Preußen auch noch Ostfriesland an Hannover abtreten.

Doch schwerer als alle diese Verluste wogen letztlich die Gewinne: Dazu zählte zuerst das nördliche Vorpommern mit der Insel Rügen, das bis dahin zu Schweden gehört hatte. Immerhin hatte darauf schon der Große Kurfürst ein Auge geworfen – nun war endlich ganz Pommern preußisch! Einen gigantischen Gebietszuwachs gab es im Westen – Westfalen und das Rheinland waren nun weitgehend in preußischer Hand, aus dem territorialen Flickenteppich am Rhein war eine große, zusammenhängende Ländermasse geworden, die allerdings nach wie vor keine Landverbindung mit dem übrigen Königreich hatte – ein Konfliktstoff für spätere Zeiten. Indem Preußen durch den Wiener Kongress zur größten deutschen Macht im Westen geworden war und Österreich seine Vorlande – die ehemals habsburgischen Territorien in Breisgau und Schwarzwald, an Neckar und Donau – nicht zurückerhielt, war der Grundstein für die preußische Vormachtstellung in Deutschland gelegt. Österreich wandte sein Gesicht nach Osten, Preußen, das bis dahin weitgehend östlich orientiert gewesen war, blickte verstärkt nach Westen. Preußen übernahm von Österreich dadurch die Aufgabe, Deutschland vor einer weiteren bzw. neuerlichen französischen Expansion über den Rhein zu schützen. Diese Schutzfunktion drehte Otto von Bismarck 1870 aggressiv gegen Frankreich, indem er den geschickt vom Zaun gebrochenen Krieg gegen das westliche Nachbarland dazu nutzte, sein kleindeutsches Kaiserreich unter hohenzollerischer Führung zu schmieden. Doch das war 1815 noch Zukunftsmusik.

Der Deutsche Bund

An die Stelle des untergegangenen Heiligen Römischen Reichs trat in Wien kein neues Reich, sondern der Deutsche Bund als föderative Klammer mit kleinstmöglichem Nenner. 34 souveräne Staaten und vier freie Städte waren ihm angeschlossen – von Luxemburg im Westen bis Österreich und Preußen im Osten, von Baden und Württemberg im Süden bis nach Holstein im Norden. Nicht zum Deutschen Bund gehörten bei dessen Gründung die östlichen Gebiete Preußens (die zuvor auch nicht zum Heiligen Römischen Reich gehört hatten) und natürlich auch nicht das von den Habsburgern in Personalunion regierte Königreich Ungarn. Böhmen dagegen gehörte zum Deutschen Bund, so wie es zuvor zum Heiligen Römischen Reich gehört hatte. Vor allem die großen Mächte wollten ihre Souveränität durch die Organe dieses Bundes so wenig wie möglich eingeschränkt sehen. Der augenfälligste Kontrast zum Alten Reich war, dass der Deutsche Bund kein Oberhaupt hatte, also keine personale Identifikation möglich war. Entscheidendes Organ war die in Frankfurt am Main tagende Bundesversammlung. Dabei handelte es sich um kein gewähltes Parlament, sondern um einen Gesandtenkongress. Die größeren Territorien hatten dort jeweils eine Stimme, die kleineren, in Gruppen von zwei bis sechs zusammengefasst, eine gemeinschaftliche Stimme. Damit war gleichwohl verhindert, dass die Vormächte Österreich und Preußen allein Entscheidungen in der Bundesversammlung erzwingen konnten.

Als Zweck des deutschen Staatenbunds definierte die am 8. Juni 1815 unterzeichnete Bundesakte die »Erhaltung der äußeren und inneren Sicherheit Deutschlands und der Unabhängigkeit und Unverletzbarkeit der einzelnen deutschen Staaten«. Dem diente eine gegenseitige Bündnisverpflichtung: Wurde ein Staat angegriffen, verpflichteten sich die anderen, ihm Schutz zu gewähren. Zwar durften die Mitglieder des Bunds Bündnisse mit anderen Staaten eingehen; diese durften aber nicht »gegen die Sicherheit des Bundes oder einzelner Bundesstaaten gerichtet« sein.[62] Anders etwa als die Bundesrepublik Deutschland heute verfügte der Deutsche Bund über keine Exekutive – also keine ausführende Gewalt in Form einer gemeinsamen Regierung oder Verwaltung – und ebenso wenig über eine Judikative – eine gemeinsame Rechtsprechung durch ein oberstes Bundesgericht.

Nur kurz waren die Staatsoberhäupter und Minister in Wien von der Rückkehr Napoleons aufgeschreckt worden. Sein »Reich der 100 Tage« blieb eine Episode. In Waterloo wurde der große Korse am 16. Juni 1815 unter der tatkräftigen Mitwirkung des preußischen Feldmarschalls Blücher endgültig bezwungen. Fortan sollte er nicht einmal mehr über das kleine Elba herrschen dürfen, sondern wurde auf die britische Insel St. Helena mitten im Atlantik verbannt, wo er am 5. Mai 1821 gestorben ist.

Friedrich Wilhelm III. blieben dagegen noch 25 Jahre der friedlichen Herrschaft. Der Pazifist, der so lange hatte Krieg führen müssen, hatte nun endlich seine Ruhe. Doch manchen schien es, als wäre es eine biedermeierliche Friedhofsruhe, die sich über Preußen legte. Von Veränderungen oder gar groß angelegten Reformen wollte der König nichts mehr wissen.

Das gebrochene Versprechen

1815 versprach Friedrich Wilhelm III. seinem Volk eine Verfassung. Damit entsprach er Artikel 13 der Bundesakte, die festlegte: »In allen Bundesstaaten wird eine Landständische Verfassung stattfinden.«[63] Es sollte also keine gemeinsame Bundesverfassung geben, sondern jeder Mitgliedstaat bekam in Wien quasi als Hausaufgabe, seinem Land eine Verfassung zu geben. Nun war der Begriff »Landständische Verfassung« dehnbar, und die Mitgliedsstaaten nutzten diesen Spielraum denn auch. Da die Bundesakte keine Zeit vorgab und der Bund über keine Exekutive verfügte, die einen Staat dazu hätte zwingen können, eine Verfassung zu erlassen, blieb diese Frage letztlich den Mitgliedern überlassen. Gerade für den preußischen Staat hatte der Freiherr vom Stein die Verfassung »für eine unerlässliche Bedingung seiner Erhaltung und Entwicklung« gehalten: »Ihm fehlt geografische Einheit, Volkseinheit, denn er besteht aus reinen Slawen, aus germanisierten Slawen, aus Sachsen, aus Franken [Franzosen] – Religionsfreiheit, denn zwei Fünftel seiner Bevölkerung sind Katholiken –, und diesen Mängeln kann nur durch Bildung eines Vereinigungspunktes für alle diese fremdartigen Teile abgeholfen werden, einer Nationalanstalt, wo alle zusammentreten und über die gemeinschaftlichen Angelegenheiten sich beraten …«[64]

Zwar hatte der Freiherr vom Stein in Preußen nichts mehr zu sagen, doch hielt Hardenberg seinen Monarchen, wenn auch nur mit größter Mühe, noch auf Reformkurs. Am 22. Mai 1815 erließ Friedrich Wilhelm III. eine »Verordnung über die zu bildende Repräsentation des Volkes«. Die einzelnen Provinzialstände – also die ständischen Vertretungen der einzelnen Provinzen – sollten Repräsentanten nach Berlin schicken, wo die »Versammlung der Landes-Repräsentanten« ihren Sitz haben sollte. Eine Kommission wurde damit beauftragt, die entsprechenden Schritte, die auf dem Weg dahin notwendig waren, auszuarbeiten.[65] Doch inzwischen zeigte sich immer deutlicher, dass der König nur unter dem Druck der napoleonischen Bedrohung zum Reformer geworden war. Zudem malte der konservative Adel das Gespenst der Revolution an die Wand, sollte Preußen tatsächlich eine gesamtstaatliche Volksvertretung bekommen, wie immer diese gewählt und zusammengesetzt sein würde. Jahrelang wurde über diese Frage gestritten, am Ende blieb es beim Zwischenschritt der Landtage auf Provinzebene. Ebenso wenig erhielt Preußen eine gesamtstaatliche Verfassung. Der Bruch seines Verfassungsversprechens, und um nichts anderes handelt es sich hier, war der größte politische Fehler, den Friedrich Wilhelm III. begangen hat, größer als der unzeitige Beginn des zunächst einsamen preußischen Krieges gegen Napoleon. Preußen war ein Rechtsstaat; es hätte die Chance gehabt, auch noch zu einer konstitutionellen Monarchie zu werden, in der die verschiedenen Völker unter dem einigenden Dach einer Verfassung den Staat hätten mitgestalten können. Diese Chance wurde vertan, weil in Friedrich Wilhelm III. wieder einmal der Zauderer die Oberhand gewonnen hatte, weil die Angst vor revolutionären und (deutsch)nationalen Auswüchsen größer war als die eigene Courage.

Die konservative Wende

Allerdings darf die Entwicklung Preußens in dieser Zeit nicht losgelöst betrachtet werden von der Entwicklung Europas insgesamt. Die Uhr wurde nicht nur in Berlin zurückgedreht. Im Juni 1815 hatte Zar Alexander I. dem preußischen König und dem österreichischen Kaiser den Plan zu einer »Heiligen Allianz« vorgestellt. Mit dieser Vereinbarung sollten die drei Monarchen bekunden, dass sie ihre gegenseitigen Beziehungen künftig einzig auf die »erhabenen Wahrheiten« gründen wollten, die die »unvergängliche Religion des göttlichen Erlösers lehrt«. Sowohl innerhalb ihrer eigenen Staaten als auch »in den politischen Beziehungen zu jeder anderen Regierung« sollten sie sich nur noch von den Geboten »der Gerechtigkeit, der Liebe und des Friedens« leiten lassen.[66] Diese Allianz entsprach der schwärmerischen Frömmigkeit des Zaren, der wohl ernsthaft an ein solcherart religiös begründetes Europa glaubte. Der österreichische Staatskanzler Metternich hielt das Ganze für einen ausgemachten Unsinn, und auch der spröde Preußenkönig konnte mit dem salbungsvollen Dokument nicht viel anfangen. Und doch traten bald nicht nur Preußen und Österreich der Heiligen Allianz bei, sondern in den folgenden Jahren fast alle europäischen Staaten. Der Realpolitiker Metternich sah in dem christlichen Fundament der monarchischen

Herrschaft, wie sie in der Heiligen Allianz formuliert war, eine Möglichkeit, sie gegen all jene zu wenden, die vermeintliche oder tatsächliche Gegner einer solchen göttlichen Ordnung waren.

Während Hardenbergs Stern immer weiter sank, drückte Metternich in der Folge nicht nur der österreichischen Politik seinen Stempel auf, sondern verstand es, auch den Deutschen Bund in seinem Sinn zu lenken. Die Gelegenheit zur Durchsetzung seiner Vorstellungen bot ihm die Ermordung des konservativen Schriftstellers und russischen Staatsrats August von Kotzebue durch den Theologiestudenten und Burschenschafter Karl Ludwig Sand am 23. März 1819 in Mannheim. War das nicht der Beweis dafür, dass die nationale und demokratische Bewegung zwangsläufig in die Anarchie münden würde? Wenn sich diese Burschenschafter das Recht herausnahmen, ihnen missliebige Schriftsteller zu ermorden, würden sie sich nicht irgendwann auch das Recht zum Aufruhr gegen die monarchische Ordnung herausnehmen? Hatten die Burschenschafter sich nicht schon zwei Jahre zuvor auf der Wartburg versammelt und dort die Einheit und Freiheit Deutschlands beschworen? Friedrich Wilhelm III. sah alle seine Ängste bestätigt. Im böhmischen Teplitz trafen sich im März 1819 Hardenberg und Metternich, um ihr Vorgehen gegen die »Demagogen« zu koordinieren. Dabei bereiteten sie die Beschlüsse vor, die dann bei einer Ministerkonferenz in Karlsbad im September 1819 vorgestellt und wenig später von der Bundesversammlung in Frankfurt am Main beschlossen wurden. An allen Universitäten sollte fortan ein staatlicher Bevollmächtigter über die »strengste Vollziehung der bestehenden Gesetze und Disziplinar-Vorschriften« wachen, Zeitungen und Zeitschriften durften nur nach vorangegangener Zensur erscheinen. Bei Zuwiderhandlungen drohte ein Berufsverbot. Die studentischen Burschenschaften wurden verboten.[67]

In Preußen wurden die Karlsbader Beschlüsse ergänzt durch eine am 18. Oktober 1819 erlassene Zensurverordnung. Verboten war künftig nicht nur alles, was die monarchische Ordnung gefährden konnte, sondern »alles, was dahin zielt, im preußischen Staate oder den deutschen Bundesstaaten Missvergnügen zu erregen und gegen bestehende Ordnungen aufzureizen«.[68] Der Bannstrahl traf so unterschiedliche Männer wie Ernst Moritz Arndt, der in Bonn Geschichte lehrte und 1820 suspendiert wurde; es traf Joseph von Görres, den Herausgeber des »Rheinischen Merkur«, der ins Elsass floh, und es traf Friedrich Ludwig Jahn; der legendäre »Turnvater« wurde verhaftet, das Turnen in Preußen gleich ganz verboten. Das war durchaus folgerichtig, denn für Jahn war das Turnen Teil eines nationalen Erziehungskonzepts, und »national« war für den Vorturner der Nation nicht preußisch, sondern deutsch, oder noch genauer: großdeutsch, wobei dieser Begriff damals noch nicht in der Weise belastet war wie heute.

Der Ausbruch der Julirevolution 1830 in Frankreich, bei der die Monarchie der Bourbonen ein zweites und letztes Mal beseitigt wurde, bestärkte die deutschen Herrscher in ihrem harten Kurs. Keinesfalls sollte revolutionäres Gedankengut wieder über den Rhein dringen; die Furcht vor einem neuerlichen Krieg gegen Frankreich war groß. Doch auch im Osten gärte es: Seit dem Wiener Kongress war das Königreich Polen offiziell wiederhergestellt, allerdings nicht als selbstständiger Staat. »Kongresspolen« umfasste die polnischen Gebiete unter russischer Herrschaft, der Zar war in Personalunion König von Polen. Gegen die Herrschaft Nikolaus' I. brach 1830 ein Aufstand los, den die Russen erst nach schweren und verlustreichen Kämpfen niederringen konnten.

Im der preußischen Provinz Posen, in der die Polen rund 70 Prozent der Bevölkerung stellten, war es relativ ruhig geblieben. Dazu hatte das Versprechen Friedrich Wilhelms III. bei der neuerlichen Inbesitznahme 1815 beigetragen, dass die Polen in Preußen weder ihre Sprache noch ihre Nationalität aufgeben müssten. Dies änderte sich mit dem Aufstand von 1830, denn einerseits fürchtete man sich vor einer ähnlichen nationalen Erhebung in den preußischen Gebieten, und an der Wiederherstellung eines unabhängigen polnischen Königreichs hatte man erst recht kein Interesse. So kam es nun erstmals zu Ansätzen einer Germanisierungspolitik – weniger aus nationaler deutscher Motivation als aus dem Bestreben, jeden Gedanken an eine gesamtpolnische, und damit die preußischen Grenzen gefährdende Identität zu unterdrücken. Ziel dieser Politik war nicht das »gemeine Volk«, bei dem man ohnehin von einer schleichenden Assimilierung ausging, sondern der polnische Adel als Träger des Nationalgedankens. Der Geist der Reaktion war gegen jede nationale Erhebung gerichtet, zumal wenn sie sich mit liberalen und demokratischen Ideen verband. Es ist daher kein Zufall, dass die geflohenen polnischen Freiheitskämpfer von den deutschen Liberalen mit Begeisterung empfangen wurden. Man fühlte sich eins mit ihnen.

Die wirtschaftliche Einigung Deutschlands

Dass es trotz der Ablehnung des liberalen Nationalismus in der Folge zu einer Annäherung der deutschen Staaten gekommen ist, hatte vor allem wirtschaftliche Gründe. Nach den napoleonischen Kriegen waren die preußischen Staatsfinanzen zerrüttet. Wollte das Land an seine alte Stärke anknüpfen, musste es zuerst seine Wirtschaft in Ordnung bringen. Diesem Zweck hatte bereits die Durchsetzung der Gewerbefreiheit gedient. Dass der preußische Staat seine Fähigkeit zur Reform noch nicht ganz eingebüßt hatte, zeigte das Zollgesetz von 1818, mit dem erstmals einheitliche Zölle in ganz Preußen eingeführt wurden und damit auch die unterschiedliche Bewertung von Stadt und Land ein Ende hatte. Durch das Zollgesetz wurden alle Binnenzölle aufgehoben, doch auch die Einfuhrzölle wurden bewusst niedrig gehalten, Ausfuhrzölle überhaupt nicht erhoben. Lediglich wer Waren durch Preußen hindurch transportierte, wurde stärker zur Kasse gebeten. Im Zeichen der rasch wachsenden preußischen Industrie war der freie Handel keine Bedrohung mehr, sondern eine Chance. Umso mehr war Preußen in der Folge daran interessiert, dass andere Staaten sich seinem Zollsystem anschlossen. Den Anfang machte das ganz von Preußen umschlossene Fürstentum Schwarzburg-Sondershausen bereits 1819. Von entscheidender Bedeutung für die weitere Entwicklung war 1828 der Abschluss eines Zollvertrags zwischen Preußen und Hessen-Darmstadt. Damit hatte Preußen seinen Fuß nach Süddeutschland gesetzt – und der Damm war gebrochen.

Offensiv wurde von der preußischen Politik nun ein einheitlicher deutscher Wirtschaftsraum propagiert, wie ihn der württembergische Nationalökonom Friedrich List bereits 1819 gefordert hatte: »Vernünftige Freiheit ist die Bedingung aller physischen und geistigen Entwicklung des Menschen. Wie der menschliche Geist niedergehalten wird durch Bande des Gedankenverkehrs, so wird der Wohlstand der Völker gebeugt durch Fesseln, welche der Produktion und dem Verkehr materieller Güter angelegt werden. Achtunddreißig Zoll- und Mautlinien in Deutschland lähmen den Verkehr im Innern und bringen ungefähr dieselbe Wirkung hervor, wie wenn jedes Glied des menschlichen Körpers unterbunden wird, damit das Blut ja nicht in ein anderes überfließe. Um von Hamburg nach Österreich, von Berlin in die Schweiz zu handeln, hat man zehn Staaten zu durchschneiden, zehn Zoll- und Mautordnungen zu studieren, zehnmal Durchgangszoll zu bezahlen. Wer aber das Unglück hat, auf einer Grenze zu wohnen, wo drei oder vier Staaten zusammenstoßen, der verlebt sein ganzes Leben mitten unter feindlich gesinnten Zöllnern und Mautnern, der hat kein Vaterland.«[69] Mit der Gründung des Deutschen Zollvereins 1834 war dieses Ziel, zumindest was seine wirtschaftliche Dimension betraf, erreicht – allerdings unter Ausschluss Österreichs. Damit hat die kleindeutsche Einigung auf wirtschaftlichem Gebiet die politische von 1871 vorweggenommen. Und indem Preußen zum Motor der wirtschaftlichen Einigung geworden war, wurde es nun – paradoxerweise – auch wieder zum Hoffnungsträger der liberalen Kräfte in Deutschland: »Als die Mitternachtsstunde schlug«, erinnerte sich ein Zeitgenosse an das Inkrafttreten des Zollvereins am 1. Januar 1834, »öffneten sich die Schlagbäume, und unter lautem Jubel eilten die Wagenzüge über die Grenze. Alle waren von dem Gefühl durchdrungen, dass Großes errungen sei.«[70]

Ein König in falscher Zeit

Friedrich Wilhelm IV. (1840–1861)

Sein eigener Bruder hielt ihn für einen »Schwätzer«, eine »Memme«, und selbst preußenfromme Historiker haben kaum ein gutes Haar an König Friedrich Wilhelm IV. gelassen. Mit mildem Spott dichtete Heinrich Heine über ihn: »Ich habe ein Faible für diesen König. Ich glaube, wir sind uns ähnlich ein wenig. Ein vornehmer Geist, hat viel Talent. Auch ich, ich wäre ein schlechter Regent.«[1] Damit hat Heine diesen Preußenkönig in wenigen Zeilen trefflich beschrieben: Er war talentiert, hatte viel Sinn für Kunst und Kultur, ein Mann, der es ehrlich gemeint und von seinem Herrscheramt eine hohe, vermutlich zu hohe Vorstellung gehabt hat. Von seinem Vater hatte er die Entscheidungsschwäche geerbt, doch nicht dessen nüchternen Charakter. Er war ein Träumer, der im mittelalterlichen Kaisertum die heile Welt sah. Für den Gedanken einer deutschen Einigung konnte er sich durchaus erwärmen, wobei er diese – anders, als die Zollunion dies vorgemacht hatte – am liebsten im Bund mit Österreich verwirklicht hätte. Als er kurz nach seinem Regierungsantritt auch noch Ernst Moritz Arndt und Friedrich Ludwig Jahn rehabilitierte und die Gebrüder Grimm in die Akademie der Wissenschaften berief, fühlten sich die liberalen Kräfte in ihrer Überzeugung bestärkt, dass dieser König vollenden würde, was nach den Befreiungskriegen versäumt und unterdrückt worden war. Das war ein grandioses Missverständnis.

Der König als Dombaumeister

Friedrich Wilhelm IV. war durchdrungen von einer tiefen Gläubigkeit. Die Zersplitterung des Christentums in verschiedene Konfessionen war ihm ein Ärgernis, und er träumte von der Wiederherstellung der urchristlichen Einheit. Das war ein hehres Ansinnen, zugleich aber auch ein Beispiel für seine geringe Wirklichkeitsnähe. Schon die noch von seinem Vater per Dekret im September 1817 verordnete Union von Lutheranern und Reformierten war nur gegen erhebliche Widerstände zustande gekommen. Immerhin: Seither gehörten der Herrscher und die Mehrheit seines Volkes wieder der gleichen Konfession an.

Doch mit den Gebietserweiterungen im Westen war der Anteil der Katholiken im Staat weiter gestiegen; in Westfalen und im Rheinland stellten sie die Mehrheit der Bevölkerung. Die Herrschaft der protestantischen Preußen war daher zunächst nur wenig populär. 1837 war es darüber zu einem ersten preußischen Kulturkampf gekommen. Der Kölner Erzbischof Clemens August Freiherr von Droste zu Vischering beharrte entgegen zuvor getroffenen Vereinbarungen darauf, dass Kinder aus Mischehen katholisch erzogen werden müssten. Diese Forderung war für einen protestantischen König inakzeptabel, und Friedrich Wilhelm III. reagierte dementsprechend: Er ließ den Erzbischof verhaften! Doch damit machte er den streitbaren Kirchenmann erst recht zur Identifikationsfigur für die rheinischen Katholiken. Zwar war Droste zu Vischering bereits 1839 wieder aus der Haft entlassen worden, doch hatte er sein Amt nicht wieder antreten dürfen. Nun wurde er auch von der Krone wieder als Erzbischof anerkannt, verzichtete aber zugunsten seines Koadjutors auf die Führung der Amtsgeschäfte.

Friedrich Wilhelm IV. aber wollte mehr – er wollte die Herzen der Katholiken gewinnen, umso mehr, als seine Frau Elisabeth eine gebürtige Prinzessin von Bayern war. Zwar war sie vor der Hochzeit mit dem preußischen Kronprinzen konvertiert, was aber nichts an ihrer persönlichen Verbundenheit mit dem Katholizismus änderte.

Seit dem 16. Jahrhundert war am Kölner Dom nicht mehr weitergebaut worden. Davon träumte der Kölner Kaufmannssohn und Kunstsammler Sulpiz Boisserée, doch war ihm bewusst, dass er dafür prominente Mitstreiter benötigte. So gewann er beispielsweise Johann Wolfgang von Goethe und Friedrich von Schlegel für den Gedanken. Wichtiger aber wurde die Unterstützung Friedrich Wilhelms IV., den Boisserée noch als Kronprinzen für seine Idee hatte begeistern können. Für den romantischen Hohenzollern war der Kölner Dom ein Symbol alter deutscher Kaiserherrlichkeit und zugleich ein weithin ausstrahlendes Zeugnis des christlichen Glaubens. Am 4. September 1842 legten der Koadjutor des Erzbistums und der König in einem Festakt gemeinsam den Grundstein für den Weiterbau. Zuvor hatte Friedrich Wilhelm an einer heiligen Messe im Dom teilgenommen – er war der König aller Preußen, ob katholisch oder protestantisch. Doch die Bedeutung dieses Tages reichte für ihn weit über Preußen hinaus: »Der Dom, dessen Grundstein gelegt wird, ist das Werk des Brudersinns aller Deutschen, aller Bekenntnisse … Hier sollen sich die schönsten Tore der ganzen Welt erheben, Deutschland baut sie, so mögen sie für Deutschland, durch Gottes Gnade, Tore einer neuen großen Zeit werden … Nie finde dieser Weg das ehrlose Untergraben der Einigkeit deutscher Fürsten und Völker, das Rütteln an dem Frieden der Konfessionen und der Stände … Nie ziehe jemals wieder der Geist hier ein, der einst den Bau des Gotteshauses, ja den Bau des Vaterlandes hemmte. Der Geist, der diese Tore baut, ist derselbe, der vor 29 Jahren unsere Ketten brach, die Schmach des Vaterlandes … Es ist der Geist deutscher Kraft und Einigkeit.«[2]

Diese Sätze mochten auch die Zustimmung der liberalen Vorkämpfer der deutschen Einheit finden, doch wird darin vor allem der große Unterschied zwischen dem König und ihnen sichtbar: Nicht durch den Willen des Volkes sollte die Einheit Deutschlands errungen werden, sondern durch »Gottes Gnade«. Auf die rheinischen Katholiken verfehlte die tiefe Symbolik des Akts ihre Wirkung nicht – Friedrich Wilhelm IV. hat den unter seinem Vater ausgebrochenen Kirchenkonflikt beendet und sich nachhaltig die Sympathien nicht nur der Kölner erworben. Obwohl der von dem Schinkel-Schüler Ernst Friedrich Zwirner geleitete Weiterbau zügig vonstatten ging, erlebte Friedrich Wilhelm IV. die Vollendung nicht mehr. Am 15. Oktober 1880 fand die Einweihung des Gotteshauses statt – in Anwesenheit von Kaiser Wilhelm I., dem jüngeren Bruder und Nachfolger Friedrich Wilhelms IV.

Der Aufstand der Weber

Im Gegensatz zu den zünftisch-mittelalterlich geprägten Traumvorstellungen des Königs stand das rasche Fortschreiten der Industrialisierung in Preußen. 1838 wurde zwischen Berlin und Potsdam die erste Eisenbahnstrecke in Preußen eingeweiht, 1841 verließ die erste Lokomotive die Maschinenfabrik von August Borsig in Berlin. Der Sohn eines schlesischen Handwerkers hatte von der praxisbezogenen Ausbildung profitiert, wie sie im Zuge der Gewerbereformen nach 1810 in Preußen forciert worden war. Um den Rückstand gegenüber anderen Ländern, vor allem England, aufzuholen, war 1821 das Königliche Gewerbe-Institut gegründet worden. Von 1823 bis 1825 konnte Borsig dank eines Stipendiums an diesem Vorläufer der heutigen Technischen Universität studieren. Nach einer anschließenden Lehre in der Eisengießerei von Franz Anton Egells wurde er dort als Betriebsleiter übernommen. Die Firma beschäftigte sich vor allem mit dem Bau von Dampfmaschinen – den sprichwörtlichen »Motoren« der frühen Industrialisierung. 1837 machte sich Borsig selbstständig und gründete eine eigene Maschinenfabrik. 1845 hatte die Firma bereits 1100 Beschäftigte, 1859 verließ die 1000. Lokomotive das Werk.[3] In Essen hatte 1811 Friedrich Krupp seine Gussstahlfabrik gegründet – der Wegfall der Handelsschranken durch die Gründung des Deutschen Zollvereins sorgte auch in seinem Unternehmen für ein rasantes Wachstum.

Eine lange Tradition hatte in Preußen die Textilproduktion. Sie war neben dem Maschinenbau ein weiterer wichtiger Bereich der frühen Industrialisierung. Zugleich lassen sich an ihrem Beispiel die typischen Konflikte aufzeigen, von denen die Industrialisierung begleitet war. Der Aufstand der schlesischen Weber 1844 diente den Protagonisten der Arbeiterbewegung noch bis in das 20. Jahrhundert hinein als Synonym für die Ausbeutung der Masse durch die kapitalistische Produktionsweise und die blutige Unterdrückung des arbeitenden Volks durch die Staatsmacht. Auch literarisch wurde der Aufstand verarbeitet, am bekanntesten von Gerhart Hauptmann in seinem Drama »Die Weber«; Heinrich Heine inspirierte der Aufstand zu einem Gedicht und Käthe Kollwitz zu einem Bilderzyklus.

Die schlesischen Weber waren keine Fabrikarbeiter im modernen Sinn; sie arbeiteten zu Hause für sogenannte Verleger, die zum Teil Tausende von Arbeitern unter Vertrag hatten. Deren Willkür bei der Entlohnung waren sie nahezu schutzlos ausgeliefert. Durch die notwendige Anschaffung der Webstühle waren viele darüber hinaus verschuldet, was ihre Abhängigkeit noch weiter steigerte. Auf Absatzschwierigkeiten reagierten die »Verleger« mit Lohnkürzungen. Das schürte die Unruhe und vergrößerte die Not vieler Familien. Dazu kam die Wut über den ostentativ zur Schau gestellten Reichtum der »Verleger« – unmittelbar neben der eigenen Armut und Ohnmacht. Diese explosive Mischung entlud sich 1844 in einem Protestmarsch vor das Haus des Fabrikanten Zwanziger im niederschlesischen Peterswaldau, der die Forderungen nach Freilassung eines am Tag zuvor verhafteten Webers und nach Lohnerhöhungen höhnisch zurückwies. Die bis dahin friedliche Demonstration endete damit, dass die Wohn- und Geschäftsräume Zwanzigers demoliert wurden; Zwanziger selbst flüchtete. Bald griffen die Protestaktionen auf die Anwesen weiterer Fabrikanten über.

Dass bei Zwanziger auch Webstühle zerstört worden waren, an denen fabrikmäßig gearbeitet wurde, hat zu der späteren Interpretation geführt, dass die Heimweber sich auf diese Weise gegen mechanisierte Konkurrenz hätten wehren wollen. Denn bei den zerstörten Maschinen handelte es sich um halbmechanische Jacquardwebstühle, die industrielle Massenproduktion ermöglichten und gleichzeitig mit wesentlich geringerem personellen Aufwand bedient werden konnten. Tatsächlich war es in Lyon 1806 zur »öffentlichen Hinrichtung« eines solchen Webstuhls gekommen. Menschliches Geschick sollte nicht durch Maschinen ersetzt werden. Doch ob der Aufstand der schlesischen Weber 1844 gleichfalls eine solche Stoßrichtung hatte, wird in der Forschung inzwischen bezweifelt.[4] Nichtsdestoweniger haben die Jacquardwebstühle auch in Preußen damals ihren Siegeszug angetreten und damit die Industrialisierung dieses Handwerks ermöglicht. Bereits die zeitgenössische Presse machte dies und die gesellschaftlichen Hintergründe der Unzufriedenheit generell zum Thema. So berichtete die »Kölnische Zeitung« am 23. Juni 1844: »Die Proletarier verlangen kein Mitleid, sie verlangen Arbeit, welche Brot gibt, und Rechte, welche den Erwerb schützen und sichern ... Die Bevölkerung der Länder steigt mit jedem Jahr, und mit jedem Jahr werden die Hände und lebenden Wesen unnötiger durch Erfindung vollkommener Maschinen. Zwischen beiden liegt eine weite Kluft; wer wird endlich sie ausfüllen? Der Staat kann unmöglich gegen die Maschinen auftreten, die Erfindungen des Geistes zerstören. Der Staat in seiner jetzigen Organisation und alle Kulturstaaten der Gegenwart können dies nicht« – eine Argumentation, die bemerkenswert modern klingt und an die Automatisierungsdebatten des 20. Jahrhunderts erinnert.[5]

Nicht minder modern mutet eine Unterstellung an, die Hauptmann dem Fabrikanten in seinem Drama in den Mund gelegt hat: »Und dabei ziehen diese Lümmels umher und singen gemeine Lieder auf uns Fabrikanten und wollen von Hunger reden und haben so viel übrig, um den Fusel quartweise konsumieren zu können ...« Bei ihnen handle es sich doch um nichts anderes als um »arbeitsscheues Gesindel, faule Lümmels, die ein Luderleben führen, Tag für Tag in den Schenken herumhocken, bis der letzte Pfennig durch die Gurgel gejagt ist«. Früher seien diese Leute »geduldig und lenksam gewesen«, nun aber sei ihnen von »Humanitätsduslern« klargemacht worden, »in welchem entsetzlichen Elend sie drinstecken«.[6]

Dass der Aufstand der schlesischen Weber ein solches Echo ausgelöst hat, ist vor allem seiner blutigen Unterdrückung geschuldet. Das von den »Verlegern« und den örtlichen Behörden herbeigerufene Militär feuerte in die Demonstranten und tötete elf von ihnen; 26 wurden zum Teil schwer verletzt.[6] Wenig später mussten sich über hundert Weber vor Gericht verantworten. 87 von ihnen wurden zu mehrjährigen Haftstrafen verurteilt. Bereits im März 1845 gab das zuständige Kriminalgericht Breslau aber einem Gnadengesuch der Inhaftierten statt und zeigte in seiner Begründung sogar Verständnis: »Wenn auch die Schwere des Vergehens der Tumultuanten nicht in Abrede zu stellen ist, so gereicht ihnen doch andererseits die tiefe und dringende Not, in welcher sie sich befanden, und teilweise die Habsucht und der Übermut der Fabrikanten, durch welchen sie gereizt wurden, zur Entschuldigung.«[7]

So ist der Aufstand der schlesischen Weber ein Musterbeispiel für die nachträgliche erfolgreiche politische Instrumentalisierung eines in der Tat furchtbaren Geschehens. Zudem mögen die Weber ein Symbol sein für die Machtlosigkeit der Arbeiter am Anfang der Industrialisierung. Sie hatten keine Zünfte, die sie schützten. Sie waren ihren Lohngebern ausgeliefert. Das war die Kehrseite der Gewerbefreiheit. Diese Entwicklung führte einerseits zur Entstehung des viel beschworenen »Lumpenproletariats«, aber andererseits auch zur Organisation der Arbeiter, die ihre Machtlosigkeit nicht länger hinnehmen wollten.

Die Kehrseite der Industrialisierung

Die Obrigkeit versuchte, eine solche Organisation der Arbeiter zu verhindern. So wurde 1845 eine neue Gewerbeordnung erlassen, die zum einen ein etwas verklausuliertes Streikverbot enthielt: Wer sich mit anderen zur Einstellung der Arbeit verabredete, um die Obrigkeit oder die Arbeitgeber »zu gewissen Handlungen oder Zugeständnissen« zu bewegen, dem wurde eine Gefängnisstrafe von bis zu einem Jahr angedroht. Auch durfte niemand ohne gesetzliche Begründung oder Erlaubnis seine Arbeitsstelle verlassen – was einen Streik de facto unmöglich machte. Schließlich sollte die Bildung von »Verbindungen unter Fabrikarbeitern, Gesellen, Gehilfen oder Lehrlingen« mit Geldbußen oder bis zu 14 Tagen Gefängnis bestraft werden.[8] Das entstehende Proletariat sollte seine Interessen nicht als Gruppe wahrnehmen dürfen – ganz im Gegensatz wiederum zu den noch aus dem Mittelalter stammenden Zünften, die stets darauf geachtet hatten, nicht als einzelne Handwerker, sondern als Gesamtheit der Metzger oder Schreiner in einer Stadt wahrgenommen zu werden. Nur wer ihrem Kreis angehörte, durfte sein Handwerk ausüben. Diese exklusive Abschottung stand der im 19. Jahrhundert angestrebten Gewerbefreiheit diametral entgegen. Die Aufhebung des Zunftzwangs war daher nur folgerichtig.

Ein Problem jeder ungezügelten Industrialisierung ist bis heute die Kinderarbeit. In der ersten Hälfte des 19. Jahrhunderts war Kinderarbeit dementsprechend in ganz Europa weit verbreitet, in Preußen nicht nur in den entstehenden Fabriken. Auch die schlesischen Weber kamen ohne die Mithilfe ihrer Kinder nicht über die Runden. Die moralische Ächtung der Kinderarbeit – sie war nicht nur im bäuerlichen Umfeld nach wie vor üblich – hat damals erst begonnen. Einen Anlass einzugreifen sah die Obrigkeit noch 1827 nur aus einem Grund: wenn Kinder wegen der Arbeit nicht in die Schule gehen konnten. Erst dann sollten »gewissenlosen Eltern oder eigennützigen Fabrikherren die nötigen Schranken« gesetzt werden. Kinder sollten nicht »in allzu frühem Alter oder täglich in zu vielen Stunden oder bei ungesunden Arten von Arbeiten … gebraucht oder vielmehr missbraucht werden«. Ein generelles Verbot der Kinderarbeit wurde abgelehnt: »Wo zu Besorgnissen kein Grund vorhanden ist, wo namentlich keine kleineren Kinder benutzt werden, da darf eine billige Rücksicht sowohl auf den Vorteil der Fabrikanten als auf den Verdienst der Eltern, als auch für den Nutzen der Kinder, indem sie sich früh an ausdauernde Tätigkeit gewöhnen, genommen werden.« Sogar zeitlich beschränkte Dispense vom Schulbesuch könnten dafür in Kauf genommen werden.[9] Doch diese mehr oder weniger verpflichtenden und allein auf die örtlichen Behörden vertrauenden Hinweise änderten nur wenig. Daher kam es noch im letzten Regierungsjahr Friedrich Wilhelms III. zum »Regulativ für die Beschäftigung jugendlicher Arbeiter in Fabriken«. Darin wurde konkret festgelegt, dass Kinder unter neun Jahren überhaupt nicht arbeiten durften und Jugendliche unter 16 Jahren nicht länger als – zehn Stunden! Unter Friedrich Wilhelm IV. wurde die Beschäftigung von Kindern unter zwölf Jahren generell verboten.

Wenn Preußen in den folgenden Jahren auf eine Revolution zusteuerte, dann sind dafür zwei Entwicklungen ursächlich: Die Forderung der intellektuellen Eliten nach einer Beteiligung des Volkes am staatlichen Entscheidungsprozess durch eine Verfassung und die in ihr festgeschriebene und mit festen Kompetenzen ausgestattete Volksvertretung. Zum anderen führte die Industrialisierung zu gesellschaftlichen Konflikten, die mit althergebrachten Rezepten nicht gelöst werden konnten. Aber noch ein dritter Faktor kam hinzu: Durch eine Serie von Missernten nach 1844 konnte der Staat in einigen ländlichen Gebieten der Monarchie die Versorgung seiner Bevölkerung nicht mehr gewährleisten: »In Ostpreußen, Oberschlesien, Pommern und im Rheinland zeigten sich überall die gleichen Erscheinungen: erstes Auftreten der Kartoffelkrankheit, Teuerung, Hungersnot und Hungertyphus, gesteigerter Besitzwechsel durch Verkäufe sowie Versteigerungen bei sinkenden Preisen, Darlehensverknappung bei steigenden Zinssätzen, Überhandnehmen des Wuchers ... 80 000 Oberschlesier erkrankten in diesen Jahren an Hunger-Leiden, 16 000 verloren durch den Hunger und seine Folgen ihr Leben.«[10] Das alles zusammengenommen war ein mehr als explosives Gemisch.

Der Weg zur Revolution

Die ungelöste Verfassungsfrage und das damit verbundene Versprechen einer Repräsentation des Volkes hatte Friedrich Wilhelm IV. von seinem Vater »geerbt«, und schon bei der Huldigung in Ostpreußen wurde er mit diesem Erbe konfrontiert: Der

Provinzial-Landtag erinnerte ihn an das Versprechen seines Vorgängers und bat, es einzulösen. Nachdem er diesen Wunsch abgelehnt hatte, legte der Königsberger Oberpräsident Theodor von Schön nach und stellte dem König in einer Denkschrift dar, dass »eine Verfassung die notwendige Ergänzung und der natürliche Abschluss der Reformgesetzgebung von 1807 bis 1813« sei.[11] Doch Friedrich Wilhelm widersprach neuerlich. Das Einzige, was er sich abringen ließ, war die Einberufung eines gemeinsamen Ausschusses der Provinzial-Landtage im Oktober 1842 nach Berlin. Damit tagte zum ersten Mal ein ganz Preußen repräsentierendes Gremium. Doch die gewünschte Volksvertretung war das nicht – es waren ja nur Gesandte der einzelnen Landtage, die nach ständischen Kriterien zusammengesetzt waren. Von den 98 Abgeordneten des gemeinsamen Ausschusses kamen »46 vom Herren- und Ritterstand, 32 von den Städten, 20 von dem kleinen ländlichen Grundbesitz«.[12]

Der Druck auf den König wuchs in den folgenden Jahren, doch was dann im »Februarpatent« von 1847 angekündigt wurde, war nichts Halbes und nichts Ganzes: Als »Volksvertretung« präsentierte der König den »Vereinigten Landtag«. Diesem sollten tatsächlich alle Abgeordneten der Provinzial-Landtage angehören. Tagen sollte dieses Gremium nicht periodisch, sondern nur wenn der König es einberief. Die Ebene unter dem Vereinigten Landtag sollten die Vereinigten Ausschüsse bilden, wie sie 1842 erstmals einberufen worden waren. Sie sollten alle vier Jahre tagen. Und welche Kompetenzen erhielten diese Gremien? Allen voran das Recht der Steuerbewilligung – wollte der König Steuern erhöhen, brauchte er fortan die Zustimmung des Vereinigten Landtags oder der Vereinigten Ausschüsse. Dazu kam noch ein Beratungsrecht beim Erlass neuer Gesetze. Das heißt: Die Abgeordneten durften zu den von der Regierung proklamierten Gesetzen ihre Meinung sagen – mehr nicht. Darüber hinaus hatte der Landtag ein Petitionsrecht – er konnte also Eingaben an die Regierung machen, doch dieser stand es frei, solche Eingaben einfach abzulehnen. Der Vereinigte Landtag verfügte also nicht über das klassische Recht der Gesetzgebung, der Legislative, wie es kennzeichnend für moderne Parlamente wie den Bundestag der Bundesrepublik Deutschland ist. Unter dem Landtag und den Ausschüssen wurde dann noch eine sogenannte Ständige Deputation gebildet, die gehört werden musste, wenn der Staat neue Anleihen zeichnen wollte.

Am 11. April 1847 fand die erste Sitzung des Vereinigten Landtags statt. Der König eröffnete sie mit einer Rede, die in die Geschichte eingegangen ist. In beredten Worten hat Friedrich Wilhelm IV. damals Einblick in seine Vorstellungswelt gegeben: Keiner Macht der Erde werde es gelingen, »mich zu bewegen, das natürliche ... Verhältnis zwischen Volk und Fürst in ein konventionelles, konstitutionelles zu wandeln, und dass ich es nun und nimmermehr zugeben werde, dass sich zwischen unseren Herrn Gott im Himmel und dieses Land ein beschriebenes Blatt gleichsam als eine zweite Vorsehung eindränge, um uns mit seinen Paragrafen zu regieren und durch sie die alte, heilige Treue zu ersetzen«.[13] Das war eine klare Absage an eine Verfassung. Der Staat war für Friedrich Wilhelm IV. eine große Familie mit ihm als Vater und den Bürgern als seinen »Kindern« oder, ins Mittelalter gewandt, ein heiliger Bund zwischen ihm als dem von Gott eingesetzten Lehensherrn und den Bürgern als »Vasallen«. »Ächtteutsche ständische Einrichtungen« wie der Vereinigte Landtag mochten noch angehen, doch damit war auch schon eine klare Grenzlinie gezogen.[14] Die Bürger sollten sich wieder in Gilden und Zünften organisieren, ihre Vertreter zusammen mit dem König für Recht und Ordnung sorgen. Er glaubte fest daran, dass er als König von Gott erleuchtet sei, um seine Aufgaben im Sinne aller bewältigen zu können: »Es gibt Dinge, die man nur als König weiß, die ich selbst als Kronprinz nicht gewusst und nun erst als König erfahren habe.«[15]

Das klingt wirr, und natürlich war auch das Mittelalter keine heile Welt gewesen, wie es sich der König erträumte. Aber zu seiner Überzeugung vom Gottesgnadentum gehörte auch das Bewusstsein, dass er über sein Handeln einst Rechenschaft werde ablegen müssen – am Ende aller Tage vor dem König der Könige. Wenn die Krone eine Gnade Gottes war, dann lag es an ihm, sich dieser Gnade als würdig zu erweisen. Mit diesen Vorstellungen war Friedrich Wilhelm IV. aber nicht nur meilenweit entfernt von den liberalen Vorkämpfern für eine Verfassung, sondern auch von den ihm durchaus freundschaftlich verbundenen Ultrakonservativen an seinem Hof, wie den Brüdern Leopold und Ernst Ludwig von Gerlach. Das sollte sich während der Revolution von 1848 zeigen, und das musste auch ein forscher Junker erfahren, der in dieser Zeit in die Politik strebte: Otto von Bismarck. Über ihn befand Friedrich Wilhelm IV. knapp: »Nur zu gebrauchen, wo das Bajonett schrankenlos waltet.«[16]

Die Beratungen über die anstehenden Sachfragen standen im Vereinigten Landtag schließlich ganz unter dem Eindruck der grundsätzlichen Meinungsverschiedenheiten zwischen dem König und der Mehrheit der Abgeordneten. Erstmals zeigten sich dabei auch klare politische Fraktionen, wie sie später in den Parteien zur Geltung kommen sollten. Einer der Schwerpunkte der Beratung des Landtags war der Bau der Ostbahn, einer fast 750 Kilometer langen Eisenbahnverbindung von Berlin über Königsberg bis an die russische Grenze. Ohne Kredite war diese Herkulesaufgabe nicht zu bewältigen – und zur Bewilligung neuer Anleihen benötigte der König die Zustimmung des Vereinigten Landtags. Die Mehrheit der Abgeordneten benutzte dies als Hebel, um Zugeständnisse des Königs hinsichtlich der Kompetenzen und der periodischen Einberufung des Landtags zu erreichen. Mit der Ostbahn hatte das nichts zu tun, und als die Abgeordneten eine Kreditaufnahme für den Bau der neuen Eisenbahnstrecke ablehnten, ging es ihnen auch gar nicht um dieses – im Zeitalter der Industrialisierung und des Freihandels – an sich sehr sinnvolle Projekt. Es ging um die Bedeutung des königlichen Verfassungsversprechens von 1815 – und letztlich um die Macht im Staat. Natürlich sagten die Abgeordneten das nicht offen – das wäre ein zu massiver Affront gewesen –, sondern behalfen sich mit juristischen Winkelzügen, aber sie wussten, worum es wirklich ging, und Friedrich Wilhelm IV. wusste es auch. Doch erpressen lassen wollte er sich nicht – dann wurde eben keine Ostbahn gebaut.

Die Märzrevolution

Wieder einmal fing alles in Frankreich an: Im Februar 1848 wurde der »Bürgerkönig« Louis Philippe von Orléans, der selbst erst durch die Julirevolution von 1830 an die Macht gekommen war, gestürzt. Am 24. Februar wurde die Republik ausgerufen. Als eine ihrer ersten Maßnahmen verkündete die neue französische Regierung das allgemeine und gleiche Wahlrecht zur Nationalversammlung.

Nur eine Woche nach den Ereignissen in Paris schwappte die revolutionäre Bewegung über den Rhein. Der erste Gliedstaat des Deutschen Bundes, der betroffen war, war das direkt an Frankreich grenzende Großherzogtum Baden. Dabei waren die Revolutionäre keine einheitliche Gruppe: Gemäßigten Liberalen, die keineswegs den Sturz der Monarchie beabsichtigten, standen radikale Republikaner gegenüber, die die Zeit gekommen sahen, die Fürsten auch in Deutschland von ihren Sockeln zu holen. In Baden riefen der Rechtsanwalt Friedrich Hecker und der Journalist Gustav von Struve die »Deutsche Republik« aus und versuchten, ihre Ziele gewaltsam durchzusetzen. In der blutigen Sprache des populären »Hecker-Lieds« klang dies so:

»Wenn in Flammen stehen
Kirche, Schul und Staat,
Kasernen untergehen,
Dann blüht unsre Saat.

An den Darm der Pfaffen
Hängt den Edelmann
Lasst ihn dran erschlaffen,
Hängt ihn drauf und dran

Schmiert die Guillotine
Mit Tyrannenfett
Reißt die Konkubine
Aus dem Pfaffenbett

Fürstenblut muss fließen,
Muss fließen stiefeldick
Und daraus ersprießen
Die rote Republik.«[17]

In Berlin erreichte die Spannung am 18. März 1848 ihren Siedepunkt. Die auf halbem Weg stehen gebliebenen Reformen, aber auch die Wirtschaftskrise, die die Grenzen des Industrialisierungsbooms aufgezeigt hatte – die Politik des preußischen Königs hatte zu lange die Zeichen der Zeit negiert. Dazu gab es Beispiele von erfolgreichen Aufständen anderenorts: Am 13. März war die Revolution wie ein Orkan über Wien hereingebrochen. Metternich, die Inkarnation der Reaktion, hatte nach England fliehen müssen, um von der aufgebrachten Menge nicht gelyncht zu werden.

Nun erst versuchte Friedrich Wilhelm IV., eilig Zugeständnisse zu machen: In einem am 18. März erlassenen Patent schlug er die Umwandlung des Deutschen Bundes von einem Staatenbund in einen Bundesstaat vor. Dieser Bundesstaat sollte selbstverständlich eine Verfassung erhalten und ein »deutsches Bundesgericht zur Schlichtung aller Streitigkeiten staatsrechtlichen Ursprungs zwischen den Fürsten und Ständen wie auch zwischen den verschiedenen deutschen Regierungen« eingerichtet werden. Ein »deutsches Bundesheer« sollte auf der Grundlage einer allgemeinen Wehrverfassung gebildet werden. Auch die Pressefreiheit war plötzlich kein Problem mehr.[18]

Dieses königliche Patent war am Vormittag des 18. März veröffentlicht worden. Im weiteren Verlauf des Tages strömten immer mehr Menschen auf den Schlossplatz. Und sie störten sich vor allem an einem: der massiven Militärpräsenz. In dieser Situation kam es zu ersten Zusammenstößen, Schüsse fielen, die zwar noch niemanden verletzten, aber zum Fanal für den Ausbruch der beiderseitigen Gewalt wurden.

Was nun folgte, hat der Bildhauer und Augenzeuge Albert Wolff anschaulich geschildert: »Wut- und Rachegeschrei erhebt sich durch die Königstraße, durch die ganze Stadt. Als ob sich die Erde öffnete, brauste es durch die Stadt; das Straßenpflaster wird aufgerissen, die Waffenläden werden geplündert, die Häuser sind erstürmt, Beile, Äxte werden herbeigeholt. Zwölf Barrikaden erheben sich im Nu in der Königstraße, aus Droschken, aus Omnibuswagen, aus Wollsäcken, aus Balken, aus umgestürzten Brunnengehäusen bestehend, tüchtige, musterhaft gebaute Barrikaden. Haus an Haus werden die Dächer abgedeckt. Oben am schwindelnden Rand stehen die Menschen, mit Ziegeln in der Hand die Soldaten erwartend ... Alles ist bewaffnet, mit Mistgabeln, mit Schwertern, mit Lanzen, mit Pistolen, mit Planken; die Knaben dringen in die Häuser, um große Körbe mit Steinen auf die Dächer zu tragen ... Zwischen vier und fünf Uhr prasselt die erste Kartätsche von der Kurfürstenbrücke aus die Königstraße hinab; sie vermag die Barrikade nicht zu zerstören. Kanonendonner folgt Schlag auf Schlag; die Barrikade erschüttert; zerrissene Leichen liegen an den Straßenecken. Zwischen fünf und sechs Uhr kommen Infanteriepicketts. Man schießt auf sie aus den Fenstern, man schleudert Steine auf sie von den Dächern. Ein furchtbares Gemetzel beginnt, die Soldaten nehmen die Häuser, aus welchen geschossen und geworfen wird, einzeln ein, viele Opfer fallen, von den Soldaten ganz wenige. Aus den Gaststuben namentlich wird geschossen, und eine schwere Gegenwehr trifft sie. Die Soldaten dringen in die Zimmer und töten die Schießenden; sie postieren sich an den Fenstern in den Stuben und richten das Gewehr auf die Dächer und holen die Leute herunter ...«[19] Am Abend war die innere Stadt wieder unter Kontrolle der Militärs – 270 Menschen waren tot. Die Armee hatte loyal zur Krone gestanden; sie war nicht zu den Revolutionären übergelaufen.

Der König in den Farben des Volks

Im Stadtschloss prallten derweil die Meinungen aufeinander: weiter mit aller Macht zurückschlagen oder den Forderungen der Demonstranten nach dem Abzug des Militärs nachgeben? Es war diese Situation, in der Prinz Wilhelm seinem königlichen Bruder ins Gesicht schleuderte: »Bisher habe ich wohl gewusst, dass du ein Schwätzer bist, nicht aber, dass du eine Memme bist.«[20] Zuvor hatte er bereits die Soldaten vor dem Schloss angeherrscht, warum sie »die Hunde nicht niedergemacht« hätten. Der König entschied gegen die Scharfmacher um seinen Bruder. Er wollte kein weiteres Blutvergießen. Noch in der Nacht schrieb er einen Aufruf »An meine lieben Berliner«. Darin begründete er zunächst das Eingreifen des Militärs: Ein »Haufen Ruhestörer« sei bis zum Portal des Schlosses vorgedrungen. »Da ihr ungestümes Vordringen ... mit Recht arge Absichten befürchten ließ und Beleidigungen wider meine tapferen und getreuen Soldaten ausgestoßen wurden, musste der Platz durch Kavallerie im Schritt und mit eingesteckter Waffe gesäubert werden.« Im zweiten Teil seines Aufrufs beschwor er »die Einwohner meiner geliebten Vaterstadt«, zum Frieden zurückzukehren. Sollte dies geschehen, würden »alle Straßen und Plätze sogleich von den Truppen geräumt«.[21] Der König hat sein Wort gehalten und die Soldaten zum Entsetzen seines Bruders abgezogen. In Prinz Wilhelm hatte die Menge einen Sündenbock gefunden. Wie Metternich floh der Bruder des Königs im Schutz der Nacht nach London, in bürgerlicher Kleidung und unter dem Pseudonym »Lehmann«. Noch Jahre später tuschelten manche bei seinem Anblick: »Da kommt Lehmann.«

Der Leichenzug mit den bei den Barrikadenkämpfen ums Leben gekommenen Demonstranten machte am 19. März auch im Hof des Schlosses Halt – König und Königin mussten sich auf dem Balkon vor ihnen verneigen. Friedrich Wilhelm IV. trauerte aufrichtig um die Toten, unter denen auch Frauen und Kinder waren; er hat diese Konfrontation nicht gewollt. Und doch empfand er das Verneigen vor den Toten der Revolution als eine tiefe Demütigung – der von Gott eingesetzte Monarch unterwarf sich dem Volk. Sarkastisch kommentierte die Königin: »Nun fehlt bloß noch die Guillotine.«[22] Nachdem General von Prittwitz die Soldaten nicht nur aus der unmittelbaren Gefahrenzone, sondern ganz aus der Stadt geführt hatte, übernahm die erst kurz zuvor im Zeichen der allgemeinen Volksbewaffnung gebildete Berliner Bürgerwehr den Schutz des Königs. Am 21. März 1848 zeigte sich Friedrich Wilhelm IV. seinem Volk, umringt von einem schwarz-rot-goldenen Fahnenmeer – den Farben der demokratischen Nationalbewegung. Friedrich Wilhelm selbst hatte sich eine schwarz-rot-goldene Schärpe umgehängt.

Am gleichen Tag erließ er eine Proklamation »An mein Volk und die deutsche Nation«: »Mit Vertrauen spreche ich heute, im Augenblicke, wo das Vaterland in höchster Gefahr schwebt, zu der deutschen Nation … Deutschland ist von innerer Gärung ergriffen und kann durch äußere Gefahr von mehr als einer Seite bedroht werden. Rettung aus dieser doppelten dringenden Gefahr kann nur aus der innigsten Vereinigung deutscher Fürsten und Völker unter *einer* Leitung hervorgehen. Ich übernehme heute diese Leitung für die Tage der Gefahr. Mein Volk, das die Gefahr nicht scheut, wird mich nicht verlassen, und Deutschland wird sich mir mit Vertrauen anschließen … Preußen geht fortan in Deutschland auf.«[23]

Am 29. März 1848 bildete Friedrich Wilhelm eine neue Regierung unter der Leitung des rheinischen Liberalen Ludolf Camphausen, am 1. Mai fanden die Wahlen zur ersten preußischen Nationalversammlung statt, die eine Verfassung für das Königreich ausarbeiten sollte. Wahlberechtigt waren alle Männer über 24 Jahre, es galt das allgemeine, gleiche und freie Wahlrecht. Linke und Liberale stellten die Mehrheit der Abgeordneten des Parlaments. Damit hatte die Revolution – zumindest scheinbar – auf ganzer Linie gesiegt. Alle über Jahre hinweg zurückgewiesenen Forderungen waren binnen weniger Monate erfüllt worden. Über die Haltung des Königs in dieser Zeit wurde viel diskutiert. Hat er durch seine Zugeständnisse, wenngleich nicht aus innerer Überzeugung gemacht, die Monarchie gerettet? Oder hat er durch sein Nachgeben in einem Moment, in dem die Revolution fast niedergeschlagen schien, diese erst ins Wanken gebracht? Dagegen mag man halten, dass die gemäßigten Liberalen in Preußen ohnehin nie eine Republik angestrebt hatten, sondern – und dies schon seit den Befreiungskriegen – eine konstitutionelle Monarchie. Diese schien nun zum Greifen nahe.

Doch wer Ohren hatte zu hören, dem mochten auch die Zwischentöne aufgefallen sein. Während seines von den Berlinern umjubelten Umritts am 21. März hatte der König einem Hochruf widersprochen: »Es lebe der Kaiser von Deutschland«, hatten ihm Studenten zugerufen, doch er antwortete: »Nicht doch, das will, das kann ich nicht.«[24] Und wenig später: »Ich trage die Farben, die nicht die meinen sind, aber ich will damit nichts usurpieren, ich will keine Krone, keine Herrschaft, ich will Deutschlands Freiheit, Deutschlands Einigkeit, ich will Ordnung, das schwöre ich zu Gott.«[25] Gerade die letzten beiden Punkte lagen dem König wirklich am Herzen: Er wollte die Ordnung wiederherstellen, und er wollte, dass der Bezug zu Gott nicht verloren ging. Von Berlin zog sich Friedrich Wilhelm IV. in das ruhigere Potsdam zurück, wo die konservative Hofkamarilla um die Brüder Gerlach alles daran setzte, ihn wieder auf Kurs zu bringen.

Die Auflösung der Nationalversammlung

Im Sommer hatte die Regierung Camphausen der Nationalversammlung den Entwurf zu einer Verfassung vorgelegt. Zunächst diskutierte die Verfassungskommission der Nationalversammlung über den Entwurf, später dann diese selbst. Je länger die Diskussionen andauerten, umso weitreichender wurden die Forderungen. So sollte etwa der Adel durch die Verfassung für abgeschafft erklärt werden. Friedrich Wilhelm IV. störte sich aber vor allem an der Präambel, wie sie in der Nationalversammlung beschlossen wurde: »Wir Friedrich Wilhelm verkünden hiermit die von den Vertretern des Volkes durch Vereinbarung mit uns festgelegte Verfassung …«[26] Damit hätte nicht nur jeder Bezug zu dem für Friedrich Wilhelm so wichtigen Gottesgnadentum gefehlt, darüber hinaus tauchte er darin noch nicht einmal als König auf: »Ich erkläre dem Staatsministerium, dass ich mir das Abschneiden meiner Ehre von Gott nicht gefallen lasse, es entehrt mich vor mir selbst und allen meinen Untertanen, es ist meine Abdikation [Abdankung]. Es greift meine Religion, meinen Glauben, mein Bekenntnis an, für welche ich mit Freuden mein Leben opfere.«[27]

Doch die Nationalversammlung stand seit geraumer Zeit selbst unter dem Druck der Straße. In der Nacht vom 14. zum 15. Juni 1848 war das Zeughaus von einer wütenden Menge gestürmt worden, die vehement die allgemeine Volksbewaffnung forderte. Im Zeughaus bedienten sich die Demonstranten selbst, entwendeten Waffen und Munition. Die Bürgerwehr hatte den Sturm auf das Zeughaus nicht verhindert, was Wasser auf die Mühlen jener war, die eine Rückkehr des Militärs in die Stadt forderten. In der Folge versuchte die Bürgerwehr diese Scharte auszuwetzen und ging konsequent gegen jede Störung der Ordnung vor, doch sägte sie damit an ihrem eigenen Stuhl, denn die radikaleren Kräfte der Revolution sahen in ihr nun ebenfalls eine Stütze der etablierten Macht. In Köpenick schoss die Bürgerwehr auf aufständische Arbeiter; zwei Menschen wurden dabei getötet. In Schönefeld kam es dagegen zu Zusammenstößen zwischen Militär und Bürgerwehr. Als im Oktober die Revolution in Wien durch kaiserliche Truppen niedergeschlagen zu werden drohte, wurde in der Berliner Nationalversammlung der Antrag gestellt, »zum Schutz der in Wien gefährdeten Volksfreiheit alle zu Gebote stehenden Mittel und Kräfte einzusetzen«. Zwar erhielt dieser Antrag keine Mehrheit, doch führte gerade dies zu neuerlichen Demonstrationen.

Die konservative Opposition der Großgrundbesitzer und der Fabrikanten, des wohlhabenden Bürgertums und der Militärkreise war in dieser Zeit nicht untätig. Nun begannen auch sie, sich zu organisieren und eine erhebliche publizistische Tätigkeit zu entfalten. Zu *dem* Sprachrohr der Konservativen wurde die von den Brüdern Gerlach gegründete »Kreuzzeitung«, für die später auch Theodor Fontane schreiben sollte. In dieser Zeit entschied sich der König unter dem Einfluss seiner konservativen Hofkamarilla, das liberale Experiment, das er innerlich stets abgelehnt hatte, zu beenden. Als Leitenden Minister berief er den Grafen Friedrich Wilhelm von Brandenburg, einen illegitimen Sohn König Friedrich Wilhelms II., kein liberaler Zivilist, sondern ein Militär, dem der König zutraute, die Revolution zu beenden und die politische Wende in Preußen durchzusetzen. Andererseits war Brandenburg bislang nicht als Scharfmacher aufgefallen, und es ist bezeichnend, dass Friedrich Wilhelm IV. eine Ernennung Bismarcks mit dem oben schon zitierten Bonmot ablehnte. Die Nationalversammlung lehnte jedenfalls ihrerseits die Ernennung Brandenburgs ab und beschwor den König, diesen Schritt rückgängig zu machen. Doch Friedrich Wilhelm stellte sich taub und wies die Gesandten der Nationalversammlung ungnädig ab. Auch neuerliche Demonstrationen brachten die Entscheidung nicht ins Wanken.

Unter dem Vorwand, dass ihre Sicherheit in Berlin nicht gewährleistet werden könne, wurden die Abgeordneten der Nationalversammlung am 9. November 1848 nach Hause geschickt. Der König werde die Versammlung zu gegebener Zeit wieder einberufen – allerdings nicht in Berlin, sondern in der Stadt Brandenburg. Die Abgeordneten, die sich weigerten, der Aufforderung Folge zu leisten, wurden von Soldaten auseinandergetrieben. Zugleich wurde die Bürgerwehr aufgelöst, und das Militär rückte wieder in der Stadt vor, ohne auf Widerstand zu stoßen. Selbst im liberalen Bürgertum waren nicht wenige froh über diese Entwicklung, waren sie von der revolutionären Entwicklung doch längst selbst überholt worden.

Verfassung von Königs Gnaden

Zwar wurde die Nationalversammlung Ende November 1848 tatsächlich in Brandenburg offiziell wieder eröffnet. Doch das war nicht mehr als eine Farce, der sich zahlreiche Abgeordnete verweigerten. Mit gutem Grund, denn hinter den Kulissen wurde die Politik längst ohne sie gemacht, und am 5. Dezember 1848 erklärte Graf Brandenburg die preußische Nationalversammlung für aufgelöst – dies war das traurige Ende des ersten preußischen Parlaments, das auf der Basis des gleichen und allgemeinen Wahlrechts zustande gekommen war.

Eine Rückkehr zum vorherigen Zustand konnte es aber ebenfalls nicht geben, ohne die Gefahr eines neuerlichen Aufstands heraufzubeschwören. Daher wurde am 5. Dezember 1848 eine

Verfassung verkündet – quasi von oben herab, durch den König von Gottes Gnaden aus eigenem freiem Willen. Und doch hatte Friedrich Wilhelm nur mit Mühe dazu bewegt werden können, das Dokument zu unterzeichnen; nach wie vor sträubte er sich gegen das »Blatt Papier«, das sich nun zwischen ihn und sein Volk drängen sollte. Vieles, wofür die gemäßigten Liberalen gekämpft hatten, wurde nun von oben oktroyiert: Alle Preußen waren fortan nicht mehr nur vor dem Gesetz gleich, sondern es sollten ihnen alle öffentlichen Ämter offenstehen – »Standesvorrechte finden nicht statt«. Ebenso wurde die Unverletzlichkeit der Wohnung und des Eigentums erklärt – ohne gesetzliche Grundlage durfte es keine Hausdurchsuchung oder Enteignung mehr geben.

Kurz und bündig stellte Artikel 17 fest: »Die Wissenschaft und ihre Lehre ist frei«; das war die offizielle Abkehr von den Karlsbader Beschlüssen zur Überwachung der Universitäten. Das galt ebenso für die Meinungs- und die Pressefreiheit: »Jeder Preuße hat das Recht, durch Wort, Schrift, Druck und bildliche Darstellung seine Gedanken frei zu äußern. Die Pressefreiheit darf unter keinen Umständen ... beschränkt werden.« Eine Zensur sollte nicht mehr stattfinden. Und weiter: »Alle Preußen sind berechtigt, sich ohne vorgängige obrigkeitliche Erlaubnis friedlich und ohne Waffen in geschlossenen Räumen zu versammeln« – das war die so lange ersehnte Versammlungsfreiheit. Die gesetzgebende Gewalt sollte durch den König und zwei Kammern gemeinschaftlich ausgeübt werden – die erste als Vertretung der kommunalen Körperschaften, die zweite als eigentliches Abgeordnetenhaus, dessen Mitglieder zwar indirekt, aber doch auf der Basis des allgemeinen und gleichen Wahlrechts bestimmt werden sollten. Nicht nur in der Gesetzgebung war der König fortan nicht mehr frei: »Alle Regierungs-Akte bedürfen zu ihrer Gültigkeit der Gegenzeichnung eines Ministers, welcher dadurch die Verantwortlichkeit übernimmt.«

Das waren die Zuckerstücke für die Liberalen, die sich so mit der Verfassung anfreunden konnten, auch wenn sie von oben herab verkündet war. Auf der anderen Seite gab es ähnliche Zuckerstücke für den Monarchen und sein konservatives Umfeld. So legte Artikel 41 unmissverständlich fest: »Die Person des Königs ist unverletzlich.« Seine Macht war durch die Ministerverantwortlichkeit zwar eingeschränkt, aber indem er das Recht bekam, Minister zu ernennen und zu erlassen, wurde diese Einschränkung wenigstens teilweise wieder aufgehoben. Zugleich führte der König den Oberbefehl über das Heer; er hatte das Recht, »Krieg zu erklären, Frieden zu schließen und Verträge mit fremden Regierungen zu errichten«. Lediglich Handelsverträge, »durch welche dem Staate Lasten und einzelnen Staatsbürgern Verpflichtungen auferlegt werden«, bedurften zu ihrer Gültigkeit der Zustimmung beider Kammern.

Um einer möglichen Radikalisierung in der Zusammensetzung der zweiten Kammer begegnen zu können, erhielt Artikel 67 der Verfasssung den Zusatz: »Bei der Revision der Verfassungsurkunde bleibt zu erwägen, ob nicht ein anderer Wahlmodus, namentlich der der Einteilung nach bestimmten Klassen für Stadt und Land, wobei sämtliche bisherige Urwähler mitwählen, vorzuziehen sein möchte.«[28] Damit sollte zwar nicht am allgemeinen, wohl aber am gleichen Wahlrecht gerüttelt werden können, indem der Wert einer Stimme an das Steueraufkommen des Wählers gekoppelt wurde. Dies schien nicht nur konservativen Großgrundbesitzern erstrebenswert, sondern vor allem den Liberalen, die dadurch die Konkurrenz von links klein halten wollten – sprich die Sprachrohre der besitzlosen Massen, der Tagelöhner und der Fabrikarbeiter. Das aber war zunächst nur als Option für die Zukunft gedacht.

Das erste Parlament der Deutschen

Neben Berlin war Frankfurt am Main 1848 die entscheidende Bühne der deutschen Revolution. Im März war dort das sogenannte Vorparlament zusammengetreten. Darin versammelt waren Abgeordnete aus den verschiedenen Ständevertretungen des Deutschen Bundes. Dieses Vorparlament beschloss die Wahl einer Nationalversammlung nach dem allgemeinen und gleichen Wahlrecht. Am 18. Mai 1848 trat die Nationalversammlung erstmals in der Frankfurter Paulskirche zusammen. Geprägt wurde dieses Parlament von den gemäßigten Liberalen – das Gros der Abgeordneten waren Beamte, vor allem Juristen, dazu zahlreiche Professoren und einige Unternehmer. Kein Bauer und kein Fabrikarbeiter war darunter. Ganz oben auf der Agenda der Frankfurter Parlamentarier standen den die Bildung einer Zentralgewalt für das Gebiet des Deutschen Bundes und die Ausarbeitung einer gesamtdeutschen Verfassung. 1848 wurde Erzherzog Johann, ein jüngerer Bruder Kaiser Franz' II., zum Reichsverweser gewählt und ein Reichsministerium ernannt. Zeitgleich wurde mit der Arbeit an einer deutschen Verfassung begonnen. Die Krönung des Ganzen sollte schließlich die Gründung eines deutschen Nationalstaats sein. An der Spitze dieses Staates, so sah es die am 28. März 1849 verabschiedete Verfassung vor, sollte ein »Kaiser der Deutschen« stehen – aber keiner von Gottes Gnaden. Das von den Bürgern gewählte Parlament übertrug ihm die Macht, die dann allerdings erblich in seiner Familie bleiben sollte. Doch wer sollte diese Krone tragen? Dafür kamen nur zwei Monarchen in Frage: der österreichische Kaiser Franz Joseph und der preußische König Friedrich Wilhelm IV. Die Tradition sprach eher für den Habsburger. Doch Artikel 2 der Frankfurter Verfassung legte unzweideutig fest: »Hat ein deutsches Land mit einem nichtdeutschen Lande dasselbe Staatsoberhaupt, so soll das deutsche Land eine von dem nichtdeutschen Land getrennte eigene Verfassung, Regierung und Verwaltung haben. In die Regierung und Verwaltung des deutschen Landes dürfen nur deutsche Staatsbürger berufen werden.«[29] Das war mit dem Konzept eines zentralistisch regierten Staats, wie es der leitende Minister Felix Fürst zu Schwarzenberg in Wien verfocht, nicht vereinbar. Einen neuen Deutschen Bund konnte sich Schwarzenberg wohl vorstellen, aber nur wenn die habsburgische Gesamtmonarchie Teil eines solchen Bundes sein würde.

Zwar gab es das Problem ansatzweise auch in Preußen. Aber es erreichte dort bei Weitem nicht diese Dimension. Im österreichischen Gesamtstaat stellten die Deutschen zwar die größte

Nation, aber insgesamt nicht einmal ein Drittel der Bevölkerung. Selbst Gebiete, die zum Heiligen Römischen Reich gehört hatten und nun Teil des Deutschen Bundes waren, waren nicht zwangsläufig deutsch – so empfand sich ein großer Teil der böhmischen Bevölkerung als tschechisch. Genau andersherum verhielt es sich beispielsweise mit Ostpreußen, das zwar ebenfalls nicht Teil des Heiligen Römischen Reichs gewesen war, doch fühlte sich die Mehrheit der Bevölkerung als Deutsche. 1815 hatte Ostpreußen nicht zum Deutschen Bund gehört, doch wurde die Provinz im Zuge der revolutionären Ereignisse 1848 in den Bund aufgenommen. Damit war auch Artikel 1 der Verfassung, dass das neue Deutsche Reich nur aus dem Gebiet des bisherigen Deutschen Bundes bestehen sollte, im Falle Ostpreußens kein Hindernis mehr. Es blieb der polnische Teil Preußens, doch war dieser durch die napoleonischen Kriege zusammengeschmolzen und somit zumindest in der Gesamtsicht zu vernachlässigen. Wären weiterhin 40 Prozent polnischer Nationalität gewesen, wäre Preußen wohl ebenfalls kaum als nationaler Vorreiter geeignet gewesen. Allerdings sind im Zusammenhang der deutschen Nationalstaatsbildung auch weitere Germanisierungsbestrebungen in der Provinz Posen zu sehen. Und die Einwanderer vergangener Zeiten? Französische Hugenotten, Schweizer, Holländer, Italiener und auch viele jener Polen, die in Berlin lebten, waren weitgehend assimiliert, was sich auch in der Verwendung der deutschen Sprache im täglichen Umgang manifestierte. Als Napoleon 1806 in Berlin einmarschierte, erwartete er, gerade von den Hugenotten besonders herzlich begrüßt zu werden – doch das Gegenteil war der Fall.

Die Frankfurter Kaiserwahl

Am 28. März 1849 wählte die Nationalversammlung König Friedrich Wilhelm IV. von Preußen zum Deutschen Kaiser – mit 290 Ja-Stimmen bei immerhin 248 Enthaltungen. Viele konnten sich mit dem faktischen Ausschluss Österreichs nach wie vor nicht anfreunden, andere – wie der Dichter Ludwig Uhland – stießen sich zudem an dem beschlossenen Erbkaisertum. Stattdessen forderte Uhland eine echte Wahlmonarchie, in der theoretisch jeder Deutsche wählbar gewesen wäre. Doch das lehnte selbst die Mehrheit der Liberalen mit dem Hinweis auf das Schicksal Polens ab, wo die Krone im 18. Jahrhundert zu einem Spielball der europäischen Mächte geworden war und die polnischen Magnaten ihre Stimmen meistbietend verkauft hatten.

So machte sich eine Deputation der Nationalversammlung auf den Weg nach Berlin, um den preußischen König um die Annahme der Kaiserwürde zu bitten. Am 4. April 1849 empfing Friedrich Wilhelm IV. die Frankfurter Parlamentarier. In der Wortwahl höflich, aber bestimmt, lehnte er ab: »Ich würde Deutschlands Einheit nicht aufrichten, wollte ich, mit Verletzung heiliger Rechte und meiner früheren ausdrücklichen und feierlichen Versicherungen, ohne das freie Einverständnis der gekrönten Häupter, der Fürsten und der Freien Städte Deutschlands, eine Entschließung fassen, welche für sie und für die von ihnen regierten deutschen Stämme die entschiedensten Folgen haben.«[30]

Während sich Friedrich Wilhelm den Parlamentariern gegenüber noch diplomatisch ausgedrückt hatte, wurde er gegenüber dem preußischen Gesandten in London, Christian Karl Josias Freiherr von Bunsen, deutlicher und zeigte zugleich, dass er seine alten Vorstellungen und Schwärmereien mit der Verfassung nicht aufgegeben hatte: »Die Krone, welche die Ottonen, die Hohenstaufen, die Habsburger getragen, kann natürlich ein Hohenzoller tragen; sie ehrt ihn überschwänglich mit tausendjährigem Glanze. Die [Krone] aber, die sie leider meinen, verunehrt [ihren potenziellen Träger] überschwänglich mit ihrem Ludergeruch der Revolution von 1848 ... Einen solchen imaginären Reif, aus Dreck und Letten [Ton] gebacken, soll ein legitimer König von Gottes Gnaden und nun gar der König von Preußen sich geben lassen ...? Ich sage es Ihnen rundheraus: Soll die tausendjährige Krone deutscher Nation, die 42 Jahre geruht hat, wieder einmal vergeben werden, so bin ich es und meinesgleichen, die sie vergeben werden ...«[31] Und ein paar Tage später in einem weiteren Brief, ebenfalls an

Bunsen, konkretisierte der König seine Ablehnung: »Wäre es der Paulskirchen-Majorität wirklich um die Sache zu tun gewesen, so gebot der gesunde Menschenverstand, so gut als ein Quäntchen Rechtsgefühl und ein Lötchen Glauben an die Ehrlichkeit meiner offiziellen Äußerungen diesen Patrioten, zuvor die Zustimmung der rechtmäßigen Obrigkeiten einzuholen. Ich frage, warum nicht? Weil diese Patrioten ... die Souveränität deutscher Nation unwiderruflich dadurch befestigen wollten, dass sie dem Narren, dem Preußenkönig, ein Hundehalsband umschnallten, das ihn unauflöslich an die Volkssouveränität fesselte, der Revolution von 48 eigen macht.«[32]

Noch ungeschminkter äußerte er sich in einem Privatbrief gegenüber seiner Schwester Charlotte: »Du hast die Abfertigung der Frankfurter Mensch-Esel-Hund-Schweine-und-Katzen-Deputation gelesen. Sie heißt auf grob Deutsch: Messieurs! Ihr habt mir ganz und gar nicht das Recht, das Allermindeste zu bieten. Bitten, so viel ihr wollt, geben – nein – denn dazu müsstet ihr im Besitz von irgendetwas zu Gebendem sein, und das ist nicht der Fall. Darum seid so gut und wacht auf. Wenn eure Besoffenheit es zulässt. Die Sache mache ich mit meinesgleichen ab ... Werdet ihr unnütz, so ramm ich euch um ...«[33]

Friedrich Wilhelm konnte sich alle möglichen Konstellationen vorstellen, wie Deutschland unter einem einheitlichen Dach aussehen mochte, etwa in der Form eines Fürstenbunds. Diese Überlegungen waren keineswegs kleindeutsch fixiert, sondern sahen auch einen Platz für Österreich vor. Doch an oberster Stelle stand für ihn das monarchische Prinzip: Niemals würde er die Krone allein aus den Händen eines Parlaments entgegennehmen. Auch die vielen Stimmenthaltungen mögen verhindert haben, dass er nachhaltig ins Schwanken geriet. Und letztlich wäre es eine Krone gewesen, die er der Revolution zu verdanken gehabt hätte, und die Revolution, das war für ihn die Verkehrung der Welt. An Ernst Moritz Arndt, der ihn beschworen hatte, die Kaiserwürde anzunehmen, schrieb Friedrich Wilhelm: »Die Revolution ist das Aufheben der göttlichen Ordnung, das Verachten, das Beseitigen der rechten Obrigkeit.«[34]

Dazu kamen durchaus realpolitische Beweggründe: Friedrich Wilhelm IV. hätte mit der Kaiserkrone Österreich vor den Kopf gestoßen und seine Gegnerschaft heraufbeschworen. Auch die süddeutschen Staaten lehnten ein deutsches Kaisertum unter preußischer Führung ab. Das zeigte sich 1850, als der preußische Außenminister Joseph Maria von Radowitz tatsächlich versuchte, eine »Union deutscher Staaten« zustande zu bringen. Dieser in freier Übereinkunft der regierenden Fürsten geschlossene Staatenbund sollte eine eigene Verfassung bekommen; in Erfurt tagte bereits das nach dem preußischen Drei-Klassen-Modell gewählte Unionsparlament. Dagegen setzte Österreich auf die Rückkehr zum Bundestag in Frankfurt und berief diesen am 19. Juli 1850 ein. Österreich drohte, unterstützt von Bayern und Württemberg, mit Krieg, sollte Preußen dennoch weiter auf seinen Unionsplänen bestehen. Prinz Johann von Sachsen, dem Friedrich Wilhelm IV. seit einer gemeinsamen Italienreise freundschaftlich verbunden war, beschwor den König gleichfalls, nicht die Konfrontation zu suchen: »Kann es Preußens Ehre sein, einen brudermörderischen Kampf zu veranlassen? Kann es Preußens Ehre sein, mit der Revolution, wenn auch nur mit der zahmen, in Bund zu treten?«[35] Das war auch der Grund, weshalb Russland die preußischen Unionspläne ablehnte und sich der österreichischen Drohung anschloss.

Am Ende blieb Preußen, das auf einen militärischen Konflikt dieses Ausmaßes nicht vorbereitet war, nichts anderes übrig, als am 29. November 1850 in der Olmützer Punktation kleinbei zu geben. Man mag sich die österreichische Reaktion kaum vorstellen, hätte Friedrich Wilhelm IV. die ihm von der Nationalversammlung angebotene Kaiserkrone wirklich angenommen. Auch angesichts der noch immer gärenden revolutionären Stimmung wäre die Annahme der Krone und mit ihr der von der Nationalversammlung beschlossenen Verfassung ein unkalkulierbares Risiko gewesen. Ein solches Risiko wollte Friedrich Wilhelm IV. nicht eingehen. Er sei kein Friedrich der Große, äußerte er – darauf angesprochen – einmal resigniert.

In den Monaten, die auf die Ablehnung der Kaiserkrone folgten, kam es zu einem letzten Aufbäumen der Revolution und ihrer endgültigen Niederschlagung – und dabei stand Preußen dann tatsächlich in vorderster Linie. Es begann im eigenen Land, als die zweite Kammer die »Reichsverfassung« der Frankfurter Nationalverfassung annahm. Diese sollte fortan auch in Preußen gelten. Dieser aus der Sicht des Königs und des Ministeriums nicht hinnehmbare Beschluss führte zur Auflösung der zweiten Kammer und zur Einführung des Drei-Klassen-Wahlrechts, in dem das Gewicht der einzelnen Stimmen an das Steueraufkommen gekoppelt war, so wie es der Zusatz zu Artikel 67 der oktroyierten Verfassung von Anfang an vorgesehen hatte. »Die kleine Zahl der Großverdiener der ersten Klasse (vier Prozent der Bevölkerung) konnte nun ebenso viele Wahlmänner und Abgeordnete stellen wie die zahlenmäßig stärkste Klasse der Kleinverdiener (80 Prozent der Bevölkerung).«[36] Erst 1918, als ohnehin schon alles zu spät war, wurde die Aufhebung des Drei-Klassen-Wahlrechts in Aussicht gestellt. Die erste Kammer wurde 1854 in das Preußische Herrenhaus umgewandelt, dessen Mitglieder nur noch zum Teil gewählt wurden; andere wurden vom König ernannt oder hatten einen ererbten Sitz, wie die Prinzen des königlichen Hauses. Es entstand damit ein klassisches Oberhaus. Da die Gesetzgebung an die Zustimmung beider Kammern gebunden war, verfügte das Preußische Herrenhaus über einen nicht zu unterschätzenden Einfluss, wenngleich die großen politischen Diskussionen in der Zweiten Kammer geführt wurden.

Preußen und die badische Revolution

Während es in Preußen trotz der konservativen Kehrtwende ruhig blieb, brach in anderen Ländern der Sturm los – allen voran im Großherzogtum Baden, obwohl die dortige Regierung sich am 10. Mai 1849 zur Annahme der Frankfurter Verfassung bereit erklärt hatte und dies doch eigentlich der Ausgangspunkt der neuerlichen Unzufriedenheit gewesen war. Der Landeskongress der badischen Volksvereine warf den deutschen Fürsten »Hochverrat an Volk und Vaterland« vor und forderte daher »unverzüglich« die Auflösung des Landtags, den Rücktritt der Regierung, die sofortige Volksbewaffnung und die Freilassung aller politischen Gefangenen, sprich der inhaftierten Revolutionäre. Diese Forderung lehnten Großherzog Leopold und seine Regierung ab. Anders als in Preußen wechselten die badischen Soldaten nun scharenweise auf die Seite der Revolutionäre. Ganze Garnisonen meuterten. Der Großherzog sah keine andere Möglichkeit, als Hals über Kopf mitten in der Nacht aus seinem eigenen Land zu fliehen. Nachdem der habsburgische Reichsverweser Erzherzog Johann dem Großherzog erklärt hatte, dass er keine Bundestruppen zur Verfügung stellen könne, um den Aufstand niederzuschlagen, wandte sich Leopold an den ihm freundschaftlich verbundenen preußischen König. Und der zögerte keine Minute, weil er durch die – wie er es sah – erzwungene Flucht des von Gott eingesetzten Herrschers das monarchische Prinzip durch die Revolution zerstört sah: 80 000 preußische Soldaten marschierten unter dem Befehl des aus England zurückgekehrten Prinzen Wilhelm in Baden ein und rangen die Revolution in erbitterten Gefechten nieder. Dabei stand die badische Bevölkerung keineswegs einmütig hinter den Revolutionären, doch machten sich die Preußen mit ihrem rigiden Auftreten nur wenig Freunde. Die Angst, die sie verbreiteten, wird bis heute im »Badischen Wiegenlied« spürbar, in dem die preußischen Soldaten in die Rolle des bösen Mannes schlüpfen:

»Schlaf, mein Kind, schlaf leis,
dort draußen geht der Preuß!
Deinen Vater hat er umgebracht,
deine Mutter hat er arm gemacht;
und wer nicht schläft in stiller Ruh,
dem drückt der Preuß die Augen zu …

Schlaf, mein Kind, schlaf leis,
dort draußen geht der Preuß!
Der Preuß hat eine blut'ge Hand,
die streckt er über's bad'sche Land,
und alle müssen stille sein,
als wie dein Vater unter'm Stein …

Schlaf, mein Kind, schlaf leis,
dort draußen geht der Preuß!
Zu Rastatt auf der Schanz,
da spielt er auf zum Tanz,
da spielt er auf mit Pulver und Blei,
so macht er alle Badener frei ...

Schlaf, mein Kind, schlaf leis,
dort draußen geht der Preuß!
Gott aber weiß, wie lang er geht,
bis dass die Freiheit aufersteht,
und wo dein Vater liegt, mein Schatz,
da hat noch mancher Preuße Platz!

Schrei, mein Kindlein, schrei's,
dort draußen liegt der Preuß!«[37]

Auch in Sachsen und in der Pfalz halfen preußische Truppen, die revolutionäre Erhebung mit Waffengewalt zu unterdrücken. Damit hatte Preußen seinen Führungsanspruch untermauert. Die Frankfurter Nationalversammlung war zum Papiertiger mutiert, umso mehr, als zunächst die österreichischen und dann auch die preußischen Abgeordneten abberufen wurden. Zurück blieb ein Rumpfparlament, das nach Stuttgart umzog, wo es alsbald von der Regierung aufgelöst wurde. Das erste Parlament der Deutschen war damit Geschichte. Die Zukunft gehörte vorerst wieder den Königen.

Der König als Künstler

Der Park von Sanssouci wird im öffentlichen Bewusstsein bis heute vor allem mit Friedrich dem Großen in Verbindung gebracht. Tatsächlich gehen zwar die beiden bedeutendsten Bauwerke darin – das Namen gebende Schloss Sanssouci und das Neue Palais – tatsächlich auf ihn zurück, doch der Park atmet viel mehr den Geist von Friedrich Wilhelm IV. und seinem genialen Gartenarchitekten Peter Joseph Lenné. So wie sein Vater am liebsten Dorfschulze von Paretz geworden wäre, so wäre Friedrich Wilhelm IV. lieber Künstler als König gewesen. Schon als Kind sah man ihn selten ohne Zeichenblock. Das brachte seinen Erzieher, den Hugenotten Frédéric Ancillon, mehr als einmal zur Weißglut: »Ich sehe Sie schon die ganze Zeit mit der Bleifeder in der Hand zubringen. Für einen künftigen Schinkel wäre dies eine sehr nützliche Anwendung, allein da der Staat nicht in einem gotischen Tempel besteht und noch nie ein Volk vermittelst romantischer Bilder regiert worden ist, so wird dieses ewige Zeichnen für Sie eine wahre Verschwendung der edlen Zeit.«[38]

Friedrich Wilhelm war ein ausgesprochen begabter Zeichner, und vielleicht hätte er sogar einen guten Architekten abgegeben. Aber diese Architektur diente, wenn auch nicht in so abgehobener Form wie bei Ludwig II. von Bayern, vor allem dazu, die Traumwelt des Königs zu schaffen, sein Arkadien. Seine architektonischen Ideen hielt Friedrich Wilhelm in Skizzen fest, die weit über königlichen Dilettantismus hinausgingen. Der Schinkel-Schüler Friedrich August Stüler, einer der bevorzugten Baumeister des Königs, lobte dessen architektonische Begabung: »Schnelle, klare Auffassung und genaue Kenntnis architektonischer Formen bei einem sehr richtigen Gefühl für deren Anwendung auf bestimmte Fälle gestalteten aber diese Skizzen meistens zu so genauen Darstellungen, dass die Verhältnisse aufs Schärfste aus ihnen zu entnehmen waren.« Die Anschauungen des Königs basierten auf »sehr umfassenden und gründlichen Studien, welche sehr oft den besten Fachmännern Belehrung und neue Gesichtspunkte boten«.[39] Dabei war Friedrich Wilhelm weit davon entfernt, sich darauf etwas einzubilden. Stüler übergab er seine Skizzen gern mit der ironischen Bemerkung: »Hier haben Sie mein Geschmier, jetzt bringen Sie Vernunft hinein.«[40]

An Garten- und Landschaftsbau war Friedrich Wilhelm IV. gleichfalls sehr interessiert. Seine Skizzen zeigen meist südländische Landschaften, denn Italien war das Land seiner Träume. Skizzen über Skizzen fertigte er an, sodass es mitunter auch Lenné zu viel wurde: »Projekte, nichts als Projekte, jeden Tag ein neues. Der König ist unerschöpflich.« Davon hielt ihn auch die Revolution nicht ab. Erstaunt hat Ernst Ludwig von Gerlach in seinem Tagebuch eine Szene aus dem November 1848 beschrieben: In diesem Moment marschierten die Soldaten des Generals Friedrich Heinrich Ernst von Wrangel in Berlin ein und brachten die Stadt wieder unter die Kontrolle der Armee. Gerlach, sein Bruder Leopold und Prinz Wilhelm trafen sich zu einer Besprechung mit dem König über die weiteren Maßnahmen, die es nun zu ergreifen galt. Und was tat Friedrich Wilhelm? Er vollendete eine Landschaftsskizze, die er zuvor begonnen hatte.[41]

Kirchen wie im alten Rom

Friedrich Wilhelm IV. hat bei Weitem nicht alle seine architektonischen und landschaftsgestalterischen Träume verwirklichen können. Das betraf auch sein bedeutendstes Bauprojekt, den Neubau des Berliner Doms, der für ihn das protestantische Pendant zu Köln und zugleich zu einem Symbol für die Einheit von Thron und Altar hätte werden sollen. Dem alten Dom aus dem 18. Jahrhundert hatte Schinkel unter Friedrich Wilhelm III. ein klassizistisches Gewand gegeben. Doch Friedrich Wilhelm IV. schwebte etwas ganz Neues oder – wenn man so will – ganz Altes vor: eine Kirche in Form einer frühchristlichen Basilika, wie er sie bei seiner Italienreise 1828 kennengelernt hatte. Das entsprach nicht nur seiner Begeisterung für den Süden. Friedrich Wilhelms Traum war es, die urchristliche Einheit wiederherzustellen – wie hätte diese besser als in einer solchen mächtigen Basilika symbolisiert werden können. Schon als Kronprinz verfolgte er die Idee mit großem Eifer. Die Entwürfe lieferte Stüler. Nach der Thronbesteigung Friedrich Wilhelms IV. wurde 1842 tatsächlich mit dem Bau begonnen. Doch nach der Unterbrechung durch die Revolution wurden die Arbeiten nicht wiederaufgenommen; es fehlte am Geld, und zudem schien ein solches Gotteshaus auch nicht mehr in die nachrevolutionäre Zeit zu passen.

Und doch kann man sich eine Vorstellung machen, wie der Dom hätte aussehen können, denn Friedrich Wilhelm IV. hat Kirchen in diesem Stil erbauen lassen, wenn auch kleiner dimensioniert. Hier ist zuerst die Friedenskirche im Park von Sanssouci zu nennen. Und tatsächlich fühlt man sich bei der dreischiffigen Basilika mit ihrem offenen Dachstuhl, dem freistehenden Campanile und dem offenen Säulengang an Italien erinnert, ebenso durch das zentrale Mosaik des segnenden Christus in der Apsis. Die Pläne gehen ursprünglich auf Ludwig Persius zurück, einen weiteren Schinkel-Schüler. Nach dessen frühem Tod übernahm der allgegenwärtige Stüler auch diese Aufgabe. Ein weiteres Gotteshaus im Stil frühchristlicher Basiliken ist die von Persius 1844/45 erbaute Heilandskirche in Sacrow. In der Zeit der deutschen Teilung stand die Kirche mitten im Todesstreifen; mittlerweile erinnert daran nichts mehr, vielmehr zieht ihre malerische Lage am Ufer der Havel zahlreiche Besucher an. Auch dort gibt es einen Säulengang, und der Campanile steht wie in Italien neben der Kirche. Im Inneren ist der Dachstuhl gleichfalls offen, geschmückt mit goldenen Sternen auf blauem Grund – in dieser Kirche sollte sich im wahrsten Sinne des Wortes der Himmel öffnen.

Eine Freistätte für Kunst und Wissenschaft

Auch die Berliner Museumsinsel würde ohne den Romantiker auf dem Thron nicht das einzigartige Ensemble bilden, das es bis heute geblieben ist bzw. gerade wieder im Begriff ist zu werden. Gerade dort wird sichtbar, dass Friedrich Wilhelm IV. nicht verstehen kann, wer ausschließlich sein politisches Handeln vor dem Hintergrund der Revolution sieht: »Das Museum, das bislang fürstlicher Besitz gewesen war, sollte nunmehr einem gebildeten Publikum zugänglich gemacht werden; so wie dem Theater fiel dem Museum eine pädagogische und zugleich ästhetische Aufgabe zu. Weniger wissenschaftliche Erkenntnis als vielmehr Erbauung sollte das Museum bieten.«[42] In diesen Rahmen gehört auch das sich zum Lustgarten hin öffnende Alte Museum. Es entstand zwar als öffentliche Kunstsammlung noch unter Friedrich Wilhelm III., doch der eigentliche »spiritus rector« des Schinkel-Baus war der Kronprinz und nicht sein künstlerisch weniger ambitionierter Vater. Hinter einer mächtigen Säulenreihe öffnet sich die dem Pantheon in Rom nachempfundene Vorhalle, von der aus das Museum erschlossen wird.

Geradezu visionär war der Gedanke Friedrich Wilhelms, die gesamte Insel zwischen Spree und Kupfergraben zu einer »Freistätte für Kunst und Wissenschaft« zu machen. Revolution und Geldmangel haben einen Strich auch durch diese Rechnung gemacht. Nur ein Projekt konnte Friedrich Wilhelm IV. als König tatsächlich verwirklichen: das Neue Museum. Der von Stüler zwischen 1841 und 1859 errichtete Bau sollte vor allem die Ägyptische Sammlung aufnehmen. Um das Gebäude in dem sandigen Untergrund stabil halten zu können, mussten als Gründung 2344 Pfähle in den Boden gerammt werden (der längste davon maß über 18 Meter) – nicht mehr von Menschenhand wie einst, sondern mithilfe einer Dampfmaschine. Der instabile Boden war auch der Grund für eine weitere Innovation – die Verwendung von leichten Eisenträgern für die Deckenkonstruktion im zentralen Treppenhaus. Im Zweiten Weltkrieg wurde das Neue Museum am schwersten getroffen. Sein Wiederaufbau nach Plänen von David Chipperfield ist viel diskutiert worden, da der Londoner Architekt nicht den originalen Zustand rekonstruiert, sondern die Wunden der Kriege und des Verfalls sichtbar gelassen hat. Doch wie zu Zeiten Friedrich Wilhelms IV. ist im Neuen Museum wieder die Ägyptische Sammlung zu sehen – zu der die Büste der Nofretete allerdings noch nicht gehört hat; sie wurde erst 1912 ausgegraben.

Ein weiteres Projekt auf der Museumsinsel geht gleichfalls auf Friedrich Wilhelm IV. zurück: die Alte Nationalgalerie, die Stüler nach Skizzen des Königs entworfen hat. Die Verwirklichung dieses Museumsgebäudes hat der König nicht mehr erlebt; es entstand erst zwischen 1862 und 1865.

Das italienische Paradies

Kirchen und Museen waren öffentliche Bauten. Sein privates Arkadien schuf sich Friedrich Wilhelm IV. im Park von Sanssouci in Potsdam. Diese Wahl war kein Zufall, sondern auch Ausdruck seiner Verehrung Friedrichs des Großen. 1826 hatte Friedrich Wilhelm von seinem Vater ein Stück Land geschenkt bekommen, das an den Park von Sanssouci grenzte. Durch Peter Joseph Lenné ließ er dieses Land in einen geschlossenen Landschaftsgarten verwandeln mit geschwungenen Wegen, weiten Rasenflächen, Baumgruppen, künstlichen Gewässern und immer neuen Ein- und Durchblicken. Ein vorhandenes Gutshaus bauten Karl Friedrich Schinkel und Ludwig Persius als ländlichen Wohnsitz für den Kronprinzen und seine Gemahlin um. Sowohl an der Gestaltung des Parks wie am Bau des Charlottenhof genannten Schlosses beteiligte sich der Kronprinz mit einer Vielzahl von Skizzen. Mit seinem dorischen Portikus erinnert das Schloss an antike Villen. Die eher kleinen Innenräume zeigen, dass Charlottenhof nicht für repräsentative Zwecke gedacht war, sondern als Rückzugsort für den Kronprinzen bzw. König und seine Frau. Der ungewöhnlichste Raum ist das Zeltzimmer, das mit seinen an der Decke und über den Betten gespannten blau-weißen Stoffbahnen tatsächlich den Eindruck vermittelt, als würde man sich in einem Zelt inmitten der freien Natur aufhalten. Die weiteren Bauten im Park Charlottenhof vermitteln dann vollends den Eindruck, als befände man sich in der römischen Campagna. Dazu gehören allen voran die Römischen Bäder, die einem italienischen Landgut nachempfunden sind. Im Inneren gibt es dann tatsächlich alle die Räume, die zu einem antiken römischen Bad gehört haben. Allerdings wurde in Charlottenhof nicht gebadet – es war die Inszenierung eines Bades. Das Gleiche gilt für das benachbarte Hippodrom, in dem niemals Pferderennen stattgefunden haben.

Die Begeisterung für Italien und seine Verehrung Friedrichs des Großen verband Friedrich Wilhelm IV. in seiner Idee einer »Triumphstraße« nach antikem römischen Vorbild. Entlang dieser Straße sollten repräsentative Bauten entstehen, eine Art preußisches

Forum Romanum. Als Endpunkt war ein gigantisches, weithin sichtbares Denkmal für Friedrich den Großen in Form eines antikisierenden Tempels geplant. Dazu sollten 30 »römische« Villen, ein Amphitheater und sogar ein Äquadukt kommen. Tatsächlich verwirklicht wurden von dieser Vision nur ein Tor und ein größerer Bau: die Orangerie bei Schloss Sanssouci. Doch lassen deren Ausmaße erahnen, welche Dimensionen das gesamte Projekt hatte. Über 300 Meter lang ist die Orangerie mit ihrem mächtigen Mittelbau und den beiden seitlich anschließenden Pflanzenhallen, angelehnt an Villen der italienischen Renaissance.

Nach 1848 erlahmte das Interesse des Königs an diesem Projekt: Aus Sicht der konservativen Hofkamarilla taugte Friedrich der Große nicht mehr uneingeschränkt als nachahmenswertes Vorbild: Seine religiöse Gleichgültigkeit schien ihnen ebenso wenig opportun wie sein ganzes freiheitliches Denken. Dagegen formten »die Liberalen Friedrich zu einem Helden in ihrem Sinne – er ist ihnen Vorkämpfer der Geistesfreiheit, Verfechter eines geläuterten Fürstentums – und verbinden damit eine Kritik an der eigenen Zeit. Ziel dieser Kritik ist nicht zuletzt das Herrschaftsverständnis Friedrich Wilhelms [IV.].«[43] Statt eines Tempels für Friedrich den Großen wurde nun sogar daran gedacht, die Triumphstraße mit einer Skulptur der »Germania« enden zu lassen. Doch auch daraus wurde – zum Glück, möchte man fast sagen – am Ende nichts.

Der Traum vom Mittelalter

Zwei Burgbauten weit außerhalb des brandenburgischen Kernlands spiegeln die Mittelalter-Begeisterung der Königs: Schloss Stolzenfels am Rhein und die Burg Hohenzollern auf der Schwäbischen Alb. Mit seiner Begeisterung für diese Geschichtsepoche stand Friedrich Wilhelm IV. nicht allein; das Mittelalter als heile Welt, die Burg als Rückzugsidylle, stolz und frei und fern der gegenwärtigen Welt mit ihren umwälzenden Ideen von technischer und sozialer Revolution, faszinierte Künstler, Schriftsteller und eben auch gekrönte Häupter. Zum Zentrum der Burgenromantik wurde der Rhein – zum einen, weil es dort besonders viele mittelalterliche Ruinen gegeben hat, aber auch, weil der Rhein als der Schicksalsstrom der Deutschen galt. Nach den Befreiungskriegen gegen Napoleon wurde das Bild von der »Wacht am Rhein« bemüht, das seinen sinnbildlichen Ausdruck in Denkmälern und eben Burgbauten erhielt. Dass man in der ersten Phase historisierenden Bauens vor allem auf die Gotik zurückgegriffen hat, war kein Zufall. Die Gotik galt als der Stil des mittelalterlichen Kaisertums, als der »deutsche Stil« schlechthin. In Deutschland, so formulierte es Friedrich August Stüler, habe die Gotik ihre »höchsten Triumphe« gefeiert. Dass die Gotik doch eigentlich aus Frankreich gekommen ist und daher als Sinnbild der deutschen Wacht am Rhein eigentlich nicht taugte, mag als kuriose Fußnote dieser Geschichte festgehalten bleiben. Die Ruine Stolzenfels war 1823 dem preußischen Kronprinzen geschenkt worden. Zwischen 1836 und 1842 entstand dann der historisierende Neubau nach Plänen von Karl Friedrich Schinkel. Während der Stil insgesamt an die englische Neugotik erinnert, scheint die Farbgebung dazu nur wenig zu passen. Doch der ockergelbe Anstrich war bewusst gewählt, denn selbst bei dieser mittelalterlichen Burg suchte der Kronprinz bzw. König die italienischen Anklänge. Bei der Einweihung der Burg hieß man Friedrich Wilhelm IV. mit einem Fackelzug mittelalterlich gekleideter Bauleute willkommen.

Während Friedrich Wilhelm IV. das Schloss Stolzenfels tatsächlich auch bewohnt hat, erlebte er die Fertigstellung seines zweiten großen Burgenbaus nicht mehr. Die Burg Hohenzollern ist die Stammburg des Gesamthauses Hohenzollern – also der preußischen wie der schwäbischen und der fränkischen Linien. 1819 hat Friedrich Wilhelm die Ruine der Burg besucht, einen Besuch, den er als »ungemein lieblichen und schönen Traum« in Erinnerung behalten hat.[44] Weniger begeistert war er von dem traurigen Zustand der Anlage, doch Fürst Friedrich Hermann Otto zu Hohenzollern-Hechingen konnte dem Berliner Verwandten nur achselzuckend seine leeren Kassen zeigen. Der Kronprinz erwirkte daraufhin bei seinem Vater erste Mittel, um die Ruine zumindest zu sichern. An mehr war damals nicht zu denken. Friedrich Wilhelm III. wäre es nicht im Traum eingefallen, eine Burg auf der Schwäbischen Alb zu bauen, doch sein Sohn war entschlossen, das Projekt als König zu verwirklichen. 1846 traf er dazu eine Übereinkunft mit Fürst Friedrich Wilhelm Constantin zu Hohenzollern-Hechingen und Fürst Karl Anton von Hohenzollern-Sigmaringen – der Wiederaufbau der Stammburg sollte ein Gemeinschaftsprojekt aller noch bestehenden Linien des Hauses werden. Was man zunächst nur für einen weiteren romantischen Traum des Königs hätte halten können, bekam 1850 eine politische Bedeutung, als die Fürsten von Hohenzollern-Hechingen und Hohenzollern-Sigmaringen ihre Souveränität an das stammverwandte preußische Königshaus abtraten. Damit hatte Preußen seinen Fuß nach Süddeutschland gesetzt, und die Burg Hohenzollern sollte das weithin sichtbare Symbol dieser Verbindung von – wie es damals hieß – Fels und Meer sein. Architekt war ein weiteres Mal Stüler, doch spannender ist das Programm des Innenausbaus durch Rudolf Freiherr von Stillfried. Der schlesische Katholik zeigt die Hohenzollern darin, Jahre vor der tatsächlichen Reichseinigung, bereits als legitime Nachfolger der mittelalterlichen Kaiser. Preußen beließ es nicht bei der Symbolik: Der preußische Staat hat in seine schwäbische Exklave pro Kopf mehr Geld gepumpt als in irgendeine andere Provinz. Hohenzollern sollte zum preußischen Schaufenster im Süden werden.

Ein Orden für Kunst und Wissenschaft

Während das Eiserne Kreuz nur als Symbol bei der Bundeswehr die Zeiten überdauert hat, gibt es einen anderen preußischen Orden bis heute: den Pour le mérite für Wissenschaften und Künste, ursprünglich ein von Friedrich dem Großen gegründeter Verdienstorden. Unter seinen Nachfolgern war er dann aber zu einer reinen Kriegsauszeichnung geworden – als solcher ist er bis zum Ende der Monarchie 1918 verliehen worden. Es ist typisch für Friedrich Wilhelm IV., dass er dem 1842 eine Friedensklasse für die »Verdienste um die Wissenschaften und Künste« hinzufügte. Die Zahl der deutschen Mitglieder wurde auf 30 festgesetzt. Nach dem Tod eines Ordensritters konnten die verbliebenen Mitglieder vorschlagen, wen sie sich als Nachfolger wünschten, doch behielt sich der König eine abschließende Entscheidung vor. Dazu kamen nicht stimmberechtigte ausländische Mitglieder, deren Zahl die der deutschen nicht übersteigen durfte. Erster Ordenskanzler war der Universalgelehrte Alexander von Humboldt. Zu den frühen Mitgliedern gehörten neben anderen Ludwig Tieck, Christian Daniel Rauch, Gottfried Schadow, Felix Mendelssohn-Bartholdy, Giacomo Meyerbeer und Jacob Grimm. Heutiger Schirmherr des Ordens ist der jeweilige Präsident der Bundesrepublik Deutschland, aktueller Ordenskanzler der Wirtschaftswissenschaftler Horst Albach, sein Stellvertreter der Schriftsteller Hans Magnus Enzensberger. Mit dem Pour le mérite für Wissenschaften und Künste hat Friedrich Wilhelm IV. ein bleibendes Zeichen dafür gesetzt, dass Preußen eben doch nicht nur ein Militär- und Beamtenstaat gewesen ist.

Mit zwei weiteren Ordensgründungen hat Friedrich Wilhelm tief in das Mittelalter zurückgegriffen: 1843 erneuerte er den von Kurfürst Friedrich II. von Brandenburg gestifteten Schwanenorden. Dessen ursprünglicher Zweck war die Verehrung der Jungfrau Maria gewesen – mit der Reformation war dieser Inhalt obsolet geworden, und der »alte« Schwanenorden wurde aufgelöst. Friedrich Wilhelm IV. wollte mit dem Schwanenorden einerseits eine Gemeinschaft gleichgesinnter Christen anregen, darüber hinaus sollte der Orden sich der Armenfürsorge annehmen. Es blieb bei der Stiftungsurkunde; eine nennenswerte Tätigkeit hat der Orden nicht entfaltet. Doch ist er ein Beispiel für den patriarchalischen Ansatz der Sozialfürsorge, wie er von zahlreichen Konservativen, wie den Brüdern Gerlach, vertreten worden ist.

Erfolgreicher war die Wiedergründung der Ballei Brandenburg des Johanniter-Ordens 1852. Dabei ging es Friedrich Wilhelm IV. nicht darum, an die kämpferische Tradition der Kreuzzüge anzuknüpfen, sondern um den karitativen Ursprung dieses Ordens und zugleich um das Wiederbeleben ritterlicher Traditionen, entsprechend seiner Schwärmerei für das Mittelalter. Die Ballei Brandenburg des Johanniter-Ordens gibt es ebenfalls bis heute, und bis heute steht an ihrer Spitze ein Herrenmeister aus dem Haus Hohenzollern, seit 1999 Oskar Prinz von Preußen. Dem Orden angeschlossen ist die Johanniter-Unfallhilfe, die ihr Entstehen also letztlich ebenfalls König Friedrich Wilhelm IV. verdankt.

Bismarcks erster Coup

Die letzten Regierungsjahre Friedrich Wilhelms IV. waren geprägt von dem Versuch, die Kontrollmöglichkeiten des Staates wieder auszubauen. Über den Hebel des Drei-Klassen-Wahlrechts und die Bildung des vom Adel bestimmten Herrenhauses wurde dafür 1850 bzw. 1853 die konstitutionelle Basis geschaffen. Bereits 1850 wurde die Versammlungsfreiheit wieder eingeschränkt, 1851 die Pressefreiheit, ein im Jahr darauf erlassenes Disziplinargesetz schwor alle Beamten auf die Regierungspolitik ein. Das galt auch für das richtige Kreuz auf dem Stimmzettel, und da die Wahl zum Abgeordnetenhaus nicht geheim war, fiel durchaus auf, wer sein Kreuz an der falschen Stelle machte. Wer es an der richtigen Einstellung fehlen ließ, hatte bei Beförderungen keine Chance oder wurde gleich in den einstweiligen Ruhestand versetzt. Die Verwaltung sollte von allen Elementen gereinigt werden, die »vom Krebs heidnisch-republikanischer Gesinnung angefressen« waren.[45] Gleichwohl blieb Preußen ein konstitutioneller Staat – daran änderten letztlich auch diese reaktionären Maßnahmen nichts mehr.

Im Krimkrieg zwischen Russland und der Türkei, die von England und Frankreich unterstützt wurde, blieb Preußen neutral. 1853 eroberte Russland die bis dahin unter osmanischer Oberhoheit stehenden Donaufürstentümer Moldau und Walachei (in etwa das heutige Rumänien). Dadurch fühlte sich Österreich auf dem Balkan von Russland bedroht und schloss sich enger an die

Westmächte an. Auch der Deutsche Bund und Preußen sollten an Österreichs Seite stehen. Doch in diesem Moment zeigte sich erstmals das staatsmännische Geschick eines Mannes, der eben doch nicht nur zu gebrauchen war, wo das Bajonett schrankenlos waltete: Otto von Bismarck, seit 1851 preußischer Gesandter beim Deutschen Bund. Er verhinderte, dass sich der Bundestag in Frankfurt vor den österreichischen Karren spannen ließ, und setzte durch, dass statt der von Österreich geforderten Mobilmachung gegen Russland eine Mobilmachung zur Abwehr drohender Gefahr in jeder Richtung beschlossen wurde. Auch Preußen, das Österreich seit 1854 durch ein Defensivbündnis verbunden war, sollte nicht den Fehler machen, sich zu eng an die alte Kaisermacht zu binden: »Es gibt viele Politiker, die der Ansicht sind, dass es heutzutage besser sei, Österreich zum Gegner als zum Verbündeten zu haben, weil seine Hilfsbedürftigkeit gegen Schulden, Italiener und Ungarn größer sei als seine Fähigkeit, anderen zu helfen. Es würde mich ängstigen, wenn wir vor dem möglichen Sturm dadurch Schutz suchten, dass wir unsere schmucke und seefeste Fregatte an das wurmstichige alte Orlog-Schiff von Österreich koppelten. Wir sind der bessere Schwimmer von beiden und jedem ein willkommener Bundesgenosse. Die großen Krisen bilden das Wetter, welches Preußens Wachstum fördert.« Eine »feige Politik« habe noch immer Unglück gebracht. Preußen dürfe sich daher nicht länger »wie ein gutmütiger Narr dem Egoismus Österreichs hingeben, um uns schließlich von ihm bemogeln zu lassen«.[46] Mit seinem Hinweis auf einen veralteten Schiffstyp wollte Bismarck die – wie er es sah – Schwäche Österreichs charakterisieren: Die österreichische Politik sei eine Politik der Furcht, der sich Preußen nicht anschließen dürfe. Bismarck war ein Realpolitiker, der sein Handeln ausschließlich an dem ausrichtete, was Preußen nützte. Für alte Freund- oder Feindschaften war in seinem Denken kein Platz.

Anders sah es damals in Berlin aus: Neben den Ultrakonservativen, die traditionell Russland zuneigten, gab es eine große Gruppe von Liberalen und gemäßigten Konservativen, die sich im Krimkrieg für die Unterstützung der Westmächte einsetzten, weil man die liberalen Staaten England und Frankreich dem reaktionären Russland vorzog. Vor der Ersten Kammer des Landtags argumentierte Friedrich Julius Stahl dagegen ganz im Sinne Bismarcks: »Wir wollen nicht russischen Interessen dienen – aber auch nicht den Rivalen der Westmächte und ihren Ansichten über die Verhältnisse Europas. Man ist hierzulande nicht sehr lüstern nach einem europäischen Konzert, in welchem England und Frankreich Kapellmeister sind und die Deutschen die Musikanten sein sollen. Es ist nicht das Interesse Preußens, dass sich Russlands Macht vergrößere; aber es ist das wohlverstandene Interesse Preußens und Deutschlands, dass Russlands bisherige Machtstellung ungebrochen und sein bisheriges Verhältnis zu Preußen unzerrissen bleibt.«[47] Der König schwankte in seiner Meinung, wie so oft, doch mochte er Kriege generell nicht, und am Ende setzte sich Bismarcks Linie durch. Es war der erste große Coup des kommenden Mannes in der preußischen Politik. In der Auseinandersetzung um den Krimkrieg deutete Bismarck bereits an, wen er für den größten Konkurrenten Preußens hielt: Österreich. Selbst in traditionell den Habsburgern zugeneigten Staaten wie Sachsen gewöhnte man sich langsam an den Gedanken, das deutsche Haus ohne Österreich zu zimmern: »Im Ganzen will es mir bedünken, als ob die Zeit kommen müsse und vielleicht nicht fern, wo man sich nicht zu scheuen hat, Österreich, ohne sich feindlich gegen dasselbe zu stellen, seinen eigenen Weg gehen zu lassen«, so König Johann von Sachsen am 19. August 1854 in einem Brief an Friedrich Wilhelm IV.[48]

Mit der Gesundheit des Königs ging es in den 1850er-Jahren rapide bergab. 1857 machte ihn eine Folge von Schlaganfällen regierungsunfähig. Da seine Ehe kinderlos geblieben war, übergab er zunächst die Stellvertretung und dann auch offiziell die Regentschaft an seinen Bruder: Prinz Wilhelm. Gestorben ist Friedrich Wilhelm IV. am 2. Januar 1861. Die letzten Lebensjahre waren ihm eine einzige Qual gewesen. In einem klaren Moment hatte er einmal auf seinen Kopf gezeigt und gesagt: »Alles tot, ich bin lebendig begraben« – das tragische Ende einer an tragischen Momenten wahrlich reichen Herrschaft.[49]

Preußens letzter König?

Wilhelm I. (1861–1888)

»Wir wollen unseren alten Kaiser Wilhelm wiederhaben«, sangen viele Deutsche noch mit Begeisterung, als es schon längst keinen Kaiser und keinen preußischen König mehr gab. Gemeint war damit Kaiser Wilhelm I., und das zeugt von einem beispiellosen Wandel seines Bildes: 1848 war er noch der viel geschmähte »Kartätschenprinz«, der vor der Berliner Revolution nach England geflohen war und danach die badische Revolution mit Gewalt niedergeschlagen hatte. Nach der Kaiserproklamation von 1871 war er zum Inbegriff des gütigen und väterlichen Herrschers geworden. Doch Wilhelm war nie nur ein bornierter Konservativer gewesen, dem nichts anderes einfiel, als gegen Demokraten Soldaten zu schicken. Zudem hatte er unter dem Einfluss seiner Frau Augusta von Sachsen-Weimar-Eisenach eine Wandlung mitgemacht, die ihn liberales Gedankengut längst nicht mehr von vornherein verteufeln ließ.

Dass er am Ende seines langen Lebens so beliebt war, nicht nur in Preußen, sondern in ganz Deutschland, hat Wilhelm I. aufrichtig gefreut. Darauf hingewiesen, antwortete er allerdings einmal selbstironisch, dass das schon stimme; nur habe es bis dahin doch etwas lang gedauert. Nahezu die gesamte Regierungszeit Wilhelms I. war geprägt durch die Bindung an Otto von Bismarck, unter der beide mitunter litten. Doch ebenso wussten sie beide, dass sie einander brauchten, um ihre Vorstellungen durchsetzen zu können. Dabei war es meist Wilhelm I., der nachgegeben hat – auch bei der Annahme der Kaiserwürde am 18. Januar 1871 im Spiegelsaal des Schlosses von Versailles.

Liberaler Beginn

Als Prinz Wilhelm für seinen erkrankten Bruder die Regierungsgeschäfte übernahm, wurde dies in nationalliberalen Kreisen als Zeichnung der Hoffnung gewertet. Nach außen wurde eine Demonstration der Stärke erwartet anstelle der schwankenden Politik Friedrich Wilhelms IV., im Inneren ein Ende der konservativ-bigotten Kamarilla um die Brüder Gerlach. Die Kirchen, verkündete Wilhelm I. zur Freude der Liberalen, sollten darauf achten, dass die Religion nicht »zum Deckmantel politischer Bestrebungen« gemacht werde.[1] An die Stelle religiöser Schwärmerei sollte nüchterne Politik treten. Mit der Ernennung des Fürsten Karl Anton von Hohenzollern-Sigmaringen zum preußischen Ministerpräsidenten hat der Prinz diese Erwartungen weiter bestärkt – ein Mann der Mitte, ein süddeutscher Katholik, aber auch Vertreter eines bis vor Kurzem regierenden Hauses, von dem sicher keine revolutionären Neuerungen zu erwarten oder – je nach Sichtweise – zu befürchten waren. Auch das übrige Ministerium bestand aus gemäßigten Liberalen. Von allen Extremen sollte die neue Regierung sich fernhalten. In Deutschland müsse Preußen, so Wilhelm in seiner ersten Regierungserklärung 1858, »moralische Eroberungen« machen, durch eine »weise Gesetzgebung bei sich, durch Hebung aller sittlichen Elemente und durch Ergreifung von Einigungselementen, wie es der Zollverband ist«.[2] »Einigungselemente«, »moralische Eroberungen« (statt militärischer?) – das hörten die Liberalen in Preußen gern.

Umstrittene Heeresreform

Doch Wilhelm I. bzw. zunächst noch Prinzregent Wilhelm war in allererster Linie Soldat. Je stärker die Armee, desto stärker der Staat: »Die Armee hat Preußens Größe geschaffen und dessen Wachstum erkämpft; ihre Vernachlässigung hat eine Katastrophe über sie und über den Staat gebracht, die glorreich verwischt worden ist durch die zeitgemäße Reorganisation des Heeres, welche die Siege des Befreiungskrieges bezeichnete. Eine 40-jährige Erfahrung und zwei kurze Kriegsepisoden haben uns indes auch jetzt aufmerksam gemacht, dass manches, was sich nicht bewährt hat, zu Änderungen Veranlassung geben wird. Dazu gehören ruhige politische Zustände und Geld. Es wäre ein schwer sich bestrafender Fehler, wollte man mit einer wohlfeilen Heeresverfassung prangen, die deshalb im Momente der Entscheidung den Erwartungen nicht entspräche. Preußens Heer muss mächtig und angesehen sein, um, wenn es gilt, ein schwer wiegendes politisches Gewicht in die Waagschale legen zu können.«[3]

Um dieses Ziel zu erreichen, planten Wilhelm und General Albrecht von Roon, der Ende 1859 das Amt des Kriegsministers übernahm, eine große Heeresreform: Die Friedensstärke der preußischen Armee sollte von 150 000 auf 220 000 Mann, die Zahl der jährlich einberufenen Rekruten von 40 000 auf 63 000 Mann erhöht werden. Tatsächlich war die Friedensstärke seit 1820 nicht mehr erhöht worden, obwohl die Bevölkerung in dieser Zeit von 11 auf 18 Millionen Einwohner angewachsen war. Und bei 40 000 Rekruten jährlich konnten nicht alle Wehrpflichtigen berücksichtigt werden – damit ergab sich das Problem der Wehrgerechtigkeit, gar nicht so sehr viel anders als heute.

Darüber hinaus sah die Heeresreform vor, die bereits 1856 von zwei auf drei Jahre erhöhte Dienstzeit dauerhaft beizubehalten. Die aus den Befreiungskriegen hervorgegangene – als eigentliche Bürgerarmee gedachte – Landwehr sollte zum Teil ganz aufgelöst, der Rest nur noch als Hilfstruppe eingesetzt werden. Die Militärexperten schätzten die militärische Schlagkraft dieser Truppe nicht gerade hoch ein; zudem war sie im Falle eines Konflikts nur schwerfällig zu mobilisieren. Die Reform sollte aber gerade die Schlagkraft der Armee erhöhen, um für mögliche Konflikte gewappnet zu sein.

Seit der oktroyierten Verfassung von 1848/50 verfügten die beiden Kammern des Landtags (Abgeordnetenhaus und Herrenhaus) über das Budgetrecht. Das hieß: kein Haushalt ohne ihre Zustimmung. Auch Steuererhöhungen und Kreditaufnahmen mussten von den Parlamentariern bewilligt werden; Haushaltsüberschreitungen bedurften ihrer nachträglichen Zustimmung. Doch im Abgeordnetenhaus stieß die Heeresvorlage auf Widerstand. Dabei ging es weniger um die fachlichen Argumente der Militärs als um mögliche innenpolitische Folgewirkungen. So befürchtete die liberale Mehrheit eine Militarisierung der Gesellschaft und eine Schwächung des bürgerlichen Elements in der Armee. Ein starkes Heer stärkte zunächst einmal die Krone – und verringerte damit im Umkehrschluss das Gewicht des Parlaments. Gleichwohl wollte die Mehrheit den zarten Neubeginn nach den Jahren der Reaktion nicht sofort wieder durch einen Grundsatzkonflikt ersticken. So bewilligte das Abgeordnetenhaus sowohl 1860 wie auch 1861 die beantragten Gelder für die Neuaufstellung von Regimentern – allerdings jeweils nur für diese Jahre und nicht dauerhaft. Zugleich machten die Parlamentarier aber deutlich, dass sie die dreijährige Dienstzeit und die Neuordnung der Landwehr ablehnten.

Bis zu diesem Zeitpunkt hatte es im Preußischen Abgeordnetenhaus keine Parteien im heutigen Sinne gegeben, sondern allenfalls lose Gruppierungen, die sich bestimmten politischen Inhalten verpflichtet fühlten. Das änderte sich mit der Gründung der Deutschen Fortschrittspartei im Juni 1861. Mit dem Ruf nach einem starken preußischen Staat als Motor der (klein)deutschen Einigung ging sie noch konform mit König und Ministerpräsident, nicht aber mit ihrer Forderung nach größter Sparsamkeit für den Militäretat in Friedenszeiten. Doch ebendiese Fortschrittspartei wurde bei den Wahlen vom 5. Dezember 1861 zur mit Abstand stärksten Kraft; sie errang 141 Sitze, gegenüber 109 Sitzen der gemäßigten Liberalen und gerade einmal noch 14 Konservativen.

Hatte die Regierung zuvor noch die Hoffnung gehabt, das Abgeordnetenhaus werde nicht mehr hinter die provisorische Bewilligung der Gelder zurückgehen können, da die neuen Regimenter ja bereits aufgestellt waren, so musste sie nun erkennen, dass eine Zustimmung kaum mehr zu erwarten war. Im Gegenteil: Die Abgeordneten versperrten auch alle denkbaren Winkelzüge, die die Regierung zu diesem Zweck hätte versuchen können. Der

Etat, den die Regierung dem Abgeordnetenhaus zur Bewilligung vorlegte, war bis dahin kein detaillierter Plan, sondern nur eine grobe Aufstellung gewesen. Es gab also durchaus die Möglichkeit, nach der Zustimmung des Parlaments zum Gesamthaushalt durch Verschiebungen Mittel für die Heeresreform frei zu bekommen. Auch bot das Mittel der Etatüberschreitung, die nachträglich genehmigt werden musste, einen gewissen Ansatzpunkt für die Regierung. Grundsätzlich war die Regierung sogar bereit, der Fortschrittspartei entgegenzukommen und eine »Spezialisierung« für die kommenden Haushaltsjahre zu versprechen. Doch die Mehrheit der Abgeordneten war nicht bereit, auf diese Zusage zu vertrauen. Damit war das gemäßigt liberale Ministerium des Fürsten von Hohenzollern-Sigmaringen am Ende.

An seine Stelle trat im März 1862 das konservative Ministerium des Fürsten Prinz zu Hohenlohe-Ingelfingen. Die Hoffnung, dass sich durch die Auflösung des Abgeordnetenhauses und Neuwahlen die Situation verbessern würde, erfüllte sich nicht. Im Gegenteil: Die Fortschrittspartei gewann weitere Sitze hinzu. Gleichwohl schien eine Einigung möglich zu sein: In der Frage der »Spezialisierung« des Haushalts signalisierte die Regierung weiterhin Entgegenkommen, doch zum Konfliktpunkt wurde nun die Frage der dreijährigen Dienstzeit. Während Kriegsminister Roon auch hier zeitweilig Kompromissbereitschaft andeutete, wenn im Gegenzug die Heeresreform ansonsten als Paket im Abgeordnetenhaus geschnürt werden könnte, war es nun Wilhelm I., der sich querstellte. Der vormalige Prinzregent hatte sich nach dem Tod seines Bruders am 18. Oktober 1861 in Königsberg selbst zum König gekrönt. Seit der Krönung Friedrichs I. 1701 hatte es in Preußen keine Königskrönung mehr gegeben. Dass Wilhelm darauf zurückgriff, zeigt sein Bestreben, die monarchische Stellung zu festigen – als König von Gottes Gnaden. Die dreijährige Dienstzeit war aus seiner Sicht nicht verhandelbar. Und er wollte sich kein weiteres Mal dem Parlament beugen. Am 23. September 1862 stand die Abstimmung über den Etat im Abgeordnetenhaus an. Das Ergebnis war vorhersehbar – die Mehrheit würde die gesamte Heeresreform in Bausch und Bogen ablehnen.

Bismarck – Retter in der Not

Der König dachte ernsthaft daran, abzudanken, sollte dies tatsächlich geschehen. Doch Kriegsminister Albrecht von Roon hatte schon seinen Mann in Stellung gebracht: Otto von Bismarck, zu dieser Zeit preußischer Gesandter in Frankreich. Einen Tag vor der entscheidenden Abstimmung im Abgeordnetenhaus traf Bismarck Wilhelm I. in dessen Schloss Babelsberg in Potsdam. »Ich will nicht regieren, wenn ich es nicht so vermag, wie ich es vor Gott, meinem Gewissen und meinen Untertanen verantworten kann. Das kann ich aber nicht, wenn ich nach dem Willen der heutigen Majorität des Landtags regieren soll«, empfing der König den Gesandten. Und er klagte: »Ich finde keine Minister mehr, die bereit wären, meine Regierung zu führen, ohne sich und mich der parlamentarischen Mehrheit zu unterwerfen. Ich habe mich deshalb entschlossen, die Regierung niederzulegen.« Sogar seine Abdankungsurkunde hatte Wilhelm schon entworfen. Er zeigte sie Bismarck – und nun schlug dessen große Stunde. Er erklärte dem König, dass er bereit sei, in das Ministerium einzutreten, und entschlossen, auch gegen die Mehrheit des Landtags und deren Beschlüsse für die Heeresreform einzutreten. Auf diese Zusage hin erklärte Wilhelm I.: »Dann ist es meine Pflicht, mit Ihnen die Weiterführung des Kampfes zu versuchen.«[4] Wilhelm hatte sich diese Entscheidung gleichwohl nicht leicht gemacht. Er hatte das Urteil seines Bruders über Bismarck im Ohr – »Nur zu gebrauchen, wo das Bajonett schrankenlos waltet« –, und er wusste, dass seine liberale Frau Augusta über den neuen Ministerpräsidenten nicht anders dachte. Doch er hielt ihn für seine einzige, seine letzte Chance.

Schon wenige Tage nach seiner Ernennung suchte Bismarck am 29. September 1862 die direkte Konfrontation mit den Abgeordneten. Vor der Budgetkommission stellte er klar, wie ein starkes Preußen aus seiner Sicht nur Wirklichkeit werden konnte: »Nicht auf Preußens Liberalismus sieht Deutschland, sondern auf seine Macht. Bayern, Württemberg und Baden mögen dem Liberalismus indulgieren [nachgeben]; darum wird ihnen doch keiner

Preußens Rolle anweisen. Preußen muss seine Kraft zusammenfassen und zusammenhalten auf den günstigsten Augenblick, der schon einige Male verpasst ist; Preußens Grenzen, nach den Wiener Verträgen, sind zu einem gesunden Staatsleben nicht günstig. Nicht durch Reden und Majoritätsbeschlüsse werden die Fragen der Zeit entschieden – das ist der große Fehler von 1848 und 1849 gewesen –, sondern durch Eisen und Blut.«[5] Diese Rede schlug ein wie Donnerhall: War das nicht die offene Ankündigung, Preußens Grenzen gewaltsam zu verändern? War das nicht eine Absage an das Abgeordnetenhaus als Teil der verfassungsmäßigen Staatsgewalt? Im Grunde war es eine ehrliche Rede, vielleicht zu ehrlich. Bismarck machte in der Folge nichts anderes, als einen günstigen Moment abzuwarten, um Preußens Macht zu vergrößern. Das konnte mit militärischen, aber auch mit anderen Mitteln geschehen. Vor allem sollte Preußen in diesem Fall nicht als Friedensbrecher an den Pranger gestellt werden können.

Die Empörung über die »Blut-und-Eisen-Rede« schlug hohe Wellen, nicht nur unter den Abgeordneten. Das Königspaar war während Bismarcks Rede in Baden-Baden und hatte dort den Geburtstag der Königin gefeiert. Doch Augusta war bald nicht mehr zum Feiern zumute. Sie sah ihre schlimmsten Befürchtungen, was Bismarck betraf, bestätigt. Wilhelm war wieder einmal kurz davor, zu resignieren. Bismarck sollte Stärke zeigen – aber doch nicht so! Ging Preußen wieder einer Revolution entgegen? In dieser Stimmung fuhr der König mit dem Zug nach Berlin – erster Klasse zwar, aber nicht in einem Hofzug, sondern einem ganz normalen, fahrplanmäßigen Zug: preußisch sparsam.

Bismarck, der von der Missstimmung erfahren hatte, fuhr dem König entgegen und stieg bei einem Halt des Zuges in Jüterbog, südwestlich von Berlin, zu. Der König wollte von Bismarcks Erklärungsversuchen zunächst nichts wissen und unterbrach seinen Ministerpräsidenten barsch: »Ich sehe ganz genau voraus, wie das alles endigen wird. Da, vor dem Opernplatz, unter meinen Fenstern, wird man Ihnen den Kopf abschlagen und etwas später mir.« Bismarck antwortete zunächst mit einer Gegenfrage: »Et après [und dann], Sire?« Darauf Wilhelm: »Ja, après, dann sind wir tot!« Nun legte Bismarck seine ganze Überzeugungskraft in die Waagschale: »Ja, dann sind wir tot, aber sterben müssen wir früher oder später doch, und können wir anständiger umkommen? Ich selbst im Kampfe für die Sache meines Königs und Eure Majestät, indem Sie Ihre königlichen Rechte von Gottes Gnaden mit dem eigenen Blute besiegeln, ob auf dem Schafott oder auf dem Schlachtfelde, ändert nichts an dem rühmlichen Einsetzen von Leib und Leben für die von Gottes Gnaden verliehenen Rechte ... Eure Majestät sind in der Notwendigkeit zu fechten. Sie können nicht kapitulieren, Sie müssen, und wenn es mit körperlicher Gefahr wäre, der Vergewaltigung entgegentreten.« Dieser Appell an die Ehre des preußischen Offiziers, als der sich Wilhelm stets begriffen hat, verfehlte ihre Wirkung nicht. Er sei daraufhin, erinnerte sich Bismarck, nicht mehr »matt, niedergeschlagen und entmutigt« gewesen, sondern »in eine heitere, man kann sagen, fröhliche und kampflustige Stimmung«[6] geraten. Auf dieser kurzen Zugfahrt von Jüterbog nach Berlin verband Wilhelm I. sein Schicksal mit dem Bismarcks – unauflöslich.

Streit mit den Abgeordneten

In Berlin ging der Streit um die Heeresreform in die nächste Runde: Das Abgeordnetenhaus strich den Etat für den Haushalt 1863 wie erwartet zusammen – das Herrenhaus lehnte diese Kürzungen im Oktober 1862 ab und forderte die Umsetzung der königlichen Vorlage. Damit war ein Patt entstanden, das Bismarck löste, indem er die Sitzungsperiode für beendet erklärte und ankündigte, die Gelder für die Armee vorerst entsprechend den alten Bewilligungen einzusetzen. Um zu einem verfassungsmäßigen Haushalt für 1863 zu bekommen, benötigte er jedoch die Zustimmung des Abgeordnetenhauses. Bismarck startete daher im Januar 1863 den nächsten Versuch. Seine Rede, dieses Mal vor allen Abgeordneten, war eine taktische und rhetorische Meisterleistung. Dabei ging er sofort in die Offensive und griff die Parlamentarier frontal an. Das Abgeordnetenhaus beanspruche Rechte, »die es entweder gar nicht oder nicht allein« besitze. Die Alleinherrschaft des Abgeordnetenhauses »ist nicht verfassungsmäßiges Recht in Preußen«. Zum Zustandekommen eines jeden Gesetzes, also auch des Budgetgesetzes, sei »die Übereinstimmung der Krone und der beiden Kammern erforderlich«. Es gehe daher nicht an, die Verfassung für verletzt zu erklären, nur weil sich Herrenhaus und Krone nicht dem Willen der Mehrheit der Abgeordneten beugten. Und Bismarck fuhr noch schärfere Geschütze auf: Bisher hatten die Abgeordneten sich stets bemüht, die Krone nicht direkt zu kritisieren, sondern ihre Pfeile ausschließlich gegen die Regierung geschossen. »Gegen diese Scheidung habe ich mich schon in den Ausschusssitzungen verwahrt. Sie wissen so gut wie jedermann in Preußen, dass das Ministerium im Namen und auf Befehl Seiner Majestät des Königs in Preußen handelt ... Ich weise die Trennung deshalb zurück, weil durch sie die Tatsache verdeckt wird, dass Sie sich im Kampfe mit der Krone um die Herrschaft dieses Landes befinden und nicht im Kampf mit dem Ministerium.« Damit unterstellte Bismarck der Mehrheit der Abgeordneten eine feindselige Haltung gegenüber der Krone, die doch den Staat repräsentierte.

Tatsächlich bedurfte jedes Gesetz der Zustimmung beider Kammern und der Krone. Doch was, wenn »eine Vereinbarung zwischen den drei Gewalten« nicht gefunden werden könne? In der Verfassung, dozierte Bismarck, fehle es »an jeglicher Bestimmung darüber, welche von ihnen nachgeben muss«. Die Verfassung verweise damit auf den »Weg der Kompromisse«. Werde ein solcher Kompromiss dadurch vereitelt, dass eine der beteiligten Gewalten »ihre eigenen Ansichten mit doktrinärem Absolutismus durchführen will«, komme es zu Konflikten. Da aber das Staatsleben nicht stillstehen könne, werde jene Gewalt in ihrem Sinne vorgehen, die die »Macht in Händen hat«. Und das war, konnten die Zuhörer leicht folgern, auch wenn er es nicht explizit hinzufügte, die Krone. Sein Appell war daher eindeutig: »Sie erwarten Nachgiebigkeit von der Krone, wir erwarten sie von Ihnen.«[7] Doch die Abgeordneten gaben nicht klein bei. Auch weiterhin lehnten sie zusätzliche Ausgaben für die Armee konsequent ab.

Damit gab es für 1863 keinen verfassungsgemäßen Haushalt. Bismarck stellte vor dem Hintergrund der »Lücke« in der Verfassung fest, dass die Regierung auch ohne gültigen Haushalt weiter regieren und die notwendigen Mittel in diesem Fall aus eigenem Entschluss bereitstellen könne. Genau das hat Bismarck in den folgenden Jahren getan. Die Fortschrittspartei mochte Zeter und Mordio schreien, doch Bismarck hatte recht gehabt: Derjenige bestimmte, der über die Machtmittel verfügte. Und Preußens Soldaten waren loyal wie eh und je; die preußischen Beamten arbeiteten wie ein Uhrwerk. Mit Pressezensur und einigen Nadelstichen versuchte Bismarck, die Gegner seiner Politik klein zu halten. Am Ende war selbst das nicht mehr notwendig: Die außenpolitischen Erfolge stärkten Bismarck auch innenpolitisch. Bei den Wahlen zum Abgeordnetenhaus im Juli 1866 erlebte die Fortschrittspartei ein Desaster an den Wahlurnen, die Partei spaltete sich – und im neuen Abgeordnetenhaus hatte der Ministerpräsident zum ersten Mal seit seinem Amtsantritt eine Mehrheit, dank der neu gegründeten Nationalliberalen Partei, die zur zuverlässigen Stütze der Bismarck'schen Politik werden sollte. Die Mehrheit in der Kammer erklärte flugs alle Haushalte der vergangenen Jahre nachträglich für verfassungsgemäß und stimmte auch der Vorlage für 1867 zu. Der Verfassungskonflikt war zu Ende – und Bismarck war der klare Sieger. Weder ihm noch dem König war der Kopf abgeschlagen worden ...

Schleswig und Holstein – auf ewig ungeteilt

Die Herzogtümer Schleswig und Holstein waren seit 1460 vereint – und sollten »auf ewig ungeteilt« bleiben. Staatsrechtlich war jedoch Schleswig ein dänisches, Holstein ein deutsches Reichslehen. Da die dänischen Könige zugleich Herzöge von Schleswig und Holstein waren, hätte daraus eigentlich kein Problem entstehen müssen, und es war für die meisten Bewohner auch keines. Doch im 19. Jahrhundert vermengten sich Liberalismus, Nationalismus und Zentralismus zu einer gefährlichen Mischung.

Nach dem Wiener Kongress gehörte nur der Holsteiner Teil des Doppelherzogtums zum Deutschen Bund. Die nationale Begeisterung erfasste in dieser Zeit nicht nur die Deutschen, sondern auch die Dänen. Dies führte zu dem Versuch, die in den beiden Herzogtümern lebenden Deutschen zu »danisieren«. Dabei muss man berücksichtigen, dass der Anteil der deutschsprachigen Bevölkerung je mehr abnahm, desto weiter man nach Norden kam.

Dazu kam das bevorstehende Aussterben des dänischen Königshauses im Mannesstamm. Aufgrund der unterschiedlichen Erbfolgeregelungen in der Monarchie und in den beiden Herzogtümern hätten die dänischen Könige die Herzogtümer an das Haus Sonderburg-Augustenburg abgeben müssen. Dem versuchte König Christian VIII. entgegenzuwirken, indem er 1846 die Vereinigung Schleswigs mit Dänemark ankündigte. Dies entsprach auch den Bestrebungen, die noch auf Karl den Großen zurückgehende Eidergrenze als Grenze eines dänischen Gesamtstaats durchzusetzen; damit wäre Schleswig Teil des Königreichs Dänemark geworden. Diese Politik wurde von den sogenannten »Eiderdänen« mit Vehemenz verfolgt.

Gegen diese Teilung von Schleswig und Holstein erhob sich 1848 als Teil der Märzrevolution die deutsch gesinnte Bevölkerung. Diese forderten die Angliederung beider Herzogtümer an den Deutschen Bund. Militärische Unterstützung erhielt die Erhebung durch Preußen, das sich jedoch nur eine blutige Nase holte. Denn die europäischen Großmächte machten klar, dass sie eine Schwächung Dänemarks im Interesse des Gleichgewichts auf dem Kontinent nicht dulden würden. Preußen zog sich daraufhin zurück und ließ die Aufständischen allein. Im Londoner Protokoll wurde 1852 die Erbfolge der dänischen Könige in Schleswig, Holstein und dem östlich von Hamburg gelegenen Herzogtum Lauenburg anerkannt. Immerhin sollten die drei Herzogtümer eine gewisse Sonderstellung innerhalb des dänischen Königreichs behalten, also auch Schleswig nicht vollständig in den dänischen Staat inkorporiert werden.

Diese Lösung hielt elf Jahre lang – bis 1863. Vorangegangen war der Versuch, die dänische Verfassung von 1854 auch auf die drei

Herzogtümer auszudehnen. Dagegen gab es Widerstand, in Holstein und Lauenburg noch unterstützt durch den Deutschen Bund, der dahinter eine Intensivierung der »Danisierungspolitik« vermutete. Auf dänischer Seite führte dies zu dem Bestreben, Schleswig enger an Dänemark zu binden, die weitestgehend von Deutschen bewohnten Herzogtümer Holstein und Lauenburg dagegen nicht mehr in das Gesamtstaatskonzept einzubeziehen. Die im Juli 1863 beschlossene neue Verfassung sollte daher nur noch im Königreich Dänemark und im Herzogtum Schleswig gelten. Dies aber widersprach dem Londoner Protokoll, das eine Gleichbehandlung der drei Herzogtümer gefordert hatte. Da der dänische König für Holstein und Lauenburg Mitglied des Deutschen Bundes war, befasste sich auch der Bundestag in Frankfurt am Main mit dieser Frage und beschloss im Oktober 1863 die sogenannte Bundesexekution, die militärische Intervention in den betroffenen Mitgliedsstaaten, sprich: in Holstein und Lauenburg.

Als ob die Lage nicht schon kompliziert genug gewesen wäre, starb inmitten dieser Querelen König Friedrich VII. von Dänemark – als letzter Vertreter des Mannesstamms seiner Linie. Im Londoner Protokoll war zwar geklärt worden, dass die Erbfolge im Königreich und den Herzogtümern dem Glücksburger Herzog Christian zufallen sollte. Doch erhob nun dessen Augustenburger Rivale Christian August, die Gunst der Stunde nutzend, doch Anspruch auf Schleswig und Holstein. Damit überlagerten sich mehrere Konfliktebenen, die – so spottete schon der britische Premierminister Viscount Palmerston – nur »drei Personen je verstanden« hätten: »Der eine war Prinzgemahl Albert [der Ehemann der Königin Viktoria]: Er ist verstorben. Der zweite war ein deutscher Professor: Er ist verrückt geworden. Der dritte bin ich, und ich habe alles wieder vergessen.«[8]

Einer fehlt in dieser Liste: Bismarck. Er wusste zumindest eines ganz genau: Die Schleswig-Holstein-Frage war eine jener Möglichkeiten, auf die er gewartet hatte und die nicht versäumt werden durfte, um Preußens Macht zu vergrößern. Ihm ging es von Anfang an nicht darum, den Bruch des Londoner Protokolls durch die Bundesexekution rückgängig zu machen; er war auch nicht wirklich daran interessiert, dem Augustenburger ein eigenständiges Herzogtum zu verschaffen, war dieser doch der Wunschkandidat jener Liberalen, die ihm zu Hause so viel zu schaffen machten. Dafür sollte nun wahrlich nicht das Blut preußischer Soldaten vergossen werden. Das alles wären nur Notlösungen gewesen, wenn er sein eigentliches Ziel nicht hätte erreichen können: »Ich habe von Anfang an die Annexion [der Herzogtümer] unverrückt im Auge behalten«, bekannte er im Rückblick freimütig. Im Staatsrat, einem beratenden Gremium des Königs, trug Bismack noch 1863 diesen Gedanken vor. »Unerhört« und »unmöglich« sei dies den Anwesenden vorgekommen: »Nach ihren erstaunten Mienen zu urteilen, dachten sie offenbar, ich hätte zu stark gefrühstückt.«[9]

Offiziell war davon aber natürlich noch nicht die Rede. Zunächst ging es einzig um die Besetzung Holsteins im Rahmen der beschlossenen Bundesexekution. Die war im Dezember 1863 bereits geschehen. Doch damit wollten sich Preußen und Österreich nicht zufriedengeben. Der neue dänische König Christian IX. sollte die umstrittene Gesamtstaatsverfassung komplett zurückziehen. Sollte er einem entsprechenden Ultimatum nicht Folge leisten, wollten die beiden Mächte quasi als Faustpfand auch noch Schleswig besetzen. Zwar lehnte der Bundestag in Frankfurt am Main dieses Ansinnen seiner beiden Vormächte ab, doch beschlossen diese, dann eben auf eigene Faust zu handeln. Christian IX. stand unter extremem Druck; eine Rücknahme der Verfassung hätte ihn womöglich den eigenen Thron gekostet. Doch Bismarck dürfte über die folgerichtige Ablehnung des Ultimatums allenfalls Krokodilstränen vergossen haben.

Entscheidung an den Düppeler Schanzen

Am 1. Februar 1864 marschierten 40000 preußische und 20000 österreichische Soldaten in Schleswig ein. Dänemark hatte bis zuletzt vergeblich auf englische Unterstützung gehofft und stand den um ein Vielfaches überlegenen Angreifern allein gegenüber.

Der entscheidende Sieg gelang den preußischen Truppen unter dem Befehl des Generals Friedrich Heinrich Ernst von Wrangel mit der Erstürmung der Düppeler Schanzen auf der Halbinsel Sundeved am 18. April 1864. Am 12. Mai 1864 wurde ein Waffenstillstand vereinbart; in London trafen sich die beteiligten Mächte zu Friedensverhandlungen, bei denen die Dänen auf der Eidergrenze beharrten – eine vor dem Hintergrund der militärischen Niederlage unrealistische Forderung. Nach dem Scheitern der Verhandlungen brachen die Kämpfe daher von Neuem aus. Preußen und Österreicher eroberten nun ganz Jütland bis hinauf nach Skagen, der Nordspitze Dänemarks.

Noch vor dem Friedensschluss kam es zu einem offiziellen Besuch Wilhelms I. und Bismarcks in Wien. Bei einem Gespräch in Schloss Schönbrunn äußerte der preußische Ministerpräsident erstmals offen die Absicht, die Herzogtümer zu annektieren. Damit stieß er bei Kaiser Franz Joseph und dem österreichischen Staatsminister Johann Bernhard Graf von Rechberg erwartungsgemäß nicht auf Begeisterung, aber – folgt man seiner eigenen Darstellung – auch nicht rundweg auf Ablehnung. Dafür spricht auch, dass die österreichische Seite im Gegenzug ein »Äquivalent« für die preußischen Gebietsgewinne forderte, beispielsweise in Schlesien. Bismarck widersprach und versuchte seine Partner mit der Aussicht auf künftige Wohltaten ruhigzustellen: Er habe das Gefühl, »dass die vorteilhaftesten Ergebnisse der Freundschaft der deutschen Großmächte mit der holsteinischen Frage nicht abgeschlossen wären und dass sie, wenn jetzt in der äußersten Entfernung von dem österreichischen Interessengebiet gelegen, doch ein andermal sehr viele näher liegen könnten und dass es für Österreich nützlich sein werde, jetzt Preußen gegenüber freigebig und gefällig zu sein«. Glaubt man Bismarck, blieb diese »aufgestellte Perspektive« nicht ohne Eindruck auf den österreichischen Kaiser. Er fragte zurück, ob die Herzogtümer unbedingt preußische Provinzen werden sollten oder ob sich Preußen nicht mit »gewissen Rechten« in den Herzogtümern zufriedengeben könnte. Während dieses Gesprächs scheint Wilhelm I. sich überhaupt nicht geäußert zu haben. Nun wandte sich Bismarck an den

König – wohl in der Hoffnung, dieser würde sein Ansinnen unterstützen. Doch Wilhelms legitimistischem Denken gerade in dynastischen Fragen widerstrebte die ganze Richtung: Er habe ja gar kein Recht auf die Herzogtümer und könne deshalb keinen Anspruch darauf machen. Damit, so Bismarck, »war ich natürlich dem Kaiser gegenüber außer Gefecht gesetzt«.[10]

Im Friedensvertrag von Wien musste Dänemark am 30. Oktober 1864 die Herzogtümer Schleswig, Holstein und Lauenburg mit immerhin über einer Million Einwohnern an Preußen und Österreich abtreten. Die beiden Mächte versuchten sich in der Folge zuerst an einer gemeinsamen Verwaltung der Herzogtümer, was sich aber als wenig praktikabel erwies. Österreich wäre daraufhin sogar bereit gewesen, sich mit dem Augustenburger als Herzog abzufinden. Doch das wollte Bismarck nach wie vor nicht. So einigten sich die beiden Mächte im August 1865 auf eine Teilung der Zuständigkeiten: Holstein fiel unter österreichische Verwaltung, Schleswig und Lauenburg unter preußische. Das konnte nicht gutgehen – und das sollte es, nach Bismarcks Vorstellung, auch gar nicht.

Deutscher Fürstentag ohne Preußen

Bismarcks Außenpolitik war nicht angekränkelt von alten Freund- oder Feindschaften. Gut war, was Preußen nützte und seine Macht in Deutschland stärkte. So hatte Bismarck beispielsweise kein Problem, 1862 einen Handelsvertrag mit dem alten »Erbfeind« Frankreich abzuschließen. Ein Jahr später folgte ein Pakt mit Russland – damit hatte er im Inneren die Hand frei. Und das war auch gut so: Im März 1863 versuchte Österreich, die Initiative im Deutschen Bund wiederzugewinnen. Kaiser Franz Joseph lud zu einem Fürstentag im August 1863 nach Frankfurt ein. Ziel war eine grundlegende Reform des Deutschen Bundes. Kern des Vorschlags war ein »Fünferdirektorium«, dem Österreich, Preußen, Bayern und zwei von den anderen Fürsten gewählte Mitglieder angehören sollten, und ein Parlament, das aus den Mitgliedern der einzelnen Landtage gebildet werden sollte. Den Vorsitz im Fünferdirektorium hatte Österreich sich selbst vorbehalten. Über diesen Reformvorschlag sollte beim Fürstentag in Frankfurt diskutiert werden. Während Wilhelm I. es für seine Pflicht hielt, der Einladung des österreichischen Kaisers zu folgen, war Bismarck davon überzeugt, dass dies einzig Österreich nützen würde. Als die versammelten Fürsten den preußischen König noch einmal eindringlich darum baten, nach Frankfurt zu kommen, und König Johann von Sachsen diese Bitte höchstpersönlich überbrachte, war dieser sichtlich beeindruckt: »Dreißig regierende Herren, ein König als Kurier.«[11] Doch Bismarck überzeugte den König, trotz allem an dem Treffen nicht teilzunehmen. Damit war der österreichische Reformversuch entwertet, denn ohne Preußen konnte es keine Reform des Bundes geben. Allerdings war der Ruf Preußens durch die Absage ramponiert: Wie konnte ein Staat, der nicht einmal über eine Reform des Deutschen Bundes diskutieren wollte, sich eine Führungsrolle in diesem Gremium anmaßen? Für Bismarck aber war entscheidend, dass Preußen sich nicht vor den Karren Österreichs spannen und sich nicht auf den zweiten Platz abdrängen lassen durfte. Die kurzfristige Verstimmung der Mitgliedsstaaten nahm er dafür in Kauf. Zwar stimmten die anwesenden Mitglieder beim Frankfurter Fürstentag für die Annahme der österreichischen Vorschläge – doch nur unter dem Vorbehalt, dass die Reform von allen Ländern mitgetragen würde. Da Preußen bereits seine Ablehnung signalisiert hatte, war dieser Versuch einer großdeutschen Reform des Bundes gescheitert, ohne je ernsthaft eine Chance der Verwirklichung zu bekommen.

Der deutsche »Bruderkrieg«

Nachdem es im deutsch-dänischen Krieg kurzfristig zu einer Zusammenarbeit zwischen Preußen und Österreich gekommen war, verschlechterte sich das Verhältnis der beiden Mächte 1865 zusehends. Österreich setzte nun auf die Erbfolge des Augustenburgers als dem vermeintlich kleineren Übel gegenüber einer preußischen Annexion der Herzogtümer, während Bismarck nach wie vor keinen neuen Mittelstaat im Norden wollte, allenfalls wenn dieser in völliger Abhängigkeit von Preußen bliebe. Dass sich die Presse in Holstein antipreußisch gab, schob man der österreichischen Besatzungsmacht in die Schuhe. Schon zu diesem Zeitpunkt, im Februar 1866, wurde ein Krieg gegen Österreich als Option ins Auge gefasst, um die Herzogtümer annektieren zu können. Doch Bismarck und Wilhelm erhielten in dieser Frage mächtigen Gegenwind – aus der königlichen Familie selbst. Königin Augusta war ebenso gegen den Krieg wie Kronprinz Friedrich. Von seiner Schwester Alexandrine erhielt Wilhelm einen beschwörenden Brief: »Ach, lieber Bruder, verhindere einen Krieg mit Österreich... Ein Bruderkrieg wäre das Fürchterlichste, was man sich denken kann, es wäre unerhört, und wenn Deutschland sich nun recht zerfleischt hätte, wie würde Frankreich sich freuen.«[12]

Schließlich tat Österreich Bismarck den Gefallen: Es bot ihm einen Anlass zum Krieg. Am 1. Juni 1866 erklärte die Wiener Regierung, dass eine Versammlung der Holsteiner Stände über das Schicksal des Landes entscheiden solle. Das betrachtete Preußen als Bruch der Vereinbarung über die Verwaltung der Herzogtümer. Man könne »in diesem Verfahren der österreichischen Regierung nur die Absicht einer direkten Provokation und den Wunsch, den Bruch und den Krieg zu erzwingen, erblicken«.[13] Wenige Tage später wurde Holstein von preußischen Truppen besetzt. Österreich rief daraufhin den Deutschen Bund um Unterstützung an mit dem – zutreffenden – Argument, dass das eigenmächtige Vorgehen Preußens einen Verstoß gegen das Bundesrecht darstelle; der Bundestag sollte daher die Mobilisierung des Bundesheers gegen Preußen beschließen. Außer ein paar kleineren norddeutschen Staaten stellten sich alle Mitglieder des Bundes auf die Seite Österreichs, allen voran die größeren Staaten Bayern, Württemberg und Sachsen. Selbst Baden, das Preußen seit der Niederschlagung der Revolution eng verbunden war, sah keine andere Möglichkeit, als wenigstens auf dem Papier die Partei Österreichs zu ergreifen. Preußen trat daraufhin am 14. Juni aus dem Deutschen Bund aus.

Immerhin einen Verbündeten hatte Preußen: Italien – dem jungen Königreich im Süden hatte Bismarck das habsburgische Venetien als Beute versprochen. Und Napoleon III. freute sich schon darauf, der lachende Dritte in einem Krieg zwischen den beiden deutschen Großmächten werden zu können. Bismarck sah die Sache nüchtern und wollte Gebietsabtretungen an Frankreich nicht ausschließen: »Ich bin für meine Person viel weniger Deutscher als Preuße und würde ohne Schwierigkeiten der Abtretung des ganzen Gebietes zwischen Rhein und Mosel an Frankreich zustimmen. Pfalz, Oldenburg, ein Teil der preußischen Rheinprovinz.«[14] Österreich machte es umgekehrt nicht viel anders.

Der preußische Generalstabschef Helmuth Graf von Moltke nutzte im »deutschen Bruderkrieg« von 1866 erstmals in größerem Umfang die Eisenbahn für Truppentransporte, was schnelle, überraschende Bewegungen möglich machte. Nachdem Hannover, Kurhessen und Sachsen ausgeschaltet waren, marschierten die Preußen von drei Seiten in Böhmen ein. Bei Königgrätz kam es am 3. Juli 1866 zur entscheidenden Schlacht. Die beiden Befehlshaber, Moltke auf der preußischen und Ludwig von Benedek auf der österreichischen Seite, verfügten jeweils über etwas mehr als 250 000 Soldaten. Dabei waren die preußischen Soldaten ihren Gegnern in der Bewaffnung überlegen, verfügten sie doch »über den ersten feldgebrauchsfähigen gezogenen Hinterlader der Kriegsgeschichte« – das so genannte Zündnadelgewehr.[15] »Im Gegensatz zum österreichischen Lorenzgewehr, einem Vorderlader, ließ es sich auch im Liegen problemlos bis zu sieben Mal pro Minute abfeuern. Der österreichische Infanterist hingegen musste zum Nachladen aufstehen und sich mit einer Schussfrequenz von zwei Schüssen pro Minute begnügen. Entsprechend waren in allen Gefechten des Krieges die österreichischen Verluste konstant etwa vier Mal so hoch wie die preußischen.«[16] Auch wenn man heute nicht mehr so weit geht, dem Zündnadelgewehr eine kriegsentscheidende Bedeutung beizumessen, so war sein Vorteil doch spürbar; dazu kamen die »verheerenden psychologischen Auswirkungen des preußischen Schnellfeuers«.[17] Nachdem der Krieg in Preußen zunächst äußerst unpopulär gewesen war, drehten die schnellen Siege die Stimmung völlig – selbst in den erst 1850 preußisch gewordenen schwäbischen Fürstentümern Hohenzollern-Hechingen und Hohenzollern-Sigmaringen hisste man nun stolz das »schwarz-weiße Siegesbanner«.

Nur drei Wochen nach Königgrätz schlossen Preußen und Österreich den Vorfrieden von Nikolsburg. Österreich musste Venetien tatsächlich abtreten, zuerst an Napoleon III., der die Region dann an Italien weiterreichte; darüber hinaus gab es keine weiteren territorialen Verluste für die alte Kaisermacht. Mit aller Macht hatte sich Bismarck dagegen gewehrt, bis nach Wien zu marschieren. Während der König, der ursprünglich überhaupt gegen den Krieg gewesen war, nun größere Gebietsabtretungen forderte – »Der Hauptschuldige könne doch nicht ungestraft ausgehen« –, meinte der Ministerpräsident nur lapidar: »Wir hätten nicht eines Richteramts zu walten, sondern deutsche Politik zu treiben. Österreichs Rivalitätskampf gegen uns sei nicht strafbarer als der unsrige gegen Österreich; unsere Aufgabe sei Herstellung oder Anbahnung deutsch-nationaler Einheit unter Leitung des Königs von Preußen.«[18] Die Eile, mit der Bismarck zum Frieden drängte, hatte aber noch einen anderen Grund: Frankreich sollte keine Gelegenheit bekommen, sich als Schiedsrichter aufzuspielen. Und Österreich sollte keinesfalls so gedemütigt werden, dass es als Verbündeter auf absehbare Zeit nicht mehr infrage kam. So schloss Bismarck mit Österreich, wie Sebastian Haffner schrieb, »den generösesten Frieden, der vielleicht jemals zwischen Siegern und Besiegten geschlossen worden ist«.[19]

Der Norddeutsche Bund

Allerdings musste Österreich hinnehmen, von Preußen aus Deutschland hinausgedrängt zu werden. So gab Kaiser Franz Joseph seine Zustimmung »zur Gestaltung Deutschlands ohne Beteiligung des österreichischen Kaiserstaates«.[20] Mit der Auflösung des Deutschen Bundes kurze Zeit später war die letzte großdeutsche Klammer gelöst. An seine Stelle trat der am 18. August 1866 gegründete Norddeutsche Bund. In ihm nahm Preußen die überragende Stellung ein, nicht zuletzt deshalb, weil es sein Territorium durch den Krieg erheblich erweitert hatte: Das Königreich annektierte nicht nur Schleswig, Holstein und Lauenburg. Auch Hannover, Kurhessen, Hessen-Nassau und die Freie Stadt Frankfurt am Main erhielten die Quittung für ihre Unterstützung Österreichs, indem sie von der politischen Landkarte verschwanden und von Preußen geschluckt wurden. Preußen hatte nun ein weitestgehend geschlossenes Staatsgebiet vom Rheinland bis nach Ostpreußen.

Dem Norddeutschen Bund gehörten zunächst 15 Staaten und freie Städte nördlich der Mainlinie an, später erhöhte sich diese Zahl durch weitere Beitritte auf 23. Die Dominanz Preußens hätte allerdings kaum größer sein können: »Preußen allein zählte, nach den Annexionen von 1866, 24 Millionen Einwohner, alle übrigen 22 Mitglieder des Norddeutschen Bundes zusammen 6.«[21] Diese Dominanz spiegelte sich auch in der Organisation des Bundes: Das Präsidium hatte die Krone Preußens inne, erster Bundeskanzler war – natürlich – Bismarck. Ernannt wurde der Kanzler vom König, der ihn auch wieder entlassen durfte. Immerhin gab es neben dem Bundesrat als Länderkammer auch einen nach dem freien, gleichen und geheimen Wahlrecht von allen Männern über 25 Jahren gewählten Reichstag. Auch eine auf Bismarck zurückgehende Verfassung bekam der Norddeutsche Bund, der dadurch so etwas wie der Probelauf für die nach wie vor angestrebte kleindeutsche Reichsgründung war. Allerdings war hier Vorsicht geboten: Dem Wunsch Großherzog Friedrichs I. von Baden, »uns Süddeutsche nicht zu trennen von der Gemeinschaft des ohne Österreich zu bildenden Bundes unter Preußens Führung«[22], musste Bismarck zunächst eine Absage erteilen, weil Frankreich eine solche Ausdehnung nicht widerstandslos hingenommen hätte. Baden sollte aber ruhig weiter in dieser Richtung wirken: »Diese Manifestation des Südens nach dem Norden«, antwortete König Wilhelm I. seinem badischen Schwiegersohn, »muss von Euch encouragiert [ermutigt] werden, damit man auch jenseits des Rheins einsieht, dass ein Nationalwille vorhanden ist, dem der Norden sich nicht widersetzen dürfe auf die Dauer.«[23] Es kam also offensichtlich wieder einmal darauf an, den richtigen Augenblick abzupassen; darin hatte Bismarck Übung: »Man kann nur abwarten, bis man den Schritt Gottes durch die Ereignisse hallen hört, dann vorspringen, um den Zipfel seines Mantels zu erfassen.«[24]

Ein Hohenzoller auf dem spanischen Thron?

Im September 1869 wurde dem Prinzen Leopold von Hohenzollern-Sigmaringen, aus der schwäbischen Linie der Familie, die Krone des in revolutionären Wirren taumelnden Spanien angeboten, nachdem ein Jahr zuvor Königin Isabella II. von ihrem Thron gestürzt worden war. Leopold war nicht der einzige Kandidat, und aufgrund der unübersichtlichen Lage lehnte er zunächst ab. Fürst Karl Anton von Hohenzollern-Sigmaringen fragte nun in Berlin an, wie Wilhelm I. als Chef des Gesamthauses zu der Kandidatur stünde. Zwar war der König davon eher wenig angetan, dafür aber ein anderer: Otto von Bismarck. Ein Hohenzoller auf dem Thron Karls V. stelle »eine gewaltige moralische Triebfeder zu der deutschen Machtentwicklung Preußens«[25] dar. Dass Frankreich da eine ganz andere Position einnahm, war Bismarck durchaus klar. Er sah den Machtkampf um die weitere deutsche Einigung in vollem Gang: Österreich hatte Preußens Vorherrschaft nur unter dem Druck der Niederlage anerkannt, das Frankreich Napoleons III. hatte geglaubt, durch den deutschen Bruderkrieg profitieren zu können, und war am Ende leer ausgegangen. Eine mögliche Allianz Frankreichs mit Österreich, das dadurch seinen verlorenen Einfluss in den süddeutschen Staaten wiedergewinnen könnte, durfte nicht entstehen. Dazu konnte ein »hohenzollerisches Spanien« als kleiner Nadelstich im französischen Rücken durchaus beitragen, »auch wenn der neue spanische König nur in einem preußischen Linienschiff saß«.[26]

Als die spanische Thronkandidatur im Juli 1870 bekannt wurde, schlugen in Frankreich die Wellen der Empörung hoch. Über

Jahrhunderte hinweg war Spanien wie das Heilige Römische Reich von den Habsburgern regiert worden – unter Karl V. sogar in Personalunion. Eine solche Umklammerung durfte es nie wieder geben. Allein die Aussicht, dass ein Hohenzoller – und sei er schwäbisch und katholisch – südlich der Pyrenäen regieren würde, ließ in Frankreich die Alarmglocken schrillen. Im Parlament verkündete Außenminister Herzog von Gramont am 6. Juli 1870 unmissverständlich: »Wir glauben nicht, dass die Achtung vor den Rechten eines Nachbarvolkes uns verpflichtet zu dulden, dass eine fremde Macht einen ihrer Prinzen auf den Thron Karls V. setze... Dieser Fall wird nicht eintreten, dessen sind wir gewiss. Sollte es anders kommen, so würden wir unsere Pflicht ohne Zaudern und ohne Schwäche zu erfüllen wissen.«[27]

Die Emser Depesche

Wilhelm I. und seine süddeutschen Verwandten bekamen durch die harsche französische Reaktion kalte Füße. Fürst Karl Anton erklärte am 12. Juli für seinen Sohn offiziell den Verzicht auf die spanische Königskrone. Damit wäre die Sache erledigt gewesen, wenn Frankreich sich mit dieser Erklärung zufriedengegeben hätte. Doch Napoleon III. wertete die Verzichterklärung als Schwäche und wollte nachlegen: Er schickte seinen Botschafter Vincent Graf Benedetti nach Bad Ems, wo Wilhelm I. zur Kur war. Dort sprach der Diplomat den König – wenig diplomatisch – direkt an und wollte ihn dazu bewegen, dass »ich für alle Zukunft mich verpflichtete, niemals wieder meine Zustimmung zu geben, wenn die Hohenzollern auf ihre Kandidatur zurückkämen«.[28] Wilhelm wies dieses Ansinnen freundlich zurück; mit dem Thronverzicht sei die Sache für ihn erledigt; er wolle darüber mit Benedetti auch kein weiteres Mal sprechen.

Diese Mitteilung schickte Wilhelm I. per Telegramm nach Berlin – die berühmte Emser Depesche. Bismarck sollte selbst entscheiden, ob er die Presse über diese Begegnung der dritten Art in Kenntnis setzten wolle oder nicht. Natürlich wollte Bismarck.

Aber nicht mit einer wörtlichen Wiedergabe der Depesche, sondern in einer von ihm »redigierten« Fassung, von der der Ministerpräsident wusste, dass sie in Frankreich als Beleidigung der nationalen Ehre aufgefasst werden würde – und umgekehrt in Deutschland als ein Versuch, den preußischen König zu drangsalieren. Sollte Napoleon trotzdem nicht reagieren, wäre es ein Prestigeverlust für den in dieser Zeit ohnehin politisch geschwächten französischen Kaiser gewesen. Sollte er sich aber für einen Konflikt mit Preußen entscheiden – auch recht, denn dann würde Frankreich als Angreifer am Pranger stehen. Nur wenn Preußen der Angegriffene war, wurde diese Konfrontation zu einer nationalen Angelegenheit, der sich die süddeutschen Staaten schon aufgrund der in den Vorjahren mit dem Norddeutschen Bund geschlossenen »Schutz- und Trutzbündnisse« nicht entziehen konnten. Und auch Österreich würde es sich in diesem Fall nicht leisten können, auf der Seite Frankreichs in den Krieg zu ziehen.

Bismarck änderte die Depesche Wilhelms nicht grundlegend, doch die Sprache war insgesamt härter und der Schlusssatz eine klare Brüskierung des französischen Botschafters, die in dieser Weise nicht stattgefunden hatte: »Nachdem die Nachrichten von der Entsagung des Erbprinzen von Hohenzollern-Sigmaringen der kaiserlich französischen Regierung von der königlich spanischen amtlich mitgeteilt worden sind, hat der französische Botschafter in Ems an Seine Majestät den König noch die Forderung gestellt, ihn zu autorisieren, dass er nach Paris telegrafiere, dass Seine Majestät der König sich für alle Zukunft verpflichte, niemals wieder seine Zustimmung zu geben, wenn die Hohenzollern auf ihre Kandidatur wieder zurückkommen sollten. Seine Majestät der König hat es daraufhin abgelehnt, den französischen Botschafter nochmals zu empfangen, und demselben durch den Adjutanten vom Dienst sagen lassen, dass Seine Majestät dem Botschafter nichts weiter mitzuteilen habe.«[29] Generalstabschef Helmuth von Moltke verglich die beiden Fassungen vor ihrer Weitergabe an die Presse: Bei Wilhelm habe es geklungen wie eine »Chamade« (ein Signal zum Rückzug), in Bismarcks Fassung aber sei es »wie eine Fanfare in Antwort auf eine Herausforderung«.

Und Bismarck konnte es kaum erwarten: Vor Mitternacht noch werde der Wortlaut der Zeitungsmeldung in Paris bekannt sein und dort »den Eindruck des roten Tuches auf den gallischen Stier machen«.[30] Wilhelm I. las selbst erst in der Zeitung, was Bismarck aus seinem Telegramm gemacht hatte, und ihm war sofort klar, was dies bedeutete: »Das ist der Krieg.«[31]

Der Deutsch-Französische Krieg

Napoleon III. entschied sich für den Konflikt: Am 19. Juli 1870 erklärte Frankreich dem Norddeutschen Bund den Krieg – und eigentlich hatte Bismarck damit schon gewonnen. Preußen wurde damit zum heldenhaften Verteidiger Deutschlands – nicht mehr Preußens allein. In Frankreich hatte man die Lage komplett falsch eingeschätzt und erwartet, dass die süddeutschen Staaten keine gemeinsame Sache mit Preußen machen würden. Doch die hielten sich an die mit dem Norddeutschen Bund geschlossenen Verträge – und hätten angesichts des Sturms der Begeisterung, der sich in ganz Deutschland Bahn brach, auch gar nicht anders handeln können. Wilhelm I. war davon nicht minder überrascht und immer noch ein wenig skeptisch, als er nach Berlin zurückkehrte: »Mich erfüllt eine komplette Angst bei diesem Enthusiasmus ... Es ist ein Nationalgefühl, wie man es wohl niemals so allgemein und gleich erlebt hat.«[32] Im Reichstag des Norddeutschen Bundes stimmten lediglich die Sozialdemokraten August Bebel und Wilhelm Liebknecht den Staatsanleihen für den Krieg nicht zu. Was die Revolutionäre von 1848 nicht erreicht hatten, das schaffte der »Reaktionär« Bismarck. So sah sich Napoleon III. einem militärischen Koloss unter der einheitlichen Führung Preußens gegenüber – und keine europäische Macht rührte zugunsten Frankreichs auch nur einen Finger. Bismarck hatte es verstanden, in der britischen Presse den Hinweis zu lancieren, dass Frankreich gerne Belgien annektieren würde, was in London gar nicht gut ankam. Der Zar sicherte seinem königlichen Vetter sogar eine wohlwollende Neutralität zu – sollte Österreich den Versuch machen, an der Seite Frankreichs in den Krieg einzutreten, würden russische Truppen in Galizien einmarschieren.

Zwar war in Paris der Ruf »Nach Berlin, nach Berlin!« laut geworden, und der französische Generalstab dachte durchaus an ein offensives Vorgehen, doch kam Moltke dem mit einem schnell vorgetragenen Einmarsch im Elsass zuvor. Bei Wörth im Unterelsass kam es am 6. August 1870 bereits zu einer vorentscheidenden Schlacht. Die Preußen erlitten hohe Verluste, doch am Ende musste sich die französische Nordarmee unter dem Befehl des Generals Maurice Graf von Mac-Mahon geschlagen zurückziehen. Auch die folgenden Schlachten verliefen äußerst blutig – das war kein Kabinettskrieg mehr, es war ein Volkskrieg mit großen Emotionen auf beiden Seiten.

Die Schlacht von Sedan

Zum Symbol des preußisch-deutschen Sieges wurde die Schlacht von Sedan an der Grenze zu Belgien. Über 100 000 französische Soldaten waren dort Ende August 1870 eingeschlossen – unter ihnen Kaiser Napoleon III. Schon zu Beginn der Kämpfe wurde General Mac-Mahon tödlich getroffen. Als selbst wütende Versuche, aus der Falle auszubrechen, scheiterten, bot Mac-Mahons Nachfolger Emmanuel Félix de Wimpffen Kapitulationsverhandlungen an. Seine Hoffnung auf einen ehrenvollen Abzug gegen die Zusicherung, in diesem Krieg nicht mehr die Waffen gegen Preußen und seine Verbündeten zu erheben, lehnten Bismarck und Moltke ab. Die Armee sollte ihre Waffen ablegen und die Soldaten als Kriegsgefangene nach Deutschland gebracht werden. Theodor Fontane, der als Kriegsberichterstatter an den Kampfhandlungen teilnahm, zitiert die Antwort Moltkes auf Wimpffens Forderung: »Jeder Widerstand von Ihrer Seite ist vergeblich. Sie haben keine Lebensmittel, die Munition ist erschöpft, die Armee dezimiert. Zudem umfasst unsere Artillerie die Stadt von allen Seiten. Sie vernichtet Ihre Truppen, noch ehe Sie fähig gewesen sind, auch nur eine einzige Bewegung mit ihnen auszuführen.«

Als Wimpffen daraufhin mit der Wiederaufnahme der Kampfhandlungen drohte, mischte sich Bismarck ein: »Ja, General. Sie verfügen über tapfere Soldaten, und Ihre erneuten Anstrengungen werden uns neue, herbe Verluste verursachen, aber wozu kann es dienen? Morgen abend werden Sie nicht weiter sein wie heute, und nur das Bewusstsein wird Sie begleiten, das Blut Ihrer und unserer Soldaten nutzlos vergossen zu haben.«[33] Am Ende blieb Wimpffen am 2. September 1870 nichts anderes übrig, als das Diktat Bismarcks und Moltkes zu akzeptieren, die ihm immerhin zusicherten, die französischen Gefangenen ehrenvoll zu behandeln.

Der prominenteste Gefangene war der Kaiser selbst: Napoleon III. Er hatte dem preußischen König seinen Degen in der Hoffnung schicken lassen, mit dieser persönlichen Geste eine ehrenvollere Kapitulation für die eingeschlossene Armee erreichen zu können. Doch Bismarck war klar, dass Napoleon III. mit diesem Tag politisch erledigt war. Und so fragte er Napoleons Generaladjutanten Henri-Pierre Castelnau, ob dies »der Degen Frankreichs oder [nur] sein Degen« sei. Doch Castelnau musste einräumen: »Es ist einfach der Degen des Kaisers.«[34] Der aber war nur von symbolischem Wert, und insofern hatte das Angebot auch keinen Einfluss auf die Kapitulationsbedingungen. Noch auf dem Schlachtfeld kam es zur direkten Begegnung Bismarcks mit Napoleon III., wenig später auch zu einem Treffen zwischen dem Kaiser und Wilhelm I., der darüber schrieb: »Der Besuch währte eine Viertelstunde. Wir waren beide sehr bewegt über dieses Wiedersehen. Was ich alles empfand, nachdem ich noch vor drei Jahren Napoleon auf dem Gipfel seiner Macht gesehen hatte, kann ich nicht beschreiben.«[35] Tatsächlich war der französische Kaiser ein gebrochener Mann. Bis zum Ende des Krieges wurde Napoleon III. auf Schloss Wilhelmshöhe in Kassel einquartiert, am 19. März 1871 ging er ins Exil nach England, wo er am 9. Januar 1873 gestorben ist.

Die Annexion Elsass-Lothringens

Der Sieg von Sedan hat sich tief in das kollektive Gedächtnis der Deutschen eingegraben. Im Kaiserreich war er ein Feiertag, der mit allerlei nationalen Ansprachen und Aufmärschen verbunden war. Doch Sedan war nicht das Ende des Krieges. Nur zwei Tage nach der Kapitulation Wimpffens wurde in Paris die Republik ausgerufen und eine provisorische Regierung gebildet, die den Krieg fortsetzen wollte, umso mehr, als Mitte September die Friedensbedingungen auf dem Tisch lagen: die Abtretung des Elsass und großer Teile Lothringens sowie die Bezahlung einer Kriegsentschädigung in Höhe von fünf Milliarden Francs.

Hatte sich Bismarck 1866 noch gegen eine Demütigung des geschlagenen Gegners gestellt, tat er dies 1871 nicht mehr. Der nationale Begeisterungstaumel in Deutschland forderte seinen Tribut – und der hieß Elsass-Lothringen. Hatte das Gebiet nicht zum Heiligen Römischen Reich deutscher Nation gehört? War das nicht »urdeutsches« Land gewesen? Zwar sprachen die Elsässer untereinander nach wie vor ihren alemannischen Dialekt, doch sie fühlten sich in Frankreich gut aufgehoben. Das durchaus vorhandene Wissen darum tat der Begeisterung aber kaum Abbruch. Auch Wilhelm I. wollte – wie schon 1866 – nicht auf einen Lohn der Mühen verzichten, und dieses Mal zog er nicht zurück. Selbst seine Frau Augusta, die sich für einen Versöhnungsfrieden stark machte, konnte ihn davon nicht abbringen: »Was bot uns der niedergeworfene Feind? Nichts! Wir sollen unsere Siege bereuen, zurückgehen, Elsass und Lothringen, das ganz Deutschland unanime [einmütig] fordert, aufgeben.«[36]

Es gab nur wenige mahnenden Stimmen, wie jene Großherzog Friedrichs von Baden: »Heute wie seit Beginn des Krieges bin ich gegen den Erwerb französischen Gebietes, gleichwohl ob dasselbe früher deutsch war oder nicht. Diese alten deutschen Länder sind ganz französisch geworden, sie wollen nicht deutsch werden. Ihre Erwerbung war deutscherseits früher nicht beabsichtigt, und noch beim Ausbruch des Krieges war nicht die Rede davon.«[37]

Doch der Großherzog konnte sich mit diesen Gedanken nicht einmal gegen seine eigene Regierung durchsetzen. So forderte der badische Staatsminister Julius Jolly, die »stete Bedrohung durch Frankreich, die seit Jahrhunderten auf den süddeutschen Ländern laste, durch die Annexion des Elsass und Lothringens zu beseitigen«.[38] In diesem Sinne argumentierten auch die preußischen Militärs um Moltke. Sie forderten Elsass und Lothringen als starkes Glacis Deutschlands gegen Frankreich. Selbst das überwiegend französischsprachige Metz sollte aus diesem Grund annektiert werden. Für Bismarck war das Ziel der deutschen Einigung unter Preußens Führung primär, doch war er dem Argument einer Sicherung Süddeutschlands durch die Annexion durchaus zugänglich. Im Mai 1871 begründete Bismarck die Annexion vor dem deutschen Reichstag in diesem Sinne: »Die Kriege mit Frankreich hatten im Laufe der Jahrhunderte, da sie vermöge der Zerrissenheit Deutschlands fast stets zu unserem Nachteile ausfielen, eine geografisch-militärische Grenzbildung geschaffen, welche an sich für Frankreich voller Versuchung, für Deutschland voller Bedrohung war.« Diese Grenzbildung gelte es nun zu korrigieren, denn es genüge nicht, allein die französischen Festungen im Elsass und in Lothringen zu schleifen. Ebenso wenig halte er den Gedanken, Elsass und Lothringen nach dem Vorbild der Schweiz zu einem neutralen Staat zu machen, für einen gangbaren Weg. Interessant ist seine Begründung dafür: Im Elsass und in Lothringen gebe es »zu starke französische Elemente«.[39] Im Falle eines neuerlichen Krieges zwischen Frankreich und Deutschland würden Elsass und Lothringen dementsprechend kaum neutral bleiben. Immerhin konnte verhindert werden, dass deutsche Fürsten aus der Annexion des Elsass ein territoriales Geschacher machten. Elsass-Lothringen wurde »Reichsland« und von einem Reichsstatthalter regiert.

Die riesige Kriegsentschädigung, die Frankreich bezahlen musste, war ein wesentlicher Motor für den Boom der deutschen Wirtschaft nach der Gründung des Kaiserreichs. Auch sollten Teile des Landes so lange von deutschen Truppen besetzt bleiben, bis die Kriegsschuld beglichen war. Dass Frankreich durch den Krieg eine säkulare Republik geworden war, störte Bismarck – anders als seinen König – nicht. Im Gegenteil: Umso schwerer würde sich das katholische österreichische Kaiserhaus damit tun, mit Frankreich gemeinsame Sache zu machen.

Die Wut über die Friedensbedingungen fachte den französischen Widerstand noch einmal an, sowohl den der rasch neu aufgestellten Einheiten im Land wie auch jenen in der von deutschen Truppen eingeschlossenen Hauptstadt Paris. Selbst nach der Kapitulation von Metz am 27. Oktober 1870, bei der 173 000 französische Soldaten in Gefangenschaft gerieten, setzte die provisorische Regierung den Kampf fort, während die preußische Übermacht die Stadt weiter mit geballter Artillerie beschoss. Die Eingeschlossenen hatten keine Chance, doch stärkte ihr Widerstand den Selbstbehauptungswillen der gesamten Nation. Als die provisorische Regierung am 28. Januar 1871 dann doch kapitulierte, erhob sich dagegen in der Bevölkerung massiver Widerstand, der sich nicht mehr nur gegen die preußisch-deutschen Angriffe richtete, sondern die Gelegenheit zu einer Revolution auch im Inneren nutzen wollte. Regierungstruppen schlugen die sogenannte Kommune mit eiserner Hand nieder. Im Mai 1871 war die Ruhe in der französischen Hauptstadt wiederhergestellt – im selben Monat, in dem die französische Regierung unter Adolphe Thiers in Frankfurt am Main die deutschen Friedensbedingungen annehmen musste. Die Annexion Elsass-Lothringens hat eine Annäherung des neuen Kaiserreichs und Frankreichs nachhaltig erschwert, wenn nicht nahezu unmöglich gemacht. So war sie, jedenfalls nachträglich betrachtet, ein Fehler, der das Deutsche Reich von Anfang an mit einer schweren außenpolitischen Hypothek belastet hat.

Der »Kaiserbrief« Ludwigs II.

Noch während die Kämpfe andauerten, vollendete Otto von Bismarck sein Ziel der deutschen Einigung unter Preußens Führung. Die Verhandlungen auf dem Weg dorthin – über eine

Erweiterung des Norddeutschen Bundes zu einem gesamtdeutschen Bund, in dem die Krone Preußen das Präsidium innehaben sollte – erwiesen sich jedoch als keineswegs einfach. Nicht begeistert von einem neuen Deutschen Reich unter Preußens Führung war König Ludwig II. von Bayern. Der »Märchenkönig«, der sich so gern mit Ludwig XIV. von Frankreich verglich, fürchtete um die Unabhängigkeit seines Königreichs und damit auch seiner eigenen Souveränität als Herrscher. Doch ausgerechnet ihm hatte Bismarck eine Schlüsselrolle zugewiesen: Irgendjemand musste Wilhelm I. darum bitten, die Kaiserkrone anzunehmen. Oder besser gesagt: Es durfte eben nicht irgendjemand sein. Ein gesamtdeutsches Parlament gab es (noch) nicht, und eine solche Krone aus den Händen eines Parlaments hätte Wilhelm wohl ebenso abgelehnt wie sein Bruder. Es musste ein Fürst, ein möglichst mächtiger Fürst und am allerbesten ein süddeutscher Fürst sein. Die Wahl Bismarcks konnte fast nur auf Ludwig II. fallen. Doch wie sollte er dem störrischen Bayern diese Rolle schmackhaft machen, da selbst seine eigene Regierung ihn nicht dazu hatte bewegen können, einen Brief an Wilhelm I. zu schreiben und ihn darin im Namen der deutschen Fürsten um die Annahme der Kaiserkrone zu bitten? Immerhin hatte Bismarck den Bayern bereits eine Reihe von Sonderrechten in dem noch zu gründenden Reich zugestanden und dafür die Beteiligung bayerischer Soldaten am Krieg gegen Frankreich gewonnen. Die bayerischen »Reservatrechte« betrafen vor allem die weitere Eigenständigkeit im Post- und Eisenbahnwesen sowie in Friedenszeiten auch beim Militär. In allen diesen Punkten galt für das Königreich nicht automatisch Reichsrecht. Und unter weiß-blauem Himmel nicht zu unterschätzen: Auch die Höhe der Bier- und Branntweinsteuer durften die Bayern weiterhin selbst festlegen.

Tatsächlich unterzeichnete Ludwig II. am 5. Dezember 1870 den von Bismarck verfassten »Kaiserbrief«: »Nach dem Beitritt Süddeutschlands zu dem deutschen Verfassungsbündnis werden die Eurer Majestät übertragenen Präsidialrechte über alle deutschen Staaten sich erstrecken. Ich habe mich zu deren Vereinigung in einer Hand in der Überzeugung bereit erklärt, dass dadurch den Gesamtinteressen des deutschen Vaterlandes und seiner verbündeten Fürsten entsprochen werde... Ich habe mich daher an die deutschen Fürsten mit dem Vorschlag gewendet, gemeinschaftlich mit mir bei Eurer Majestät in Anregung zu bringen, dass die Ausübung der Präsidialrechte des Bundes mit Führung des Titels eines deutschen Kaisers verbunden werde...«[40] Hatte Ludwig eingesehen, dass er sich dem Druck nicht länger entziehen konnte? Oder war etwas anderes der Grund für sein Einlenken gewesen?

Wenn heute noch von Ludwig II. die Rede ist, dann vor allem wegen seiner Schlösser. Diese Schlösser kosteten Geld, viel Geld, das ihm seine Regierung nicht länger bewilligen wollte – und seine eigene Kasse war leer. Doch in den folgenden Jahren sorgte Bismarck dafür, dass es in der Kasse des Bayernkönigs wieder klingelte, insgesamt rund vier Millionen Gulden überwies ihm der preußische Ministerpräsident. Das Geld stammte aus dem sogenannten »Reptilienfonds«. Nach dem Krieg von 1866 hatte König Georg V. von Hannover nicht nur kein Land, sondern auch kein Geld mehr, denn Bismarck hatte sein gesamtes Privatvermögen beschlagnahmen lassen. Nicht anders war es Kurfürst Friedrich Wilhelm von Hessen-Kassel ergangen. Dieses Geld floss auf ein geheimes Konto, das den Namen »Reptilienfonds« erhielt, weil Bismarck die abgesetzten Herrscher als »bösartige Reptilien« bezeichnet hatte. Diese »schwarze Kasse« war immer dann hilfreich, wenn es galt, Mittel einzusetzen, die in einem offiziellen Etat nichts zu suchen hatten. So bestach Bismarck beispielsweise regelmäßig eine Reihe von Journalisten, um eine ihm genehme Presse zu bekommen. Das Geld dafür holte er aus dem »Reptilienfonds«.

Vielen Bayern ist die Vorstellung, ihr geliebter »Märchenkönig« habe sich kaufen lassen, bis heute ein Graus. Tatsächlich wurde weder von Bismarck noch von Ludwig II. ein solcher Zusammenhang offiziell hergestellt. Zwar sandte Ludwig II. seinen Oberstallmeister Maximilian Karl Theodor Graf von Holnstein im November 1870 zu Bismarck nach Versailles, und natürlich ging es dabei um den »Kaiserbrief«, den der bayerische König unterzeichnen sollte. Ob dabei auch über Geld gesprochen wurde, ist in keiner Quelle verzeichnet. Daraus schlossen vor allem bayerische Historiker, dass es sich bei den in der Folge fließenden Geldern eben nicht um Bestechung gehandelt habe, sondern allenfalls um Zeichen der Dankbarkeit für die – ohne finanzielle Zusage erfolgte – Unterzeichnung des »Kaiserbriefs« durch Ludwig II. Sei es, wie es sei: Von dem bayerischen König hatte Bismarck jedenfalls keine Querschüsse mehr zu befürchten. Nur eins wollte Ludwig II. immer noch nicht: zur Kaiserproklamation nach Versailles fahren und womöglich Wilhelm I. auch noch hochleben lassen. So viel Geld konnte ihm Bismarck gar nicht geben, dass er sich so weit erniedrigen würde. Doch das war für den »Kanzler der Einheit« am Ende nur ein kleiner Schönheitsfehler, den es zu verschmerzen galt. Dann sollte eben ein anderer Fürst diese Aufgabe übernehmen; die Wahl fiel schließlich auf den Preußen eng verbundenen Großherzog Friedrich von Baden.

Kaiser von Deutschland?

Viel mehr Kopfschmerzen bereitete dem Ministerpräsidenten mittlerweile sein eigener König: »Kaiser von Deutschland« wollte Wilhelm I. werden, doch dieser Titel war vor allem den süddeutschen Fürsten nicht zuzumuten, denn er implizierte eine Vorherrschaft, die weit über die Stellung eines »primus inter pares«, eines »Ersten unter Gleichen« hinausging, wie sie die selbstbewussten Fürsten noch akzeptierten. Deshalb sollte Wilhelm den Titel »Deutscher Kaiser« annehmen. Das, schimpfte der König, sei nichts anderes als ein »Charaktermajor« – damit bezog er sich auf die letzte Beförderung von Hauptleuten vor ihrer Pensionierung. Er wolle entweder Kaiser von Deutschland oder gar nicht Kaiser sein. Überhaupt war ihm das Ganze mittlerweile zuwider. Sollte doch sein Sohn, der mit dem nationalen Taumel mehr anfangen konnte als er selbst, die Sache machen. Bismarck stand mehrfach am Rand eines Nervenzusammenbruchs und beschwor seinen König, die Gegebenheiten zu akzeptieren, wie sie auch in der bereits vorliegenden Verfassung für das neue Reich festgehalten waren. Wie stets gab Wilhelm I. am Ende klein bei. Dann müsse er dieses Kreuz eben tragen. Er würde sich am 18. Januar 1871 im Spiegelsaal des Schlosses von Versailles zum Kaiser proklamieren lassen. Dabei war der Ort der Proklamation einerseits dem Wunsch geschuldet, diesen Akt noch unter dem unmittelbaren Eindruck der siegreichen Schlachten zu vollziehen, zum anderen war er natürlich in sich ein Symbol des Sieges über Frankreich. In die allgemeine Begeisterung darüber wollte er nicht einstimmen: »Morgen«, sagte er, »ist der traurigste Tag meines Lebens. Morgen tragen wir das preußische Königtum zu Grabe.«[41]

Anmerkungen

Einleitung

1 Hans-Joachim Schoeps, Preußen. Geschichte eines Staates, Frankfurt am Main/Berlin 1966, S. 381
2 Otto Büsch/Wolfgang Neugebauer (Hrsg.), Moderne preußische Geschichte 1648–1947. Band 1, Berlin/New York 1981, S. 38
3 Thomas Ludewig, Berlin. Geschichte einer deutschen Metropole, Gütersloh 1986, S. 28
4 Büsch/Neugebauer, S. 39
5 Sebastian Haffner/Wolfgang Venohr, Preußische Profile, Königstein 1980, S. 40
6 Sebastian Haffner, Preußen ohne Legende, Hamburg 1979, S. 415

Eine Krone für die Streusandbüchse

1 Albert Waddington, L'acquisition de la Couronne Royale de Prusse par les Hohenzollern, Paris 1888, S. 399
2 Friedrich der Große, Denkwürdigkeiten zur Geschichte des Hauses Brandenburg, München 1975, S. 83
3 Richard Dietrich, Kleine Geschichte Preußens, Berlin 1966, S. 287
4 Wolfgang Neugebauer, Staatliche Einheit und politischer Regionalismus, in: Staatliche Vereinigung: Fördernde und hemmende Elemente in der deutschen Geschichte, Berlin 1998, S. 69
5 Sabine Beneke/Hans Ottomeyer (Hrsg.), Zuwanderungsland Deutschland. Die Hugenotten, Berlin 2005, S. 257
6 Friedrich der Große, Denkwürdigkeiten, S. 83
7 Sebastian Fischer-Fabian, Preußens Gloria. Der Aufstieg eines Staates, München 1979, S. 17
8 Richard Dietrich, Die politischen Testamente der Hohenzollern, Köln 1986, S. 54ff.
9 Otto Hintze, Die Hohenzollern und ihr Werk, Berlin 1915, S. 259
10 Friedrich Paulig, Familiengeschichte des hohenzollerischen Kaiserhauses, Frankfurt an der Oder 1907, S. 80
11 Johann Gustav Droysen, Friedrich I. König von Preußen, Leipzig 1872/ Neudruck Berlin/New York 2001, S. 79
12 Paul von Fuchs in einem Gutachten für Friedrich III, in: Hohenzollern-Jahrbuch 1901, S. 109

13 Karl Ludwig von Pöllnitz, Briefe, welche das Merkwürdigste von seinen Reisen und die Eigenschaften derjenigen Personen, woraus die vornehmsten Höfe von Europa bestehen, in sich enthalten, Frankfurt am Main 1738, S. 12
14 Carl Eduard Vehse, Geschichte der deutschen Höfe, Band 1.1: Die Höfe zu Preußen, neu herausgegeben von Wolfgang Schneider, Leipzig 1993, S. 125
15 Ernst Berner (Hrsg.), Aus dem Briefwechsel König Friedrichs I. von Preußen und seiner Familie, Berlin 1901, S. 11
16 Georg Schnath (Hrsg.), Briefwechsel der Kurfürstin Sophie von Hannover mit dem preußischen Königshause, Leipzig 1927, S. 22f.
17 Ernst Berner, Geschichte des preußischen Staates, Bonn 1896, S. 182
18 Peter Baumgart, Die preußische Königskrönung von 1701, das Reich und die europäische Politik, in: Preußen, Europa und das Reich, Köln/Wien 1987, S. 70f.
19 Hohenzollern-Jahrbuch 1901, S. 105ff.
20 Carl Hinrichs, Preußen als historisches Problem, Berlin 1964, S. 265
21 Hohenzollern-Jahrbuch 1901, S. 107
22 Vehse, S. 124
23 Friedrich der Große, Denkwürdigkeiten, S. 83
24 Wolfgang Venohr, Der Soldatenkönig. Revolutionär auf dem Thron, Frankfurt am Main/Berlin 1990, S. 86
25 Pöllnitz, Briefe, S. 15
26 Kohra Ghayegh-Pisheh, Sophie Charlotte von Preußen. Eine Königin und ihre Zeit, Stuttgart 2000, S. 81
27 Ernst Berner, Die auswärtige Politik des Kurfürsten Friedrich III. von Brandenburg, König Friedrich I. in Preußen, in: Hohenzollern-Jahrbuch 1901, S. 82
28 Paul Stettiner, Zur Geschichte des preußischen Königstitels und der Königsberger Krönung, Königsberg 1900, S. 9
29 Theodor von Moerner (Hrsg.), Kurbrandenburgs Staatsverträge von 1601 bis 1700, Berlin 1867, S. 810ff.
30 Droysen, S. 175
31 Rudolf Grieser, Die Denkwürdigkeiten des Burggrafen und Grafen Christoph zu Dohna, Göttingen 1974, S. 211.
32 Über den genauen Ablauf der Feierlichkeiten sind wir informiert durch die von dem Oberzeremonienmeister Johann von Besser verfasste und mit zahlreichen Kupferstichen illustrierte »Preußische Krönungs-Geschichte«, erstmals erschienen 1702; Neudruck zum 200-jährigen Jubiläum der Königskrönung 1901. Zum Schwarzen Adlerorden: L. Schneider, Das Buch vom Schwarzen Adler-Orden, Berlin 1870.
33 Gottfried Wilhelm Leibniz, Philosophische Werke, Ergänzungsband 1, Leipzig 1916, S. 146
34 Pöllnitz, Briefe, S. 16

35 Wolfgang Neugebauer, Friedrich III./I., in: Frank Kroll (Hrsg.), Preußens Herrscher, München 2000, S. 113
36 Pöllnitz, Briefe, S. 57
37 Liselotte Wiesinger, Das Berliner Schloss. Von der kurfürstlichen Residenz zum Königsschloss, Darmstadt 1989, S. 132
38 Dietrich, Testamente, S. 217
39 Hohenzollern-Jahrbuch 1901, S. 194
40 Ernst Berner, Geschichte des preußischen Staates, Bonn 1896, S. 224; Dietrich, Testamente, S. 217f.
41 Pöllnitz, Briefe, S. 5
42 Adolf Harnack, Geschichte der Königlich Preußischen Akademie der Wissenschaften zu Berlin, Berlin 1900, 2. Band, S. 58f., S. 76ff.
43 Harnack, 1. Band, S. 93f.
44 Werner Schneiders (Hrsg.), Christian Thomasius. Ausgewählte Werke, Band 18: Grundlehren des Natur- und Völkerrechts, Hildesheim/Zürich/New York 2003, S. 118
45 Werner Schmidt, Ein vergessener Rebell. Leben und Wirken des Christian Thomasius, München 1995, S. 111
46 Otto Hintze, Staat und Gesellschaft unter dem ersten König, in: Hohenzollern-Jahrbuch 1901, S. 323
47 Hohenzollern-Jahrbuch 1901, S. 323
48 Wilhelm Treue, Wirtschafts- und Technikgeschichte Preußens, Berlin/New York 1984, S. 5ff.
49 Paulig, S. 118
50 Paulig, S. 118f.
51 Hans Dollinger, Preußen. Eine Kulturgeschichte in Bildern und Dokumenten, München 1980, S. 86
52 siehe dazu: Thomas Klingebiel, Eine erfundene Elite? Die Hugenotten in Deutschland, in: DAMALS 10/2005
53 Peter Freimark (Hrsg.), Juden in Preußen – Juden in Hamburg, Hamburg 1983, S. 14
54 Pöllnitz, Briefe, S. 10
55 Fischer-Fabian, S. 73

Parol auf der Welt ist nichts als Müh und Arbeit

1 Leopold von Ranke, Preußische Geschichte, Erster Teil, Berlin 1847/48, neu herausgegeben von Willy Andreas, Wiesbaden o. J., S. 393
2 Ranke, S. 393
3 Theodor Fontane, Wanderungen durch die Mark Brandenburg. Spreeland, herausgegeben von Walter Keitel und Helmuth Nürnberger, München 1984, S. 251

4 Fontane, S. 249
5 Bernd Heidenreich/Frank-Lothar Kroll, Macht- oder Kulturstaat? Preußen ohne Legende, Berlin 2002, S. 29
6 Fischer-Fabian, Preußens Gloria, S. 126
7 Wolfgang Neugebauer, Die Hohenzollern. Band 1: Anfänge, Landesstaat und monarchische Autokratie bis 1740, Stuttgart/Berlin/Köln 1996, S. 204
8 Helmut Schnitter (Hrsg.), Gestalten um den Soldatenkönig, Biographische Skizzen. Band 1, Reutlingen 1994, S. 24
9 Schnitter, S. 5
10 Manfred Schlenke (Hrsg.), Preußen-Ploetz. Eine historische Bilanz in Daten und Deutungen, Freiburg/Würzburg 1983, S. 268
11 Fernand Fizaine, Frédéric Guillaume I. Père du militarisme allemand, Paris 1958
12 Schnitter, S. 12
13 Vehse, S. 194
14 Otto Krauske (Hrsg.), Die Briefe König Friedrich Wilhelms I. an den Fürsten Leopold zu Anhalt-Dessau 1704–1740, Berlin 1905, S. 53ff.
15 Gerd Heinrich, Geschichte Preußens. Staat und Dynastie, Frankfurt am Main/Berlin/Wien 1984, S. 153
16 Heinz Kathe, Der »Soldatenkönig«. Friedrich Wilhelm I. 1688–1740, Köln 1981, S. 42
17 Uwe A. Oster, Wilhelmine von Bayreuth. Das Leben der Schwester Friedrichs des Großen, München 2005, S. 11
18 Dietrich, S. 239
19 Hintze, Hohenzollern, S. 286
20 Kathe, S. 38
21 Pöllnitz, Briefe, S. 52
22 Fischer-Fabian, S. 89
23 Fischer-Fabian, S. 162
24 Krauske, Briefe, S. 499
25 Hinrichs, Problem
26 Krauske, Briefe, S. 634
27 Krauske, Briefe, S. 663
28 Carl Hinrichs, Die Wollindustrie in Preußen unter Friedrich Wilhelm I., Berlin 1933, S. 4
29 Heinrich, S. 179
30 Hintze, Hohenzollern, S. 316
31 Karl Lange, Preußische Soldaten im 18. Jahrhundert, Oberhausen 2003, S. 16f.
32 Carl Hinrichs, Pietismus und Militarismus im alten Preußen, in: Archiv für Reformationsgeschichte. Jahrgang 49, Heft 1, S. 273
33 Wilhelm Moritz Pantenius (Hrsg.), Erlasse und Briefe des Königs Friedrich Wilhelm I. von Preußen, Leipzig 1913, S. 81

34 Peter Brandt/Rainer Zilkenat, Preußen. Ein Lesebuch, Berlin 1981, S. 67
35 Jürgen Kloosterhuis, Legendäre »lange Kerls«. Quellen zur Regimentskultur der Königsgrenadiere Friedrich Wilhelms I. 1713–1740, Berlin 2003, S. 613
36 Pantenius, S. 26
37 Kloosterhuis, S. 263. Dass diese Maßnahme dem Schutz des Delinquenten dienen sollte (»denn durch das bisherige Laufen viele Kerls nur ungesund werden, die Schwindsucht kriegen«), ist nur schwer nachvollziehbar. Allerdings hat sich Friedrich Wilhelm I. auch explizit gegen eine zu exzessive Anwendung der Prügelstrafe gewandt.
38 Pantenius, S. 24
39 Kloosterhuis, S. 271
40 Schoeps, S. 328
41 Kathe, S. 48
42 Pöllnitz, Briefe, S. 37
43 Kloosterhuis, S. 431f.
44 Leonhard Krix, Friedrich Wilhelm I. und die katholische Gemeinde Potsdam, Berlin 1915, S. 50
45 Jochen Klepper, Der König und die Stillen im Lande, Witten/Berlin 1956, S. 9
46 Dietrich, Testamente, S. 232
47 Dietrich, Testamente, S. 236
48 Treue, S. 34
49 Neugebauer, S. 216
50 Friedrich Förster, Friedrich Wilhelm I. König von Preußen. 2. Band, Potsdam 1834, S. 168
51 Patrick Bahners/Gerd Roellecke (Hrsg.), Preußische Stile. Ein Staat als Kunststück, Stuttgart 2001, S. 43
52 Schoeps, S. 52
53 Klepper, S. 82
54 Hans Bleckwenn, Brandenburg-Preußens Heer 1640–1807, Osnabrück 1978, S. 91
55 Fischer-Fabian, Preußens Gloria S. 141
56 Förster, 2. Band, S. 335
57 Siegfried Isaacsohn, Geschichte des preußischen Beamtentums, Berlin 1884, S. 114
58 Pantenius, S. 44ff.
59 Pantenius, S. 33f.
60 Pantenius, S. 32
61 Martin Sabrow, Herr und Hanswurst. Das tragische Schicksal des Hofgelehrten Jacob Paul von Gundling, Stuttgart/München 2001, S. 62
62 Sabrow, S. 62
63 Sabrow, S. 150

64 Pantenius, S. 77
65 Pantenius, S. 77
66 Fischer-Fabian, Preußens Gloria, S. 148
67 Klepper, S. 10
68 Heinrich, S. 185
69 Heinrich, S. 146
70 Krauske, Briefe, S. 338
71 Klepper, S. 82
72 Schnitter, S. 34

König der Vernunft

1 Jürgen Kloosterhuis, Katte. Ordre und Kriegsartikel. Aktenanalytische und militärhistorische Aspekte einer »facheusen« Geschichte, Berlin 2006, S. 90f.
2 Hugo Ball, Die Folgen der Reformation. Zur Kritik der deutschen Intelligenz, Göttingen 2005, S. 64
3 Otto Bardong (Hrsg.), Friedrich der Große, Darmstadt 1982, S. 30f.
4 Johann David Erdmann Preuss, Friedrich der Große. Eine Lebensgeschichte. Band 1, Berlin 1832, S. 133
5 George Peabody Gooch, Friedrich der Große. Herrscher, Schriftsteller, Mensch, Göttingen 1951, S. 21
6 Haffner/Venohr, Profile, S. 25
7 Thomas Carlyle, Geschichte Friedrichs des Zweiten genannt der Große. Erster Band, Meersburg 1928, S. 277
8 Friedrich der Große, Der Antimachiavell oder Untersuchung von Machiavellis »Fürst«, bearbeitet von Voltaire, Leipzig 1991, S. 101f.
9 Wolfgang Neugebauer, Staatsverfassung und Heeresverfassung während des 18. Jahrhunderts, in: Bernhard R. Kroener/Heinz Stübig (Hrsg.), Die preußische Armee zwischen Ancien Régime und Reichsgründung, Paderborn 2008, S. 43. In seinem Aufsatz »Wirtschaft und Rüstung der europäischen Großmächte im Siebenjährigen Krieg« (Paderborn 2008) beziffert Bernhard R. Kroener die durchschnittlichen Rüstungsausgaben der europäischen Mächte allerdings auf 40 bis 50 Prozent.
10 Hintze, Hohenzollern, S. 323
11 Dietrich, Testamente, S. 205ff.
12 Haffner/Venohr, Profile, S. 25
13 Heinrich, S. 197
14 Bardong, S. 31
15 Friedrich Benninghoven/Helmut Börsch-Supan/Iselin Gundermann (Hrsg.), Friedrich der Große, Berlin 1986, S. 78
16 Wolfgang Venohr, Fritz der König. Leben und Abenteuer Friedrichs des Großen mit Bildern von Adolph von Menzel, S. 68

17 Benninghoven, S. 81
18 Bardong, S. 95
19 Gustav Berthold Volz (Hrsg.), Briefwechsel Friedrichs des Großen mit seinem Bruder Prinz August Wilhelm, Leipzig 1927, S. 48
20 Max Hein, Friedrich der Große. Ein Bild seines Lebens und Schaffens, Berlin 1922, S. 71
21 Gustav Mendelssohn-Bartholdy (Hrsg.), Der König. Friedrich der Große in seinen Briefen und Erlassen, sowie in zeitgenössischen Briefen, Berichten und Anekdoten, Ebenhausen bei München 1912, S. 140
22 Meta Baetke (Hrsg.), Briefe Friedrichs des Großen an seine Freunde, Jena 1942, S. 150
23 Theodor Schieder, Friedrich der Große. Ein Königtum der Widersprüche, Frankfurt am Main 1983, S. 154
24 Mendelssohn-Bartholdy, S. 149
25 Baetke, S. 154
26 Hein, S. 84
27 Benninghoven, S. 93
28 Mendelssohn, S. 174
29 Hintze, Hohenzollern, S. 337
30 Bardong, S. 130
31 Jean-Paul Bled, Friedrich der Große. Biographie, Düsseldorf 2006, S. 159
32 Schieder, S. 167
33 Venohr, Fritz der König, S. 113
34 Johannes Kunisch, Friedrich der Große. Der König und seine Zeit, München 2004, S. 330
35 Kunisch, Friedrich der Große, S. 332
36 Gooch, S. 47
37 Gustav Berthold Volz/Georg Küntzel (Hrsg.), Preußische und österreichische Akten zur Vorgeschichte des Siebenjährigen Krieges, Leipzig 1899, S. 370
38 Johannes Kunisch, Friedrich der Große in seiner Zeit. Essays, München 2008, S. 75
39 Johannes Kunisch, Das Mirakel des Hauses Brandenburg. Studien zum Verhältnis von Kabinettspolitik und Kriegführung im Zeitalter des Siebenjährigens Krieges, Göttingen 1978, S. 35
40 Dietrich, Testamente, S. 369
41 Hein, S. 181
42 Manfred Schort, Politik und Propaganda. Der Siebenjährige Krieg in den zeitgenössischen Flugschriften, Frankfurt am Main 2006, S. 116f.
43 Venohr, Fritz der König, S. 128; Bleckwenn, S. 124
44 Volz, Briefwechsel August Wilhelm, S. 293
45 Volz, Briefwechsel August Wilhelm, S. 295
46 Bardong, S. 389

47 Gooch, S. 56
48 Haffner/Venohr, S. 45
49 Goethe-Gesellschaft (Hrsg.), Goethes Werke in sechs Bänden, Band 5, Frankfurt am Main 1951, S. 40
50 Christopher Duffy, Friedrich der Große. Ein Soldatenleben, Zürich/Köln 1986, S. 207
51 Friedrich von Oppeln-Bronikowski (Hrsg.), Der große König als erster Diener seines Staates. Denken und Wirken Friedrichs des Großen dargestellt nach seinen bedeutenden Schriften, Briefen, Testamenten und Gesprächen nebst einigen persönlichen Anekdoten, Leipzig 1934, S. 106
52 Christopher Clark, Preußen. Aufstieg und Niedergang 1600–1947, München 2007, S. 242
53 Christian Graf von Krockow/Karl-Heinz Jürgen, Friedrich der Große. Lebensbilder, Bergisch Gladbach 1986, S. 72
54 Arne Karsten, Eine Schlacht und ihr Mythos. Leuthen 1757, in: DAMALS 9/2004, S. 70
55 Mendelssohn, S. 333
56 Bardong, S. 403
57 Bardong, S. 404
58 Bardong, S. 405
59 Hans Schumann (Hrsg.), Friedrich der Große. Mein lieber Marquis! Sein Briefwechsel mit Jean-Baptiste d'Argens während des Siebenjährigen Krieges, Zürich 1985, S. 154
60 Willy Schüßler (Hrsg.), Friedrich der Große. Gespräche mit Henri de Catt, München 1981, S. 502
61 Heinrich, S. 211
62 Haug von Kuenheim, Aus den Tagebüchern des Grafen Lehndorff, München 1982, S. 133
63 Heinrich, S. 211
64 Duffy, S. 349
65 Benninghoven, S. 224
66 Klaus Günzel, Der König und die Kaiserin. Friedrich II. und Maria Theresia, Düsseldorf 2005, S. 236
67 Heinrich, S. 212
68 Sven Externbrink, Friedrich der Große, Maria Theresia und das Alte Reich. Deutschlandbild und Diplomatie Frankreichs im Siebenjährigen Krieg, Berlin 2006, S. 190
69 Wolfgang Ribbe/Hansjürgen Rosenbauer. Preußen. Geschichte eines deutschen Staates, Berlin 2000, S. 81f.
70 Johannes Kunisch, Friedrich der Große als Feldherr, in: Bernd Heidenreich/Frank-Lothar Kroll (Hrsg.), Macht- oder Kulturstaat. Preußen ohne Legende, Berlin 2002, S. 37
71 Haffner/Venohr, S. 61

72 Ulrich Bräker, Lebensgeschichte und natürliche Ebenteuer des armen Mannes im Tockenburg, Stuttgart 1997
73 Brandt/Zilkenat, S. 119ff.
74 Benninghoven, S. 188
75 Benninghoven, S. 203f.
76 Lange, S. 65
77 Hans Bleckwenn (Hrsg.), Preußische Soldatenbriefe, Osnabrück 1982, S. 22
78 Bleckwenn, Soldatenbriefe, S. 35
79 Bernhard R. Kroener, Das Offizierskorps in Frankreich, Österreich und Preußen im 18. Jahrhundert, in: Peter Baumgart/Bernhard R. Kroener/Heinz Stübig (Hrsg.), Die preußische Armee zwischen Ancien Régime und Reichsgründung, Paderborn 2008, S. 85
80 Heinrich, S. 212
81 Dietrich, Testamente, S. 419
82 Ribbe, S. 79
83 Max Lehmann (Hrsg.), Preußen und die katholische Kirche. Zweiter Teil von 1740–1747, Leipzig 1881
84 Holger Tümmler, Die Randbemerkungen Friedrichs des Großen, Wolfenbüttel 2006, S. 68
85 http://www.zietenhusar.de
86 Mendelssohn-Bartholdy, S. 156
87 Georg Borchardt, Die Randbemerkungen Friedrichs des Großen, Potsdam o. J., S. 77f.
88 Tümmler, S. 68
89 Haus der Bayerischen Geschichte (Hrsg.), Bürgerfleiß und Fürstenglanz. Reichsstadt und Fürstabtei Kempten, Augsburg 1998, S. 226
90 Dietrich, Testamente, S. 687
91 Dietrich, Testamente, S. 315
92 Benninghoven, S. 120
93 Hans Pleschinski, Voltaire – Friedrich der Große. Aus dem Briefwechsel, Zürich 1992, S. 490
94 Schüßler, S. 422
95 Dietrich, Testamente, S. 315
96 Schumann, S. 340
97 Reinhold Koser, Friedrich der Große. Erster Band, Stuttgart 1893, S. 502
98 Bardong, S. 450
99 Mendelsssohn-Bartholdy, S. 478
100 Dietrich, Testamente, S. 317
101 Lehmann, Vierter Teil von 1758–1775, S. 505
102 Werner Bergmann, Geschichte des Antisemitismus, München 2002, S. 16
103 Dietrich, Testamente, S. 315

104 Albert A. Bruer, Geschichte der Juden in Preußen, Frankfurt am Main/New York 1991, S. 71f.
105 Ulrich Wyrwa, Juden in der Toskana und in Preußen im Vergleich, London 2003, S. 6
106 Eckart Kleßmann, Die Mendelssohns. Bilder aus einer deutschen Familie, Frankfurt am Main/Leipzig 1993, S. 17
107 Bildarchiv Preußischer Kulturbesitz (Hrsg.), Juden in Preußen. Ein Kapitel deutscher Geschichte, Dortmund 1981, S. 206
108 Bildarchiv, S. 130
109 Kleßmann, Mendelssohns, S. 32f.
110 Bernt Engelmann, Preußen. Land der unbegrenzten Möglichkeiten, München 1979, S. 102
111 Venohr/Haffner, S. 20
112 Mendelssohn-Bartholdy, S. 424
113 Oppeln-Bronikowsky, S. 232f.
114 Oppeln-Bronikowsky, S. 232f.
115 Duden-Fremdwörterbuch, Mannheim 1990, S. 24
116 Gerhard Ritter, Friedrich der Große, Leipzig 1936, S. 85ff.
117 Oppeln-Bronikowsky, S. 215
118 Dietrich, Testamente, S. 329; Ingrid Mittenzwei, Friedrich II. von Preußen. Schriften und Briefe, Frankfurt am Main 1986, S. 353
119 Dietrich, Testamente, S. 325ff.
120 Dietrich, Testamente, S. 257
121 Bardong, S. 496
122 Kunisch, S. 296f.
123 Kathe, S. 166
124 Schüßler, S. 53
125 Mittenzwei, Schriften und Briefe, S. 358
126 Oppeln-Bronikowsky, S. 170
127 Wolfgang Menge, Alltag in Preußen. Ein Bericht aus dem 18. Jahrhundert, Weinheim/Basel 1984, S. 112
128 Bardong, S. 467
129 Haffner/Venohr, S. 53
130 Benninghoven, S. 232
131 Oppeln-Bronikowsky, S. 240f.
132 Fischer-Fabian, S. 345
133 Dietrich, Testamente, S. 463
134 Hans Hofmann (Hrsg.), Leopold von Ranke. Geschichte und Politik. Friedrich der Große, Politisches Gespräch und andere Meisterschriften, Leipzig 1936, S. 382f.

Der Unpreußische?

1 Brigitte Meier, Friedrich Wilhelm II. König von Preußen. Ein Leben zwischen Rokoko und Revolution, Regensburg 2007, S. 8
2 Meier, S. 112
3 Pillnitzer Deklaration
4 Jean Favier (Hrsg.), Geschichte Frankreichs. Band 4: Frankreich im Zeitalter der Revolution 1789–1851, Stuttgart 1989, S. 96
5 Eva Ziebura, Prinz Heinrich von Preußen, Berlin 1999, S. 359
6 Georg Eckert, Von Valmy bis Leipzig. Quellen und Dokumente zur Geschichte der preußischen Heeresreform, Hannover/Frankfurt am Main 1955, S. 34
7 Favier, S. 100
8 Wilhelm Bringmann, Preußen unter Friedrich Wilhelm II. 1796–1797, Frankfurt am Main 2001, S. 386f.
9 Johann Wolfgang von Goethe, Campagne in Frankreich 1792, Stuttgart 1948, S. 20f.
10 Michael Embach (Hrsg.), Viktor Joseph Dewora, »Ehrendenkmal«. Quellen zur Geschichte der Koalitionskriege 1792–1801, Trier 1994, S. 33
11 Goethe, S. 58f.
12 T. C. W. Blanning, The French Revolutionary Wars 1781–1802, London 1996, S. 82
13 Stefan Grüner/Andreas Wirsching (Hrsg.): Frankreich: Daten, Fakten, Dokumente, Tübingen/Basel 2003, S. 162f.
14 Eckert, S. 40
15 Bernt Engelmann, Preußen. Land der unbegrenzten Möglichkeiten, München 1979, S. 141
16 Wilhelm Moritz Freiherr von Bissing, Friedrich Wilhelm II. König von Preußen. Ein Lebensbild, Berlin 1967, S. 117
17 Uwe A. Oster, Der preußische Apoll. Prinz Louis Ferdinand von Preußen 1772–1806, Regensburg 2003, S. 97ff.
18 Ingo Hermann, Hardenberg. Der Reformkanzler, Berlin 2003
19 Friedrich Schinkel, Polen, Preußen und Deutschland. Die polnische Frage als Problem der deutschen Nationalstaatsentwicklung, Breslau 1932
20 Jörg K. Hoensch, Geschichte Polens, Stuttgart 1982, S. 167
21 Bringmann, S. 601
22 Sebastian Fischer-Fabian, Preußens Krieg und Frieden, München/Zürich 1981, S. 65
23 Bringmann, S. 606ff.
24 Peter Maser, Hans Ernst von Kottwitz, Münster 1987, S. 21
25 Peter Mainka, Die Erziehung der adligen Jugend in Brandenburg-Preußen. Curriculare Anweisungen Karl Abrahams von Zedlitz und Leipe für die

Ritterakademie zu Liegnitz. Eine archivalische Studie zur Bildungsgeschichte der Aufklärungszeit, Würzburg 1997, S. 19ff.

26 Bissing, S. 154

27 Walter Karowski, Die Bekenntnisfrage vor 150 Jahren. Neue aktenmäßige Untersuchungen zum Preußischen Religionsedikt von 1788, Berlin 1939, S. 5

28 Karowski, S. 7

29 Paul Schwartz, Der erste Kulturkampf in Preußen um Kirche und Schule (1788–1798), Berlin 1925, S. 73

30 Udo Krolzik, Das Wöllnerische Religionsedikt, Hamburg 1998 (www.fachpublikationen.de/dokumente/01/02/04004.html)

31 Alle Zitate in diesem Abschnitt: Karowski, S. 348ff.

32 Friedrich Paulig, Friedrich Wilhelm II. König von Preußen (1744–1797). Sein Privatleben und seine Regierung im Lichte neuerer Forschungen, Frankfurt an der Oder 1895, S. 140f.

33 Paulig, S. 288

34 Hans-Joachim Neumann, Friedrich Wilhelm II. Preußen unter den Rosenkreuzern, Berlin 1997, S. 31

35 Paulig, S. 92

36 Jörg Wolff (Hrsg.), Das Preußische Allgemeine Landrecht. Politische, rechtliche und soziale Wechsel- und Fortwirkungen, Heidelberg 1995, S. 5

37 Hermann Conrad, Die geistigen Grundlagen des Allgemeinen Landrechts für die preußischen Staaten von 1794, Köln 1958, S. 31

38 Brandt/Zilkenat, S. 109

39 Brandt/Zilkenat, S. 109

40 Brandt/Zilkenat, S. 115

41 Brandt/Zilkenat, S. 112

42 Brandt/Zilkenat, S. 110

43 Brandt/Zilkenat, S. 115

44 Hartwig Schmidt, Carl Gotthard Langhans, in: Wolfgang Ribbe/Wolfgang Schäche (Hrsg.), Baumeister. Architekten. Stadtplaner. Biographien zur baulichen Entwicklung Berlins, Berlin 1987, S. 119

45 Wilma Otte, Das Marmorpalais. Ein Refugium am Heiligen See, München u. a. 2003, S. 6

46 Meier, S. 244

47 Benedikt Jeßing/Bernd Lutz/Inge Wild, Metzler Goethe Lexikon, Stuttgart/Weimar 1999, S. 247

48 Meier, S. 246

49 Heinz Kathe, Preußen zwischen Mars und Musen. Eine Kulturgeschichte von 1100 bis 1920, München/Berlin 1993, S. 237

Der Pazifist auf dem Thron

1 Uwe A. Oster, Der preußische Apoll. Prinz Louis Ferdinand von Preußen 1772–1806, Regensburg 2003, S. 91
2 Sebastian Fischer-Fabian, Preußens Krieg und Frieden. Der Weg ins Deutsche Reich, München 1981, S. 83
3 Eberhard Straub, Eine kleine Geschichte Preußens, Berlin 2001, S. 106
4 Straub, S. 106
5 Sebastian Haffner, Preußen ohne Legende, Hamburg 1979, S. 214
6 Oster, S. 229
7 Uwe A. Oster, Prinz Louis Ferdinand und die Freiheit, Vortrag im Berliner Dom, Oktober 2006
8 Oster, S. 256
9 Oster, S. 246
10 Oster, S. 241
11 Eckart Kleßmann, Napoleon und die Deutschen, Berlin 2007, S. 88
12 Ingo Hermann, Hardenberg. Der Reformkanzler, Berlin 2003, S. 207
13 Oster, S. 260f.
14 Karl-Volker Neugebauer (Hrsg.), Grundzüge der deutschen Militärgeschichte. Band 1. Historischer Überblick, Freiburg im Breisgau 1993, S. 103
15 Oster, S. 279
16 Oster, S. 281
17 Gotthardt Frühsorge/Christoph Schreckenberg (Hrsg.): Johann Christoph Pickert. Lebens-Geschichte des Unterofficier Pickert, Göttingen 2007, S. 46
18 Sebastian Fischer-Fabian, Preußens Krieg und Frieden, München/Zürich 1981, S. 122
19 Fischer-Fabian, S. 124
20 Goethe-Gesellschaft (Hrsg.), Band 3, S. 227
21 Heinz Duchhardt, Stein. Eine Biographie, Münster 2007, S. 161
22 www.schinkelsche-bauakademie.de Geschichte der Bauakademie
23 Oster, S. 181
24 Petra Wilhelmy-Dollinger, Die Berliner Salons. Mit historisch-literarischen Spaziergängen, Berlin 2000, S. 63
25 Oster, S. 181
26 Heidi Thomann Tewarson, Rahel Varnhagen, Reinbek bei Hamburg 1988, S. 32
27 Kathe, Mars und Musen, S. 246
28 Duchhardt, Stein, S. 223
29 Büsch/Neugebauer, Moderne preußische Geschichte, S. 1003
30 Werner Frotscher/Bodo Pieroth, Verfassungsgeschichte, München 2007, S. 99
31 Frotscher/Pieroth, S. 101

32 Frotscher/Pieroth, S. 98
33 Frotscher/Pieroth, S. 100
34 Koch, Geschichte Preußens, S. 244
35 Wolfgang Plat, Deutsche Träume oder Der Schrecken der Freiheit. Aufbruch ins 19. Jahrhundert, Düsseldorf/Wien 1981, S. 128
36 Wolfgang Neugebauer (Hrsg.), Grundzüge der deutschen Militärgeschichte, Arbeits- und Quellenbuch, Freiburg im Breisgau 1993, S. 90
37 Neugebauer, Militärgeschichte. Arbeits- und Quellenbuch, S. 90f.
38 Neugebauer, Militärgeschichte. Arbeits- und Quellenbuch, S. 90
39 Josef Matzerath, Adelsprobe an der Moderne. Sächsischer Adel 1763–1866, Köln/Weimar/Wien 2001, S. 312
40 Wilhelm Deist, Militär, Staat und Gesellschaft. Studien zur preußisch-deutschen Militärgeschichte, München 1991, S. 104
41 Eckert, S. 116
42 Brandt/Zilkenat, S. 124
43 Hans-Ulrich Wehler, Deutsche Gesellschaftsgeschichte. Erster Band. Vom Feudalismus des Alten Reiches bis zur Defensiven Modernisierung der Reformära 1700–1815, München 1987, S. 430
44 Günther Kronenbitter, Wilhelm von Humboldt. Bildungsmacht Preußen, in: Bernd Heidenreich/Frank-Lothar Kroll (Hrsg.), Macht- oder Kulturstaat? Preußen ohne Legende, Berlin 2002, S. 141
45 Fischer-Fabian, S. 182
46 Eckert, S. 230
47 Schoeps, Preußen, S. 135
48 Brandt/Zilkenat, S. 127f.
49 www.ernst-moritz-arndt-gesellschaft.de/ema8/ema81.htm
50 Brandt/Zilkenat, S. 132f.
51 Eckert, S. 147
52 Eckert, S. 231
53 Dierk Walter, Preußische Heeresreformen 1807–1870. Militärische Innovationen und der Mythos der »Roonschen Reform«, Paderborn/München/Wien/Zürich 2003, S. 295f.
54 Walter, S. 291
55 Neugebauer, Militärgeschichte. Arbeits- und Quellenbuch, S. 123f.
56 Eckart Kleßmann/Karl-Heinz Jürgens, Napoleon. Lebensbilder, Berlin/Darmstadt/Wien 1989, S. 103
57 Thomas Stamm-Kuhlemann, Friedrich Wilhelm III. Der Melancholiker auf dem Thron, Berlin 1992, S. 388
58 Stamm-Kuhlemann, S. 388
59 Michael Hundt, Die Kleinstaaten auf dem Wiener Kongress, in: DAMALS 1/2009, S. 24–28
60 Klaus Günzel, Der Wiener Kongress. Geschichte und Geschichten eines Welttheaters, München/Berlin 1995, S. 92

61 Hermann, S. 345
62 Frotscher/Pieroth, S. 118ff.
63 Frotscher/Pieroth, S. 120
64 Schoeps, Preußen, S. 351
65 Brandt/Zilkenat, S. 145f.
66 Alan Palmer, Alexander I. Gegenspieler Napoleons, Esslingen 1982, S. 292ff.
67 Bernhard Pollmann (Hrsg.), Lesebuch zur deutschen Geschichte, Band II: Vom Beginn der Neuzeit bis zur Reichsgründung, S. 219f.
68 Brandt/Zilkenat, S. 148ff.
69 Schoeps, Preußen, S. 353
70 Deutscher Bundestag (Hrsg.), Fragen an die deutsche Geschichte, Bonn 1981, S. 90

Ein König in falscher Zeit

1 Uwe A. Oster, Träumer wider den Zeitgeist. Friedrich Wilhelm IV. von Preußen, in: DAMALS 12/95, S. 62
2 Walter Bußmann, Zwischen Preußen und Deutschland. Friedrich Wilhelm IV., Berlin 1992, S. 193f.
3 Treue, Wirtschafts- und Technikgeschichte, S. 346
4 Michael Kittner, Arbeitskampf. Geschichte. Recht. Gegenwart, München 2005, S. 187. Dort insgesamt eine detaillierte Schilderung der Ereignisse und der Hintergründe.
5 Brandt/Zilkenat, S. 173
6 Gerhart Hauptmann, Meisterdramen, Frankfurt am Main/Berlin 1950, S. 20, 59, 63
7 Kittner, S. 188
8 Kittner, S. 189f.
9 Brandt/Zilkenat, S. 157ff.
10 Treue, S. 450
11 Hintze, Die Hohenzollern, S. 521
12 Hintze, S. 522
13 Brandt/Zilkenat, S. 180f.
14 Oster, Träumer wider den Zeitgeist. Friedrich Wilhelm IV. von Preußen, in: DAMALS 12/95, S. 65
15 Oster, Träumer wider den Zeitgeist, S. 65
16 Oster, Träumer wider den Zeitgeist, S. 65
17 Uwe A. Oster, Die Großherzöge von Baden 1806–1918, Regensburg 2007, S. 144
18 www.documentarchiv.de/fs/preussen.html
19 Bernhard Pollmann (Hrsg.), Lesebuch zur deutschen Geschichte. Band II, Dortmund 1984, S. 284f.

20 Oster, Träumer wider den Zeitgeist, S. 63
21 www.documentarchiv.de/fs/preussen.html
22 David E. Barclay, Anarchie und guter Wille. Friedrich Wilhelm IV. und die preußische Monarchie, Berlin 1995, S. 216
23 www.documentarchiv.de/fs/preussen.html
24 Barclay, S. 218
25 Ribbe/Rosenbauer, S. 161f.
26 Hintze, S. 540
27 Barclay, S. 257
28 www.documentarchiv.de/fs/preussen.html
29 Hermann-Josef Blanke (Hrsg.), Deutsche Verfassungen, Paderborn 2003, S. 171
30 Bußmann, S. 316
31 Ribbe/Rosenbauer, S. 165
32 Brandt/Zilkenat, S. 199
33 Oster, Träumer wider den Zeitgeist, S. 64
34 Dirk Blasius, Friedrich Wilhelm IV. Persönlichkeit und Charakter, in: Stiftung Preußische Schlösser und Gärten Berlin-Brandenburg (Hrsg.): Friedrich Wilhelm IV. Künstler und König. Zum 200. Geburtstag, Frankfurt am Main 1995, S. 20
35 Johann Georg Herzog zu Sachsen (Hrsg.), Briefwechsel zwischen König Johann von Sachsen und den Königen Friedrich Wilhelm IV. und Wilhelm I. von Preußen, Leipzig 1911, S. 267f.
36 Deutscher Bundestag (Hrsg.), Fragen an die deutsche Geschichte, S. 177
37 Barbara James/Walter Moßmann, Glasbruch 1848. Flugblattlieder und Dokumente einer zerbrochenen Revolution, Darmstadt 1983, S. 132f.
38 www.gerhildkomander.de/content/view/188/216/
39 Eva Börsch-Supan, Friedrich Wilhelm IV. und Stüler, in: Stiftung Preußische Schlösser und Gärten Berlin-Brandenburg, Friedrich Wilhelm IV., S. 55
40 Börsch-Supan, Friedrich Wilhelm IV., S. 55
41 Blasius, S. 20
42 Bußmann, S. 355f.
43 Rolf H. Johannsen, Friedrich Wilhelm IV. von Preußen. Von Borneo nach Rom. Sanssouci und die Residenzprojekte 1814 bis 1848, Kiel 2007, S. 244f. Dort auch eine umfangreiche Darstellung des gesamten Triumphstraßen-Projekts.
44 Ludwig Egler, Chronik der Stadt Hechingen, Hechingen 1980, S. 210
45 Büsch/Neugebauer, Moderne preußische Geschichte, S. 712
46 Tim Klein (Hrsg.), Der Kanzler. Otto von Bismarck in seinen Briefen, Reden und Erinnerungen sowie in Berichten und Anekdoten seiner Zeit, Ebenhausen bei München 1915, S. 113f.
47 Schoeps, Preußen, S. 233

48 Herzog zu Sachsen, S. 314
49 Fischer-Fabian, Preußens Krieg und Frieden, S. 286

Preußens letzter König?

1 Franz Herre, Kaiser Wilhelm I. Der letzte Preuße, Köln 1980, S. 265f.
2 Brandt/Zilkenat, S. 221
3 Brandt/Zilkenat, S. 220
4 Otto Fürst von Bismarck, Gedanken und Erinnerungen. Erster Band, Stuttgart 1898, S. 267f.
5 Brandt/Zilkenat, S. 238
6 Klein, S. 154ff.
7 Brandt/Zilkenat, S. 238ff.
8 Gerd Fesser, 1866. Königgrätz – Sadowa. Bismarcks Sieg über Österreich, Berlin 1994, S. 25
9 Klein, S. 169
10 Bismarck, S. 344f.
11 Schoeps, S. 247
12 Herre, S. 342
13 Christian Graf von Krockow, Bismarck. Eine Biographie, München 2000, S. 194
14 Fesser, S. 37
15 Dierk Walter, Ein Blick hinter die Legenden. Der preußische Sieg von Königgrätz, in: DAMALS 2/2003, S. 33
16 Walter, S. 33
17 Walter, S. 34
18 Klein, S. 199
19 Haffner, Preußen ohne Legende, S. 377
20 Schlenke, S. 220
21 Haffner, S. 386
22 Uwe A. Oster, Die Großherzöge von Baden 1806–1918, Regensburg 2007, S. 190
23 Oster, Großherzöge, S. 190
24 Theo Schwarzmüller, Otto von Bismarck, München 1998, S. 57
25 Krockow, Bismarck, S. 223
26 Klein, S. 228
27 Klein, S. 232
28 Krockow, Bismarck, S. 225
29 Klein, S. 234
30 Klein, S. 236
31 Fischer-Fabian, Preußens Krieg und Frieden, S. 328
32 Herre, S. 384

33 Theodor Fontane, Der Krieg gegen Frankreich 1870/71. Band 2: Der Krieg gegen das Kaiserreich, Zürich 1985, S. 274ff.
34 Fontane, Band 2, S. 284
35 Fontane, Band 2, S. 310
36 Herre, S. 401
37 Oster, Großherzöge, S. 200
38 Oster, Großherzöge, S. 200
39 Hanno Helbling (Hrsg.), Otto von Bismarck. Aus seinen Schriften, Briefen und Reden, Zürich 1998, S. 366ff.
40 Heinrich Pleticha (Hrsg.), Deutsche Geschichte. Von der Restauration zur Reichsgründung, Gütersloh 1983, S. 355
41 Oster, Großherzöge, S. 199

Bildnachweis

Die Abbildungen im Bildteil wurden mit freundlicher Genehmigung von AKG-images, Berlin, abgedruckt.

Literatur

Diese Literaturliste ist keine Gesamtbibliografie der preußischen Geschichte, sondern führt die vom Autor für die Arbeit an diesem Buch verwendete Literatur auf. Direkte Zitate sind zudem in den Anmerkungen nachgewiesen. Teilweise wurden sie behutsam dem heutigen Deutsch angepasst.

Adam, Wolfgang/Dainat, Holger (Hrsg.): *»Krieg ist mein Lied«. Der Siebenjährige Krieg in den zeitgenössischen Medien,* Göttingen 2007.

Aretin, Karl Otmar von: *Friedrich der Große. Größe und Grenzen des Preußenkönigs,* Freiburg im Breisgau/Basel/Wien 1985.

Atorf, Lars: *Der König und das Korn. Die Getreidehandelspolitik als Fundament des brandenburg-preußischen Aufstiegs zur europäischen Großmacht,* Berlin 1999.

Baetke, Meta (Hrsg.): *Briefe Friedrichs des Großen an seine Freunde,* Jena 1942.

Bahners, Patrick/Roellecke, Gerd: *Preußische Stile. Ein Staat als Kunstwerk,* Stuttgart 2001.

Bailleu, Paul (Hrsg.): *Preußen und Frankreich von 1795 bis 1807,* Leipzig 1887.

Barclay, David E.: *Anarchie und guter Wille. Friedrich Wilhelm IV. und die preußische Monarchie,* Berlin 1995.

Bardong, Otto (Hrsg.): *Friedrich der Große,* Darmstadt 1982.

Baumgart, Peter: *Brandenburg-Preußen unter dem Ancien régime,* Berlin 2009.

Baumgart, Peter/Kroener, Bernhard R./Stübig, Heinz (Hrsg.): *Die preußische Armee zwischen Ancien Régime und Reichsgründung,* Paderborn 2008.

Baumgart, Peter (Hrsg): *Ständetum und Staatsbildung in Brandenburg-Preußen,* Berlin/New York 1983.

Baumgart, Peter: *Zur Geschichte der kurmärkischen Stände im 17. und 18. Jahrhundert,* in: Dietrich Gerhard (Hrsg.): *Ständische Vertretungen in Europa im 17. und 18. Jahrhundert,* Göttingen 1969.

Behre, Otto: *Geschichte der Statistik in Brandenburg-Preußen,* Berlin 1905.

Beneke, Sabine/Ottomeyer, Hans (Hrsg.): *Zuwanderungsland Deutschland. Die Hugenotten,* Berlin/Wolfratshausen 2005.

Benninghoven, Friedrich/Börsch-Supan, Helmut/Gundermann, Iselin (Hrsg.): *Friedrich der Große,* Berlin 1986.

Benthaus, Raimund: *Eine »Sudeley«? Das Allgemeine Landrecht für die Preußischen Staaten,* Kiel 1996.

Bentzien, Hans: Ich, *Friedrich II. Das Leben des großen Preußenkönigs,* Berlin 1991.
Bergerhausen, Hans-Wolfgang: *Friedensrecht und Toleranz. Zur Politik gegenüber der katholischen Kirche in Schlesien 1740–1806,* Berlin 1999.
Bergmann, Werner: *Geschichte des Antisemitismus,* München 2002.
Berner, Ernst: *Aus dem Briefwechsel König Friedrichs I. und seiner Familie,* Berlin 1901.
Berner, Ernst: *Geschichte des preußischen Staates,* Bonn 1896.
Berney, Arnold: *König Friedrich I. und das Haus Habsburg (1701–1707),* München/Berlin 1927.
Besser, Johann von: *Preußische Krönungs-Geschichte,* Neudruck auf CD-ROM, Potsdam 2002.
Bildarchiv Preußischer Kulturbesitz (Hrsg.): *Juden in Preußen. Ein Kapitel deutscher Geschichte,* Berlin 1981.
Bismarck, Otto Fürst von: *Gedanken und Erinnerungen.* Erster Band, Stuttgart 1898.
Bissing, Wilhelm Moritz Freiherr von: *Friedrich Wilhelm II. König von Preußen. Ein Lebensbild,* Berlin 1967.
Blanke, Hermann-Josef (Hrsg.): *Deutsche Verfassungen,* Paderborn 2003.
Blanning, T. C. W.: *The French Revolutionary Wars 1781–1802,* London 1996.
Blasius, Dirk (Hrsg.): *Preußen in der deutschen Geschichte,* Königstein im Taunus 1980.
Bleckwenn, Hans: *Unter dem Preußen-Adler. Das brandenburgisch-preußische Heer 1640–1807,* Osnabrück 1978.
Bled, Jean-Paul: *Friedrich der Große. Biographie,* Düsseldorf 2006.
Börsch-Supan, Helmut: *Die Kunst in Brandenburg-Preußen. Ihre Geschichte von der Renaissance bis zum Biedermeier, dargestellt am Kunstbesitz der Berliner Schlösser,* Berlin 1980.
Borchardt, Georg (Hrsg.): *Die Randbemerkungen Friedrichs des Großen,* Potsdam o. J.
Botond, Anneliese (Hrsg.): *Voltaire über den König von Preußen. Memoiren,* Frankfurt am Main 1967.
Botzenhart, Manfred: *Deutsche Verfassungsgeschichte 1806–1949,* Stuttgart 1993.
Brandt, Peter/Zilkenat, Rainer (Hrsg.): *Preußen. Ein Lesebuch,* Berlin 1981.
Brather, Hans-Stephan: *Leibniz und seine Akademie. Ausgewählte Quellen zur Geschichte der Berliner Sozietät der Wissenschaften 1697–1716,* Berlin 1993.
Breitenborn, Anke: *Randgruppen im Allgemeinen Landrecht für die Preußischen Staaten von 1794,* Berlin 1994.
Bringmann, Wilhelm: P*reußen unter Friedrich Wilhelm II. (1786–1797),* Frankfurt am Main 2001.
Bruer, Albert A.: *Geschichte der Juden in Preußen (1750–1820),* Frankfurt am Main/New York 1991.

Bruyn, Günter de (Hrsg.): *Friedrich August Ludwig von der Marwitz. Nachrichten aus meinem Leben 1777–1808,* Berlin 1989.
Büsch, Otto: *Militärsystem und Sozialleben im alten Preußen,* Berlin 1962.
Büsch, Otto/Neugebauer, Wolfgang (Hrsg.): *Moderne Preußische Geschichte 1648–1947. Eine Anthologie,* Berlin/New York 1981.
Burgdorff, Stephan/Beyer, Susanne: *Preußen. Die unbekannte Großmacht,* München 2009.
Bußmann, Walter: *Zwischen Preußen und Deutschland. Friedrich Wilhelm IV.,* Berlin 1990.
Carlyle, Thomas: *Geschichte Friedrichs des Zweiten, genannt der Große,* Meersburg 1928.
Clark, Christopher: *Preußen. Aufstieg und Niedergang. 1600–1947,* München 2006.
Conrad, Hermann: *Die geistigen Grundlagen des Allgemeinen Landrechts für die preußischen Staaten von 1794,* Köln 1958.
Cramer, Johann/Laible, Ulrike/Nägelke, Hans-Dieter: *Karl Friedrich Schinkel. Führer zu seinen Bauten, Band 1: Berlin und Potsdam; Band 2: Aachen bis Sankt Petersburg,* München/Berlin 2006.
Dann, Otto: *Preußen. Entwicklung und Probleme eines modernen Staates,* Stuttgart 1983.
Deist, Wilhelm: *Militär, Staat und Gesellschaft. Studien zur preußisch-deutschen Militärgeschichte,* München 1991.
Deutscher Bundestag (Hrsg.): *Fragen an die deutsche Geschichte. Ideen, Kräfte, Entscheidungen. Von 1800 bis zur Gegenwart,* Bonn 1981.
Deutsches Historisches Museum/Stiftung Preußische Schlösser und Gärten Berlin-Brandenburg (Hrsg.): *Preußen 1701. Eine europäische Geschichte.* 2 Bände, Berlin 2001.
Dietrich, Richard: *Die politischen Testamente der Hohenzollern,* Köln/Wien 1986.
Dietrich, Richard: *Kleine Geschichte Preußens,* Berlin 1966.
Dilthey, Wilhelm: *Friedrich der Große und die deutsche Aufklärung,* in: Paul Ritter (Hrsg.), *W. Diltheys Schriften III. Studien zur Geschichte des deutschen Geistes,* S. 83–209, Berlin 1926.
Dollinger, Hans: *Preußen. Eine Kulturgeschichte in Bildern und Dokumenten,* München 1980.
Dorgerloh, Hartmut/Scherf, Michael: *Preußische Residenzen. Königliche Schlösser und Gärten in Berlin und Brandenburg,* München 2005.
Droysen, Johann Gustav: *Geschichte der preußischen Politik.* 14 Bände, Leipzig 1855–1886.
Droysen, Johann Gustav: *Friedrich I. König von Preußen,* neu herausgegeben Berlin/New York 2001.
Duchhardt, Heinz: *Das preußische Königtum von 1701 und der Kaiser,* in: *Festschrift für Eberhard Kessel zum 75. Geburtstag,* herausgegeben von Heinz Duchhardt und Manfred Schlenke, München 1982.

Duchhardt, Heinz: *Die preußische Königskrönung von 1701. Ein europäisches Modell?* In: Heinz Duchhardt (Hrsg.), *Herrscherweihe und Königskrönung im frühneuzeitlichen Europa,* Wiesbaden 1983.

Duchhardt, Heinz: *Stein. Eine Biographie,* Münster 2007.

Duffy, Christopher: *Friedrich der Große. Ein Soldatenleben,* Zürich/Köln 1986.

Duffy, Christopher: *Sieben Jahre Krieg 1756–1763. Die Armee Marias Theresias,* Wien 2003.

Eckert, Georg: *Von Valmy bis Leipzig. Quellen und Dokumente zur Geschichte der preußischen Heeresreform,* Hannover/Frankfurt am Main 1955.

Embach, Michael (Hrsg.): *Viktor Joseph Derewa, »Ehrendenkmal«. Quellen zur Geschichte der Koalitionskriege 1792–1801,* Trier 1994.

Engelberg, Ernst: *Bismarck. Urpreuße und Reichsgründer,* Berlin 1985.

Engelmann, Bernt: *Preußen. Land der unbegrenzten Möglichkeiten,* München 1979.

Externbrink, Sven: *Friedrich der Große, Maria Theresia und das Alte Reich. Deutschlandbild und Diplomatie Frankreichs im Siebenjährigen Krieg,* Berlin 2006.

Fehrenbach, Elisabeth: *Vom Ancien Régime zum Wiener Kongress,* München 1986.

Fernau, Joachim: *Sprechen wir über Preußen. Die Geschichte der armen Leute,* München/Berlin 1981.

Fesser, Gerd: 1866. *Königgrätz – Sadowa, Bismarcks Sieg über Österreich,* Berlin 1994.

Feuerstein-Praßer, Karin: *Die preußischen Königinnen,* Regensburg 2000.

Finster, Reinhard/Heuvel, Gerd van den: *Gottfried Wilhelm Leibniz,* Reinbek bei Hamburg 1990.

Fischer-Fabian, Sebastian: *Preußens Gloria. Der Aufstieg eines Staates,* München 1979.

Fischer-Fabian, Sebastian: *Preußens Krieg und Frieden. Der Weg ins Deutsche Reich,* München/Zürich 1981.

Fontane, Theodor: *Der Krieg gegen Frankreich.* Vier Bände, Zürich 1985.

Fontane, Theodor: *Wanderungen durch die Mark Brandenburg,* herausgegeben von Walter Keitel und Helmuth Nürnberger, München 1984.

Freimark, Peter (Hrsg.): *Juden in Preußen – Juden in Hamburg,* Hamburg 1983.

Frey, Linda: *Friedrich I. Preußens erster König,* Graz/Wien/Köln 1984.

Frie, Ewald: *Friedrich August Ludwig von der Marwitz 1777–1837. Biographien eines Preußen,* Paderborn 2001.

Friedrich der Große: *Denkwürdigkeiten zur Geschichte des Hauses Brandenburg.* Taschenbuchausgabe, München 1975.

Friedrich der Große: *Der Antimachiavell oder Untersuchung von Machiavellis »Fürst«, bearbeitet von Voltaire,* Leipzig 1991.

Frölich, Jürgen/Körber, Esther-Beate/Rohrschneider, Michael (Hrsg.): *Preußen und Preußentum vom 17. Jahrhundert bis zur Gegenwart,* Berlin 2002.

Frotscher, Wener/Pieroth, Bodo: *Verfassungsgeschichte,* München 2007.

Frühsorge, Gotthardt/Schreckenberg, Christoph (Hrsg.): *Johann Christoph Pickert. Lebens-Geschichte des Unterofficier Pickert,* Göttingen 2007.

Gall, Lothar: Bismarck. *Der weiße Revolutionär,* Berlin 1997.

Ghayegh-Pisheh, Kohra: *Sophie Charlotte von Preußen. Eine Königin und ihre Zeit,* Stuttgart 2000.

Geyer, Albert: *Geschichte des Schlosses zu Berlin. Vom Königsschloß zum Schloß des Kaisers.* 2 Bände, Berlin 1992.

Giersberg, Hans-Joachim (Hrsg.): *Sanssouci. Schlösser, Gärten, Kunstwerke,* Potsdam 1988.

Göres, Burkhardt/Baer, Winfried: *Friedrich Wilhelm II. und die Künste. Preußens Weg zum Klassizismus,* Berlin 1997.

Göse, Frank: *Rittergut – Garnison – Residenz. Studien zur Sozialstruktur und politischen Wirksamkeit des brandenburgischen Adels 1648–1763,* Berlin 2005.

Goethe, Johann Wolfgang von: *Campagne in Frankreich 1792,* Stuttgart 1948.

Gooch, George Peabody: *Friedrich der Große. Herrscher – Schriftsteller – Mensch,* Göttingen 1951.

Grabner, Sigrid/Kiesant, Knut: *1000 Jahre Potsdam,* Frankfurt am Main/Berlin 1992.

Grieser, Rudolf (Hrsg.): *Die Denkwürdigkeiten des Burggrafen und Grafen Christoph zu Dohna (1665–1733),* Göttingen 1974.

Gross, Rainer: *Geschichte Sachsens,* Berlin/Leipzig 2001.

Grunert, Frank (Hrsg.): *Christian Thomasius. Grundlehren des Natur- und Völkerrechts.* Band 18, Hildesheim/Zürich/New York 2003.

Günzel, Klaus: *Der König und die Kaiserin. Friedrich II. und Maria Theresia,* Düsseldorf 2005.

Günzel, Klaus: *Der Wiener Kongress. Geschichte und Geschichten eines Welttheaters,* München/Berlin 1995.

Haelschner, Hugo: *Geschichte des brandenburgisch-preußischen Strafrechts,* Bonn 1855.

Haffner, Sebastian: *Preußen ohne Legende,* Hamburg 1979.

Haffner, Sebastian/Venohr, Wolfgang: *Preußische Profile,* Königstein im Taunus 1980.

Hahn, Peter-Michael: *Friedrich der Große und die deutsche Nation. Geschichte als politisches Argument,* Stuttgart 2007.

Harnack, Adolf: *Geschichte der Königlich Preußischen Akademie der Wissenschaften,* Berlin 1900.

Hartung, Fritz: *König Friedrich Wilhelm I. Der Begründer des preußischen Staates,* Berlin 1942.

Hassinger, Erich: *Brandenburg-Preußen, Russland und Schweden 1700–1713,* München 1953.

Hauser, Oswald: *Preußen, Europa und das Reich,* Köln/Wien 1987.

Heidenreich, Bernd/Kroll, Frank-Lothar (Hrsg.): *Macht- oder Kulturstaat? Preußen ohne Legende,* Berlin 2002.
Hein, Max: *Friedrich der Große. Ein Bild seines Lebens und Schaffens,* Berlin 1922.
Heinrich, Gerd: *Kulturatlas Brandenburg. Historische Landkarten. Geschichte der Mark im Überblick,* Berlin 2006.
Heinrich, Gerd: *Geschichte Preußens. Staat und Dynastie,* Frankfurt am Main/ Berlin/Wien 1984.
Helbling, Hanno (Hrsg.): *Otto von Bismarck. Aus seinen Schriften, Briefen und Reden,* Zürich 1998.
Hermann, Ingo: *Hardenberg. Der Reformkanzler,* Berlin 2003.
Herre, Franz: *Kaiser Wilhelm I. Der letzte Preuße,* Köln 1980.
Hinrichs, Carl: *Die preußische Zentralverwaltung in den Anfängen Friedrich Wilhelms I.,* in: Richard Dietrich/Gerhard Oestreich (Hrsg.), *Forschungen zu Staat und Verfassung. Festgabe für Fritz Hartung,* Berlin 1958.
Hinrichs, Carl: *Friedrich Wihelm I. König in Preußen. Jugend und Aufstieg,* Hamburg 1941.
Hinrichs, Carl: *Pietismus und Militarismus im alten Preußen,* in: *Archiv für Reformationsgeschichte, Jahrgang 1949,* Gütersloh 1958, S. 270–322.
Hinrichs, Carl: *Preußen als historisches Problem,* Berlin 1964.
Hintze, Otto: *Die Hohenzollern und ihr Werk. Fünfhundert Jahre vaterländischer Geschichte,* Berlin 1915.
Hintze, Otto: *Historische und politische Aufsätze.* Erster Band, Berlin 1908.
Hirsch, Eike Christian: *Der berühmte Herr Leibniz. Eine Biographie,* München 2000.
Hoensch, Jörg K.: *Geschichte Polens,* Stuttgart 1983.
Hoffmann, Christhard: *Juden und Judentum im Werk deutscher Althistoriker des 19. und 20. Jahrhunderts,* Berlin 1987.
Hofmann, Hans (Hrsg.): *Leopold von Ranke. Geschichte und Politik. Friedrich der Große, Politisches Gespräch und andere Meisterschriften,* Leipzig 1936.
Hohenzollern, Johann Georg Prinz von (Hrsg.): *Friedrich der Große. Sammler und Mäzen,* München 1992.
Holtz, Bärbel/Spenkuch, Hartwin (Hrsg.): *Preußens Weg in die politische Moderne. Verfassung – Verwaltung – politische Kultur zwischen Reform und Reformblockade,* Berlin 2001.
Hubatsch, Walther: *Die Stein-Hardenbergschen Reformen,* Darmstadt 1977.
Huber, Ernst Rudolf: *Deutsche Verfassungsgeschichte seit 1789. Band 1: Reform und Restauration. Band 2: Der Kampf um Einheit und Freiheit 1830 bis 1850. Band 3: Bismarck und das Reich,* Stuttgart/Berlin/Köln 1963–1968.
Hundt, Michael: *Die Kleinstaaten auf dem Wiener Kongress,* in: *DAMALS* 1/2009, S. 24–28
Isaacsohn, Siegfried: *Geschichte des preußischen Beamtentums unter Friedrich Wilhelm I. und während der Anfänge Friedrichs des Großen,* Berlin 1884.

James, Barbara/Moßmann, Walter (Hrsg.): *Glasbruch 1848. Flugblattlieder und Dokumente einer zerbrochenen Revolution,* Darmstadt 1983.

Jessen, Olaf: *»Preußens Napoleon«? Ernst von Rüchel. Krieg im Zeitalter der Vernunft 1754–1823,* Paderborn 2007.

Johannsen, Rolf H.: *Friedrich Wilhelm IV. von Preußen. Von Borneo nach Rom. Sanssouci und die Residenzprojekte 1814 bis 1848,* Kiel 2007.

Karowski, Walter: *Die Bekenntnisfrage vor 150 Jahren. Neue aktenmäßige Untersuchungen zum Preußischen Religionsedikt von 1788,* Berlin 1939.

Karsten, Arne: *Eine Schlacht und ihr Mythos. Leuthen 1757,* in: *DAMALS* 9/2004, S. 66–71.

Kathe, Heinz: *Der »Soldatenkönig«. Friedrich Wilhelm I. 1688–1744. König in Preußen. Eine Biographie,* Köln 1981.

Kathe, Heinz: *Preußen zwischen Mars und Musen. Eine Kulturgeschichte von 1100 bis 1920,* Berlin 1993.

Kaufhold, Karl Heinrich/Sösemann, Bernd (Hrsg.): *Wirtschaft, Wissenschaft und Bildung in Preußen. Zur Wirtschafts- und Sozialgeschichte Preußens vom 18. bis zum 20. Jahrhundert,* Stuttgart 1998.

Kittner, Michael: *Arbeitskampf. Geschichte. Recht. Gegenwart,* München 2005.

Klein, Ernst: *Von der Reform zur Restauration. Finanzpolitik und Reformgesetzgebung des preußischen Staatskanzler Karl August von Hardenberg,* Berlin 1965.

Klein, Tim (Hrsg.): *Der Kanzler. Otto von Bismarck in seinen Briefen, Reden und Erinnerungen sowie in Berichten und Anekdoten seiner Zeit,* Ebenhausen bei München 1915.

Klepper, Jochen: *Der König und die Stillen im Lande,* Witten/Berlin 1956.

Klepper, Jochen (Hrsg.), *In tormentis pinxit. Briefe und Bilder des Soldatenkönigs,* Stuttgart/Berlin 1938.

Kleßmann, Eckart/Jürgens, Karl-Heinz: *Napoleon. Lebensbilder,* Berlin/Darmstadt/Wien 1989.

Kleßmann, Eckart: *Napoleon und die Deutschen,* Berlin 2007.

Kleßmann, Eckart: *Die Mendelssohns. Bilder aus einer deutschen Familie,* Frankfurt am Main/Leipzig 1993.

Kloosterhuis, Jürgen: *Krise, Reformen und Militär. Preußen vor und nach der Katastrophe von 1806,* Berlin 2009.

Kloosterhuis, Jürgen: *Legendäre »lange Kerls«. Quellen zur Regimentskultur der Königsgrenadiere Friedrich Wilhelms I.,* Berlin 2003.

Kloosterhuis, Jürgen: *Katte. Ordre und Kriegsartikel,* Berlin 2005.

Knopp, Werner/Gundemann, Iselin: *Preußens Weg zur Krone. Ausstellung des Geheimen Staatsarchivs Preußischer Kulturbesitz,* Berlin 1998.

Koch, Hansjoachim, *Geschichte Preußens,* München 1980.

Koch, Walther: *Hof und Regierungsverfassung König Friedrichs I. von Preußen (1697–1710),* Breslau 1926.

Koselleck, Reinhart: *Preußen zwischen Reform und Revolution. Allgemeines Landrecht, Verwaltung und soziale Bewegung von 1791 bis 1848,* Stuttgart 1967.

Koser, Reinhold: *König Friedrich der Große,* Stuttgart 1893ff.
Kotsch, Detlef: *Potsdam. Die preußische Garnisonstadt,* Braunschweig 1992.
Kraus, Andreas: *Geschichte Bayerns,* München 2005.
Krauske, Otto (Hrsg.): *Die Briefe König Friedrich Wilhelms I. an den Fürsten Leopold zu Anhalt-Dessau 1704–1740,* Berlin 1905.
Krix, Leonhard: *Friedrich Wilhelm I. und die katholische Gemeinde Potsdam,* Berlin 1915.
Krockow, Christian Graf von: *Bismarck. Eine Biographie,* München 2000.
Krockow, Christian Graf von/Jürgens, Karl-Heinz: *Friedrich der Große. Lebensbilder,* Bergisch Gladbach 1986.
Krockow, Christian Graf von: *Preußen. Eine Bilanz,* Stuttgart 1992.
Kroener, Bernhard R./Pröve, Ralf (Hrsg.): *Krieg und Frieden. Militär und Gesellschaft in der Frühen Neuzeit,* Paderborn 1996.
Kroener, Bernhard R.: *Wirtschaft und Rüstung der europäischen Großmächte im Siebenjährigen Krieg,* in: Bernhard R. Kroener, *Kriegerische Gewalt und militärische Präsenz in der Neuzeit. Ausgewählte Schriften,* herausgegeben von Ralf Pröve und Bruno Thoß, Paderborn 2008.
Kroll, Frank-Lothar: *Die Hohenzollern,* München 2008.
Kroll, Frank-Lothar (Hrsg.): *Preußens Herrscher. Von den ersten Hohenzollern bis Wilhelm II.,* München 2000.
Krolzik, Udo: *Das Wöllnerische Religionsedikt,* Hamburg 1998.
Kuenheim, Haug von: *Aus den Tagebüchern des Grafen Lehndorff,* München 1982.
Kugler, Friedrich: *Geschichte Friedrichs des Großen,* Leipzig 1840.
Kunisch, Johannes: *Das Mirakel des Hauses Brandenburg. Studien zum Verhältnis von Kabinettspolitik und Kriegführung im Zeitalter des Siebenjährigen Krieges,* München 1978.
Kunisch, Johannes (Hrsg.): *Dreihundert Jahre preußische Königskrönung. Eine Tagungsdokumentation,* Berlin 2002.
Kunisch, Johannes (Hrsg.): *Expansion und Gleichgewicht. Studien zur europäischen Mächtepolitik des ancien régime,* Berlin 1986.
Kunisch, Johannes: *Friedrich der Große. Der König und seine Zeit,* München 2004.
Kunisch, Johannes: *Friedrich der Große in seiner Zeit. Essays,* München 2008.
Kunisch, Johannes (Hrsg.): *Gerhard Scharnhorst. Generalstabsoffizier zwischen Krise und Reform,* Köln/Weimar/Wien 2007.
Lange, Karl: *Preußische Soldaten im 18. Jahrhundert,* Oberhausen 2003.
Lehmann, Max: *Preußen und die katholische Kirche seit 1640,* Leipzig 1881ff.
Loewe, Victor: *Preußens Staatsverträge aus der Regierungszeit König Friedrichs I.,* Leipzig 1923.
Lottes, Günther (Hrsg.): *Vom Kurfürstentum zum Königreich der Landstriche. Brandenburg-Preußen im Zeitalter von Absolutismus und Aufklärung,* Berlin 2004.

Ludewig, Thomas: *Berlin. Geschichte einer deutschen Metropole,* Gütersloh 1986.
Ludewig, Thomas: *Berlin. Geschichte einer deutschen Metropole,* Gütersloh 1986.
Ludwig, Victor: *Über Friedrich Wilhelms IV. Stellung zur Verfassungsfrage,* Breslau 1907.

Lück, Heiner: *Christian Thomasius (1655–1728). Wegbereiter moderner Rechtskultur und Juristenausbildung,* Hildesheim/Zürich/New York 2006.

Luh, Jürgen/Czech, Vinzenz/Becker, Bert (Hrsg.): *Preußen, Deutschland und Europa 1701–2001,* Groningen 2003.

Mahlke, Regina (Hrsg.): *Der reale Nutz: angewandte Wissenschaft in Preußen im 18. Jahrhundert. Katalog zur Ausstellung in der Staatsbibliothek zu Berlin – Preußischer Kulturbesitz,* Berlin/Wiesbaden 2001.

Mainka, Peter: *Die Erziehung der adligen Jugend in Brandenburg-Preußen. Curriculare Anweisungen Karl Abrahams von Zedlitz und Leipe für die Ritterakademie zu Liegnitz. Eine archivalische Studie zur Bildungsgeschichte der Aufklärungszeit,* Würzburg 1997.

Mante, Georg: *Das Notbischofsrecht der preußischen Könige und die preußische Landeskirche zwischen staatlicher Aufsicht und staatlicher Verwaltung,* Berlin 2007.

Maser, Peter: *Hans Ernst von Kottwitz,* Münster 1987.

Matzerath, Josef: *Adelsprobe an der Moderne. Sächsischer Adel 1763–1866,* Köln/Weimar/Wien 2001.

MD Berlin: *PreußenJahrBuch. Ein Almanach,* Berlin 2001.

Meier, Brigitte: *Friedrich Wilhelm II. König von Preußen. Ein Leben zwischen Rokoko und Revolution,* Regensburg 2007.

Mendelssohn-Bartholdy, Gustav (Hrsg.): *Der König. Friedrich der Große in seinen Briefen und Erlassen sowie in zeitgenössischen Briefen, Berichten und Anekdoten,* Ebenhausen bei München 1912.

Menge, Wolfgang: *Alltag in Preußen. Ein Bericht aus dem 18. Jahrhundert,* Weinheim/Basel 1984.

Mittenzwei, Ingrid: *Friedrich II. von Preußen,* Köln 1980.

Mittenzwei, Ingrid (Hrsg.): *Friedrich II. von Preußen. Schriften und Briefe,* Frankfurt am Main 1986.

Moerner, Theodor von: *Kurbrandenburgs Staatsverträge von 1601 bis 1700,* Berlin 1867.

Mommsen, Wilhelm: *Otto von Bismarck,* Reinbek bei Hamburg 1966.

Müller, Klaus: *1866: Bismarcks deutscher Bruderkrieg. Königgrätz und die Schlachten auf deutschem Boden,* Graz 2007.

Müller, Michael G.: *Die Teilungen Polens 1772. 1793. 1795,* München 1984.

Muth, Jörg: *Flucht aus dem militärischen Alltag. Ursachen und individuelle Ausprägung der Desertion in der Armee Friedrichs des Großen,* Freiburg im Breisgau 2003.

Neitzel, Sönke (Hrsg.): *Preußen und Europa,* Remscheid 2001.

Neugebauer, Wolfgang: *Die Hohenzollern.* 2 Bände, 1996/2003.

Neugebauer, Wolfgang: *Geschichte Preußens,* Hildesheim/Zürich/New York 2004.

Neugebauer, Wolfgang (Hrsg.): *Schule und Absolutismus in Preußen. Akten zum preußischen Elementarschulwesen bis 1806,* Berlin/New York 1992.

Neugebauer, Wolfgang: *Staatliche Einheit und politischer Regionalismus,* in: *Staatliche Vereinigung: Fördernde und hemmende Elemente in der deutschen Geschichte,* Berlin 1998.

Neumann, Hans-Joachim: *Friedrich I. Der erste König der Preußen,* Berlin 2001.

Neumann, Hans-Joachim: *Friedrich Wilhelm II. Preußen unter den Rosenkreuzern,* Berlin 1997.

Nolte, Paul: *Staatsbildung als Gesellschaftsreform. Politische Reformen in Preußen und den süddeutschen Staaten 1800–1820,* Frankfurt am Main/New York, 1990.

Oestreich, Gerhard: *Friedrich Wilhelm I. Preußischer Absolutismus, Merkantilismus, Militarismus,* Göttingen 1977.

Ohff, Heinz: *Karl Friedrich Schinkel oder Die Schönheit in Preußen,* München 1997.

Opitz, Eckardt (Hrsg.): *Gerhard von Scharnhorst. Vom Wesen und Wirken der preußischen Heeresreform,* Bremen 1998.

Oppeln-Bronikowsky, Friedrich von (Hrsg.): *Der große König als erster Diener seines Staates. Denken und Wirken Friedrichs des Großen, dargestellt nach seinen bedeutenden Schriften, Briefen, Testamenten und Gesprächen nebst einigen persönlichen Anekdoten,* Leipzig 1934.

Oster, Uwe A.: *Der preußische Apoll. Prinz Louis Ferdinand von Preußen 1772–1806,* Regensburg 2003.

Oster, Uwe A.: *Der Traum vom Mittelalter. Burgenromantik,* in: *DAMALS* 8/1997, S. 28–33.

Oster, Uwe A.: *Die Großherzöge von Baden 1806–1918,* Regensburg 2007.

Oster, Uwe A.: *»Ich gestehe, dass ich gerne baue und schmücke«. Bauten und Hofleben Friedrichs des Großen,* in: *DAMALS* 5/2006, S. 30–37.

Oster, Uwe A.: *Träumer wider den Zeitgeist. Friedrich Wilhelm IV. von Preußen,* in: *DAMALS* 12/1995, S. 62–67.

Oster, Uwe A.: *Wilhelmine von Bayreuth. Das Leben der Schwester Friedrichs des Großen,* München 2005.

Otte, Wilma: *Das Marmorpalais. Ein Refugium am Heiligen See,* München u. a. 2003.

Palmer, Alan: *Alexander I.,* Esslingen 1982.

Pantenius, Wilhelm Moritz: *Erlasse und Briefe des Königs Friedrich Wilhelm I. von Preußen,* Leipzig 1913.

Paulig, Friedrich: *Familiengeschichte des hohenzollerischen Kaiserhauses,* Frankfurt an der Oder 1907.

Paulig, Friedrich: *Friedrich Wilhelm II. König von Preußen (1744–1797). Sein Privatleben und seine Regierung im Lichte neuerer Forschungen,* Frankfurt an der Oder 1895.

Philippson, Martin: *Geschichte des preußischen Staatswesens vom Tode Friedrichs des Großen bis zu den Freiheitskriegen,* 2 Bände, Leipzig 1880.

Plat, Wolfgang: *Deutsche Träume oder Der Schrecken der Freiheit. Aufbruch ins 19. Jahrhundert,* Düsseldorf/Wien 1981.

Plat, Wolfgang: *Die langen Finger der Hohenzollern. Preußens Marsch an Deutschlands Spitze,* Düsseldorf/Wien 1985.

Pleschinski, Hans (Hrsg.): *Voltaire – Friedrich der Große. Aus dem Briefwechsel,* Zürich 1992.

Pleticha, Heinrich (Hrsg.): *Deutsche Geschichte. Von der Restauration zur Reichsgründung,* Gütersloh 1983.

Pöllnitz, Karl Ludwig von: *Briefe, welche das Merkwürdigste von seinen Reisen und die Eigenschaften derjenigen Personen, woraus die vornehmsten Höfe von Europa bestehen, in sich enthalten,* Frankfurt am Main 1738.

Pötzl, Norbert F./Wiegrefe, Klaus/Burgdorff, Stephan: *Preußen. Die unbekannte Großmacht,* München 2008.

Prittwitz, Christian Wilhelm von: *»Ich bin ein Preuße«. Jugend und Kriegsleben eines preußischen Offiziers im Siebenjährigen Krieg,* Paderborn 1989.

Prutz, Hans: *Preußische Geschichte,* Stuttgart 1900ff.

Rabe, Carsten: *Der Ketzerkönig und die Soldaten Gottes. Friedrich der Große und die Jesuiten,* in: *DAMALS* 11/1997

Rachel, Hugo (Hrsg.): *Die Handels-, Zoll- und Akzisepolitik Preußens 1713–1740.* 2 Bände, Berlin 1922.

Raff, Gudrun (Hrsg.): *Haus der Brandenburgisch-Preußischen Geschichte. Ein Begleiter durch die Ausstellung,* München 2005.

Ranke, Leopold von: *Preußische Geschichte I.* Neu herausgegeben von Willy Andreas, Wiesbaden o. J.

Rapp, Friedrich/Schütt, Hans-Werner: *Philosophie und Wissenschaft in Preußen,* Berlin 1982.

Ribbe, Wolfgang/Rosenbauer, Hansjürgen (Hrsg.): *Preußen. Chronik eines deutschen Staates,* Berlin 2000.

Ribbe, Wolfgang/Schäche, Wolfgang (Hrsg.): *Baumeister. Architekten. Stadtplaner. Biographien zur baulichen Entwicklung Berlins,* Berlin 1987.

Ritter, Gerhard: *Friedrich der Große,* Leipzig 1936.

Ritthaler, Anton: *Die Hohenzollern,* Moers 1979.

Sabrow, Martin: *Herr und Hanswurst. Das tragische Schicksal des Hofgelehrten Jacob Paul von Gundling,* Stuttgart/München 2001.

Sachsen, Johann Georg Herzog zu (Hrsg.): *Briefwechsel zwischen König Johann von Sachsen und den Königen Friedrich Wilhelm IV. und Wilhelm I. von Preußen,* Leipzig 1911.

Schmidt, Rainer F.: *Otto von Bismarck. Realpolitik und Revolution,* Stuttgart 2004.

Schwartz, Paul: *Der erste Kulturkampf in Preußen um Kirche und Schule (1788–1798),* Berlin 1925.

Seidel, Paul (Hrsg.): *Hohenzollern-Jahrbuch. Forschungen und Abbildungen zur Geschichte der Hohenzollern in Brandenburg-Preußen. Festausgabe zur zweihundertjährigen Jubelfeier der preußischen Königskrone,* Berlin/Leipzig 1900.

Schieder, Theodor: *Friedrich der Große. Ein Königtum der Widersprüche,* Frankfurt am Main/Wien/Berlin 1983.

Schinkel, Friedrich: *Polen, Preußen und Deutschland. Die polnische Frage als Problem der preußisch-deutschen Nationalstaatsentwicklung,* Breslau 1932.

Schlenke, Manfred (Hrsg.): *Preußen. Politik, Kultur, Gesellschaft,* 2 Bände, Reinbek bei Hamburg 1986.

Schlenke, Manfred (Hrsg.): *Preußen-Ploetz. Eine historische Bilanz in Daten und Deutungen,* Freiburg im Breisgau/Würzburg 1983.

Schmidt, Werner: *Ein vergessener Rebell. Leben und Wirken des Christian Thomasius,* München 1995.

Schmidt, Werner: *Friedrich I. Kurfürst von Brandenburg. König in Preußen,* München 1996.

Schmoller, Gustav: *Die Behördenorganisation und die allgemeine Staatsverwaltung Preußens im 18. Jahrhundert,* Berlin 1894ff.

Schmoller, Gustav: *Preußische Verfassungs-, Verwaltungs- und Finanzgeschichte,* Berlin 1921.

Schnath, Georg (Hrsg.): *Briefwechsel der Kurfürstin Sophie von Hannover mit dem preußischen Königshause,* Leipzig 1927.

Schneider, L.: *Das Buch vom Schwarzen Adler-Orden,* Berlin 1870.

Schnitter, Wolfgang (Hrsg.): *Gestalten um den Soldatenkönig. Biographische Skizzen,* Band 1, Reutlingen 1994.

Schoeps, Hans-Joachim: *Das andere Preußen. Konservative Gestalten und Probleme im Zeitalter Friedrich Wilhelms IV.,* Hildesheim/Zürich/New York 2001.

Schoeps, Hans-Joachim: *Preußen. Geschichte eines Staates,* Frankfurt am Main/Berlin/Wien 1981.

Schoeps, Julius H./Bildarchiv Preußischer Kulturbesitz (Hrsg.): *Preußen. Geschichte eines Mythos,* Berlin 2000.

Schorn-Schütte, Luise: *Königin Luise. Leben und Legende,* München 2003.

Schort, Manfred: *Politik und Propaganda. Der Siebenjährige Krieg in den zeitgenössischen Flugschriften,* Frankfurt am Main 2006.

Schröder, Peter: *Christian Thomasius zur Einführung,* Hamburg 1999.

Schüßler, Willy (Hrsg.): *Friedrich der Große. Gespräche mit Henri de Catt,* München 1981.

Schwarzmüller, Theo: *Otto von Bismarck,* München 1998.

Senn, Rolf Thomas: *Sophie Charlotte von Preußen,* Weimar 2000.

Sensen, Stephan u. a. (Hrsg.): *Wir sind Preußen. Die preußischen Kernlande in Nordrhein-Westfalen 1609–2009,* Essen 2009.

Sheehan, James J.: *Der Ausklang des alten Reiches. Deutschland seit dem Ende des Siebenjährigen Krieges bis zur gescheiterten Revolution 1763–1850,* Berlin 1992.

Siemann, Wolfram: *Gesellschaft im Aufbruch. Deutschland 1849 bis 1871,* Frankfurt am Main 1990.

Stadelmann, Rudolph: *Preußens Könige in ihrer Tätigkeit für die Landescultur,* Leipzig 1882.

Stamm-Kuhlemann, Thomas: *König in Preußens großer Zeit. Friedrich Wilhelm III. Der Melancholiker auf dem Thron,* Berlin 1992.

Stettiner, Paul: *Zur Geschichte des preußischen Königstitels und der Königsberger Krönung,* Königsberg 1900.

Stiftung Preußische Schlösser und Gärten Berlin-Brandenburg (Hrsg.): *Friedrich Wilhelm II. und die Künste. Preußens Weg zum Klassizismus,* Berlin 1997.

Stiftung Preußische Schlösser und Gärten Berlin-Brandenburg (Hrsg.): *Friedrich Wilhelm IV. Künstler und König. Zum 200. Geburtstag,* Frankfurt am Main 1995.

Stiftung Preußische Schlösser und Gärten Berlin-Brandenburg (Hrsg.): *Sophie Charlotte und ihr Schloß,* München/London/New York 1999.

Straub, Eberhard: *Eine kleine Geschichte Preußens,* Berlin 2001.

Streidt, Gerd/Frahm, Klaus: *Potsdam,* Köln 1996.

Sybel, Heinrich von: *Die Begründung des Deutschen Reiches durch Wilhelm I.,* Berlin/München 1901.

Technische Universität Berlin (Hrsg.): *Philosophie und Wissenschaft in Preußen,* Berlin 1982.

Thomann Tewarson, Heidi: *Rahel Varnhagen,* Reinbek bei Hamburg 1988.

Treue, Wilhelm (Hrsg.): *Drei deutsche Kaiser. Wilhelm I. – Friedrich III. – Wilhelm II. Ihr Leben und ihre Zeit 1858–1918,* Freiburg im Breisgau/Würzburg 1987.

Treue, Wilhelm: *Preußens großer König. Leben und Werk Friedrichs des Großen,* Freiburg im Breisgau/Würzburg 1986.

Treue, Wilhelm: *Wirtschafts- und Technikgeschichte Preußens,* Berlin/New York 1984.

Treue, Wolfgang/Gründer, Karlfried (Hrsg.): *Berlinische Lebensbilder. Wissenschaftspolitik in Berlin. Minister, Beamter, Ratgeber,* Berlin 1987.

Tümmler, Holger (Hrsg.): *Die Randbemerkungen Friedrichs des Großen,* Wolfenbüttel o. J.

Tulard, Jean: *Frankreich im Zeitalter der Revolutionen 1789–1851,* Stuttgart 1989.

Ullrich, Volker: *Bismarck,* Reinbek bei Hamburg 1998.

Valjavec, Fritz: *Das Woellnersche Religionsedikt und seine geschichtliche Bedeutung,* in: *Historisches Jahrbuch 72,* München 1952, S. 386–400.

Vehse, Carl Eduard: *Geschichte der deutschen Höfe, Band 1.1: Die Höfe zu Preußen,* neu herausgegeben von Wolfgang Schneider, Leipzig 1993.

Veltzke, Veit (Hrsg.): *Ferdinand von Schill, Preußen und die deutsche Nation,* Köln/Weimar/Wien 2009.

Venohr, Wolfgang: *Der Soldatenkönig. Revolutionär auf dem Thron,* Frankfurt am Main/Berlin 1988.
Venohr, Wolfgang: *Fridericus Rex. Porträt einer Doppelnatur,* Bergisch Gladbach 1985.
Venohr, Wolfgang: *Der große König. Friedrich der Große im Siebenjährigen Krieg,* Bergisch Gladbach 1995.
Venohr, Wolfgang: *Fritz der König. Leben und Abenteuer Friedrichs des Großen mit Bildern von Adolph von Menzel,* Bergisch Gladbach 1981.
Vollmer F.: *Friedrich Wilhelm I. und die Volksschule,* Göttingen 1909.
Volz, Gustav Berthold (Hrsg.): *Briefwechsel Friedrichs des Großen mit seinem Bruder August Wilhelm,* Leipzig 1927.
Volz, Gustav Berthold (Hrsg.): *Der Große König. Werke, Briefe und Gespräche,* Berlin 1923.
Volz, Gustav Berthold (Hrsg.): *Die Werke Friedrichs des Großen,* Berlin 1912–1914.
Volz, Gustav Berthold (Hrsg.): *Preußische und österreichische Acten zur Vorgeschichte des Siebenjährigen Krieges,* Leipzig 1899.
Waddington, Albert: *L'acquisition de la Couronne Royale de Prusse par les Hohenzollern,* Paris 1888.
Wagner, Karlheinz: *Wer den Daumen auf dem Beutel hat... Reptilienfonds,* in: *DAMALS* 4/2000, S. 55.
Walter, Dierk: *Preußische Heeresreformen 1807–1870. Militärische Innovationen und der Mythos der »Roonschen Reform«,* Paderborn/München/Wien/Zürich 2003.
Walter, Dierk: *Ein Blick hinter die Legenden. Der preußische Sieg von Königgrätz,* in: *DAMALS* 2/2003, S. 30–35.
Wehinger, Brunhilde (Hrsg.): *Geist und Macht. Friedrich der Große im Kontext der europäischen Kulturgeschichte,* Berlin 2005.
Wehler, Hans-Ulrich: *Deutsche Gesellschaftsgeschichte. Erster Band. Vom Feudalismus des Alten Reiches bis zur Defensiven Modernisierung der Reformära 1700–1815,* München 1987.
Wehler, Hans-Ulrich: *Deutsche Gesellschaftsgeschichte. Zweiter Band. Von der Reformära bis zur industriellen und politischen »Deutschen Doppelrevolution« 1815–1848/49,* München 1987.
Wehler, Hans-Ulrich: *Deutsche Gesellschaftsgeschichte. Dritter Band. Von der »Deutschen Doppelrevolution« bis zum Ende des Ersten Weltkriegs 1849–1918,* München 1987.
Wette, Wolfram (Hrsg.): *Der Krieg des kleinen Mannes,* München 1992.
Wienfort, Monika: *Geschichte Preußens,* München 2008.
Wiesinger, Liselotte: *Das Berliner Schloss. Von der kurfürstlichen Residenz zum Königsschloss,* Darmstadt 1989.
Wilhelmy-Dollinger, Petra: *Die Berliner Salons. Mit historisch-literarischen Spaziergängen,* Berlin 2000.

Wörner, Friedrich J.: *Burgen und Schlösser der Hohenzollern. Geschichte und Baukultur einer Dynastie,* Solingen 1981.

Wolff, Jörg (Hrsg.): *Das Preußische Allgemeine Landrecht. Politische, rechtliche und soziale Wechsel- und Fortwirkungen,* Heidelberg 1995.

Wyrwa, Ulrich: *Juden in der Toskana und in Preußen im Vergleich,* London 2003.

Zernack, Klaus (Hrsg.): *Polen und die polnische Frage in der Geschichte der Hohenzollernmonarchie 1701–1871,* Berlin 1982.

Ziebura, Eva: *Prinz Heinrich von Preußen,* Berlin 1999.

Ziechmann, Jürgen (Hrsg.): *Panorama der fridericianischen Zeit. Friedrich der Große und seine Epoche. Ein Handbuch,* Bremen 1985.

Zschocke, Helmut: *Die Berliner Akzisemauer. Die vorletzte Mauer der Stadt,* Berlin 2007.

Der Autor dankt Kristin Rotter (Piper Verlag) für die freundliche Zusammenarbeit und Dr. Annette Seybold-Krüger für die sorgfältige Redaktion des Manuskripts.

Personenregister

Zusammengestellt von Uwe Steffen

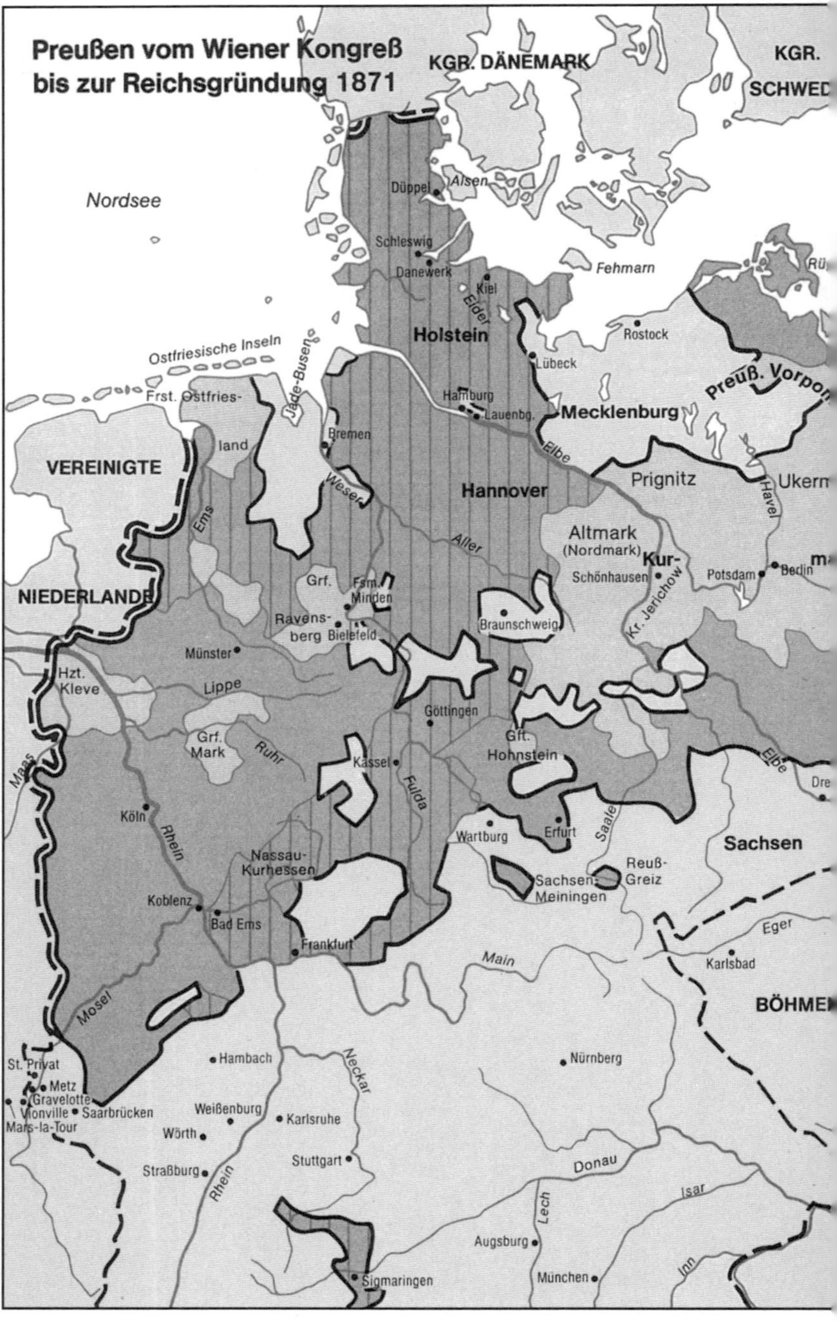
Preußen vom Wiener Kongreß
bis zur Reichsgründung 1871
KGR. DÄNEMARK
KGR.
SCHWED
Nordsee
Düppel
Alsen
Schleswig
Danewerk
Kiel
Eider
Fehmarn
Holstein
Rostock
Lübeck
Ostfriesische Inseln
Jade-Busen
Frst. Ostfries-
land
Hamburg
Lauenbg.
Mecklenburg
Preuß. Vorpom
Bremen
Elbe
VEREINIGTE
Weser
Hannover
Prignitz
Ukerm
Havel
Ems
Aller
Altmark
(Nordmark)
Kur-
m
Schönhausen
Potsdam
Berlin
NIEDERLANDE
Grf.
Fsm.
Minden
Ravens-
berg
Bielefeld
Braunschweig
Kr. Jerichow
Münster
Hzt.
Kleve
Lippe
Göttingen
Grf.
Mark
Ruhr
Gft.
Hohnstein
Kassel
Maas
Fulda
Elbe
Dre
Köln
Rhein
Wartburg
Erfurt
Saale
Sachsen
Nassau-
Kurhessen
Sachsen-
Meiningen
Reuß-
Greiz
Koblenz
Bad Ems
Frankfurt
Main
Eger
Karlsbad
Mosel
BÖHME
Hambach
Neckar
Nürnberg
St. Privat
Metz
Gravelotte
Vionville
Saarbrücken
Mars-la-Tour
Weißenburg
Karlsruhe
Wörth
Stuttgart
Straßburg
Rhein
Donau
Lech
Isar
Augsburg
Inn
Sigmaringen
München

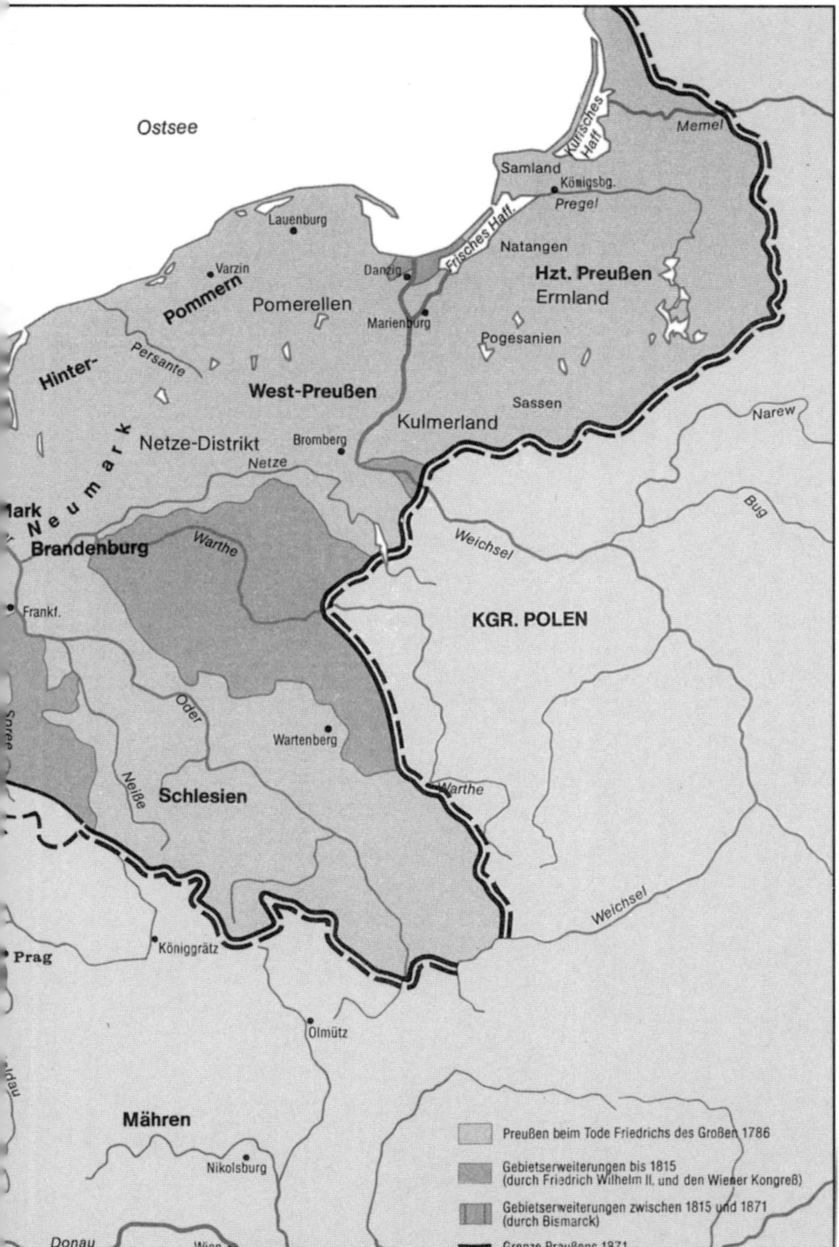

Ostsee
Kurisches Haff
Memel
Samland
Königsbg.
Pregel
Frisches Haff
Lauenburg
Natangen
Danzig
Varzin
Hzt. Preußen
Ermland
Pommern
Pomerellen
Marienburg
Pogesanien
Hinter-
Persante
West-Preußen
Sassen
Narew
Kulmerland
Netze-Distrikt
Bromberg
Netze
Neumark
Mark
Brandenburg
Bug
Warthe
Weichsel
Frankf.
KGR. POLEN
Oder
Wartenberg
Neiße
Schlesien
Warthe
Weichsel
Königgrätz
Prag
Olmütz
Mähren
Nikolsburg
Donau
Wien
Preußen beim Tode Friedrichs des Großen 1786
Gebietserweiterungen bis 1815
(durch Friedrich Wilhelm II. und den Wiener Kongreß)
Gebietserweiterungen zwischen 1815 und 1871
(durch Bismarck)
Grenze Preußens 1871
Reichsgrenze 1871